羅光全書

冊四

儒家生命哲學

儒家形上學

臺灣學生書局印行

冊四總目錄

四之一 儒家生命哲學

第二章　儒家理論生命哲學的生生……一〇一

第三章　儒家理論生命哲學的人論……一六九

下編　儒家實踐生命哲學

四之二　儒家形上學

第二章　形上宇宙論

第三章 人 論……六〇一

第五章 名學

羅光全書

冊四之一

儒家生命哲學

臺灣學生書局印行

序

我研究中國哲學已經六十年，講授中國哲學也快六十年了，這冊書算是我研究儒家哲學的結論。我寫的方法，也是少談自己的意見，多引歷代儒家的意見，引用的文據，多是我的中國哲學思想史九冊書中所引用的。

儒家哲學當然從孔子開端，孔子自己說：「吾道一以貫之」，因爲眞正有思想的學者，對自己的思想必定有系統；可惜孔子沒有說出貫通自己思想的「一」，祇好由後世研究的人去找。目前，研究儒家哲學的學者，大家都共識到孔子所說的「一以貫之」的一，是仁。

先期儒家講論仁，常以仁爲愛，爲惻隱之心，但是易傳以仁配元，以元配乾，乾爲萬物生命之始。漢朝易學的氣運思想，以六十四卦配一年的季節和月日，以仁配春配木配東方，仁便配生，因爲春是生；周易繫辭傳也以聖人的仁配天地的好生之德。

宋朝理學家乃採納易傳的思想，朱熹更明顯地主張仁是生，是愛之理。

仁既是生，生爲孔子一貫之道，生的來源呢？孔子在論語裡指出：「天何言哉，四時行焉，百物生焉！」，生來自天地。天地化生萬物，儒家乃講易經，易經學者從漢代開始，一直到清代研究宇宙的構造和宇宙的變化，宋明理學家也都從事易經的研究，儒家哲學便建立系統，從宇宙論出發，由宇宙的變化講到生生，生生爲化生生命。

宇宙生命中，人的生命最高最完全，人和天地合爲三才，三才合成一個宇宙，一個宇宙爲同一生命。

宇宙的生命在人的生命中，完全表現。人的生命得天地大化之道以爲性，得天地一元之氣以爲體，合性與體乃有人心。人心便是生命的中心。人心有天地之道和天地之氣，即是得天地之心以爲心，天地之心爲「生」，人心故「仁」。

人生命的發展，發展人心的仁，人心的仁，即人心靈的生命。

理學家興起了心學，以發展心靈的生命。心學的開始人，陸王學派以爲是孟子，由陸象山繼承。然實際心學的開始人，應爲大學一書。大學講修身，修身則在正心；理學家都本着大學的綱要，講授修身的工夫。大學說正心在誠意，誠意在致知，致知在格物；致知遂成爲理學家的注意焦點。程朱一派和陸王一派對致知，主張不同，程朱主張研究外物之理，陸王主張僅觀內心之理。但實際上理學家都以致知最後歸到觀心。性爲理，在人心內，心虛明，顯現性理，性理顯明，則心動自然順從性理，意便誠實。致知乃是明見心內的心理，如同佛教「明心見性」。易傳所說「窮理盡性以至於命」，成爲理學家致知的原則，原則的實踐，在除去蔽塞心靈的慾情。孟子講「養心莫善於寡欲」，以培育仁義禮智善德，理學家講養心，則爲明見心內的性理；性理爲仁道，仁道爲仁義禮智善德，理學家乃以「致知」爲修德。修德不是倫理生活，而是本體生活；善德不是人生的習慣，而是本體生活的發展。

爲實踐發展心靈的生命，理學家有兩種方式：一種方式是少數人所主張的守靜，以心的本體爲靜，爲未發，爲中；以長居靜坐爲修身方式，使能保持而顯明心的本體。一種方式是程朱和多數學者所主張的守敬，使人內外都能安定不亂，外面有孔子的莊重，內心有孟子的不動心。集合內外的守敬，人能達到至誠的境界，將心內的「性之理」完全呈顯出來，對外乃有天地的仁愛，養育萬物，充分表現中庸所說聖人氣象「溥博如天，淵泉如淵。」「小德川流，大德敦化，此天地所以爲大也。」

儒家整體哲學，如孔子所說「吾道一以貫之」，以「仁」貫通。仁爲生，以生命貫通整體的儒家哲學；儒家哲學具有自己的系統，爲一種活潑的生命哲學。

講整體的儒家哲學，我祇能講大綱，多引歷代儒家的文據；詳細的解說，還請大家去參考我的九冊中國哲學思想史。對於周易，在兩漢哲學思想史中，我詳細解說了漢易，對宋明易學，則沒有述說，祇講了邵雍的易說，這次我寫儒家的生命哲學，引用了朱伯崑的易學哲學史的許多圖表和說明，注明了原書頁數，以免看爲抄襲。

為現代化儒家傳統哲學，應當從儒家傳統哲學的中心思想出發，從「生生」的思想去建立新儒學。

民國八十三年九月八日

羅 光序於天母牧盧

儒家生命哲學

目　錄

上編 儒家理論生命哲學

第一章　儒家理論生命哲學的宇宙觀

儒家的哲學，講論人生之道，以人性爲基本。人性來自天命，天命顯現於天地之道，稱爲天道，稱爲天德。孟子曾經說：「盡其心者，知其性也；知其性，則知天矣。」（盡心上）宋明理學家常以性、理、天、命爲一實的四面，因此，儒家講論人生之道，乃講天地之道。天地爲宇宙，在希臘哲學爲研究的第一對象，在中國哲學爲研究的第二對象。中國尙書開端即講人生之道；孔子所刪的詩、書，也都是講人生之道的書。但旣要追溯人生之道的泉源，須要溯到宇宙，儒家從漢代到宋明理學家，便都用心講宇宙，構成了儒家的宇宙觀，在中國哲學史上，宇宙觀後於人生之道；但在邏輯上說，則先該講宇宙觀。

一、周易的宇宙觀

周易爲卜筮的書，用爲卜算人事的吉凶。卜筮算卦向鬼神申問吉凶，古代的人相信上帝主宰人事的賞罰，由鬼神去執行。但是周易卜卦雖申問鬼神，然而吉凶的答覆，由宇宙變化的規律而推出，周易乃講宇宙的變化。易是變易，是動，是運行；周易的卦，象徵宇宙的變，儒家的宇宙論來自周易。

「古者包犧氏之王天下也，仰則觀象於天，俯則觀法於地，觀鳥獸之文，與地之宜，近取諸身，遠取諸物，於是始作八卦，以通神明之德，以類萬物之情。」(繫辭下　第二章)

伏羲作八卦，爲後代學者的共識。依據易傳的資料，他是從對自然界的觀察，看到自然界變化的現象，使用簡單的圖形代表這種現象，畫成八卦，「以通神明之德，以類萬物之情。」可以通達鬼神對吉凶的行動，吉凶由萬物彼此間的關係而成。

「聖人設卦，觀象繫辭焉而明吉凶，剛柔相推而生變化，是故吉凶者，得失之象也；悔吝者，憂虞之象也；變化者，進退之象也；剛柔者，晝夜之象也。六爻之動，三極之道也。」(繫辭上　第二章)

每卦有一個象，象由六爻結成，六爻互變。吉凶由爻的變而顯出。六爻的變代表三極之道，三極爲天地人三才的變化之道。聖人繫辭解釋象，解釋爻，周易有彖辭，有爻辭，傳說是文王和周公所製。

「天尊地卑，乾坤定矣；卑高以陳，貴賤位矣；動靜有常，剛柔定矣；方以類聚，物以群分，吉凶生矣；在天成象，在地成形，變化見矣。是故剛柔相摩，八卦相盪，鼓之以雷霆，潤之以風雨，日月運行，一寒一暑。乾道成男，坤道成女，乾知大始，坤作成物。易簡而天下之理得矣，天下之理得，而成位乎其中矣。」（繫辭上　第一章）

周易的彖辭和爻辭，解釋卦和爻，和卦象連結一起；但六十四卦的辭，並不結成系統。易傳的繫辭和序卦說卦則說明六十四卦的整體意義，解釋卦爻變化的理由。因此，在繫辭中乃能看到周易的宇宙論。在繫辭上的第一章。有幾個重要的觀念：天地乾坤、雷霆風雨、日月寒暑、剛柔動靜、男女。這幾個觀念乃是宇宙自然界的事物，周易用這幾個觀念來解釋吉凶，把人事的吉凶和宇宙變化相連繫，人和宇宙連成一貫，奠定了儒家人生之道的基礎。

周易既然從宇宙變化之道，占出人事的吉凶，便要講宇宙；既然講宇宙，便有周易的宇宙論。在繫辭上第一章裡說：「易則易知，簡則易從；易知則有親，易從則有功。有親則可久，有功則可大。」說明易經講宇宙講人事，都很簡單，不複雜，雖然有神妙莫測的深奧點，乃宇宙變化的本色。

甲、組織

根據繫辭上第一章，宇宙論的開端是天地，天地的關係是天尊地卑；代表天地的為乾坤。乾坤的變化為剛柔動靜，由乾坤的變化而成的，有日月寒暑的運行，有雷霆風雨的鼓潤，然後生成男女。

「是故易有太極，是生兩儀，兩儀生四象，四象生八卦，八卦定吉凶，吉凶生大業。是故法象莫大乎天地，變通莫大乎四時，縣象著明莫大乎日月。」（繫辭上 第十一章）

太極生兩儀，兩儀生四象，四象生八卦，這是講畫卦的程序。但是卦既然象徵自然現象，八卦製作的程序，也就象徵自然界萬物發生的程序。易傳的序卦，就發揮這種思想。

「有天地，然後有萬物；有萬物，然後有男女；有男女，然後有夫婦；有夫婦，

然後有父子；有父子，然後有君臣。」（序卦下）

周易的宇宙論便有了大綱；太極、兩儀、四象、八卦。太極爲宇宙變化的根基，爲宇宙的源起。兩儀爲乾坤，爲陽陰，爲天地。四象爲四時（四季），八卦爲萬物。

太極生陽陰，陽陰變化錯綜而生四時，四時運行而生萬物。

陽陰的德性爲乾坤，陽陰的成形爲天地，乾陽爲健、爲剛、爲進、爲動；坤陰爲順、爲柔、爲退、爲靜。繫辭上第五章說：

「一陰一陽之謂道，繼之者善也，成之者性也。」

宇宙間的變化，乃陰陽的變化；陰陽的變化，常繼續不停；由陰陽的變化而成物性，萬物乃生生不息。

陰陽變化之道，爲「動靜有常，剛柔定矣。」陽爲動爲剛；陰爲靜爲柔。「剛柔相摩，八卦相盪。」

「天地定位，山澤通氣，雷風相薄，水火不相射，八卦相錯。」（說卦　第三章）

八卦所象徵的事物，爲宇宙的構成物體，周易經傳沒有構成圖形，朱熹的周易本義在書的開端，列有伏羲和文王的八卦方位和次序圖。伏羲圖稱爲先天圖，文王圖稱爲後天圖。這種分別來自宋朝的邵雍，他創先天圖。

這種圖形，根據說卦第五章所說：

文王八卦方位

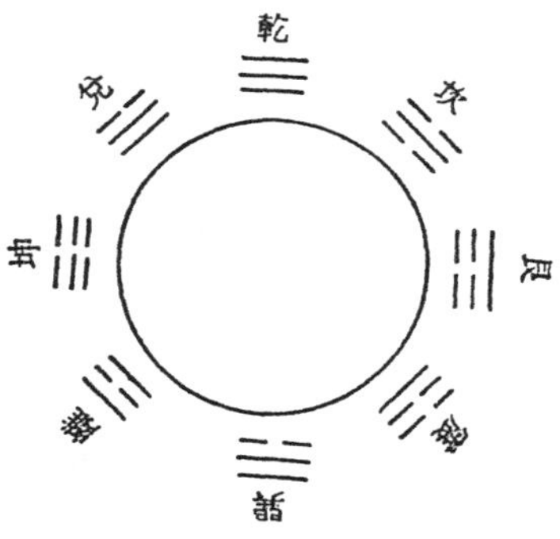

「萬物出乎震，震，東方也。齊乎巽，巽東南也。齊也哉，言萬物之潔齊也。離也者，明也，萬物皆相見，南方之卦也。坤也者，地也，萬物皆致養焉，故曰致役乎坤。兌，正秋也，萬物之所說也，故曰說言乎兌。戰乎乾，乾而北之卦也，言陰陽相薄也。坎者，水也，正北方之卦也，勞卦也，萬物之所歸也，故曰勞乎坎。艮，東北方之卦也。萬物之所終而所成也，故曰成言乎艮。」

這個圖形，根據說卦第三章所說：

伏羲八卦方位

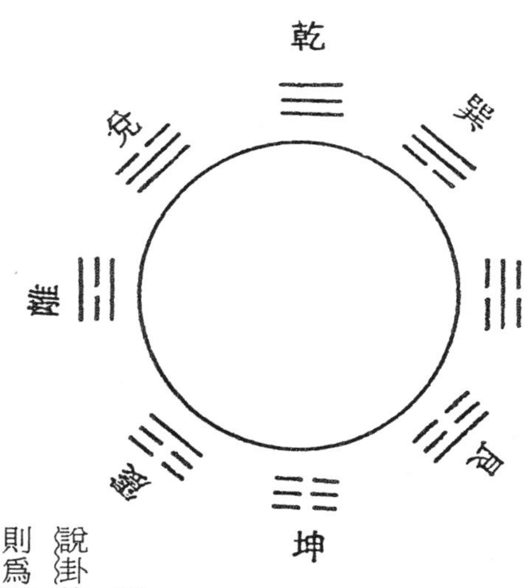

「天地定位，山澤通氣，雷風相薄，水火不相射，八卦相錯，數往者順，知來者逆。」
邵子曰：乾南，坤北，離東，坎西，震東北，兌東南，巽西南，艮西北。自震至乾爲順，至巽至坤爲逆。」

兩圖都說依據說卦，文王圖的說明，在說卦第五章明白標出方位。伏羲圖的說明，則爲邵雍的說辭，後代解釋周易的人，各有所選擇。我們根據易傳，祇說明宇宙的結構有天、地、山、澤、雷、風、水、火。這些都是自然界的事物，由這些事物構成宇宙。

「子曰：乾坤其易之門邪；乾，陽物也；坤，陰物也。陰陽合德，而剛柔有體，以體天地之撰，以通神明之德。」（繫辭下　第五章）

「昔者聖人之作易也，……觀變於陰陽而立卦。」（說卦 第一章）

「一陰一陽之謂道。」（繫辭上 第五章）

八卦圖形由兩種爻而成，即陽爻⚊和陰爻⚋，重畫的六十四卦也由這兩種爻而成，這表明周易以宇宙是由兩種原素而構成的，即是陰、陽。在周易經傳裡所有的變化，全是陰陽的變化，動靜、剛柔、進退、上下，都是「一陰一陽之謂道。」

「天尊地卑，乾坤定矣，……乾道成男，坤道成女。乾知大始，坤作成物。」（繫辭上 第一章）

「剛柔相推而生變化，……進退之象也，剛柔者，晝夜之象也。」（同上 第二章）

「昔者聖人之作易也，將以順性命之理，是以立天之道，曰陰與陽；立地之道，曰柔與剛；立人之道，曰仁與義，兼三才而兩之，故易六畫而成卦。分陰分陽，迭用柔剛，故易六位而成。」（說卦 第二章）

三畫或六畫而成卦，都是用陰用陽。宇宙的構成原素，乃是陰和陽；陰陽爲兩儀，兩儀爲乾坤。易經的卦以乾坤兩卦爲基本，其餘的卦都是乾坤兩卦的變。王船山曾主張「乾坤並建」。乾坤同時建立，陽陰同時存在，沒有先後的次序。

乙、變化

易經定名爲易，易爲變易，易經講宇宙的變。易宇宙由陰陽兩素而成，陰陽兩素常在變動，「一陰一陽之謂道。繼之者善也，成之者性也。」（繫辭上　第五章）這種變動之道。稱爲天地之道，或天道地道。

「易之爲書也，廣大悉備，有天道焉，有人道焉，有地道焉，兼三才而兩之，故六。六者，非它也，三才之道也。道有變動，故曰爻；爻有等，故曰物；物相雜，故曰文。文不當，故吉凶生焉。」（繫辭下　第十章）

易卦的變，由爻顯出，爻代表變。八卦和六十四卦的每卦差異，在於爻的變異。

「象者，言乎象者也。爻者，言乎變者也。」（繫辭上　第三章）

「聖人有以見天下之賾，而擬諸其形容，象其物宜，是故謂之象。聖人有以見天下之動，而觀其會通，以行其典禮，繫辭焉以斷其吉凶，是故謂之爻。」（繫辭上　第八章）

爻代表變，每卦由爻而成，每卦就有變。卦象徵事物，周易以宇宙萬物都常變動，整個宇宙是個動的宇宙，每件事物是件動的事物。

「易之爲書也不可遠，爲道也屢遷，變動不居，周流六虛，上下無常，剛柔相易，不可爲典要，唯變所適。」（繫辭下 第八章）

一陰一陽之道，變動不居，周流六合，宇宙乃常變動。

「易與天地準，故能彌綸天地之道。……範圍天地之化而不過，曲成萬物而不遺，通乎晝夜之道而知，故神無方而易無體。」（繫辭上 第四章）

易經的變易之道，範圍天地的變化，化成宇宙一切萬物，神妙莫測，不能以規矩和形像去限制。

易經的變，易傳解說爲剛柔相推。

「剛柔相推，變在其中矣。」（繫辭下 第一章）

「剛柔相摩，八卦相盪。」（繫辭上 第一章）

「剛柔相推而生變化。」（繫辭上 第二章）

剛柔爲陽陰的特性，陽剛陰柔，剛柔相推即是陽陰的變動，陽陰的相推，易經稍有解釋。

「動靜有常，剛柔斷矣。」（繫辭上 第一章）

剛爲動，柔爲靜，剛柔相推，即「動靜有常」。動靜的意義，在易傳中有別的名字，如「相盪」，「八卦相盪」（繫辭上 第一章）「進退」，「變化者，進退之象也。」（繫辭上 第二章）「參」，「參伍以變」（繫辭上 第十章）「錯綜」，「錯綜其數」（同上）「化裁」，「化而裁之謂之變。」（繫辭上 第十二章）「相易」，「剛柔相易」（繫辭下 第八章）這些名詞，易傳都沒有解釋，到了宋明的易學，則常成爲發展各人意見的代名詞。

在經文裡面，對於變易，還有幾個名詞；「反復」，「終日乾乾，反復其道也。」（乾卦 象曰）「中正」，「剛健中正，純粹精也。」（乾卦 文言）「來往」，「泰，小往大來，吉亨」（泰卦 象曰）「交」，「天地交而萬物通也。」（同上）「天地不交而萬物不通也。」（否卦 象曰）反復、中正、相交在易經的彖辭和爻辭裡，多次見到，爲天地變化之道的大原則。變化，在空間和時間內發生，周易便很注重時和位。

「變通者，趣時者也。」（繫辭下 第一章）

周易的經文裡，多次說：「時之義大也哉」；對於位，則說得其位，位乎天位，如「柔得位得中而應乎乾。」（同人卦 彖曰）位在易卦的吉凶，影響很大，六爻在一個卦中，應有各的價值。

「若夫雜物撰德，辨是與非，則非其中爻不備，……二與四同功而異位，其善不同，二多譽，四多懼，近也；柔之爲道不利遠者，其要無咎，其用柔中也。三與五同功而異位，三多凶，五多功，貴賤之等也，其柔危，其剛勝邪。」（繫辭下 第九章）

這種價值觀，在後代易學者解釋卦爻辭時，影響很大，成爲斷決吉凶的原則。周易本書沒有詳細說明，一切從簡。

在周易的變易裡，除了卦象和辭以外，還有「數」。

「參伍以變，錯綜其數，通其變，遂成天地之文。極其數，遂平天下之象，非天下之至變，其孰能與於此。」（繫辭上 第十章）

「昔者聖人之作易也，幽贊於神明而生蓍，參天兩地而倚數，觀變於陰陽而立卦，發揮於剛柔而生爻，和順於道德而理於義，窮理盡性以至於命。」（說卦 第一章）

周易所講的數，是關於占卦的蓍數，先用蓍以得奇偶的數以得爻，奇爲陽爻，偶爲陰爻，由陽爻陰爻而成卦。

「天一，地二，天三，地四，天五，地六，天七，地八，天九，地十。天數五，地數五，五位相得而各有合，天數二十五，地數三十，凡天地之數五十五，此所以成變化而行鬼神也。大衍之數五十，其用四十有九，分而爲二以象兩，掛一以象三，揲之以四，以象四時，歸奇於扐以象閏，五歲再閏，故再扐而後掛，……是故四掛而成易，十有八變而成卦。八卦而小成，引而伸之，觸類而

長之，天下之能事畢矣。顯道神德行，是故可與酬酢，可與祐神矣。子曰：知變化之道者，其知神之所爲乎。」（繫辭上 第九章）

數。

朱熹按照這章所說，製筮儀，作卜筮的程序。這章中所說的數，指筮時所用的策（蓍）

「乾之策，二百一十有六；坤之策，百四十有四，凡三百有六十，當期之日。二篇之策，萬有一千百二十，當萬物之數也。」（同上）

策的數，配合一年的日數，二篇的策數象徵萬物的數，從筮的數進到宇宙的數，筮數的變象徵宇宙萬物的變。漢代易學把這一篇的數同河圖洛書相配，講解卦的構造，再以易數講宇宙的構造；宇宙的構造，乃爲數的變化關係，有似於希臘畢達哥拉斯的數理宇宙論。宋明易學繼續有易的象數學派。

丙、生 生

周易講宇宙是有一重點思想：「生生之謂易」。漢代所謂三易：變易、簡易、不易，祗是外面的形式意義。內在的實在意義則是「生生」。「生生之謂易。」（繫辭上 第五章）爲易傳的話，標出宇宙變化的意義，在於使萬物化生。「生」字在周易的經傳裡，乃是中心的思想。

生的源泉爲乾坤：

「大哉乾元，萬物資始，乃統天。」（乾卦　彖曰）

「至哉坤元，萬物資生，乃順天，坤厚載物，德合無疆，含弘光大，品物咸亨」（坤卦　彖曰）

「乾道成男，坤道成女；乾作大始，坤作成物。」（繫辭上　第一章）

生的過程，由陰陽相交，「泰，小往大來，吉亨；則是天地交而萬物通也。」（泰卦　彖曰）「咸，感也。柔上而剛下，二氣感應以相與，止而說，男下女，是以亨，利貞，取女吉也。」（咸卦　彖曰）「恆，久也，剛上而柔下，雷風相與，巽而動，剛柔相應。」（恆卦　彖曰）「天地相遇，品物咸章。」（姤卦　彖曰）「歸妹，天地之大義也。天地不交，而萬物不興，歸妹，人之終始也。」（歸妹卦　彖曰）「天地絪縕，萬物化醇，男女構精，萬物化生。」（繫辭下　第五章）

生的過程，循環不息，「反復其道，七日來復，天行也，利有攸往，剛，長也。復其見天地之心乎。」（復卦　彖曰）

生乃天地的大德，「天地之大德曰生。」（繫辭下　第一章）天地化萬物，爲天地的大業，「顯諸仁，藏諸用，鼓萬物而不與聖人同憂，盛德大業至矣哉！富有之謂大業，日新之謂盛德，生生之謂易。……陰陽不測之謂神。」（繫辭上 第五章）

天地生生的大德，有極強的德力，「天行健」（乾卦 象曰）生生的德力週遊宇宙，「範圍天地之化而不過，曲成萬物而不遺，通乎晝夜之道而知，故神無方而易無體。」（繫辭上 第四章）

「夫乾其靜也專，其動也直，是以大生焉。夫坤，其靜也翕，其動也闢，是以廣生焉。廣大配天地，變通配四時，陰陽之義配日月，易簡之善配主德。」（繫辭上 第六章）

「變動不定，周流之合，上下無常，剛柔相易。」（繫辭下 第八章）

「故水火相逮，雷風不相悖，山澤通氣，然能變化既成萬物也。」（說卦 第六章）

生生的次序，易傳序卦作爲六十四卦的次序，「有天地，然後萬物生焉。盈天地之閒者，唯萬物，故受之以屯。屯者，盈也，屯者，物之始生也，物生必蒙，故受之以蒙；蒙者，蒙也，物之穉也，物穉不可不養也，故受之以需。需者，飲食之道也。……。」（序卦）

「生生」爲「易」的意義，乃是宇宙變易的目的。「生生」的思想貫通周易的卦和辭，爲周易的中心。宇宙由太極，陰陽而構成。陰陽變化不停，錯綜交流，化生萬物。陰陽的變化，有時，有位，時爲四時，位爲上下左右中央。陰陽的變化在時、位裡，須守中正；然而時位的中正，不呆守一則，而是隨時地而定，神妙莫測，陰陽的變化可以稱爲神。

周易的宇宙觀，簡單明瞭，宇宙萬物整體相連，變化不停，循環不息。宇宙整體乃一動的宇宙，生化萬物，宇宙所有，乃一生命。

「予欲無言！子貢曰：子如不言，則小子何述焉？子曰：天何言哉？四時行焉，百物生焉，天何言哉！」（論語 陽貨）

「天地之道，可一言而盡也，其爲物不貳，則其生物不測。」（中庸 第二十六章）

二、漢儒的宇宙觀

1. 漢易的宇宙觀

春秋戰國，在政治上有各國的爭霸，在學術思想上有百家爭鳴，政治和思想放出多元的色彩。三代的簡單哲學觀念，經過春秋戰國形成了繁雜的學派。周易的宇宙觀，由漢易滲入了氣、象、數各種觀念，奠定了後代各派易學的根據。「氣」，在三代爲一普通觀念，不含哲學意義，戰國學者採用「氣」作爲宇宙萬物的構成素，莊子的天人，充滿了氣，人的生命由氣而成，人爲養生則須養元氣。孟子講養浩然之氣，氣充塞人身，集義而養則充塞天地。鄒衍更講五行，進而講五德終始，氣運由宇宙進入人事。到了漢代，陰陽五行形成哲學的主幹，宇宙一切都離不了陰陽五行之氣。春秋戰國民間和政府，充滿鬼神的迷信，事事卜卦，人鬼相連。漢朝學術界乃混雜迷信傳說，以迷信解釋經書。

周易爲占筮之書，沒有遭秦始皇所焚，由孔子一脈相傳，到了漢朝有齊人田何，田何傳王孫、丁寬、服生、揚何。丁寬傳于田王孫、施仇、孟喜、梁丘賀。孟喜傳於焦延壽、京房。漢代乃有施、孟、梁丘的易學，更有京氏的易學。

甲、孟喜易說

首先是孟喜的卦氣說。氣在天地中周遊，一年四季循環變化。孟喜主張以六十四卦配合一年的節氣，象徵宇宙的變化。於是有四正卦，坎、離、震、兌配四季，十二辟卦配十二月。四正卦的每一爻配二十四節，十二消息卦的每一爻配七十二候。卦氣的思想，見於禮記的「月令」和呂氏春秋的「十二紀」，氣在自然界的周遊，含有生生的意義，成爲人君施行政治的原則，不僅作爲行事的日曆，也是行政的規範。孟喜的卦氣說不習用爲占卜，乃變爲自然哲學。

孟喜解釋，見唐僧一行的「卦義」中：

「坎以陰包陽，故自北正」

「春分出於震，如據萬物之元，爲主於內。」

「離以陽包陰，故自南北。」

「仲秋陰形于兑，始循萬物之末，爲主于內，則群陽降而承之。」

此十二卦代表一年節氣中的中氣，十二卦共七十二爻，代表七十二候。所以選此十二卦代表十二月，因爲其中的剛柔二爻的變化，體現了陰陽二氣消長的過程。前六卦，即從復卦到乾，表示陽爻逐漸增加，從下往上增長，復卦象爲一陽生，臨爲二陽生，泰爲三陽生，大壯爲四陽生，夬爲五陽生，乾卦六爻皆陽，表示陽氣極盛。此爲陽息的過程，同時也是陰消的過程。後六卦乃從姤到坤，表示陰爻逐漸增加，陰氣逐漸增長。姤卦爲一陰生，遯爲二陰生，否爲三陰生，觀爲四陰生，剝爲五陰生，坤六爻皆陰，表示陰氣極盛。此爲陰息的過程，同時也是陽消的過程，關於七十二候，復卦初九爻表示陽氣始動，爲十一月冬至次候，到乾卦六爻皆陽，表示陽氣盛極，爲四月小滿次候。姤卦初六爻表示陰氣始動，爲五月夏至次候，到坤卦六爻皆陰，表示陰氣極盛，爲十月小雪次候。這樣，十二辟卦又象徵二十四氣和七十二候的變化。此十二卦又被稱爲十二消息卦。就爻象的變化說，前六卦爲陽息陰消，被稱爲息卦；後六卦爲陰息陽消，被稱爲消卦。一年節氣的變化，亦是如此。此說來于彖的爻位說，如以剝卦爲「柔變剛」，夬卦爲「剛決柔」，所謂「消息盈虛，天行也。」清惠棟《易漢學》中，依孟喜的卦氣說，制有卦氣圖，今取其義，制十二消息圖，如圖」

（朱伯崑　易學哲學史　第一卷　頁一三五）

十二消息圖

乾
姤
遯
否
觀
剝
坤
復
臨
泰
大壯
夬
夏至
小暑
大暑
立秋
處暑
白露
秋分
寒露
霜降
立冬
小雪
大雪
冬至
小寒
大寒
立春
雨水
驚蟄
春分
清明
穀雨
立夏
小滿
芒種
離
夏
震
春
秋
兌
冬
坎

乙、京房易說

漢朝的易學有京房的易說，京房易說的特點：八宮、納甲、五行、卦氣。八宮解釋六十四卦的次序，和宇宙觀沒有關係，其他三點都由陰陽五行的變化而說，和宇宙就有關係了。

納甲，把天干地支配入八宮卦和卦支，再以十二律曆配十二月。

八卦納甲圖

八卦／爻位	上爻	五爻	四爻	三爻
乾	壬戌	壬申	壬午	甲辰
坤	癸酉	癸亥	癸丑	乙卯
震	庚戌	庚申	庚午	庚辰
巽	辛卯	辛巳	辛未	辛酉
坎	戊子	戊戌	戊申	戊午
離	己巳	己未	己酉	己亥
艮	丙寅	丙子	丙戌	丙申
兌	丁未	丁酉	丁亥	丁丑

二爻	初爻
甲寅	甲子
乙巳	乙未
庚寅	庚子
辛亥	辛丑
戊辰	戊寅
己丑	己卯
丙午	丙辰
丁卯	丁巳

十二支如下：

黃鐘十一月，子　蕤賓五月，午
大呂十二月，丑　林鐘六月，未
太簇正月，寅　夷則七月，申
夾鐘二月，卯　南呂八月，酉
姑洗三月，辰　無射九月，戌
仲呂四月，巳　應鐘十月，亥

「以上十二月，奇數月爲陽，偶數月爲陰。按此說法，十一月，五月爲子午；十二月，六月爲丑未。配以乾坤父母卦，乾卦初爻爲子（十一月），四爻爲午；坤卦初爻爲未（六月），四爻爲丑，表示陰陽二氣之終始。乾卦其它各爻，由下往上，按陽支順序，配以寅，辰，申，戌。坤卦各爻，按陰支順序，配以巳，卯，亥，酉。其它六子卦，按律曆說，十一月、五月爲子午，配陽卦震，各爻按陽支順序，配以子，寅，辰，午，申，戌；十二月、六月爲丑未，配陰卦巽，各爻按陰支順序，配以丑，亥，酉，未，巳，卯；一月、七月爲寅申，配陽卦坎，各爻按陽支順序，則配以寅，辰，午，申，戌，子。餘卦皆類此。乾坤兩卦納支，同震巽兩卦基本上是一致的。」(朱伯崑　易學哲學史　第一卷　頁一五三)

五行說，以五行配八宮卦和卦爻。解釋爻象和卦爻辭的吉凶。

五行

八卦／爻位	乾 金	坤 土	震 水
上爻	土	金	土
五爻	金	水	金
四爻	火	土	火
三爻	土	木	土
二爻	木	火	木
初爻	水	土	水

六位圖

巽	坎	離	艮	兌
木	水	火	土	金
木	水	火	木	土
火	土	土	水	金
土	金	金	土	水
金	火	水	金	土
水	土	土	火	木
土	木	木	土	火

「八宮卦配五行，本于《説卦》中取象和取義説。《説卦》以乾爲金；坤爲地即爲土；震爲旉，旉爲草木開花之象，故配木；巽爲木；坎爲水；離爲火；艮爲山即爲土；兌爲毀折，爲剛，故配金。各爻位配五行，本于《月令》五行配四時十二月説。按《月令》的説法，春季爲盛德在木，夏季爲盛德在火，秋季爲盛德在金，冬季爲盛德在水。土屬夏秋之間，故爲中央土。但土德不專主某一季，其德分布于四季之中。一季有三個月（孟、仲、季），土德則分別散布于季月

之中。如下圖：」（朱伯崑 易學哲學史 第一卷 頁一五五—一五六）

季	月	支	行
春	正月	寅	木
	二月	卯	木
	三月	辰	土
夏	四月	巳	火
	五月	午	火
	六月	未	土
秋	七月	申	金
	八月	酉	金
	九月	戌	土
冬	十月	亥	水
	十一月	子	水
	十二月	丑	土

京房易學的特點卦氣說，有同於孟喜的，有不同於孟喜的，這種差異在哲學上沒有意義；京房卦氣說在哲學的意義是提出陰陽兩氣，解釋周易的一切變化。他在易傳中說：

「積算隨卦進宮，乾坤震巽坎離艮兌，八卦相蕩，二氣陽入陰，陰入陽，二氣交互不停，故曰生生之謂易，天地之內無不通也。」

「陰陽二氣，天地相接，人事吉凶見乎象，立位適變，八卦分焉，陰雖虛納于陽位稱實，升降反復，不能久處，千變萬化，故稱乎易；易者，變也。」

漢朝的哲學思想，發揮戰國時的陰陽五行，作宇宙論的基本思想，又和周易的卦結在一起，再加上迷信的星宿鬼神，糾葛不清。董仲舒的春秋思想，鄭玄的五經注釋，就是這種思想的代表。

丙、易緯

緯書爲解釋經書的書，周易有易緯。緯書原書已散佚，經後人輯成的有，乾鑿度、乾坤鑿度、稽覽圖、通卦驗、是類謀、坤靈圖。這些緯書中以乾鑿度被採用的最多，對漢朝易學的影響也很大，而且特別在宇宙觀方面。

「昔者聖人因陰陽，定消息，立乾坤以統天地也。夫有形生于無形，乾坤安從生？故曰有太易，有太初，有太始，有太素。太易者未見氣也，太初者氣之始也，太始者形之始也，太素者質之始也。氣形質顯而未離，故曰渾淪。渾淪言萬物相渾成而未相離，視之不見，聽之不聞，循之不得，故曰易也。易無形畔，易變而爲一，一變而爲七，七變而爲九，九者氣之究也。乃復變爲一，一者形之始也。清輕者上爲天，濁重者下爲地，物有始有壯有究，故三畫而成乾。乾坤相並俱生。物有陰陽，因而重之，故六畫而成卦。」

這種思想把老子的「有生於無」加入周易，講太易而不講太極，氣形質也是老子的「一生三，三生萬物」。「渾淪」的觀念影響了張載的太虛觀念，氣清上爲天，氣濁下爲地；也影響了朱熹的天地觀念。易緯的宇宙觀對於後代易學的象數學影響更大。

太易、太初、太始、太素，氣形質相渾，天地，萬物，爲宇宙結構的歷程，渾淪，世稱爲太極。一，七，九的數爲卜占的數。

作八卦方位圖，以五常配八卦，在一年四季的氣節變換中，體現出人事倫理之道。

「這是以震離兑坎四正卦配仁禮義信，中央不配卦，但維系四維之卦，故配智。「五氣」，指五行之氣，其以五行配五常，五行主四時，四時分屬于卦氣，這樣，卦氣也就具有五常的品德。震居東方，爲木，陽氣生，生萬物，所以其德爲仁；離居南方，爲火，陽氣居上，陰氣居下，陽尊陰卑，其德爲禮；兑居西方，爲金，陰氣治理萬物，其德爲義；坎居北方爲水，陰氣中含陽氣，萬物歸藏，其德爲信。中央統率四方，四維之所系，善于決斷，其德爲智。五常不僅理人倫，而且明天道，通天意，所以乃「天人之際」的根本原理。以上即《乾鑿度》八卦方位說的主要內容。此說，以圖示之」（朱伯崑 易學哲學史 第一卷 頁二〇二）

朱伯崑在易學哲學史解釋這圖的意義：一、強調八卦的爻位數目規定一年四季節氣變化

八卦方位圖

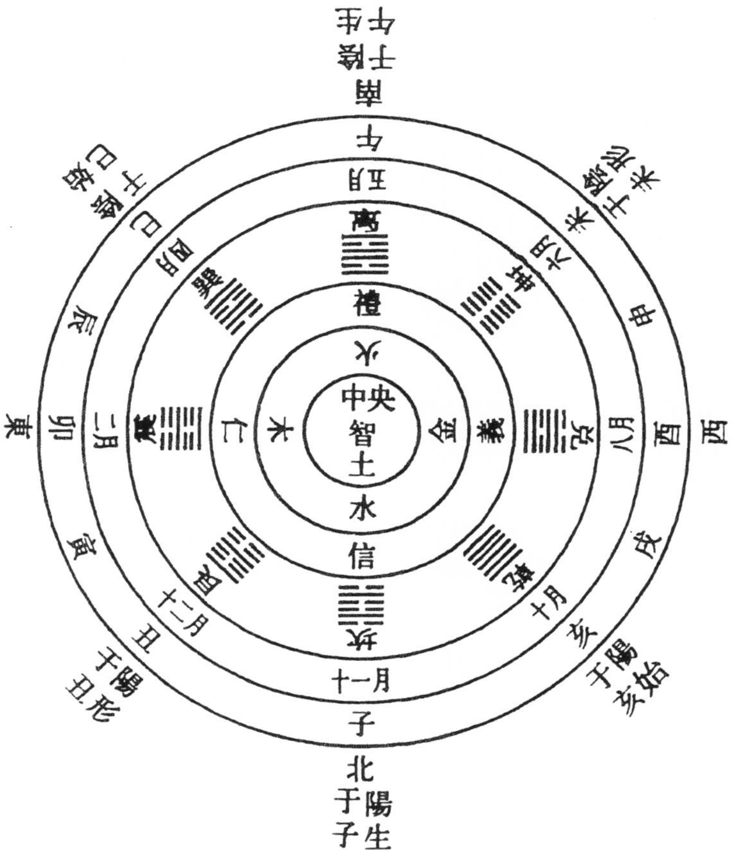
南
陰生于午
北
陽生于子
東
西
陰始于巳
陰形于未
陽始于亥
陽形于丑
午
子
卯
酉
辰
巳
未
申
戌
亥
丑
寅
五月
六月
八月
十月
十一月
十二月
二月
四月
離
坤
兌
乾
坎
艮
震
巽
禮
義
信
仁
火
金
水
木
中央
土
智

的度數。二、以五常配五行，以土德為智，和鄭玄的注據孝經說相同，又和八卦相聯系。

丁、鄭玄、揚雄

鄭玄和揚雄，不是易學者，鄭玄注釋五經，作了易經傳的注釋；揚雄則作太玄，模仿易經而作，故兩人都有由周易而有的宇宙觀。

鄭玄作五行相生說，五行的生剋，戰國時已有定論，漢朝學者都予以接受，鄭玄的五行相生說，是以天地配五行，並配四方，表示氣的變化，化生萬物。

五行生成圖

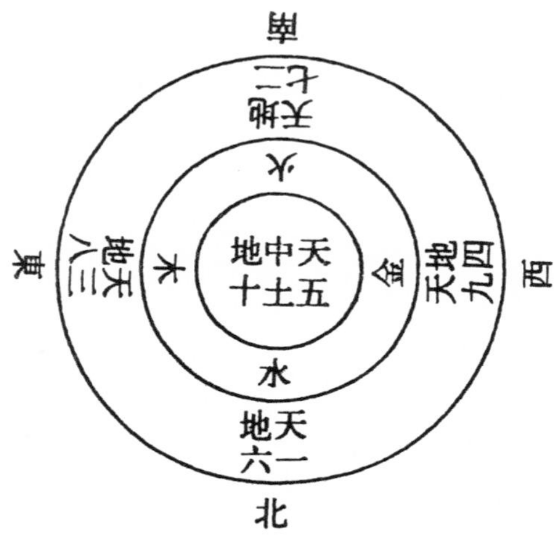

天一生水於北，地二生火于南，天三生木於東，地四生金于西，地六與天一再配合，天七與地二再配合。

揚雄作太玄一書，思想仿效老子，結構仿效易經，把道稱為「玄」，把易經的陰陽二元改成三元，以配老子的道生一，一生二，二生三，三生萬物。每卦四爻，所有變化為三十二，乃有三十二卦。陰陽五行周遊變化，配合四季四方。太玄五行圖和鄭玄的五行生成圖相同，祗是中央的土爲五五，爲十，不同鄭玄圖中的中土爲十五。

太玄五行圖

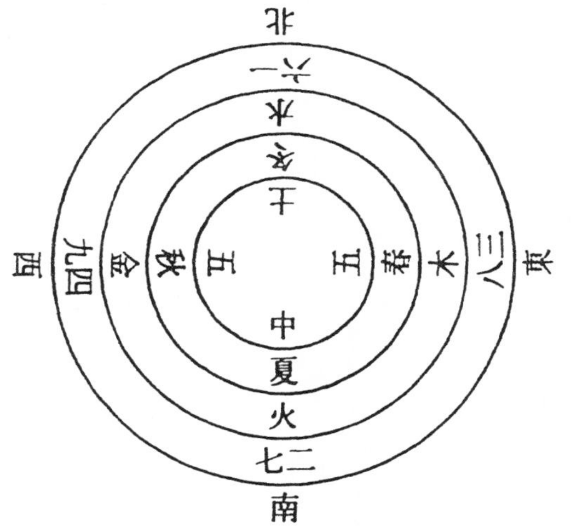

戊、魏伯陽

漢朝從武帝獨尊儒家，設立學官，但是道家的思想卻盛行，南北朝的玄學即是道家之學。道教也在東漢時創立。漢朝繼承春秋戰國的風氣，迷信鬼神，追求長生。道教便以求長生爲宗旨，演出仙丹和吸引導氣之術。魏伯陽爲東漢末的煉丹術士，採用易經的氣運思想，解釋煉丹的理由，著有參同契一書。

煉丹的素材爲水銀、鉛、硫黃；水銀爲龍，鉛爲虎，硫黃爲黃芽。素材放在鼎內，鼎下加火，水銀和鉛和硫黃化解相合結成丹藥，吸入人身體內，固定元氣，長生不老。煉丹術的關鍵點，在於火候。魏伯陽藉易卦的陰陽變易，同月亮的虛盈配合而成「月體納甲說」。周易以「一陰一陽之謂道」爲宇宙變化的原則，一年四季由陰陽變化而成。漢易以四正卦象徵四時和四方。參同契有「水火匡廓圖」。

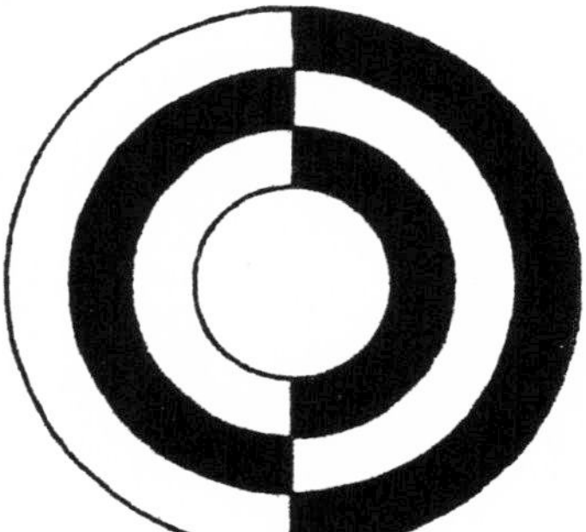

「此圖式中，左半爲離卦，右半爲坎卦象，白者爲陽爻，黑者爲陰爻，就煉外丹說，左離爲青龍即丹砂，右坎爲白虎即鉛。當中的小白圈，指丹藥。此圖式，後來成爲道教講煉丹的圖式之一，宋初道士陳摶的無極圖和道學家周敦頤的太極圖，皆出于此。」（朱伯崑　易學哲學史　第一卷　頁二五六）

參同契提出「三五與一」，以五行相剋的關係，解釋鉛汞加溫起反應，化成金丹的過程，煉丹術的關鍵點在於火溫，參同契說明火溫隨月亮的盈虛而轉移。

「此圖式中，八卦納甲的次序，皆本于京房說。月初位于西方，月望位于東方，亦本于京房說。太平御覽卷四引京房易說說：『月初光，見西方，己後生光見東方，皆日所照，』認爲月體無光，因日照而生光。參同契據此，置坎離于中宮，意謂「日月爲易剛柔相當」，表示月體憑日光而發光，乃月亮盈虧的根源。

月體納甲圖

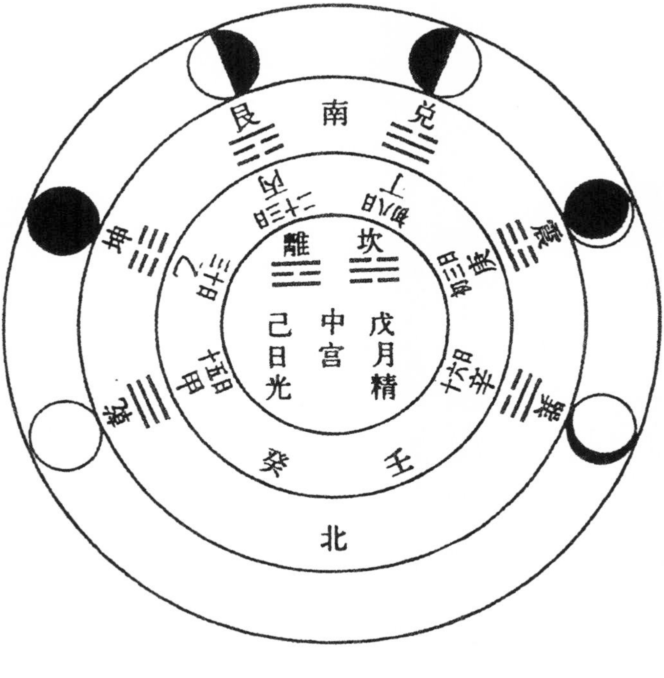

按卦氣説，震居東方，兌居西方，此圖式以震居西方這是因爲月初生光在西方，震☳表示一陽生于下，故配西方。月上弦在南方，兌☱乃二陽生之象，故以兌卦配南方。月光由盈始退，亦見于西方，巽☴表示一陰生于下，故以巽配西方。月下弦亦在南方，艮☶表示二陰生，故配南方。月望和月晦皆在東方，乾☰爲全陽，坤☷爲全陰，故配東方。北方不見月光，表示乾消坤藏，分別配以壬癸。總之，以六卦配四方和干支，用來説明一月之中月光盈虧即陰陽消長的過程。此圖式也是用來説明一月之中煉丹用火的程序。月初微明時，即震卦一陽生，表示陰陽始交，萬物始萌，此時起火。即參同契所説：『晦至朔旦，震來受符。當斯之時，天地媾其精，日月相撢持。雄陽播玄施，雌陰化黃包，混沌相交接，權與樹根基。』以後，隨月亮的盈虧，調節火候，到三十日，坤卦用事時，息火，觀察藥物變化的情況；次月月亮初明，再起火。此即參同契所説『聖人不虛生，上觀顯天符。天符有進退，詘信以應時。』『天符』指月亮的盈虧即陰陽消長的過程。『詘信』即屈伸，指增減炭火，順應月光的變化，此即『屈伸以應時』。據説，此圖式，也是用來説明鼎中藥物加火以後變化的過程。如震卦用事時，月初微明，乃鉛汞始交之狀；十五日乾卦用事，乃鉛汞融合之狀；到三十日，坤卦用事，鉛汞初成丹藥，此爲一轉，即一次變化。」

（朱伯崑　易學哲學史　第一卷　頁二六六）

漢易的宇宙觀，總括漢易卦氣的思想，宇宙開始有太易、太初、太始、太素、太極，總爲一氣。一氣分陰陽，陰陽分五行。陰陽五行之氣，在宇宙周遊，變化不停，化生萬物。宇宙的變化，有時間的四季，有空間的四方，四季又有十二月，二十四節氣，七十二候，這一切都由卦和爻去配合，象徵陰陽變化的含義。人事世界，也有變化，也由陰陽五行而成。節制人世變化的天干地支和倫理道德，也用卦爻去配合，這樣人事變化和宇宙變化互相關連，周易的卦爻由占卜吉凶，展開到哲學的宇宙論，又擴展到人事的倫理道德。到了後代，周易的卦又發展爲醫學、音樂、數學的基本原理，周易成爲萬能的學術。

2. 漢朝儒家哲學的宇宙觀

甲、呂氏春秋

經過戰國的百家爭論，漢朝的思想界趨於沈靜。秦始皇焚了經書，漢朝學者辛苦地搜尋古籍，加以整理，詳作註釋，這份學術工作，構成了後代所謂漢學或經學。易經沒有被焚，漢朝社會又多迷信，易卦的研究結成漢朝的易學。除了經學和易學外，漢朝儒者的思想沒有造成漢代的哲學，祇是把戰國時代的陰陽五行和吉凶、長生等迷信，作成了系統。但是這種系統對宋代理學家的思想，作了開始的導遊。這種系統思想的代表，是董仲舒。

開啓漢朝哲學思想的路，爲呂氏春秋。呂氏春秋爲秦朝宰相呂不韋集合賓客所作，說明治天下之道，在法天地。

呂氏春秋的宇宙觀，以氣爲宇宙元素，以天地相合化生萬物。

「天地有始，天微以成，地塞以形，天地合和，生之大經也。」（呂氏春秋 卷十三 有始篇）

高誘注說：

「天，陽也，虛而能施，故微以生萬物。地，陰也，實而能受，故塞以成形兆也。」

「夫物合而成，離而生。知合知成，知離知生，則天地平矣。」（同上）

成，爲易傳所說「一陰一陽之謂道，……成之者性也。」的成字。離，爲麗字，易經離卦配火，或置東方或置南方都象徵發揚。物的化生，由陰陽相合而成，由陰陽相麗附而生。陰陽兩氣在宇宙間周遊不停，循環變化，造成一年的十二個月。每一個月陰陽兩氣結合的程序，造成自然界的各種現象，人君施行政治，應該和自然現象配合，實現教法天地，呂氏春秋有「十二紀」。

「孟春之月，……是月也，天氣下降，地氣上騰，天地和，草木繁動。」（正月紀）

易經泰卦，三陽三陰，「小往大來，吉亨，則是天地交而萬物通也。」「象曰：天地交，泰。后以財成天地之道，輔相天地之宜，以左右民。」

「十二紀裡，列出每一月的數、律、味、草、虫、禽獸，以及天地自然氣候，和君王應穿的衣服，應吃的食物，應行的政事，這一切都含有五行，都要和時間中的五行相配合。時間爲月季，君王應按月季去安排一切，以實現天地人的合一，結成一個生命的大調協。」（羅光　中國哲學思想史　第二冊　兩漢南北朝篇　頁二十二）

呂氏春秋卷二十的召數篇，講論人事和自然現象的感應，顯示上天對人君人民善惡的賞罰。人的行善，動用人氣，行爲的善惡，動用的氣有善惡。人的善惡之氣感動天地間的善惡之氣，生出自然吉祥或災異的現象，這種現象警告人君，天將有賞罰。

「類同相召，氣同則合，聲比則應，故鼓宮而宮應，鼓角而角動，以龍致雨，以形逐影，禍福之所來，衆人以爲命焉，不知其所由。」(召數篇)

禍福的由來，乃來自人的善惡。這種氣運的思想，是結合春秋戰國的陰陽五行和方士的迷信，成了人生之道。

乙、董仲舒

董仲舒乃漢代哲學的代表，以治公羊傳著名，著有春秋繁露一書。孔子的春秋重宗法禮制，公羊傳更重君王的地位。董仲舒提倡儒家尊王的思想，說明災異出於上天的警戒，把陰陽五行和天意相結合，結成一種天人相應的學說。

董仲舒的宇宙觀，講「元」，爲宇宙之始。

「謂一元者，大始也。」(春秋繁露　卷三　玉英)

「是以春秋變一謂之元，元猶原也，其義以隨天地終始也。」（同上　卷五　重政）

「元爲一，爲開始，爲根源。天地萬物的根源和開始，在於一氣，這種氣稱爲元氣。元氣不分陰陽，周遊天地，爲天地萬物的成素。」（羅光　中國哲學思想史　第二卷　頁一七一）

「董仲舒的宇宙觀，以氣爲元爲一，由氣分陰陽，四時，五行。陰陽四時五行，都是氣。易經曾講陰陽，以陽爲剛，陰爲柔，陽爲明，陰爲晦；然而易經還沒有明顯的陰陽的氣的兩類，董仲舒則明明指出這一點。」（同上　頁一七二）

戰國時，已有陰陽相生相剋的觀念，董仲舒系統地說明這種關係，正式成爲哲學的思想。

「木生火，火生土，土生金，金生水，水生木，此其父子也。木居左，金居右，火居前，水居後，土居中央。此其父子之序，相受而布。是故，木受水而火受木，土受火而金受土，水受金也。諸授之者，皆其父也，受之者，皆其子也。」（春秋繁露　卷十一　五行之義）

「五行之隨，各如其序，五行之官，各致其能。是故木居東方而主春氣，火居

南方而居夏氣，金屬西方而主金氣，水居北方而居冬氣。是故木主生而金居殺，火主暑而水主寒。」(同上)

「金勝木，水勝火，木勝土，火勝金，土勝水。」(春秋繁露 卷十三 五行相勝)

五行相生相剋的次序，原是自然界五行所標示物體的關係。木生火，為鑽木取火；火生土，為火燒物而成灰；土生金，乃金屬生於土中；金生水，即金屬鎔化成為液體；水生木，乃樹木由水而能生。鐵劈木，即金勝木；水淹火，即水勝火；木插入土中，即木勝土；火鎔化金屬，即火勝金；土塡水，即土勝水。這種自然現象應用到哲學本體論，是從陰陽兩氣的變化去作內容，也由卦爻的變去解釋。

董仲舒在春秋繁露，講天人合一，對於「天」，有五種意義；信仰的上帝；神化的自然天；感應的氣天；副人的形天；天理的哲天。五種意義的天中，第二種神化自然之天和第四種配人的形天，為他的宇宙觀的天。董仲舒以天地生物，為萬物之本，神妙莫測，有情有心。

「天地者，萬物之本，先祖之所出也。廣大無極，歷年衆天，永永無疆。天出主明，衆知類也，其伏無不炤也。地出主晦，星日為明不敢闇。」(春秋繁露 觀

德）

神化的自然天，人可以體會到，但不是所看見的；所看見的天是形天，形天的結構和人的身體一樣，或更好說人身的結構和天的結構一樣，從人身的結構可以看到天的結構。人頭圓配天，形體骨肉配地，耳目配日月，身體的空竅血脈配水川山谷，頭髮配星辰，四肢配四季，身體大節十二配十二月，小節三百六十六配一年日數，乍視乍瞑配晝夜，乍剛乍柔配冬夏，情感喜怒哀樂配天氣變化。這種配合很機械化、很俗化，較比漢易的卦氣說所作配合更見勉強。但也可見董仲舒的宇宙論，和人事倫理，結合一起，結合一種物質性的天人合一說。董仲舒的宇宙論祗在配合人事倫理方面，較有新的意義，他所講的氣的變化，也是當時周易學者卦氣派所講，他在春秋繁露中說：

「初薄大冬，陰陽各從一方來，而移於後。陰由東方來西，陽由西方來東，至于中冬之月，相遇北方，合而爲一，謂之曰至。別而相去，陰適右，陽適左，……至於仲春之月，陽在正東，陰在正西，謂之春分；春分者陰陽相半也。……初得大夏之月，相遇南方，合而爲一，謂之至。別而相去，陽適左，陰適右，……至於中秋之月，陰在正東，謂之秋分；秋分者，陽陰相半也。」（春秋

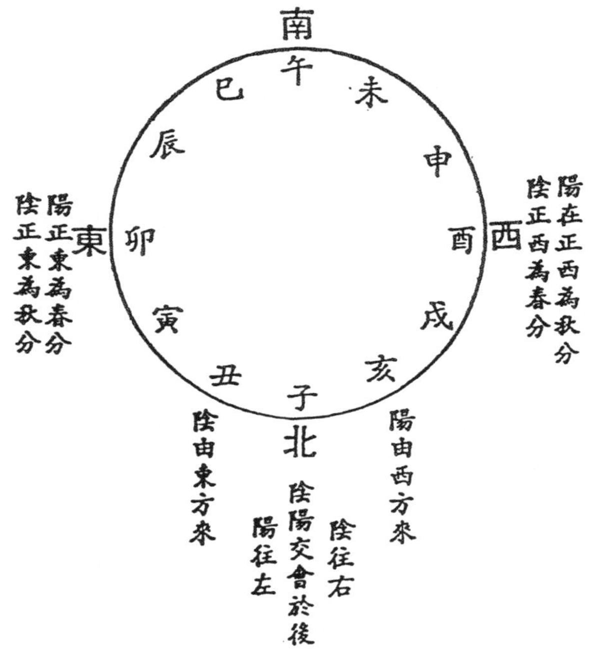

（繁露卷　陰陽出入）

一年四季，由陰陽運轉而成。春分和秋分都爲陰陽相半，跟卦氣說的主張不相同，卦氣說以東，春，爲陽漸盛，陰漸衰，實際上陰多於陽。卦氣說以西，秋，爲陰漸盛，陽漸衰，實際上則陽多陰少。這些差異，卦氣說中也有。

董仲舒的宇宙論，以一元之氣爲宇宙之始，一元之氣分陰陽，再分爲五行。

丙、淮南子

淮南子一書，爲淮南王劉安的賓客所作，書中充滿道家的思想；但又以治國平天下爲宗旨，書中也有儒家的思想。

淮南子書中講宇宙演變歷程的篇章有三篇。俶眞訓篇中抄襲莊子齊物論的次序，加了一些混迷的說明。莊子齊物論說「有始也者，有未始有始也者，有未始有夫未始有始也者。有有也者，有無也者，有未始有無也者，有未始有夫未始有無也者。」淮南子俶眞訓說「有始者，有未始有有始者，有未始有夫未始有有始者。有有者，有無者，有未始有有無者，有未始有夫未始有有無者。」這兩書所說的次序完全相同，淮南子是抄襲莊子。莊子所排的七個次序，不是一列式的，而是分成兩列：一列以「始」爲標準，一列以「無」爲標準。「始」的一列有三個次序，「無」的一列有四個次序。這兩列並不是平行，又不能排成一列。按照俶眞訓的解釋，勉強可以列爲一行，共有六個次序。

但是天文訓所講的次序，則很明白。這個次序是道—宇宙—氣—天地—陰陽—四時—萬物。

精神訓則很簡單，演變的歷程爲道—陰陽—萬物—人。

淮南子各篇所有的共同點是「氣」，天地人物都由氣而成，淮南子一反普通儒家所說，把天地放在陰陽以先。儒家普通以陰陽在先，天地在後，天地爲陽陰兩氣所成。尤其天文訓所說有自相矛盾之處。「氣有涯垠，清陽者薄靡而爲天，重濁者凝滯而爲地。……天地之襲精爲陰陽。」在講天地之成爲天地時，也說出由陽陰兩氣而成，因爲淸陽者即是陽氣，重濁者即是陰氣。然後卻又說：「天地之襲精爲陰陽，以陰陽爲天地之合氣而成。」這不是自相矛盾嗎？淮南子似乎採取列子的演變次序，氣、形、質。氣爲氣，形爲天地，質爲陰陽，天地在陰陽以先。莊子的演變歷程在齊物論一篇中講述，他使用齊有無，齊死生的方法。有有，有無，更好沒有有無，最好沒有所謂沒有有無。他對於有始和沒有始，也是一樣的說法。這就有似於佛教的中論或三論，有有，有空，更好沒有有和空，一切平等。這樣一來，對於演變的歷程便沒有意義了。淮南子加以許多說明，說明多含混不淸，不能分析上下先後的層次。

老子道德經論「道」，從「道」的本體立言。雖說「道」不可道，但是老子還是勉強講論「道」的本體。莊子論「道」，已經注重「道」的演變。淮南子論「道」則專從「道」的演變去說，對於「道」的描述，是描述宇宙演變的源起時的狀態。「天地未形，馮馮翼翼。」「覆天載地，廓四方，析八極，高不可際，深不可測。」「天地未剖，陰陽未判，……寂然淸澄，莫見其形。」僅祇從淮南子所說的去研究「道」，不能有一個對於「道」的明確觀念，要參照老子的話，才可以知道「道」是什麼。淮南子說：

「道至高無上，至深無下，平平準，直乎繩，圓乎規，方乎矩，包裹宇宙，而

無表裡；」（繆道訓）

這一段所講的道，雖可以是實體的道，然更合於天地人物之道，為一切變化的規矩方圓。

書篇	道德經第四十二章	莊子齊物篇	列子天瑞篇
	道	未始有有夫未始有無也者。	太易未見氣也。
		未始有無也者。	
	道生一	有無也者未始有夫未始有始也者。	太初者，氣之始也。
		未始有始也者。	太始者，形之始也。
	道生二		太素者，質之始也。
	道生三	有始也者。	氣形質具而未相離。
	三生萬物	有有者。	

淮南子 俶眞訓	精神訓
未始有夫未始有有無者，天地未剖，陰陽未判。	古未有天地之先，惟像無形。
有未始有有無者，包裹天地，陶冶萬物，大通混冥。	
未始有夫未始有有始者。天含和而未降，地懷氣而未揚，虛無寂寞。有無者，視之不見其形，聽之不聞其聲，……浩浩瀚瀚。	
未始有始者，天氣始下，地氣始上，陰陽錯合。	
	有二神混生，經天營地……於是乃別爲陰陽。
有始者繁憤未發，萌兆牙蘗，將欲生興，而未成物類。	
有有者言萬物摻落，根莖枝葉。……而有數量。	剛柔相成，萬物乃形。

天文訓
道始於虛霩。
虛霩生宇宙。
宇宙生氣，氣有涯垠。
清陽者爲天，重濁者爲地。
天地之襲精爲陰陽。
陰陽之專精爲四時。
四時之散精爲萬物。

（羅光　中國哲學史　第二冊　頁五五四—五五七）

淮南子的宇宙演變歷程，有道家的思想，又有儒家的演變歷程，因爲作者爲不同一人，作者的思想乃不相同；然而不同中有共同點，即是「氣」。宇宙由氣而成，氣在天地間周遊運轉。淮南子詮言訓中，說明陰陽運轉的途徑。

淮南子的思想，以陰陽並重，一年四季的變易由陰陽兩氣用事。

「陽氣起于東北，盡于西南。陰氣起于西南，盡于東北。陰陽之始，皆調適相似，日長其類以侵相還四或熱焦沙，或寒凝冷。」（詮言訓）

天地間的氣，分陰陽兩氣外，尚有「和氣」，「精氣」。「和氣」是天地之氣，「陰陽錯合」，有似於漢儒所說的「元氣」。「和氣」也在人身體內，人養和氣以保身體安寧，心

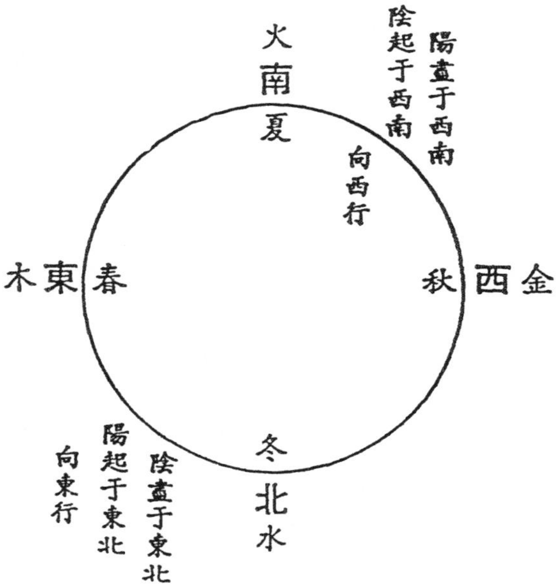

靈恬靜。「精氣」為氣的精，在人成為人的精神，為人生命中心，乃是人的心靈。在天地中為氣的動力，天文訓篇中說：「天地之襲精為陰陽，陰陽之專精為四時，四時之散精為萬物。」

淮南子講宇宙的結構，以「泰一」為宇宙的開始。儒家以太一解釋太極，鄭玄又以太一為北斗星，為泰一神。淮南子以一為道所立。

「道者，一立而萬物生矣。是故一之理，施四海；一之解，際天地，百事之根皆出一門。」（道德訓）

按老子道德經所說：「道生一，一生二，二生三，三生萬物」，淮南子的一，為老子所說的一。道為無，一為有，有為氣，一為不分陰陽之氣。高誘注淮南子以一為道。

「天氣爲魂，地氣爲魄，反之玄房，各處其宅，守而勿失，上通太一。太一之精，通於天道，天道玄默，無容無則，大不可極，深不可測，尚與人化，知不能得。」（主術訓）

這種思想和道教的養生術相似，所用名詞，意義不清楚，內容也混迷不淸。淮南子的思想代表漢末和魏晉南北朝的傾向，以道家融合儒家，王弼注易就是實現這種傾向。

漢朝儒家哲學的宇宙觀，和漢易的宇宙觀相同，淮南子的宇宙演變歷程雖出自莊子但和易緯乾鑿度的內容相彷彿。這種宇宙觀成爲宋明儒家宇宙觀思想的基礎。

三、宋明儒家的宇宙觀

漢朝儒家的宇宙觀，以漢朝易學爲主幹，這種趨勢在宋明儒家的宇宙觀，佔了相同的地位，因爲儒家宇宙觀，由周易建立。宋明易學繼承了漢朝易學，漢朝易學已形成易氣、易象、易數、易形、易理的派別。易理派最後出現，由王弼建立，然漢朝的費氏易已開易理派的先路。易氣的思想不僅成立一派，然通行在易象、易數、易形之中，在後代幾不可分，以至易氣不再成一派。

宋代爲儒家哲學的復興期，稱爲新儒學時代，稱爲理學時代，理學時代的開路人爲周敦頤，周敦頤的思想以「太極圖」和太極圖說作代表。太極圖的來源，大家都肯定來自道教的陳摶。陳摶所傳爲周易的象數學，因此爲解釋理學家的宇宙觀，先要講宋明易學的宇宙觀。

1. 宋明易學的宇宙觀

甲、陳摶的易圖

魏伯陽參同契以圖形解釋煉丹的歷程，圖形依據易學的氣運，開闢了唐宋的易圖學，易象的主旨，在於以象解釋易經的卦爻辭，爲卜占之用，在漢易中非常發達，然對於哲學宇宙論沒有關係，僅有後來的先天後天卦位圖，和宇宙結構略有關連，同時又和易數的河圖、洛書說連結一起。關於卦數說，後面將有解說。

陳摶，號稱爲華山道士，居華山四十年，宋太宗號他希第先生，曾傳三種圖式，「先天太極圖」、「龍圖」、「無極圖」。

(A)陳摶的先天太極圖：早已失傳，現存的是蔡元定從四川一位隱者所得，保存在明初趙撝謙的六書本義中。

圖中黑白兩條魚形，乃陰陽二氣環抱之抱，陰氣盛居坤卦之位，于北方爲陰氣；陽氣盛於南方，純陽，成乾卦之位；陰氣極于北，陽氣始生，居東北震卦位，卦象爲一陽二陰，表示陽氣尚微弱。其後，經過東方離卦，東南兌卦位，至乾卦位，陽氣極盛，卦象爲三陽。陽氣極于南，同時一陰生起，迎接陽氣。陰氣初生，居西南巽卦位，卦象爲一陰二陽，表示陰氣尚薄弱。其後，經過西方坎，西北艮，至坤卦位，卦象爲三陰，陰氣極盛。如是，循環不已。圖中左白部分，居東方，與右白部分相呼應，環抱黑的部分，表示二陽中挾一陰，爲離卦象，此即『對過陰在中』，右黑部分，居西方，與左黑部分相呼應，環抱白的部分，表示二陰中挾一陽，爲坎卦象，此即『對過陽在中』。圖中左白部分，從震卦☳一陽生，到離卦☲二陽挾一陰，再到兌卦☱二陽增長，最後到乾卦☰三陽極盛，爲陽息的過程。右黑部分，從巽☴一陰生，經過坎艮兩卦，二陰增長，到坤卦三陰全盛，為陰息的過程。」（朱伯崑 易學哲學史 第二卷 頁一四）

這個圖形，來自魏伯陽的參同契，其中八卦方位說、陰陽消息煉內丹說，為中心的思想。趙撝謙傳另一種「先天圖」，和「先天太極圖」有些差別。

「乾一表示陽精，坤八表示母胞，即子宮，乾上坤下，表示父母媾精，如其所說：『受胎之後，藏于坤宮。』其它六卦方位表示陰陽二氣相交在體內互為起伏的過程，故以陰陽魚環抱之象示之。即乾一陽交坤為震，二陽交坤為坎，三陽交坤為艮；坤一陰交乾為巽，二陰交乾為離，三陰交乾為兌。巽居西南，艮居西北，表示陽氣由起到伏，故陽魚象居西方，頭上尾下。震居東北，兌居東南，表示陰氣由起到伏，故陰魚象居東方，頭下尾上。此圖式表明陰陽魚環抱之太極圖象，在宋元時期屬于道教易學系統，成爲道教解釋煉丹術的依據之一。」（朱伯崑　易學哲學史　第二冊　頁六八）

兩圖的黑白兩魚相抱，或東或西，在後代都有影響，八卦方位，都以乾南坤北，離東坎西，就是後來邵雍的「先天伏羲卦位圖」的依據。

(B)易數學以易傳的大衍之數爲根據，企圖作一解釋，內容則以河圖、洛書作中心。河圖洛書之學，相傳也出於陳摶。陳摶作龍圖，龍圖有三變，第一變即天地未合之數，其圖式如下：

天數

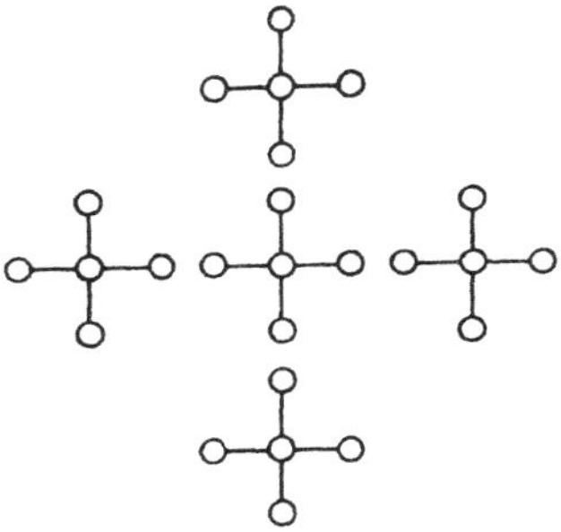

地數

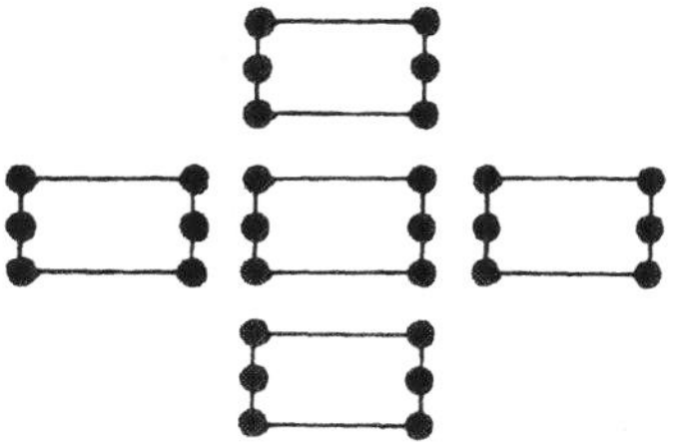

天數圖，天數總合爲二十五，每組縱橫之數皆三，代表天三。五組合列，縱橫之數皆九，代表天九。橫的總數爲十五，縱的總數也爲十五，代表中貫三五九，外包之十五。

地數圖，地數三十，每六個爲一組，共分五組，五組縱橫排列，每組數六。兩圖以五爲天數單位，以六爲地數單位，五爲奇，六爲偶。

龍圖第二變，爲天地已分之位。

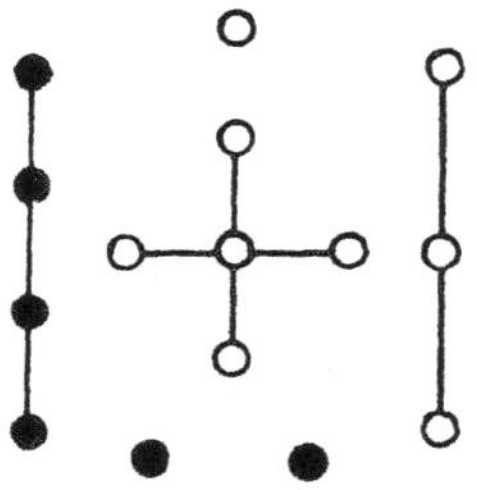

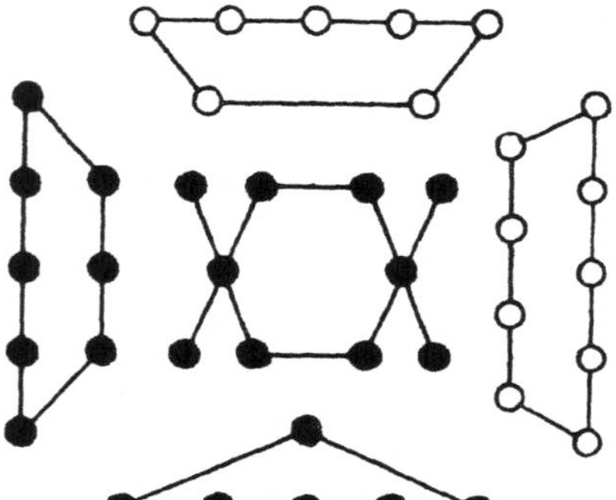

上圖天數中的五組，共去十個數，成爲奇偶相配，所去的十個數，隱藏在下圖中的十。上圖地數圖中六一組，去一加于上一組爲七；去二加于下一組爲八；去三加于右六一組爲九；下六一組不加任何數，仍爲六。這圖，偶數組爲六、八，奇數組七、九，分居四方，中十爲偶數，來自天數組去掉之十。兩圖的總數爲五十五，爲天地之數。

龍圖第三變，即第二變中的上下兩圖合在一起，成爲龍馬負圖。

河圖

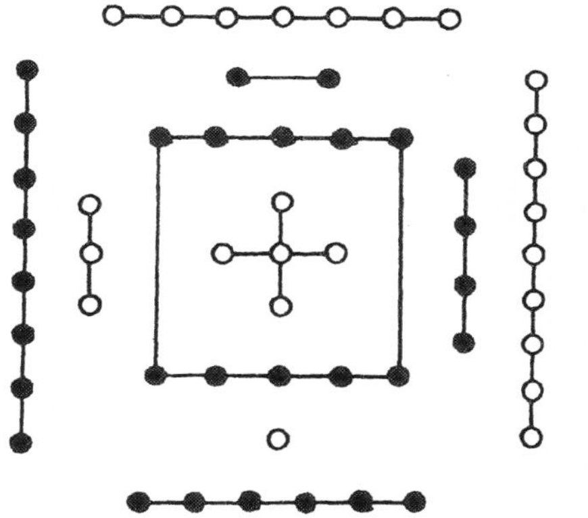

天一和地六重疊。天上地下。

地二與天七相重。天居上，地居下。

天三與地八相重。

地四與天九相重。

天五與地十相重。

這圖是五行的生數和五行的成數相合。下爲北方，天一生水，地六成之。上爲南方，地二生火，天七成之。左東方，天三生木，地八成之。右西方，地四生金，天九成之。中央天五生土，地十成之。

龍圖第三變另一圖形，淸江永河洛精蘊書中所繪。

洛書

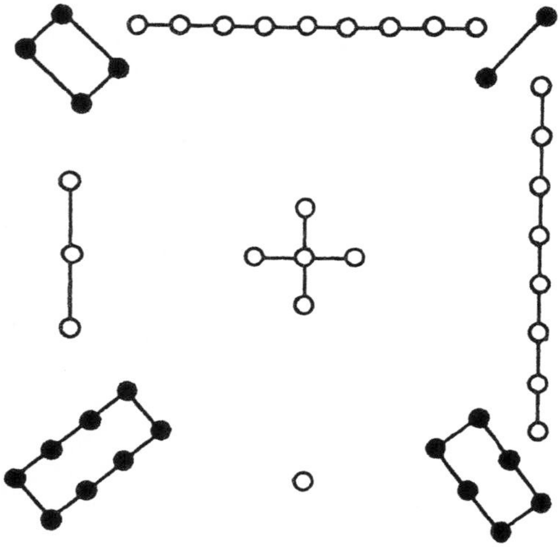

奇數一三七九，分別居於四方正位。

偶數二四六八，分別居於四角。

龍圖的三變，用爲解釋八卦的起源。

(C)無極圖，爲方士煉丹的方術，黃宗炎在圖學辯惑說：

「乃方士修煉之術，其義自下而上，以明逆則成丹之法。其大較重在水火，火性炎上，逆之使下，則火不燥烈，唯溫養而和煥；水性潤下，逆之使上，則水不卑濕，唯滋養而光澤，滋養之至，接續而不已；溫養之至，堅固而不敗，律以老氏虛無之道已爲有意。其圖下圈名爲玄牝之門，玄牝即谷神。牝者竅也，谷者虛也，指人身命門兩腎空隙之處，氣之所由以生，是爲祖氣。凡人五官百骸之運用知覺，皆根于此。于是提其祖氣上升爲稍上一圈，名爲煉精化氣，煉氣化神。煉有形之精，化爲微芒之氣。煉依希呼吸之氣，化爲出入有無之神。使貫徹于五臟六腑，而爲中層之左木火，右金水，中土相聯絡之一圈，名爲五氣朝元。行之而得也，則水火交媾而爲孕。又其上之中分黑白而相間雜之一圈，名爲取坎塡離，乃成聖胎。又使復還于無始，而爲最上之一圈，名爲煉神

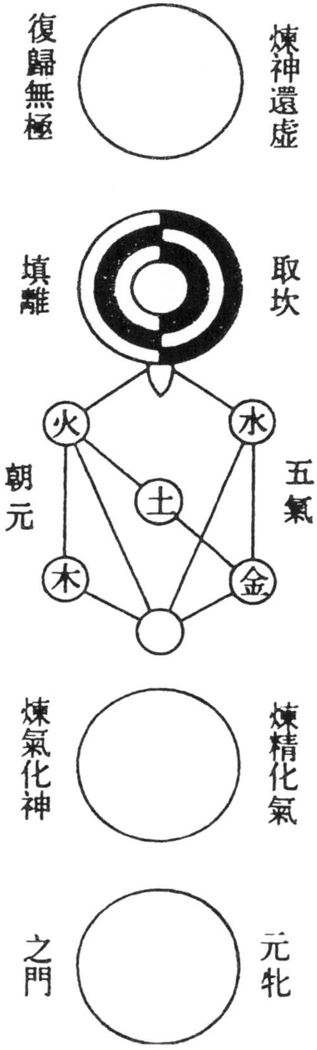

還虛，復歸無極，而功用至矣。」

黃宗炎認爲，此無極圖是講煉內丹的過程，所謂「方士修煉之術」、「明逆則成丹之法」。

上面的無極圖，道教解釋煉內丹的歷程，以陰陽兩氣的運行爲骨幹，很明顯地畫出了宇宙的結構，成爲周敦頤太極圖的底稿。

乙、周敦頤的太極圖

陳摶的無極圖曾刻于華山石壁，後傳於穆修，穆修傳于周敦頤。周敦頤專心孔孟修身之學，曾教二程尋顏回的樂處，以體會聖賢的生活。他不是易學家，但有心建立儒家形上學的系統，乃研究易經，採用陳摶所傳的無極圖，解釋宇宙化生萬物的演變歷程，易傳說明「易有太極，太極生兩儀」，漢儒建立五行的系統，周敦頤結合易傳的太極兩儀和漢儒五行的思想，把陳摶的無極圖加以修改，畫成他的太極圖，又作太極圖說。太極圖和太極圖說都經過朱熹的修訂，筆者懷疑不同於周敦頤的原著，但所不同點，祇在於無極和太極的表示。

清初毛奇齡考訂太極圖，提出南宋朱震向宋高宗所進的周敦頤太極圖，圖形如下：

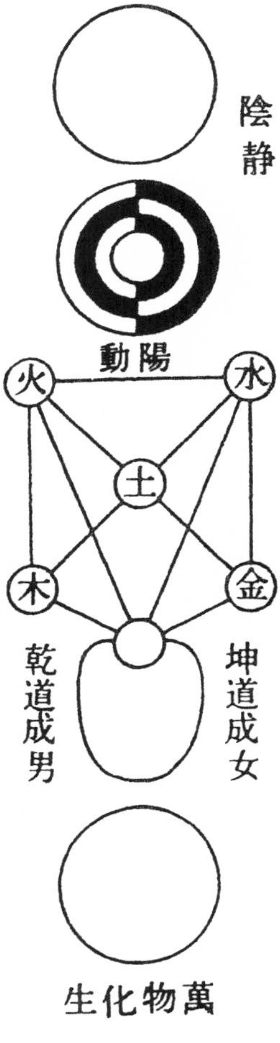

這圖上圈爲白圈，注文爲陰靜，下面第二圈黑白相轉，注文爲陽動。朱熹曾說「舊傳圖說，皆有錯謬……，改而正之。」（朱文公文集　卷四十二）白圈或白條，普通代表陽，這圖上圈爲白圈，注文陰靜，意義不合。

今本道藏「洞玄部」有「上方大洞眞元妙經圖」，圖中有「先天太極圖」，圖形如左：

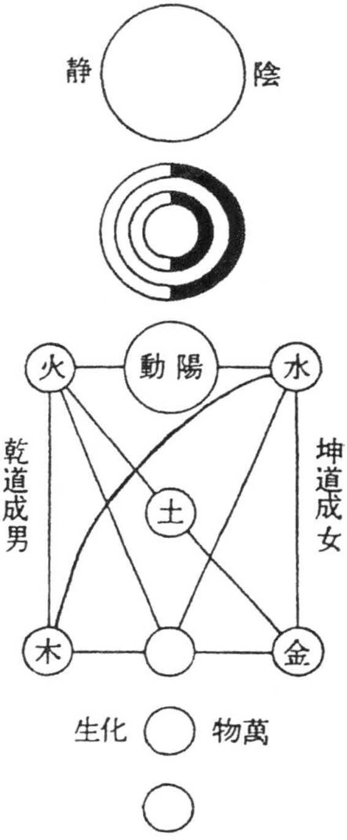

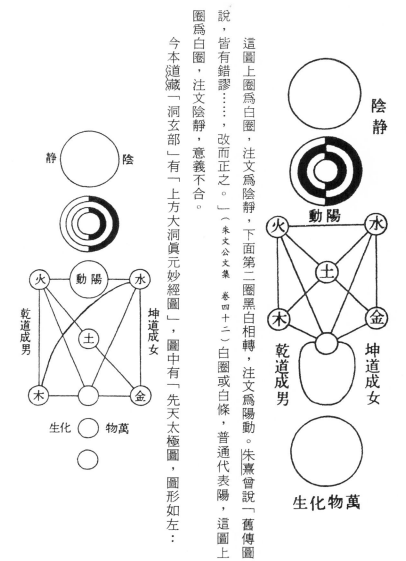

這圖和上一圖的不同點；第一，上圖第二圈爲陰陽相交坎離相抱，這圖第二圈爲乾坎相抱。第二，上圖乾道成男，坤道成女列在第四圈左右，此圖則列在第三圈左右；第三點，上圖陽動標示第二圈，此圖標明第三圈。

朱熹修訂的太極圖，圖形如下：

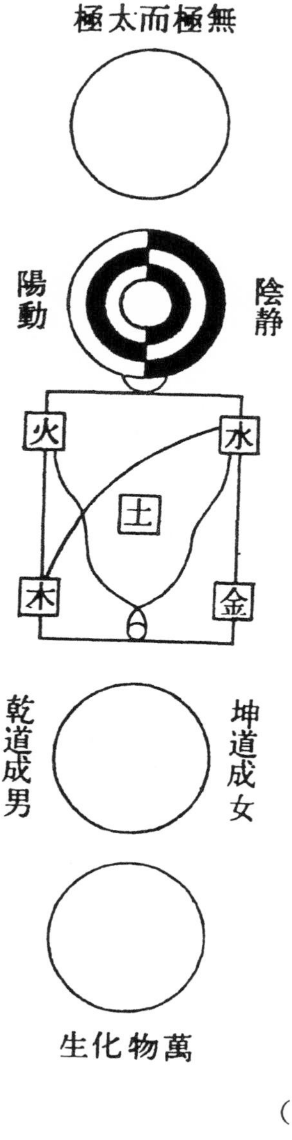

周敦頤的太極圖說：

「無極而太極，太極動而生陽，動極而靜，靜而生陰。靜極復動，一動一靜，互爲其根。分陰分陽，兩儀立焉。陽變陰合而生水火木金土，五氣順布，四時行焉。……五行之生也，各直其性，無極之眞，二五之精，妙合而凝，乾道成男，坤道成女，二氣交感，萬物化生，萬物生生而變化無窮焉。」

「太極圖」的來源按圖形說是來自陳摶的「無極圖」，內容的解說，則來自易經。在後面講理學的宇宙觀，將就「太極圖」的內容加以說明。周敦頤的「太極圖」總結了從易傳開始，經過兩漢易學發展的宇宙觀，建立了中國哲學的宇宙觀。

丙、劉牧的河圖洛書

漢易的特點，在於卦氣，但為占卜，特別發展了卦變的卦象，卦數並沒有多大的發揮。到了宋朝，繼承陳摶的三變龍圖，興起了河圖洛書的易學。北宋中期劉牧倡「圖九書十說」。圖九為九宮圖，稱為河圖；書十為五行生成圖的中央之天地之數，稱為洛書。

劉牧的洛書圖如下：

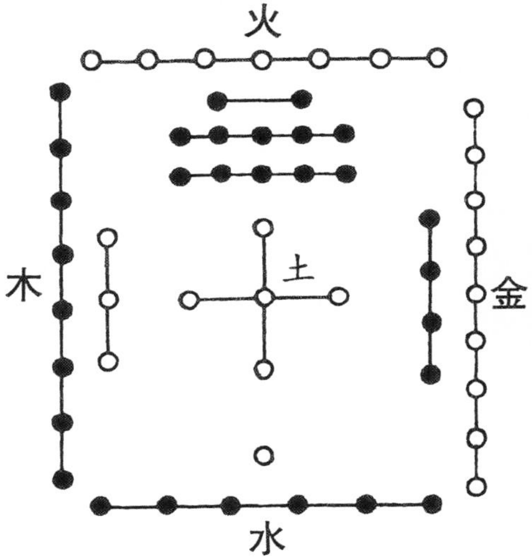

「此是說，中宮之五數與下一

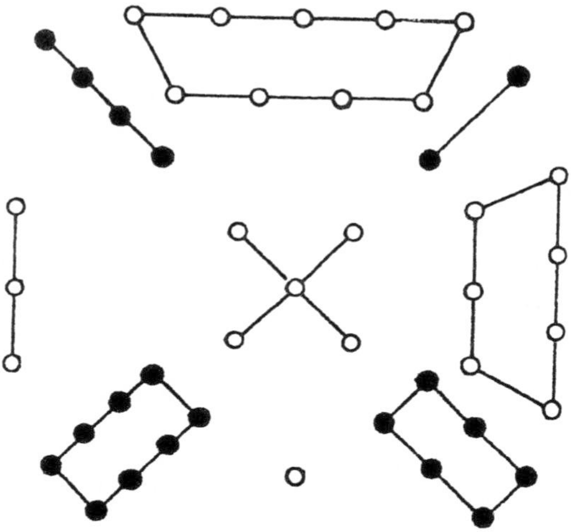

數相加爲地六之數，與左三相合得地八之數，與右四相合得天九之數，與五相合得地十之數。『五與五合』，指中宮五的倍數爲十。按洪範說法，一爲水，二爲火，三爲木，四爲金，五爲土，配以成數，所以一六爲水，二七爲火，三八爲木，四九爲金，五十爲土。此說來于漢書·五行志：『天以一生水，地以二生火，天以三生木，地以四生金，天以五生土』；『水之大數六，火七，木八，金九，土十。』」（朱伯崑　易學哲學史　第二冊　頁三三）

這圖的特點：一、陰陽各有匹偶；二、五行的順序爲五行之生數；三、天地之數爲五十五。

劉牧的河圖形如下：

「此圖即張理所說的陳摶龍圖易第三變中的九宮圖，七、九、四的排列圖式，稍有不同。劉牧對

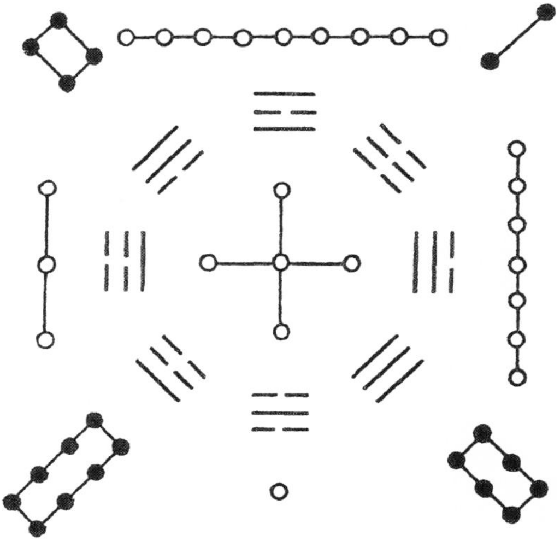

此圖的解釋，其來源有二，一是來于漢唐的九宮說。易緯的九宮說，到南北朝時期，被佛學家兼數學家甄鸞解釋爲神龜的形象。其于數術記遺中注九宮說：『二四爲肩，六八爲足，左三右七，戴九履一，五居中央。』唐王希明于太乙金鏡式經中亦說：『九宮之義，法以靈龜，以二四爲肩，六八爲足，左三右七，戴九履一。』南北朝以來的學者以龜形解釋九宮之義，大概是認爲九宮之九與洪範中九疇之九有關，漢人已稱洪範爲洛書，乃神龜所負之文，故以神龜之形象解說九宮之數。而劉牧則將漢唐的九宮說，稱爲河圖，將龜形改爲龍馬之形。」（朱伯崑　易學哲學史　第二卷　頁三五）

劉牧以河圖爲八卦之源，在「易數鉤隱圖」中說：「且天一生坎，地二生離，天三處震，地四居兌，天五由中，此五行之生數也。且孤陰不生，獨陽不發，故子配地六，午配天七，卯配地八，酉配天九，申配地十。既成五

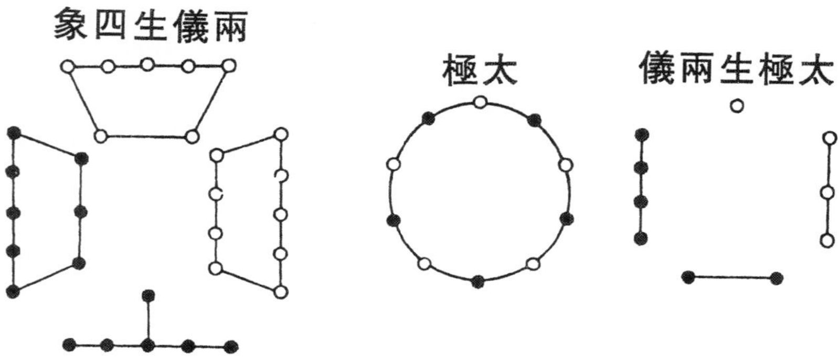

行之成數，遂定八卦之象，因而重之以成六十四卦三百八十四爻，此聖人設卦觀象之奧旨也。」按劉牧所說，可成下圖：

這圖以坎離震兌爲四正卦，居四正位。離居南方，但按九宮說離的數爲二，圖中的二，居在西南隅。鄭玄以離的數爲九，圖中的九則居在南方，劉牧採鄭玄的說法。

劉牧又有太極生兩儀，兩儀生四象，四象生八卦的圖形：

劉牧解釋太極說，「太極無數與象，今以二儀之氣，混而爲一以畫之，蓋明二儀所從生也。」劉牧解釋「太極生兩儀」圖式說：

「太極者一氣也。天地未分之前，元氣混而爲一，一氣所判，是曰兩儀。不云乎天地而云乎兩儀者，何也？蓋以兩儀則二氣始分，天地則形象斯著，以其始分兩體之儀，故謂之兩儀也。」

四象生八卦

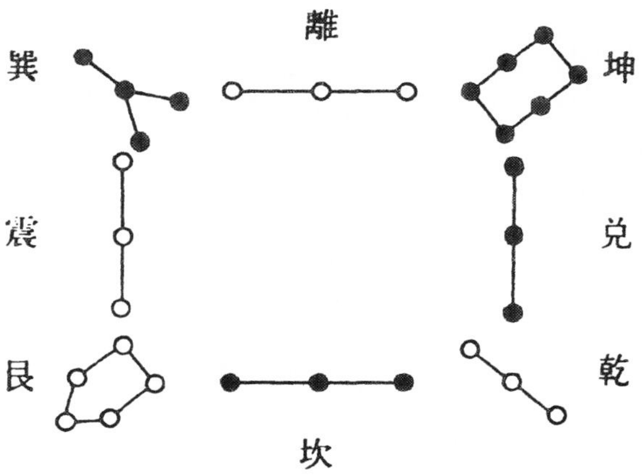

劉牧解釋兩儀生四象說：

「夫五上駕天一而下生地六，下駕地二而生天七，右駕天三而左生地八，左駕地四而右生天九，此河圖四十有五之數耳。斯兩儀所生之四象。」

劉牧解釋四象生八卦說：

「五行成數者，水數六，金數九，火數七，木數八也。水居坎而生乾，金居兌而生坤，火居離而生巽，木居震而生艮，土居四正位而生乾坤，艮巽，共成八卦也。」

劉牧的河圖洛書和太極生兩儀，兩儀生四象，四象生八卦的圖形，都在企圖解釋八卦的來源和產生的歷程，他的數目以天地的數目爲根基，即是奇數偶數。他認爲當奇數偶數未分時爲太極，奇偶數分以後，以相生相成之數，代表八卦。太極分兩儀的圖中，他以兩儀隱在太極中，作一圓形，不像陳摶的無極圖，含意爲元氣混而爲一，爲太極。太極分陰陽二氣，爲兩儀。陽升爲天，陰降爲地。天地相交乃生五行，五行變化，化生萬物。

丁、邵雍的皇極經世

易的象數學，發展成劉牧的河圖洛書之學，將數和卦混合一起，卦有數，卦變可由數變的解釋。卦的變顯示宇宙的變，數既代表卦的變，數便可以代表宇宙的卦。邵雍的易學，就由這方面發顯，成爲他的皇極經世。

邵雍的易學由先天易學開始。在他的思想裡，宇宙的結構和變化，以陰陽爲根基，陽陰成形爲天地，天在上，地在下，因此，八卦的方法，乾坤兩卦代表天地，自然地該是乾在上，坤在下。他乃創先天八卦方位。

對這圖形的宇宙觀意義，已經在第一節講了。

邵雍講六十四卦的次序，也暗示六十四卦的產生，實用「一生二」的原則，陰陽兩爻由

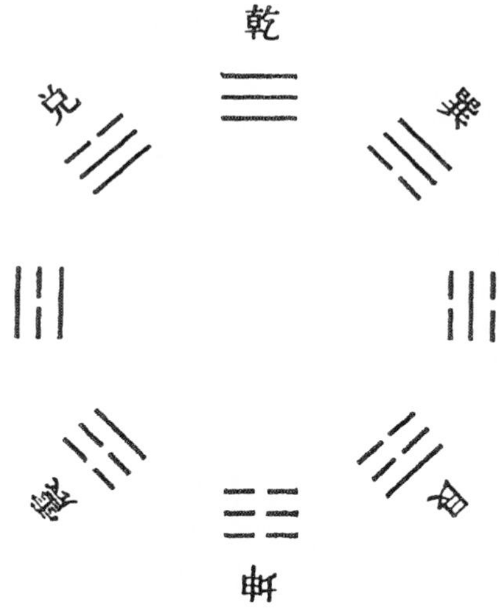

太極分爲二，二分爲四，四分爲八，八分爲十六，十六分爲三十二，三十二分爲六十四。製成六十四卦次序的方形圖，又製成六十四卦方位的圓形圖。這兩圖在朱熹的周易本義都列在書的開端。這種方法，爲數學的邏輯。

王船山後來批評邵雍的先天易學說：

「無先後者天也，先後者人之識力所據也，……故曰神無方而易無體。東西南北者，人識之以爲嚮背也。今昔初終者，人循之以次見聞也。物與目遇，目與心諭，而固然者如斯；舍所見以思所自而能然者如斯；要非理氣之理此爲先，但此爲後也。」（周易外傳　說卦）

「邵子之圖，如織如繪，如飣如砌，以意計揣度，域大化于規矩方圓之中。嘗試博覽于天地之間，何者而相肖也。且君子之有作也，以顯天道即以昭人道，

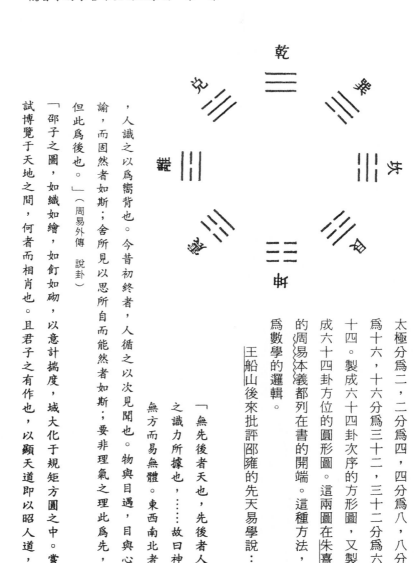

使崇德而廣業焉。如邵子之圖，一切皆自然排比，乘除增減，不可推移，則亦何用勤勤于德業爲邪？……此術數家舉萬事萬理而歸之前定，使人無懼而聽其自始自終之術也。」（發例）

邵雍的易學，特別在卦數方面，造成他的宇宙運行計算術，著成皇極經世一書。皇極經世爲計算宇宙運行，定有元、會、運、世四種數目，天爲日經天之數，會爲月經天之數，運爲星經天之數，世爲辰經天之數。一元有十二會，一會有三十運，一運有十二世，一世有三十年。日經天爲一元，共十二萬九千六百年。皇極書中列有宇宙年表，稱爲經世圖，以元統會，以會統運，以運統世。再按先天六十四卦圓圖，以乾坤離坎四正卦的二十四爻爲閏卦，每二爻變兩卦，分主一會，二十四爻分立十二會。其餘六十卦，按照圓圖由左到右，從復卦起，經過頤、屯等卦而到剝卦。元經會爲六十四卦，會經運爲三百六十卦，運經世爲兩千一百六十卦，世經年爲一萬二千九百六十卦。以年統十二月，再配卦，則爲一十五萬五千五百二十卦。

經世天地始終之數。

邵雍以四象和六十四卦相配，把先天六十四卦次序橫圖，分爲四節，每節分上下兩列，以配四象。然後自乾開始，乾的本數爲一，夬以十二乘乾之一得十二，爲夬的本數，繼續按卦的次序，每後一卦以十二乘前一卦的本數所得爲本數，最後到坤，坤的本數爲三十一萬三千四百五十六萬六千五百六十三萬八千四百萬（313，456，656，384，000，000）這個數字代表天地的始終。然後另起一始終。

在天地變化之中，數和卦相配。朱熹說「天開於子，地闢於丑，人生於寅。」寅配春，人始生於天地間。唐堯和舜禹當元之第六會，配合乾卦，陽臻全盛，人類文明最發達。以後漸至陰多，文明漸衰，歷史盛衰和卦氣相合，成爲必然之勢。

王船山後來講歷史哲學，批評邵雍這個機械化的宇宙觀，既不是天文學，又不是哲學，祇是任意構成的空架，沒有學術價值。

在哲學思想方面，邵雍沒有系統地講宇宙物，在所著觀物內、外篇中，含有宇宙論的思想。他多次提到太極，以太極爲道、爲一、爲心、爲氣。

「心爲太極，又曰：道爲太極。」（觀物外篇 下之上）

關於宇宙歷程，他近乎易緯的思想：

「太極，道之極也；太玄，道之玄也；太素，色之本也；太一，數之始也；太

初，事之初也；其成功則一也。」（皇極經世 卷十二）

萬物生化的歷程，和卦的歷程相同。

「太極既分，兩儀立矣。陽下交於陰，陰上交於陽，四象生矣。陽交於陰，陰交於陽，而生天之四象。剛交於柔，柔交於剛，而生地之四象，於是八卦成矣。八卦相錯，然後萬物生焉。」（觀物外篇 中之上）

陰陽爲兩氣，宇宙變化，皆是氣的變化，氣的變化爲消長。

「本一氣也，生則爲陽，消則爲陰；一者一而已矣，四者二而已矣。」（觀物外篇 下之中）

邵雍宇宙結構的框架，爲周易的結構。

戊、張理的太極圖說

元朝易學者張理著易象圖三卷、大易象數鉤深圖三卷。他的易學屬於邵雍一派，講河圖洛書，又作太極圖說。他的太極圖說，以周敦頤的太極圖作基礎，再揉合河圖洛書和先天後天卦位卦次的思想，作圖形如下：

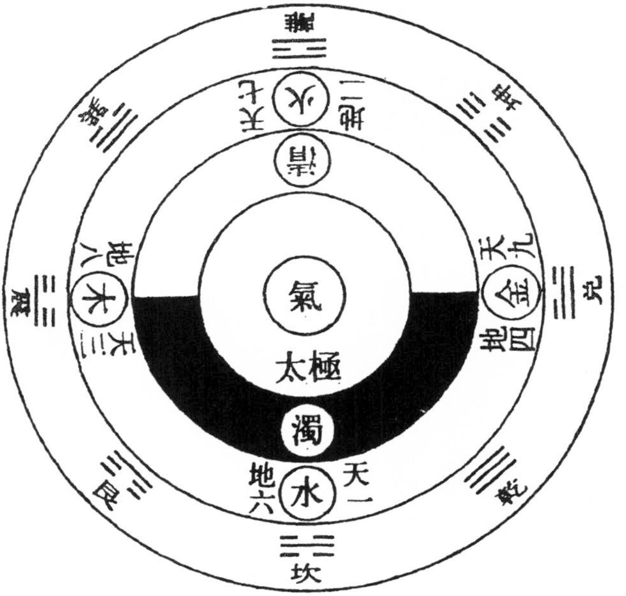

張理解釋說：

「太極未有象數，惟一氣耳，一氣既分，清輕者上為天，重濁者下為地，太極生兩儀也。兩儀既分，則金木水火四方之位列，兩儀生四象也。水數六居坎而生乾，金數九居兌而生坤，火數七居離而生巽，木數八居震而生艮，四象生八卦也。」

說：

其注解說：「舊有此圖」此又是以混一不分之氣爲太極。因此，張氏解釋太極生兩之象

「太極判，而氣之輕清者上浮爲天；氣之重濁者下凝爲地。聖人仰觀俯察，受河圖則而畫卦。則天〇以畫⚊，則地●●以畫⚋，名⚊曰奇爲陽，名⚋曰偶爲陰。此上奇下偶者，天地之定位。中×者，天地氣交，四象八卦，萬物化生之本。樂記所謂一動一靜者，天地之間也。」（易象圖說內篇）（參考朱伯崑　易學哲學史　第三冊）

這個圖，中間是氣，氣不分陰陽爲太極。氣分清濁爲兩儀，兩儀變化按時間爲四方，按時間爲四季，這是四象。四象配五行的木火金水，然後生八卦。

關於五行的變化，和人事的關係，張理作了圖形：

此圖式所表示的陰陽五行之氣，配以五行生成之數，也是河洛圖式形成的依據。其易象圖說外篇有五氣之圖，其圖示如下：

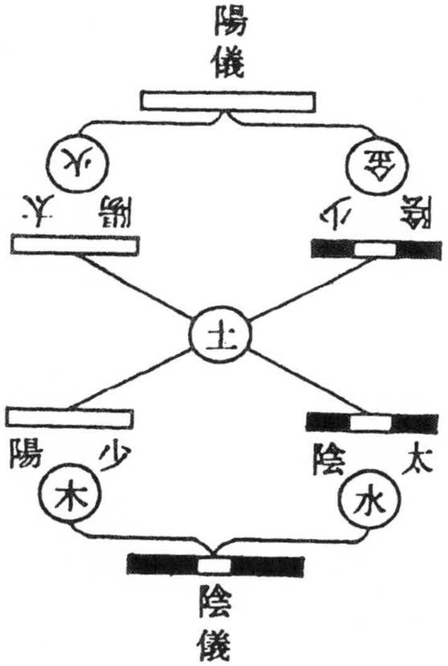

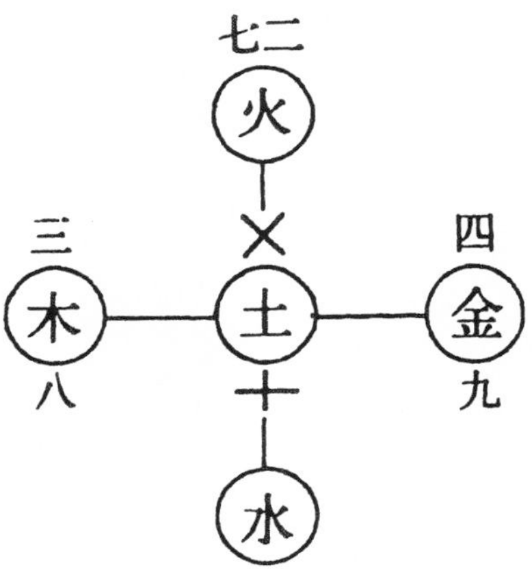

張理解釋說：

「×者中也，中也者四方之交會也。東木西金，南火北水。其行之序則曰木火土金水。木火爲陽，金水爲陰，土居中央，亦陰亦陽。其生之序則曰水火木金土。水木爲陽，火金爲陰，天以一生水而地以六成之，故河圖一六居北而爲水……天以×生土而地十以成之，故河圖×＋居中而爲土，交貫四氣而作其樞紐也。是故五行之象見乎天，五行之質具乎地。人肖天地以有生，具五氣以成

形，稟五性以成德。故語性道者無一不本于是。」（朱伯崑 易學哲學史 第三卷 頁五九）

張理講論一年氣節和五行的關係，作圖如下：

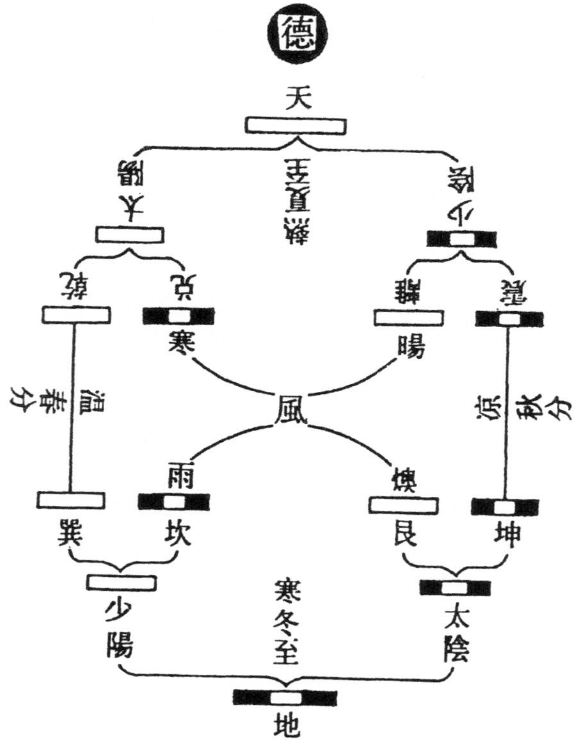

張理在易象圖說外篇解釋說：

「夫四時之氣，由乾坤闔闢動靜，陰陽升降消息使之然也。冬至陰極生陽，夏至陽極生陰，乾坤陰陽之合也。秋分陰之中，坤之闔。春分陽之中，乾之闔。冬夏二至，陰陽合也。春秋二分，陰陽離也。按圖而觀，義斯見矣。」

張理又將人體的構造，和陰陽八卦相配，作一圖如下：

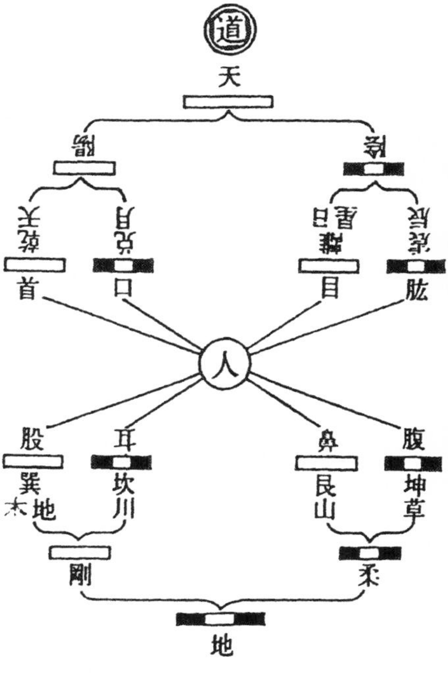

他解釋此圖式說：

「上下左右相交乾下交坤，巽上交震，離下交坎，艮上交兌。而人當其氣交之中，稟天地四象八卦之氣以成形，而理亦賦焉。頭圓居上得之乾，腹虛有容得之坤，股肱動作得之震巽，離目主視，坎耳善聽，兌口能言，艮鼻處嘿（目口陽也，得天之氣故動；耳鼻陰也，得地之氣故靜），所謂得是氣而爲是形也。」此是以首腹股肱耳目口鼻配八卦，認爲人的形體來于天地四象八卦之氣。（朱伯崑 易學哲學史 第三卷 頁六三）

這個人和天相配的時間，似乎和漢儒董仲舒的思想相近。董氏以人體配形天，張理以人體配八卦天地日月星辰山川草木。配合的理由，在於氣的變化。

張理再又以六十四卦配一年的十二月。漢朝易學原有卦氣說，以六十四卦配一年四季十二月二十四節七十二候三百六十五日，作圖如下：

這圖根據先天六十四卦圓圖，以泰爲正月立春，乾爲四月立夏，否爲七月立秋，坤爲十月立冬。又以復爲十一月，臨爲十二月，泰爲正月，大壯爲二月，夬爲三月，乾爲四月，姤爲五月，遯爲六月，否爲七月，觀爲八月，剝爲九月，坤爲十月。這是按邵雍氣運說，陽由

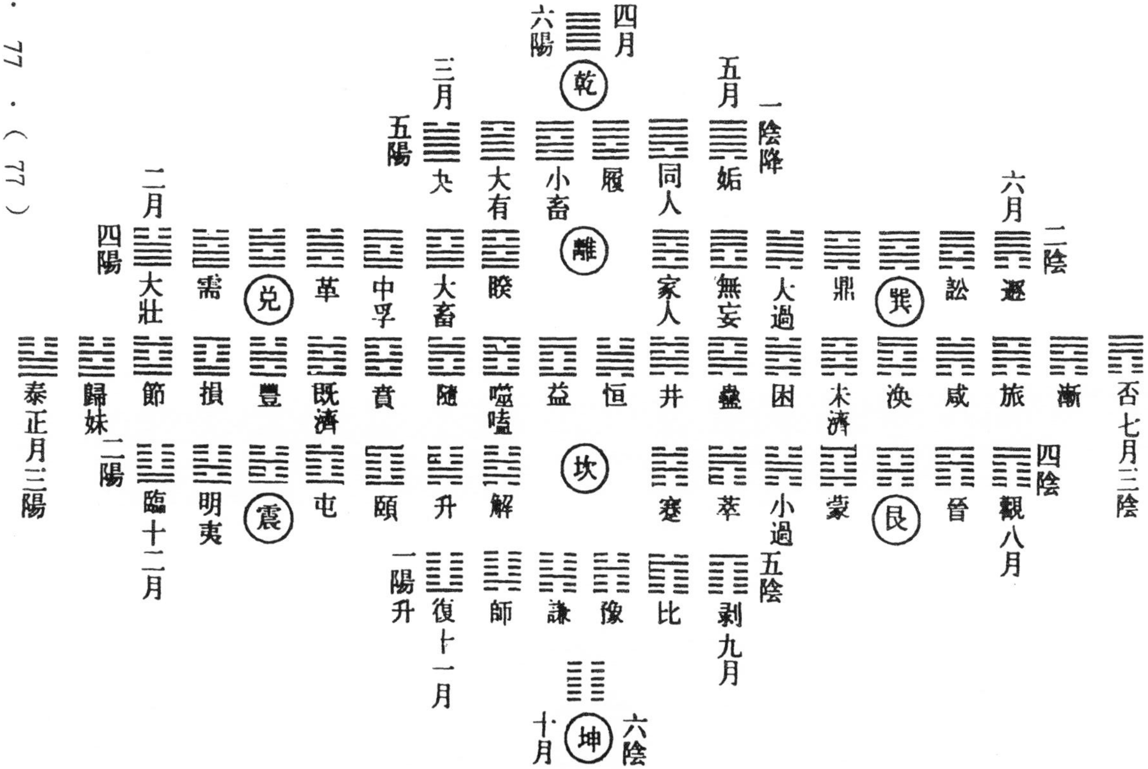
否 七月 三陰
漸
旅
咸
渙
未濟
困
蠱
井
恒
益
噬嗑
隨
賁
既濟
豐
損
節
歸妹 二陽
泰 正月 三陽
二陰
六月 遯
訟
巽
鼎
大過
無妄
家人
離
睽
大畜
中孚
革
兌
需
二月 大壯 四陽
一陰降
五月 姤
同人
履
乾
四月 六陽
小畜
大有
三月 夬 五陽
四陰
觀 八月
晉
艮
蒙
小過
萃
蹇
坎
解
升
頤
屯
震
明夷
臨 十二月
五陰
剝 九月
比
豫
謙
師
復 十一月
一陽升
坤
六陰
十月

東北左進，陰由西南右進。這十二月的卦，跟漢朝孟喜的十二辟卦或十二消息卦相同。

「此圖式，橫看，共七行。從上向下數，第二行爲一陽五陰之卦，共六卦；第六行爲五陽一陰之卦，共六卦；第三行爲二陽四陰之卦，共十五卦；第五行爲四陽二陰之卦，共十五卦；中間一行，即第四行，爲三陽三陰之卦，共二十卦。圖左爲陽，表示陽氣上升；右爲陰，表示陰氣下降。縱看當中爲乾離坎坤四卦，即先天圖的四正卦，統率一年四季。」（朱伯崑　易學哲學史　第三卷　頁六七）

張理又根據後天六十四卦造了後天致用圖如下：

「張理認爲，此圖式亦是洛書九宮之圖，其易象圖說外篇有九宮之圖。圖中九宮之位配以九州：西北爲雍州，西南爲荆州，正西爲梁州，正南爲揚州，東南爲徐州，正東爲青州，東北爲兖州，正北爲冀州，正中爲豫州。括孤内地地名，乃張理自注，爲元朝之地理疆界。此即他所說：『神禹別之而作貢，箕子演之而敍疇也。』按此觀點，後天六十四卦致用之圖也是用來表示地理疆界

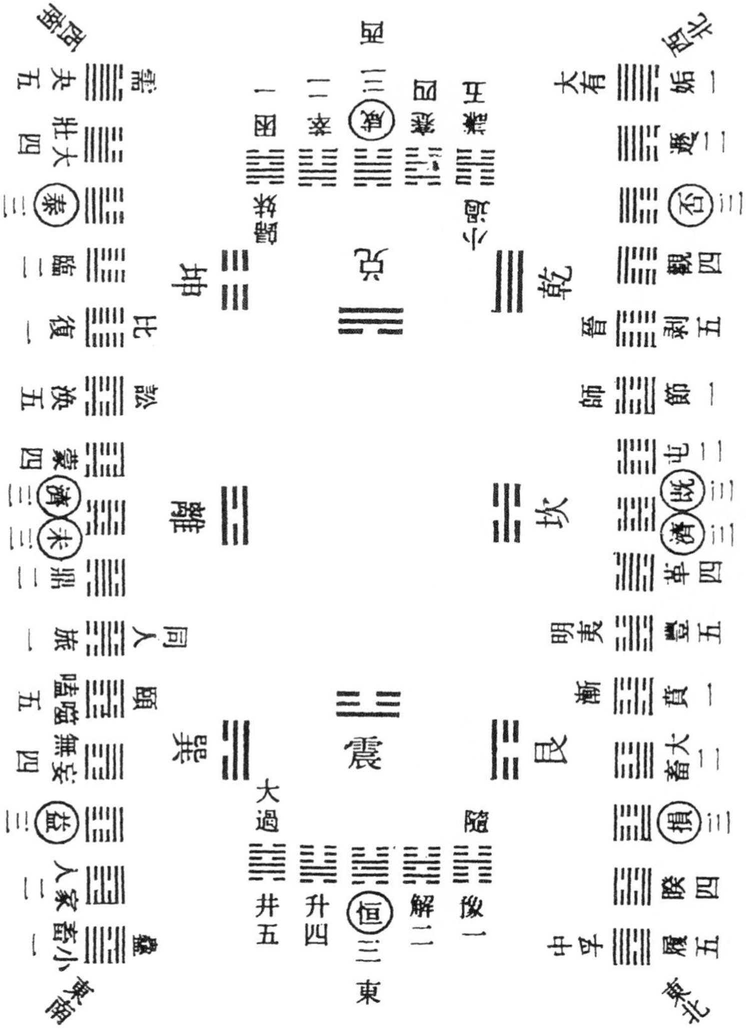
西北
北
東北
東
東南
南
西南
西
乾
坎
艮
震
巽
離
坤
兌

的。當然，此圖式不只限于說明地理之區別，其同後天八卦流行圖一樣，也是用來說明一年四季變化和人事活動的規則。」(朱伯崑　易學哲學史　第三卷　頁七二)

在哲學思想方面，張理對宇宙觀，繼承周易的思想，以一氣加太極，然後陰陽、五行、萬物。他繼承邵雍的先天後天說，講論卦氣和一年四季的關係，再應用於人事。

己、方以智與王船山

宋朝的易圖學，來知德頗有創意，黃宗羲在諸儒學案中說：

「親歿，盧墓六年，遂無宦情。至萬縣山中，潛心三十年，以求易象，著錯綜圖。一左一右曰錯，六爻相反，如乾坤是也；一上一下曰綜，反對如屯蒙是也；以觀陰陽變化，著黑白圖，以驗理欲之消長。」

來知德主以象解易卦。他對於宇宙觀，作有一圓圖如下：

對待者數

主宰者理
流行者氣

這圖黑白相抱，代表陰陽互抱，對待又流行。當中白圈代表主宰者理，寓於陰陽氣數中。

他以理氣數相合，當中爲太極，黑白爲陰陽，氣流行有乾坤對待的數，以解釋易傳的「易有太極」。

明朝易傳的象數學流行學者間，明末總結漢朝以來的象數學的易學家，爲方以智。方以智的易學出於家傳，祖孫三代專於易學，祖父方大鎮著有易意和野同錄；父親方孔炤著有周易時論，外祖父吳應賓，著有學易齋集；叔祖父方鯤，著有易蕩，方以智在這種易學的環境中長大，又從王宣學易，王宣著有風姬易溯和孔易衍。方以智對於易學，乃有總括象數易學的成就。他把理數象、先天後天、河洛五行，都融貫會通，提出：「虛空皆象數」、「先天在後天中」、「河洛中五說」、「陰陽五行觀」。

對於宇宙觀的思想，他主張太極即在有極中，反對以太極爲虛無或渾沌實體，肯定理氣合一，對宇宙演變歷程，他提出「一以二爲用」，本體分體用，以「相反相因」和「交輪幾」作變化的規律。

太極在有極中，由一在二中作說明，本體即在現象中，本體即在用中，太極在卦爻中。河圖洛書圖中都在中間有五，五中的一爲太極，河洛圖由中五展開，河洛全圖皆是太極，易傳的太極生兩儀四象八卦，太極即在兩儀四象八卦中。

「太極生兩儀，以至大業，同時即具者也。生大業而太極在人日月矣。」（周易時論合編　繫辭上）

太極生卦，自身沒有增減，一和多，相互包蘊。這一點似乎是佛教天台宗和華嚴宗的止觀，一與多相合，佛教以眞如爲體，萬法爲用，體用合一，互相融合，方以智以太極爲體，卦爻爲用，體用也相合爲一。方以智提出三極說：無極、太極、有極。三極相合，太極不落於有無。

相反相因，即陰陽的對立；但陰陽的差異和對立，不是矛盾相克的對立，而是互相成因的對立。宇宙間沒有獨陰獨陽，陰陽相交相錯，相錯而成變化，以生萬物。

交輪幾，即陰陽相交，輪爲體用。

方以智的宇宙觀，在傳統的易學思想裡，加入了一些佛教哲學的思想，一和多相融相攝，太極在事物中，對於宇宙的結構，他沒有新的思想。

王船山和方以智為同時代的學者，都是反對宋明理學的虛空，提倡實學，王船山的易學，則是總結朱熹以後的易學，甚至可以說他超越朱熹，總結了整個的易學傳統，建立他的易學，王船山的易學和他的哲學緊緊連在一起，較比朱熹的易學和哲學的關係更緊。因此，對王船山的宇宙觀留在哲學思想一節裡講述，在這裡我也結束中國易學的宇宙觀。在這一節的易學宇宙觀裡，採用的資料多取自朱伯崑的四卷易學哲學史。

2. 宋明哲學的宇宙觀

這一章裡，把易學與哲學分開講，不是說易學不是哲學，祇是為講述學理的方便，將易學方面專論易卦的部份，作為專論易學，易學的哲學思想方面，留在哲學部份講，故在易學方面，沒有講朱熹，也沒有講王船山。

宋明的哲學，以易經和中庸為基礎，再加以大學、論語和孟子作引導者，滲加道家和佛學的資料，結成了宋明理學。

甲、周敦頤

理學的開導者，為周敦頤，周敦頤的宇宙觀，是他的太極圖說。

「無極而太極，太極動而生陽，動極而靜，靜而生陰，靜極復動，一動一靜，互爲其根。分陰分陽，兩儀立焉。陽變陰合，而生水火木金土。五氣順布，四時行焉。五行一陰陽也，陰陽一太極也，太極本無極也。五行之生也，各一其性，無極之眞，二五之精，妙合而凝，乾道成男，坤道成女，二氣交感，化生萬物，萬物生生，而變化無窮焉。」

這一段關於宇宙的演變，有易傳的架構，有道教的氣運，有漢儒的思想。篇中的名詞和術語，都不清晰，引起許多辯論。朱熹作了太極圖說的註解，把太極圖也作了修訂。

無極而太極，朱熹認爲無極是太極的註解，太極爲形上之理，無形無狀，稱爲太極。不是在太極之上，另有一無極。陸子靜和陸子美兄弟則以爲無極是道家的思想，和老子所謂「無名天地之始」相同，否認太極圖說爲周敦頤所作，而且在通書裡，從不提無極，二程從學周敦頤時，沒有見過太極圖。

按理去推測，太極圖和太極圖說該是周敦頤所作，因爲當時人都說是他作的，是他初期的作品，在作通書時，在思想上已經有所修改，因爲太極圖說的思想確實是道家的思想。「無極而太極」，由無極而到太極，無極沒有形狀可以畫，所以不能畫，也就沒有畫無極圓圖。太極已經是有，雖然空虛，但可以用一個空白圓圈代表；無極在太極之上。

「動而生陽，靜而生陰」，周易以動爲陽，靜爲陰，沒有動生陽，靜生陰的思想；在根本上在動生陽以前，太極是靜，這一點和「太極先天圖」以陰靜標示第一圓圈的思想相同。動極而靜，靜極而動，這是周易「物極必返」的思想，然也是老子的思想；王船山就反對這種思想。「無極之眞，二五之精，妙合而凝。」這種詞句和思想，和道教煉丹的詞句和思想很相似，而且「無極之眞，二五之精」，究竟指的是什麼？很不清楚。「乾道成男，坤道成女」，「先天太極圖」沒有男女的兩句，只有「萬物化生」上下兩白圈，陳摶的無極圖也沒有男女的兩句，周敦頤按照易傳的思想標出這兩句，作爲宇宙生化歷程的最後階段，然而「乾道坤道」代表什麼？「男女」代表什麼也不清楚。「無極圖」所標的是「煉精化氣，煉氣化神」，意思爲「煉有形之精，化爲微芒之氣，煉依希呼吸之氣，化爲出有入無之神」。周敦頤爲「無極之眞，二五之精，妙合而凝」，按理則萬物化生；卻是「乾道成男，坤道成女」，男女二氣交感，化生萬物。朱熹解釋太極爲理，爲形而上；陰陽爲氣，爲形而下。這種解釋不符合周敦頤的思想，周敦頤決沒有以「理」爲萬物的根本。

通書中，關於宇宙論有動靜第十六一章。

「動而無靜，靜而無動，物也。動而無動，靜而無靜，神也。動而無動，靜而無靜，非不動不靜也。物，則不通，神，妙萬物。水陰根陽，火陽根陰，五行陰陽，陰陽太極，四時運行，萬物終始。混兮闢兮，其無窮兮。」

這一章的思想，和太極圖相同，祗是不講無極。宇宙的構造是「五行陰陽，陰陽太極。」宇宙的變化，神奇莫測，物的變化則或動或靜。朱熹解釋「神」爲「理」，爲形而上，物爲器，爲形而下。周敦頤沒有講理和氣，周敦頤在通書順化第十一章說：

「天以陽生萬物，以陰成萬物。生，仁也；成，義也。故聖人在上，以仁育萬物，以義正萬民。天道行而萬物順，聖德修而萬民化。大順大化，不見其迹，莫知其然之謂神。」

神乃天道，天道不是朱熹所講理氣之理。天道是實的，不是抽象的；是活的，不是無動靜的呆板之理。天地之中有天道運行，化生萬物。通書理性命第二十章說：

「二氣五行，化生萬物。五殊二實，二本則一，是萬物爲一，一實萬分。萬一各正，小大有定。」

易傳說「各正性命」，性命由陰陽而成，陰陽由天道而行，乃能「萬一各正」。太極圖解說：「五行一陰陽也，陰陽一太極也。」太極因「天道」（宇宙之道）而變化，天道在宇宙整個變化之中。

周敦頤太極圖說的宇宙觀，奠定了宋明理學宇宙觀的基礎。

乙、張　載

張載的哲學思想，雖以周易爲根基，卻和漢末道教的煉丹的學說，不相關連，和周敦頤的太極圖也沒有從屬的關係，他的思想中心在於「氣」。

張載的宇宙觀，發表在正蒙一書裡。正蒙書中第一篇太和，第二篇參兩，第三篇天道，都講宇宙，構成了張載的宇宙觀。張載全書裡有易說上下兩篇，對易經卦爻辭的解釋，表示他的意見。彙合這兩書的意見，可以講明張載的宇宙觀。

宇宙的結構：太和或太虛之氣、陰陽、天地、萬物。

> 「太和所謂道，中涵浮沈升降，動靜相感之性，是生絪縕相盪，勝負屈伸之始。」（正蒙　太和）
>
> 「太虛無形象，氣之本體。其聚其散，變化之客形耳。至靜無感，性之淵源。有識有知，物交之客感爾。客感客形，與無感無形，惟盡性者一之。」（同

太和爲宇宙的根源，太和乃太虛之氣，太虛之氣爲氣的本體，不分陰陽。太虛之氣，無形無象，但不是抽象之理，而是具體的實體。實體具有動靜浮沈升降各種性能，而且激盪飛揚，未嘗止息，有似老子的道，「太和所謂道」，又似莊子所謂「生物以息相吹野馬者。」氣，張載以太和爲太虛之氣，乃氣的本體。氣的本體不分陰陽，但具有氣的一切本能，也是有氣的變化規律和動力。

氣不是從無而生，「若謂虛能生氣，則虛無窮；氣有限，體用殊絕，入老氏有生於無自然之論，不識所謂有無混一之常。」（太和）太虛之氣爲有無混一之體，不應談有無。

氣本體不是有形象之物，「若謂萬象爲太虛中所見之物，則物與虛不相資，形自形，性自性，性形天人，不相待而有，陷於浮屠以山河大地爲見病之說。」（太和）

陰陽，太虛之氣絪縕激盪，乃分爲陰陽，「氣坱然太虛，升降飛揚，未嘗止息，易所謂絪縕，莊生所謂生物以息相吹野馬者。與此虛實動靜之機，陰陽剛柔之始，浮而上者陽之清，降而下者陰之濁。」（太和）

太虛之氣分爲陰陽，上下飛揚，「陽之德，主於遂；陰之德，主於閉。」（參兩）「陰性凝聚，陽性發散。陰聚之物，陽必散之，其勢均散。」（同上）陰陽兩氣性能不同，互相交合，化生萬物。

萬物，由陰陽兩氣相聚而生，「太虛不能無氣，氣不能不聚而爲萬物。萬物不能不散而爲太虛，循是出入，是皆不得已而然也。」（太和）氣自然變化，聚則生物，散則回返太虛。

天地由氣運而成，「地純陰，凝聚於中，天浮陽，運旋於外，此天地之常體也。」（參兩）萬物皆由陰陽而成，「造化所成，無一物相肖者，以是知萬物雖多，其實一物，無無陰陽者。以是知天地，變化二端而已。」（太和）

在周易裡常以乾坤代天地，「不曰天地而乾坤云者，言其言也。乾坤亦何形，猶言神也。人鮮識天，天竟不可言體，姑指日月星辰處視以爲天。陰陽言其實，乾坤言其用，如言剛柔也，乾坤所包者廣。」（易說 繫辭）

變化，氣的變化有自化的原則，但亦神妙莫測。變化以一爲根本，以二爲化，「兩不立，則一不可見；一不可見，則兩之用息。兩體者，虛實也，動靜也，聚散也，清濁也，其究一也。」（太和）「一物兩體，氣也，一故神，兩故化，此天所以參也。」（參兩）

變化由漸而遽，由粗入精，「氣有陰陽，推行有漸爲化，合一不測爲神。」（天道）「變則化，由粗入精，化而裁之謂變。」（同上）

氣的變化，以天德爲動力，天德即是太和的力，自變自化，自然進行，稱之爲神。「大

率天之爲德，虛而善應。其應非思慮聰明可求，故謂之神，老氏況諸谷以此。」（乾稱）

張載的宇宙觀，可以用他自己的話，簡單地說出：

「太虛者，氣之體。氣有陰陽屈伸相感之無窮，故神之應也無窮；其散無數，故神之應也無窮；雖無窮其實湛然。雖無數其實一而已。陰陽之氣，散則萬殊，人莫知其一也。合則混然，人莫知其殊也。形聚爲物，物潰反原。反原者，其游魂爲變與！所謂變者，對聚散存亡爲文。非如螢雀之化，指前後身而爲說也。」（乾稱）

張載主張，統宇宙一氣，一切都是氣的變化。

丙、朱　熹

朱熹的宇宙觀，講的人很多，大家都知道；但有幾點，講的人意見不同，所說的跟朱熹的思想並不相合。

朱熹的宇宙觀，建立在理氣二元論，他主張宇宙的一切由理和氣而成。理成物性，氣成物形。

「問人物皆稟天地之理以爲性，皆受天地之氣以爲形，若人品之不同，固是氣有昏明厚薄之異，若在物言之，是所稟之理，便有不全耶，亦是緣氣稟之昏蔽，故如此耶？曰：惟其所受之氣只有許多，故其理亦只有許多。」（朱子語類　卷四　性理一）

關於理氣有幾個問題：理氣的來源，太極問題，理一而殊的理，理氣先後，氣的清濁，氣理互相限制。

理氣的來源，朱熹主張理氣不單獨存在，有理必有氣，有氣必有理。「天下未有無理之氣，亦未有無氣之理。」（朱子語類　卷一）他不接受周敦頤的無極而太極，也不接受張載的太和或太虛之氣。對於張載的太虛之氣，他根本不能接受，因爲他主張氣爲形而下。對於周敦頤的太極，他加以解釋，說是理。

「問太極不是未有天地之先，有個渾成之物，是天地萬物之理總名否？曰：太極祇是天地萬物之理，在天地言，則天地中有太極，在萬物言，則萬物中各有太極，未有天地之先，畢竟是先有此理。動而生物，亦祇是理；靜而生陰，亦祇是理。」（朱子語類　卷一　理氣上）

朱熹對於弟子們明明講過太極不是天地之先就存在的實物，所以弟子來問他，把這一點作爲已經假設爲大家的共識；但是問他解釋周敦頤的太極爲理，這個太極之理是不是在天地之先？他先說了自己的意見，太極只是天地萬物之理，在天地萬物中，不在萬物以先。然後他答覆弟子所問周敦頤的太極，他說「未有天地之先，畢竟是先有此理。」朱熹理氣先後問題上，主張若從抽象理論方面說，理在氣先，但決不是從實體上說，從實體上說，理氣同時存在。因此，不能說朱熹主張有先天地的實體之理。對於實理這個名詞，應加注意，朱熹說實理，是講中庸的誠，誠爲實，不是虛僞。實理，理是眞正的，不是僞的，不是虛的，是有自己的內容。後來王船山常講這個實理。所以實理不是說具體存在的實體理。朱熹解釋周敦頤太極爲理，並不是主張太極是一存在的實體理。因此，不能肯定說朱熹主張一先天地存在的實體理，最多祇能說在抽象理論上有先天地存在的抽象理。

太極爲理之極至，即是完全之理。理成物性，每一物的物性是完全的，否則不成爲物。每一物的理便是完全的，便是太極。太極已不是名詞，而是形容詞，形容理的程度，好比程頤以「中」形容性的狀況，因而朱熹說天地有一太極，萬物各有一太極。

在天地以先，既沒有實體的太極，宇宙的根源應是什麼？理氣的根源在那裡？根源是天地，因爲沒有在天地以先的實體，天地便是宇宙結構中的第一。這個天地，當然不能是有形的天地。朱熹明明說天地由氣的運行而成。「天地初間，只是陰陽之氣，這一個氣運行，磨來磨去，磨得急了，便挼許多查滓，裡面無處出，便結成箇地在中央。氣之清者便爲天、爲日月、爲星辰，只在外常周環運轉，地只是在中央，不是在下。」（朱子語類　卷一）天地應該是周易的乾坤，周易常以乾坤爲元，又常以乾代表元。乾坤爲陰陽，「天地初間，只是陰陽之氣，這一個氣運行。」朱熹以天地沒有成的時代，只有陰陽之氣，這個氣是一個氣。這樣在天地成形以前，有陰陽一氣。朱熹不說是渾沌之氣，也不說是氣的本體，祇是在氣中已有理。所以他說萬物得天地之理以爲理，以天地之氣以爲氣。朱熹認爲宇宙的根源是有理有氣的乾坤天地（或單稱天）。王船山後來主張「乾坤並建」。

朱熹主張理一而殊。理一而殊，爲程頤的主張，「問理與氣。曰：伊川說得好，曰：理一分殊。合天地萬物而言，只是一個理，及在人，則又各自有一箇理。」（朱子語類　卷一）一理，即是天地之理；分殊，則是賦得天地之理的偏或全。「論萬物之一原，則理同而氣異。觀萬物之異體，則氣猶相似而理絕不同。氣之異者，粹駁之不齊；理之異者，偏全之或異。」（朱文公文集　卷四十六　答黃商伯）朱熹常主張人得理之全，物得理之偏。

這箇一理，究竟是什麼理？

理是性，性由心顯，天地之性，乃天理之心。朱熹說「天地以此心普及萬物，人得之遂爲人之心，物得之遂爲物之心。草木禽獸接著，遂爲草木禽獸之心；只是一箇天地之心爾。」（朱子語類 卷一）「天地以生物爲心者也，而人物之生，又各得夫天地之心以爲心者也。故語心之德，雖其總攝貫通，無所不備，然一言以蔽之，則曰仁而已矣。」（朱文公文集 卷六十七 仁說）天理是仁心，仁心是生生之理，朱熹以仁爲生、爲愛之理。天地一理，即一箇生生之理，天地萬物都有生命，但生命的程度不同，因爲萬物所賦得之理，有偏有全；全理祇在人的生命中，萬物的生命，都祇有一部份之理。

理氣的先後，朱熹常明白肯定理氣沒有先後，有理就有氣，有氣就有理。從理論方面講，理限制氣，按道理講先有理，後有氣。這種先後不是時間上的先後，也不是實際上的先後，祇是理論上的先後，是種邏輯推究的先後。「或問必有是理，然後有是氣，如何？曰：此本無先後之可言。然必欲推其所從來，則須說先有是理。然理又非別爲一物，即存乎是氣之中，無是氣，則是理亦無掛搭處。」（朱子語類 卷一）「或問先有理，後有氣之說。曰：不消如此說。而今知得他合下是先有理後有氣邪？後有理先有氣邪？皆不可得而推究。然以意度之，則疑此氣是依傍這理行，及此氣之聚，則理亦在焉。蓋氣則能凝結造作，理卻無情意，無計度，無造作。只此氣凝聚處，理便在其中」（同上）

理氣，實際上沒有先後，也不能分離，只是以意去推測，理在氣先，因爲有是理，才有是氣。

理限制氣，理是性，氣是形，物形由性而定。物性的分別在種類，每種物體有不同的物性，有不同的理，每種物體的物形則按理而定，理便限制氣。「且如天地間人物草木禽獸，其生也莫不有種，定不會無種子，曰：地生出一箇物事。這箇都是氣。若理則只是箇淨潔空闊底世界，無形跡，他不會造作；氣則能醞釀凝聚生物也。但有此氣，則理便在其中。」（朱子語類　卷一）

人的氣，因人的性而限制；狗的氣，因狗的性而限制；人和狗的氣乃清濁不同。

另一個問題，則是同類的單體，每個單體的性相同，氣怎麼不同呢？例如我的氣和你的氣不相同，這箇氣怎麼被限制呢？弟子們問朱熹，朱熹答說也是理去限制。弟子們反問同類單體的理相同，怎麼限制的氣卻不相同呢？朱熹沒辦法可答。例如朱熹說氣質有善惡。因爲氣有清濁，但是爲什麼我和你的氣有清濁的不同，氣質之性也有善惡的不同呢？這個問題，要推到「天命之謂性」，不僅物種的性來自天命，每一個人的氣質之性，即是人的個性，也來自天命，由天命所定，普通也說一個人的性格和才能，都是命，孟子也說是命。

氣的清濁，來自氣的本性；氣不僅生陰陽，又生清濁。陰陽爲一氣的消長，清濁爲一氣的凝聚消散。「陰陽雖是兩個字，然卻只是一氣之消息，一進一退，一消一長。進處便是陽，退處便是陰；長處便是陽，消處便是陰，只是一氣之消長，做出古今天地間無限事來。所以陰陽做一箇說亦得，做兩箇說亦得。」（朱子語類　卷七十四）氣散發爲陽，爲清，凝聚爲陰，爲濁，朱熹說輕者陽上升爲天，濁者陰下降爲地。但普通所說清濁，在氣凝聚成物時的清濁，氣凝聚程度不同，因此清濁程度不同，所構成的氣質之性就不同。

萬物由氣的凝聚而生；五行金木水火土，爲陰陽兩氣變化所成。「陽變陰和，而生水火木金土。陰陽氣也，生五行之質。天地生物，五行獨先。地即是土，土便包含許多金木之類。天地之間，何事而非五行，五行陰陽七者袞合，便是生物底材料。五行順布，四時行焉。」（朱子語類 卷九十四）

朱熹的宇宙觀爲；天地、陰陽、五行、萬物；天地爲理氣。

丁、王船山

從朱熹到王船山，中間歷經宋末、元朝、明朝，中間有許多位儒家哲學家，尤其明朝有王陽明和他的弟子，但是這些學者在宇宙觀方面，沒有可講的意見。他們中間講宇宙觀的，則是述說朱熹的思想；講心學的王學派，則偏重講人心，不講宇宙的結構和演變。明末清初王船山總結從漢到清的易學，也結束了從宋朝朱熹到清末的理學。

王船山在易學上，反對漢易的卦變和象數，主張義理，更反對邵雍的隨意創設的先天後天和卦數；在理學上，反對陸象山和王陽明，責爲離經叛道，主空疏而亡國。他主倡實學，上溯到孔子孟子。對於理學，王船山追隨張載，作正蒙注，以氣成萬物，理在氣內。

宇宙的根源爲太極，太極不是周敦頤的太極，也不是朱熹的太極，雖然來自張載的太和，意義又不完全相同。他由易學方面講太極，太極爲一，一不是單一，而是合一，即陰陽相合。

「太者，極其大而無尚之辭。極，至也，語道至此而盡也，其實陰陽之渾合者而已。而不可名之爲陰陽，則但贊其極至而無以加，曰太極。太極者無有不極也，無有一極也，惟無有一極，則無所不極，故周子又從而贊之曰無極而太極。陰陽之本體，絪縕相得，合同而化，充塞于兩間，此所謂太極也，張子謂之太和。」（周易內傳　繫辭上）

在這段引文中，雖提出周子和張子，也提出無極和太和，實際上他的太極和他們的思想都不相同。

太極絪縕不息不僅有運動的性能，而且常在運動。他不贊成周敦頤的靜極而動，動極而靜。「一動一靜，闔闢之謂也。由闔而闢，由闢而闔，皆動也。廢然之靜，則是息矣。至誠無息，以天地乎！維天之命，于穆不已，何靜之有？」（思問錄　內篇）

太極不是太虛之氣，王船山不用太虛，他解釋張載的太虛之氣，「太虛即氣，絪縕之本性，陰陽合於太和，雖其實，氣也，而未名之爲氣，其升降飛揚，莫之爲而爲，萬物之資始者，于此言之，則謂之天。」（太和篇）

太極爲一，「一者，保合和同而秩然相節者也。始于道，成于性，動于情，變于才。才以就功，功以致效，功效散著于多而協于一，則又終合于道而以始。是故始于一，中于萬，終于一。始終一，故曰一本而萬殊，終于一而以始，故曰同歸而殊途。」（周易外傳 未濟）朱熹也說一而殊，他以理一而殊。王船山的一是氣，氣的運行，由天道始，天道爲太極一氣的力，力中有理，天道流行，萬物化生。

王船山宇宙論的特點，在於乾坤並建，他主張陰陽同時有，不是由一氣而分陰陽，而是一氣就是陰陽。張載以太和爲太虛之氣，爲氣之本體，不分陰陽，王船山以太和爲太極，太和之氣已有陰陽，祗是不顯出。「周易並建乾坤爲卦之統宗，不孤立也，然陽有獨運之神，陰有自立之體，天入地中，地函天化，而各效其功能。」（周易內傳 卷一）

「陰陽二氣絪緼於宇宙，不相離，不相勝，無有陽而無陰，有陰而無陽，無有地而無天，有天而無地。」（同上）

「陰陽之外無太極，得失順逆不越於陰陽之推盪，則皆太極渾淪之固有，至不一而無不一者，此貞也。是以乾坤立本，而象爻交動以趨時，莫不出於其中也。」（周易內傳 卷六上 繫辭下）

陰陽運行，隨天道周遊，化生萬物。王船山對大道周遊，注意易傳的神妙莫測，常常提出神字：

「天以清剛之氣，爲生物之神，而妙其變化，下入地中，以鼓動地之形質上蒸，而品物流行，無不暢遂。若「否」（卦）則神氣不流行於形質，而質且槁。」（周易內傳　泰卦）

「神者，道之妙萬物者也。易之所可見者象也，可數者數也；而立於吉凶之先，無心於分而爲兩之際，人謀之所不至，其動靜無端，莫之爲而爲者，神也。使陰陽有一成之則，升降消長，以漸而爲序，以均而爲適，則人可以私意測之，而無所謂神矣。」（周易內傳　卷五上　繫辭上）

王船山以氣的運行，爲絪縕生化，日新又新。「妙萬物而麗乎物者也，或動或撓，或燥或說，或潤或止者也。故六子之神，周流乎八卦，而天地則在位而爲午貫之經，在神則爲統同之主。妙矣哉！渾淪經緯，無所擬而不與道宣。」（周易外傳　說卦傳五）

王船山注正蒙乾稱篇下「以萬物本一」，說：「天下之物，皆天命所流行，太和所屈伸之化，既有形而又各成其陰陽剛柔之體，故一而異。惟其本一，故能合，惟其異，故必相待相成而有合。」

王船山的宇宙觀，以陰陽爲本體，陰陽在太極內不顯出陰陽，出太極而成天地，天地交相感以化生萬物。

第二章　儒家理論生命哲學的生生

一、易學的生生

1. 周易

甲、生生的意義

生生，來自周易，一貫地統一了歷代儒家的思想。爲明瞭生生的意義，先彙集周易有關生生的文據，再歸納出它的意義。

「彖曰：大哉乾元，萬物資始，乃統天，雲行雨施，品物流形。」（乾卦）

「彖曰：至哉坤元，萬物資生，乃順承天，坤厚載物，德合無疆。含弘光大，

品物咸亨。」（坤卦）
「彖曰：屯，剛柔始交而難生，動乎險中，大亨貞。」（屯卦）
「彖曰：泰，小往大來，吉亨。則是天地交而萬物通也。」（泰卦）
「彖曰：否，之匪人，不利君子貞，大往小來，則是天地不交而萬物不通也。」（否卦）
「彖曰：豫，順以動，故天地如之，而況建侯行師乎。天地以順動，故日月不過，而四時不忒。」（豫卦）
「彖曰：復，亨。剛反，動以順行，……反復其道，七日來復，天行也。……復其見天地之心乎。」（復卦）
「彖曰：頤，貞吉，養正則吉也。……天地養萬物。」（頤卦）
「彖曰：恆，久也。……久於其道也。天地之道，恆久而不已也。」（恆卦）
「彖曰：姤，遇也，柔遇剛也，……天地相遇，萬物咸章也。」（姤卦）
「彖曰：歸妹，天地之大義也，天地不交，而萬物不興，歸妹，人之終始也。」（歸妹卦）
「乾道成男，坤道成女；乾知大始，坤作成物。」（繫辭上 第一章）
「易與天地準，故能彌綸天地之道。……範圍天地之化而不過，曲成萬物而不

遺，通乎晝夜之道而知，故神無方而易無體。」（繫辭上 第四章）

「一陰一陽之謂道，繼之者善也，成之者性也。……富有之謂大業，日新之謂盛德，生生之謂易。……陰陽不測之謂神。」（繫辭上 第五章）

「夫乾，其靜也專，其動也直，是以大生焉。夫坤，其靜也翕，其動也闢，是以廣生焉。」（繫辭上 第六章）

「是故，天生神物，聖人則之。天地變化，聖人效之。」（繫辭上 第十一章）

「天地之道，貞觀者也；日月之道，貞明者也；天下之動，貞夫一者也。……天地之大德曰生，聖人之大寶曰位。何以守位？曰仁。」（繫辭下 第一章）

「天地絪縕，萬物化醇。男女構精，萬物化生。」（繫辭下 第五章）

「自天地，然後萬物生焉，盈天地之間者唯萬物，故受之以屯。屯者盈也，屯者，物之始生也。」（序卦傳）

總括上面易傳對於「生」的文據，我們得到四點結論：一、天地相交萬物化生。二、乾坤爲化生之始，乾爲萬物資始，坤爲萬物資生，都稱爲元。三、陰陽爲天地變化之本質，天爲陽，乾爲陽，地爲陰，坤爲陰。四、天地變化之道：順、恆、復，「天地以順動」、「天地之道，恆久而不已」，「天地之道貞夫一」，「七日來復，天行也。」

周易的思想，簡單明瞭，內容豐富。盈天地間唯萬物，萬物由天地而生。生生，在周易裡的意義為化生生物。

化生為天地的行動，天地的行動因陰陽而行；化生由陰陽的變化而成。變化為一陰一陽的變化，八卦和六十四卦，都由陰陽相交而成；卦的不同，由於爻的變化；爻的變化在於位的變異；位代表時間空間，爻的變化，是爻在時空中的進退。在宇宙間，變化為陰陽的變化，陰陽為宇宙萬物的原質，萬物各都由陰陽而成。「一陰一陽之謂道，……成之者性也。」陰陽的性質，陽為剛，陰為柔，「剛柔相推而生變化。」

化生為陰陽的變化，萬物由陰陽變化而生，陰陽的變化周易稱為「天地絪縕，萬物化醇」，「天地交而萬物通」，「男女構精，萬物化生。」周易常用天地化生萬物，後代的易學者也常說天地化生萬物，不說陰陽化生萬物。天地在易學有兩方面的含義：一方面代表宇宙，有似上天下地代表有形的世界；一方面代表陰陽的本體，陰陽為用，陰陽的變化即是天地的變化，周易也用「天」代表「天地」，天包括地，天為宇宙一切化生的主體。因此乾坤雖為化生的開始，都稱為元，然而乾元乃統天，坤元乃順承天。統天不是統率著天，而是由天一統，周易以宇宙變化貞于一，說卦傳第五章說「帝出乎震，齊乎巽，……」周易本義朱熹注說：「帝者，天之主宰。」天有時代表天帝。

生生，上面的生字為化生，由天地相交，陰陽運行而成。乾坤男女象徵陰陽，「乾道成男，坤道成女；乾知大始，坤作成物。」在變化的化生中，乾作始，坤作成。生生，下面的生字爲物，「一陰一陽之謂道……成之者性者。」陰陽化生所成的爲性，即是物性，物性不是抽象的理，而爲具體有物性的實體。這種實體稱爲生。

「子曰：乾坤其易之門邪！乾，陽物也，坤，陰物也，陰陽合德而剛柔有體，以體天地之撰，以通神明之德。」（繫辭下　第六章）

「夫乾，天下之至健也，德行恆易以知險。夫坤，天下之至順也，德行恆簡以知阻。」（繫辭下　第十二章）

周易卜筮吉凶，以爻變決吉凶。爻變代表事情的關係，關係的解釋，以爻所代表的事物去解釋。爻所表的事物，又以象去代表，說卦傳第十一章舉出許多象，漢朝易學家更增多了好幾倍的象。這些象都是實際的事物。宋朝易學家和明末王船山都反對漢易的象，然而以象解易的原則，朱熹和王船山都贊成。以象解易，用象所代表的事物發表的關係去決吉凶。事物的關係不是抽象的事物關係，而是在時空內具體事物的關係。具體事物發生關係，是在動作時發生關係，周易爲決吉凶的事物乃是活動的事物。「子曰：知幾其神乎！……幾者，動之微，吉之先見者也。君子見幾而作，不俟終日。」易曰：「介于石，不終日貞吉。介如石焉，寧用終日，斷可識矣。君子知微知彰，知柔知剛，萬夫之望。」（繫辭下 第五章）幾爲吉之先見者，幾爲動之微，決吉凶的事，是動的事物。因爲每一卦六爻，爻的變，造成吉凶。一個卦六爻代表一事物，爻的變，象徵事物自身的變，事物自身內裡變，事物是活的。因此，用活動的事物的關係，解釋爻變的吉凶，就是解釋事件自身變化的吉凶。主張以義理解釋卦爻的易學者，從漢朝費直魏晉王弼開始，宋明理學家和王船山都是這一派的易學者，不主張多用物象的解釋，然而用義理也是解釋爻的變；爻的變，乃易學的中心。

生生，下面一字的生物，以卦作代表，每一卦由爻構成，爻的變乃卦內部自身的變，這種變造成吉凶。六十四卦的變，都是每一卦的爻變，因此，卦所代表的物，是內部自有變動的物。

六十四卦，由乾坤兩卦的爻變而成，乾坤爲易之門。乾爲陽物，坤爲陰物。乾，主健，陰至順，常是「變動不居」。

整部易書講易，易的變；變爲爻變，爻變爲卦內部之變，六十四卦互相變，互相通。內部變的物，乃生物。卦爻變即陰陽爻之變，就是陰陽之變；陰陽爲每一物的構成質素。一物的陰陽變，乃是自己質素的變，爲眞正內部的變。

生物，爲內部陰陽變化之物。

生命，爲物內部的變化。

乙、生生的變化

A　生生的根源

周易的生生，由乾坤作根源，「大哉乾元，萬物資始，乃統天。」「至哉坤元，萬物資生，乃順承天」，乾坤兩卦，為八卦和六十四卦的基本卦。八卦和六十四卦都由乾坤兩卦變化而出。雖然易傳曰：「易有太極，是生兩儀」，但在講六十四卦的變化，周易從來沒有提太極，所以後來王船山便倡乾坤並建。

乾坤在周易究竟有什麼意義？王船山倡乾坤並建，以乾坤指乾坤兩卦，意義則為陽陰兩氣。氣的本體就分有陰陽，在太和或太極中，這種分別隱微不顯彰，陽陰顯明，便成天地。實際上，周易常講天地化生萬物。

乾坤代表天地的德，乾為剛，陰為柔，周易的變化，乃是剛柔相推。因此，乾坤不是生生的最後根源。乾坤代表天地，周易常講天地交而萬物通，天地絪縕萬物化醇。上一節已經講了天地的意義，天地實際代表天德，或天道，周易乃用「天」作生生的根源，乾坤都和「天」相通。

「天」，在周易裡，是不是僅為一箇理論的宇宙變化根源，和太極一樣，或者也是書經、詩經所說的神天？神字，在易傳裡用得許多次，然意義多指著神妙莫測的情狀，少有作為實體的名詞；但有時則有這種意義，而且和上帝的帝，意義相同。繫辭下第六章說：「以體天地之撰，以通神明之德。」神明，可以是說卦所說「昔者聖人之作易也，幽贊於神明而生蓍。」（第一章）的神明。國語·周語下說：「崇立於上帝明神而敬事之。」以神明爲上帝所發光明。在繫辭上第十一章有「天生神物，聖人則之。」這種「天」，按理是指著上天，上天造生了龜著，可以推測吉凶，龜稱爲神物，乃上天所造。周易經傳中有「自天祐之，吉無不利。」（大有　象曰）「先王以作樂崇德，殷薦之上帝，以配祖考。」（豫卦　象曰）「觀天之神道而四時不忒，聖人以神道設教。」（觀卦　象曰）「天命不祐，行笑哉。」（無妄卦　象曰）「王用享于帝。」（益卦　象曰）「王假有廟，致孝享也。……利有攸往，順天命也。」（萃卦　象曰）「風行水上，渙；先王以享于帝立廟。」（渙卦　象曰）說卦傳第五章則有「帝出乎震」。

普通學者們常說易經排除了書經和詩經的上天或上帝，引用了自然的天地。這一點，周易爲卜卦，問鬼神問吉凶，周易經傳都講鬼神，講鬼神而不承認上天或上帝，不合邏輯。周易解釋卦爻，卦爻的變化，爲自然的變化，不牽涉到宗教的上天或上帝，便祗講自然界的關係。但彙集周易經傳的資料，可以講生生的根源爲「天」，「天」爲「上天」，即「神明上帝」。周易沒有講上天創造宇宙萬物，沒有創造的觀念，然而爲生生，則講「天意」、「天道」、「天命」，生生是遵照上天的旨意而進行。這一點，在後代易學和理學都有討論。

B　生生的運行

易傳講爻的變化，最重要的是爻的位，常按卦爻在卦中的位去解釋。位，是空間，有上下，有內外。繫辭開端就說：「天尊地卑，乾坤定矣。卑高以陳，貴賤位矣。」（繫辭上　第一章）尊卑貴賤，爲禮的制度；禮乃古代人生的規律。禮的創制，由聖王按照天理而定；周易講宇宙變化，變化的規律即是天理。因此周易的變化原則，和禮制的原理必定相合。禮制是分，分別每人按身份應在的位置，由位分別尊卑貴賤；卦爻便應有位的分別，顯出陰陽的位。卦爻的位，是上下內外，繫辭說「天尊地卑，乾坤定矣。」乾爲天，坤爲地，天尊地卑，陽尊陰卑。「卑高以陳，貴賤位矣。」高爲貴，卑爲賤；陽高陰卑。周易家人卦彖曰：「家人，女正位乎內，男正位乎外，男女正，天地之大義也。」男爲陽，女爲陰，男外女內。

周易的位，貴在中正，中正表示陰陽爻在這卦中，處在應在的位，中正卦乃爲吉祥的卦。若不能中正，至少能中，或能正，卦也爲好卦。中，指第二爻和第五爻，爲上下或內外兩卦的中爻。正，指第二爻爲陰爻，第五爻爲陽爻。例如益卦 ䷩，「彖曰：損上益下，民說無疆，自上下下，其道大光，利有攸往，中正有慶。」益卦的上一卦爲損卦 ䷨，爻的變，是損卦的第五爻和第二爻，同益卦的第五爻和第二爻對換，即是「自上下下」，損卦第五爻陰爻，下到益卦的第二爻，損卦的第二爻陽爻，上到益卦的第五爻，益卦便是「中正有慶」。但是，位，不是呆板的位，而是要按「時」而生。繫辭說「變通者，趣時者也。」（繫辭下　第一章）在周易的彖辭或象辭中，多處說「時之義大矣哉。」例如否卦的位，屬於中正 ䷋，然而否卦不是吉利的卦，因爲在時間來說，乃是「天地不交而萬物不通。」下一卦同人 ䷌，卦爻位置中正，「彖曰：同人，柔得位得中而應乎乾。……文明以健，中正而應」，乃「利君子貞。」既濟䷾卦爻的位中正，「彖曰：剛柔正而位當也。初吉，柔得中也。終止則道，其道窮也。」因處時不當，卦爻雖中正，然終不免於亂。若反過來，陰爻在第五位，陽爻在第二位，卦也算不壞，即爲未濟䷿，「彖曰：未濟亨，柔得中也。……雖不當位，剛柔應也。」時，在周易中，非常重要。

爻的變化，乃氣的變化；氣的變化，爲氣的運行；氣的運行，繼續不停；氣運行的位，須由時間而定。時間同空間相合，乃有卦爻變化的位。

氣的運行，順承天道，「天地以順動」順，同時間相關，後代易學者，以陽向左，陰向右，爲陰陽在一年四季的運行，「而四時不忒。」生生的變化歷程，由漸到盛，四季的變化，五穀種植的變化，都是由漸而盛。

氣的運行，「恆久不已」。恆，繼續不息，常貞於一，久而不亂。所以「乾，元亨利貞」，「坤，元亨利牝馬之貞。」「恆，亨。……觀其所恆，而天地萬物之情可見矣。」。

氣的運行，循環往復。宇宙間事物，消長繼續。「豐，大也，明以動，故豐，……日中則昃，月盈則食，天地盈虛，與時消息。」(豐卦)

我們可以從這個卦例，研究周易爻變之道。

無妄䷘，「彖曰：無妄，剛自外來，而爲主於內，動而健，剛中而應，大亨以正，天之命也。其匪正有眚，不利有攸往，無妄之往何之矣？天命不祐，行矣哉。」

無妄由遯而來，遯䷠的九三，變爲無妄的初爻䷘，「剛自外來，而爲主於內」，初爻爲陽，主於二陰。無妄的第五爻爲陽爻，和第二爻陰爻相應，「動而健，剛中而應。」這卦爲中正卦，「大亨」；然有「無妄之災」，「六三，無妄之災。」遯卦的三爲陽爻，在無妄卦裡第三爻變成了陰爻，這第三爻陰爻居不當位，上面有三個陽爻，下面是個陰爻，所以不利，然而咎不由自取，災自外來。王船山解釋這卦說：

> 「乃此卦天道運於上（乾），固莫其位，二陰處下，非極其盛，而初陽震動（震），非以其時，理之所無，時之或有，妄矣。然自人而言則見妄矣，自天而言，則有常以序時，有變以起不測文化，既爲時之所有，即爲天之所不無。理，天理也。在天者即爲理，縱橫出入，隨感而不憂物之利，則人所謂妄者，皆無妄也。」（周易內傳　卷二下　無妄）

同人䷌「彖曰：柔得位而應乎乾。……文明以健，中正而應，君子正也。」這卦第五爻爲陽，第二爻爲陰，第二陰柔爲柔得位，和第五爻陽剛相應，「而應乎乾」，上卦爲乾，王船山解說：「二正應在五，不言應剛而言應乾者，人之志欲不齊，而皆欲同之，則爲衆皆說之鄉愿矣。唯不同乎其情之所應，而同乎純剛無私之龍德，以理與物相順，得人心之同然而合乎天理，斯爲大同之德，而非時同也。」（周易內傳 卷二上 同人）

周易繫辭下第九章說：「二與四同功而異位，其善不同，二多譽，四多懼，近也。柔之爲道不利遠者，其要無咎，其用柔中也。三與五，同功而異位，三多凶，五多功，貴賤之等也。其柔危，其剛勝邪。」在一箇卦裡第二爻和第五爻，因居中位，多譽多功；第三爻和第四爻，位居上卦下卦之間，多懼多凶。

習坎 ䷜ ，「彖曰：習坎，重險也。水流而不盈，行險而不失其信。維心亨，乃以剛中也。行有尙，往有功也。」這卦兩陽爻都陷在陰中，稱爲重險。但因兩陽居在中位，能夠使陰不濫。中爲心，心爲陽，心乃中。心中而又剛強，乃有利。每一爻的解釋，「初六，習坎，入于坎窞，凶」，因爲「以陰柔入於潛伏之地，將以避險，而不知其自陷」（王船山 周易內傳 卷二下 習坎）「九二，坎有險，求小得。」因爲「二以剛居柔（二應是陰爻），雖中而未能固有其剛，誠信未篤，所行不決……足以自保，而憂危亦甚」，「六三，來之坎坎，險且枕，入于坎窞，勿用。」第三爻陰爻，上進第四爻也是陰爻，而第二爻卻是陽爻，第三爻是陰乘陽，險；上進遇第四陰爻，又險，好像水流來往於險中，徒勞無功。「六四，……納約自牖，終無咎。」，因爲「六四，柔居柔當位，上承九五。……雖儉不中禮，……終得無咎。」「九五，坎不盈，祗既平，無咎。」因「九五剛中得位，……雖疑於爲陰所乘，而不得外見，然持之有道，何咎之有。」「上六，係用徽纆，寘于叢棘，三歲不得，凶」，因為「憑高以陷陽，障洪流而終決，世既平，而己猶險，刑必及之。」（同上）

離卦和習坎相反☲，第五爻和第二爻為陰爻，兩陰處在陽中，但是吉，因為「陰本柔暗，而附麗乎陽以得居乎中，則質之內斂者因而發於外者足以及物，故其化為火。」（同上 離卦）「初九，履錯然，敬之，無咎」，初九陽爻，象徵有才之人，初到一地。第二爻為陰爻，遇到逆境，乃謙謙自退，潛心敬慎，乃無咎，「六二，黃離，元吉」，第二爻為中為陰，在正位，「元吉」。「九三，日昃之離，不鼓缶而歌，則大耋之嗟，凶。」因為「九三以剛居剛，而為進爻，前明垂盡，不能安命自逸……所謂日暮途窮，倒居逆施。」第三爻陽爻，前進遇第四陽爻，不能向前，後面第二爻陰爻，因而如同太陽光盡則昃，而又不能鼓缶閒散自樂，必有老年的憂傷。「九四，突如其來，焚如，死如，棄如。」因為第三爻陽爻的光尚沒有盡，第四陽爻突然出現，不在正位，第五爻則是陽爻，第四爻的陽光不能發射，因此，一點不起作用。「六五，出涕沱若，戚嗟若，吉。」因為第五爻為王公的位，應為陽剛。現在六五以陰爻居中，謹慎戒懼，憂心忡忡，乃吉，「上九，王用出征，……無咎」，因為上九陽爻為第五陰爻所附麗，不是亢爭，而是扶助王公，無咎。

從這個例中，可以看到在卦爻變動時，位和位的重要。氣運流行，由漸而盛，不能驟然盛，不能驟消。陰陽互相激盪，或相抵抗，或相扶助，但不對立，互相融會。宇宙生生，有

生有滅，有長有消，「窮則變，變則通，通則久。」（繫辭下 第二章）

丙、生生爲天道

周易一書的中心爲易，易爲變化，變化的目的，爲生生，「生生之謂易」，生生便是周易一書的目的。

周易的易，爲天道，「易與天地準，故能彌綸天地之道。仰以觀乎天文，俯以察於地理，是故能知幽明之故。……與天地相似故不違，知周乎萬物而道濟天下故不過，旁行而不流，樂天知命故不憂，安土敦乎仁故能愛。範圍天地之化而不過。曲成萬物而不遺，通乎晝夜之道而知，故神無方而易無體。」（繫辭上 第四章）周易的變化生生之道，和天地變化之道相等，包含天地變化之道。聖人們觀察天地變化之道，研究周易的變化之道，能夠知周萬物，樂天知命，安土敦仁，這是因爲周易變化之道，範圍了天地變化生生之道，歷程一致。

「大哉乾元，萬物資始，乃統天。」（乾卦 彖曰）

「至哉坤元，萬物資生，乃順承天。」（坤卦 彖曰）

「泰，小往大來吉亨，則是天地交而萬物通也。」（泰卦 彖曰）

「否，之匪人，不利君子貞，大往小來，則是天地不交而萬物不通也。」（否卦 彖曰）

「豫，順以動，故天地如之，……天地以順動，故日月不過而四時不忒。」（豫卦　彖曰）

「剝，剝也，柔變剛也，……君子尚消息盈虛，天行也。」（剝卦　彖曰）

「復，亨，剛反，……復其見天地之心乎。」（復卦　彖曰）

「大畜，……利涉大川，應乎天也。」（大畜卦　彖曰）

「咸，感也。……天地感而萬物化生，聖人感人心而天下和平，觀其所感而天地萬物之情可見矣。」（咸卦　彖曰）

「恆，久也，……觀其所恆，而天地萬物之情可見矣。」（恆卦　彖曰）

「大壯，大者壯也，剛以動，故壯。大壯利貞，大者，正也，正大而天地之情可見矣。」（大壯卦　彖曰）

「家人，女正位乎內，男正位乎外，男女正，天地之大義也。」（家人卦　彖曰）

「姤，遇也，柔遇剛也，……天地相遇，品物咸章也。」（姤卦　彖曰）

「萃，聚也，順以說，剛中而應，故聚也，……觀其所聚，而天地萬物之情可見矣。」（萃卦　彖曰）

「歸妹，天地之大義也，天地不交而萬物不興，歸妹，人之終始也。」（歸妹卦　彖曰）

由各卦的彖曰，可以明明看出，周易的卦爻變化，代表天地之道，或是表現天地之道，或是表達天地之心，或是表達天地之情。心和情是人之所有，和人的性之理相連，心和情表現人性之理。周易所謂天地之心和天地之情，便是表天地之理，即是天地之道。

「夫乾，……是以大生焉。夫坤，……是以廣生焉。廣大配天地，變通配四時，陰陽之義配日月，易簡之善配至德。」（繫辭上　第六章）

乾坤配天地，乾坤的變通，配日月四時，便是「易與天地準」。

「易之爲書也，廣大悉備，有天道焉，有人道焉，有地道焉，兼三才而兩之，故六。六者，非它也，三才三道也。」（繫辭下　第十章）

「昔者，聖人之作易也，將以順性命之理，是以立天之道，曰陰與陽，立地之道，曰柔與剛，立人之道，曰仁與義，兼三才而兩之，故易六畫而成卦，分陰分陽，迭用柔剛，故易六位而成章。」（說卦傳　第二章）

周易六十四卦，爲卜占的用途，預報事件的吉凶，預報的方法，用卦爻的爻去推測。卦爻的爻按照天地之道而變化，由天地變化之道推測人事的吉凶，因爲人事爲宇宙的一部份，屬於天地之道的統轄。因此易卦有天道地道人道，稱爲三才之道，三才之道互相貫通，實則祇是一道，即是天道。天道的目的爲生生，化生萬物，一切爲萬物的生命。人道注重吉凶，吉凶關係人的生命，人生命的消長盈虛，和吉凶相關。吉凶的來由，在於人道，人道和天道相連。卦爻的變乃能推出人事吉凶。周易的卦的推測吉凶，目的在於人生命的消長盈虛，是爲生生。孔子向弟子講周易，以人生命的消長盈虛，不在於吉凶，而是在於善惡，善惡雖由天道去推測，實際是上天對人善惡的賞罰。上天的責罰不是隨便分施，而是按照每人行事的善惡，孔子乃用善惡代替吉凶。卦爻的變，指示人該行的事，易傳的象曰，處處指示君子效法爻變的倫理意義，易傳的繫辭，篇篇說明聖人法天，採納爻變的意義。「易其至矣乎！夫易聖人所以崇德而廣業也。」（繫辭上　第七章）「是故天生神物，聖人則之；天地變化，聖人效之；天垂象，見吉凶，聖人象之；河出圖，洛出書，聖人則之。」（同上　第十一章）「夫易聖人之所以極深而研幾也。唯深也，故能通天下之志。唯幾也，故能成天下之務。唯神也，故不疾而速，不行而至。」（同上　第十章）孔子和孟子以人的生命，爲心靈的生命，人心生來是仁，具有仁義禮智之端，人的生命在發揚這四端，人的生命發揚到最高，爲至德，爲盡性，爲至誠。人的心靈生命，按照人性天理，人性天理乃是天道，「天命之謂性」，孔子因此把卦爻變化的天道應用到人的心靈生命，構成人的倫理生命。「文言曰：元者，善之長也，亨者，嘉之會也，利者，義之和也，貞者，事之幹也。君子體仁足以長人，嘉會足以合禮，利物足以和義，貞固足以幹事，君子行此四德者，故曰：乾，元亨利貞。」（乾卦）孔子把元亨利貞講成了仁義禮智，在各卦的象曰，都說明君子生活之道，從這一點，也看出周易的爻變，在自然界的目的，爲化生萬物；在卜占的目的，爲預報人生命的消長；在倫理善惡的目的，爲發揚人心的生命。整個儒家的哲學，在講人生之道，發揚人心的生命。

2. 漢易的生生

漢代易學的特徵，在於卦氣和五行。象數雖也由漢易興起，但祗在卜筮方面的實用，在思想方面沒有學術性的內容。卦氣的思想，進一步發揮天道運行的觀念，五行更展開爻變的範圍。

卦氣的思想，起於孟喜。周易剝卦的彖曰：「君子尚消息盈虛，天行也。」豐卦彖曰：「天地盈虛，與時消息。」消息盈虛，「天行也」，天行爲氣的運行，消息爲氣的盛衰。息爲陽進，消爲陰進，陰陽互相消息，造成六十四卦。陰陽消息在天地中，實現在一年的時間內。一年有四季十二月。孟喜訂立四正卦配四季，十二消息卦配十二月。四正卦：坎爲冬，配北方，配水；震爲春，配東方，配木；離爲夏，配南方，配火；兌爲秋，配西方，配金。十二消息卦：復十一月，臨十二月，泰正月，大壯二月，夬三月，乾四月，姤五月，遯六月，否七月，觀八月，剝九月，坤十月。由復卦的一陽爻，漸進到乾的六陽爻，爲陽息；由姤的一陰爻，漸進到坤的六陰爻，爲陰消。

漢朝易學者都接納了這個思想，又更以四正卦的每一爻配二十四節氣，再以十二消息卦的每一爻配七十二候，又以六十卦（除去四正卦）的每一卦配六日七分。這樣氣運在天地的一年變化，都由卦去代表。一年的氣運，分春夏秋冬，春夏秋冬的意義由農產物去表現，乃是春生夏長秋收冬藏。在以農爲業的中華民族的心理上，天地的氣運都在於使農產物生長收藏。漢朝易學者配合這種心理，以周易的卦爻變化，代表一年中氣運的變化，變化的意氣爲使農產物生生。

漢書五行志講災異說：

「雷以二月出，其卦曰豫。言萬物隨雷出地，皆逸豫也。以八月入，其卦曰歸妹。言雷復歸入也，則孕育根核，保藏蟄火，避盛陰之害。出地則養長華實，發揚隱伏，宣盛陽之德。入能除害，出能興利，人君之象也。」

漢書律曆志解釋三統說：

「十一月，乾之初九，陽氣伏于地下，始著爲一，萬物萌動，鐘于太陰，故黃鐘爲天統，律長九丁。」

「坤六月，坤之初六，陰氣受任於太陽，繼養化柔，萬物生長，茂之于未，令種剛強大，故林鐘爲地統，律長六寸。」

「正月，乾之九三，萬物棣通，族出于寅，人奉而成之，仁以養之，義以行之，令萬物各得其理。」

卦氣說周旋在一年的十二月裡，以陰陽的消息，解釋萬物的生長。五行，由京房引用解釋卜占的吉凶。他以五行配八宮卦和卦的各爻。八宮卦爲京房所訂，解釋六十四卦的由來次序，易緯乾鑿度以五行配八卦的方位，木東、火南、金西、水北、土中。按照五行相生相剋次序，解釋卦爻變遷的吉凶。

舉幾個漢易學者疏解卦彖的例。

乾卦彖曰「雲行雨施，品物流形。」，虞翻曰：「已成既濟，上坎爲雲，下坎爲雨，故雲行雨施，故乾以雲雨流坤之形，萬物化成，故曰品物流形也。」（周易解纂疏 卷一）

屯卦彖曰：「屯，剛柔始交而難生」，崔憬曰：「十二月陽始浸長而交于陰，故曰剛柔始交，萬物萌芽，生于地中，有寒冰之難，故曰難生。」（同上　卷二）

剝卦彖曰：「不利攸往，小人長也。」鄭玄注曰：「陰氣侵陽，上至于五，萬物零落，故謂之剝。五陰一陽，小人極盛，君子不可有所之，故不利有攸往也。」（同上　卷四）

離卦彖曰：「日月麗乎天，百穀麗乎地。」虞翻注曰：「震爲百穀，巽爲草木，坤爲地，乾二五之坤成坎震體。屯，屯者，盈也，盈天地之間唯萬物，萬物出震，故百穀草木麗于地。」（同上　卷四）

家人卦象曰：「風自火出家人」，馬融注曰：「木生火，火以木爲家，故曰家人。火生于木，木得風而盛，猶夫婦之道相須而成。」（同上　卷五）

睽卦彖曰：「火動而上，澤動而下。」虞翻注曰：「離火焚上，澤水潤下也。」（同上）

從上所舉例，漢易學者，解釋爻變，常以陰陽五行爲依據，再以卦變增多體例。爻變的意義常在天地化生萬物，人事依據爻變生生的關係，推測吉凶。

魏伯陽鍊丹吸氣以求長生，用卦氣的運行解釋煉外丹和煉內丹的歷程，把卦氣的思想導引到人的生命上。

「丹砂木精，得金乃並，金水合處，木火爲侶。四者混沌，列爲龍虎。龍陽數

奇，虎陰數偶。肝青爲父，肺白爲母。腎黑爲子，脾黃爲祖。三物一家，都歸戊已」。（參同契）

金水爲鉛熔，木火爲硫化汞中出水銀。肝爲火，肺爲金，腎爲水，脾爲土，火爲心，魏伯陽講述煉外丹的藥物互相化合，再以五行相生講五臟的關係。

東漢鄭玄爲漢朝經學的代表，他注易的經傳，可以代表漢代經學的易學。他注說卦傳第六章：「神也者，妙萬物而言者也。」說：「一節別八卦生成之用。八卦運動，萬物變化應時不失，無所不成，莫有使之然者，而求其眞宰，無有遠近，了無晦迹，不知所以然而然，況之曰神也。」又注繫辭上第五章：「陰陽不測之謂神。」，說：「天下萬物，皆由陰陽或生或滅，本其所由之理，不可測量之謂也。」又注釋韓康伯的「至乎神無方易無體而道可見矣。」說：「神之發作動用，以生萬物，其功成就，乃在于無形。應機變化，雖有功用，本其用之所以，亦在于無也。故至乎神無方而易無體，自然無爲之道，可顯見矣。」又注復卦彖曰：「復其見天地之心乎。」說：「此贊明復卦之義。天地養萬物，以靜爲心，不爲而物自爲，不生而物自生，此天地之心也。」

鄭玄講神，以無爲無心爲神，天地之道，神妙自化，生成、養育萬物。

晉王弼注易，以義理爲根據，以人事爲範圍，很少講到萬物的生滅。王弼的明爻通變說：「夫爻者何也？言乎變者也。變者何也？情僞之所爲也。……是故，情僞相感，遠近相追，愛惡相攻，屈伸相推，見情者獲，直往則達，故擬議以成其變化，語成器而後有格，不知其所以爲主，鼓舞而天下從，見乎其情者也。」以情去解釋爻的變，是依據人和人的關係，他在這篇明爻通變裡說：「近不必比，遠不必乖，同聲相應，高下不必均也，同氣相求，體質不必齊也。」人際關係，爲人生活的關係，乃人生命的發展。王弼因反對漢易的氣數和象，捨棄了萬物生長的關係，祇就人際關係以明吉凶。他特別注重「時」，在明卦適變通爻一文說：「夫卦者，時也；爻者，適時之變者也，夫時有否泰，故用有行藏。……一時之制，可反而用也；一時之吉，可反而凶也。」時間對於人事情僞，非常有影響；但在萬物的生化，時間也一樣的非常重要。

3. 宋明易學的生生

甲、宋易的生生

宋朝的易學，成爲理學的一部份，宋朝理學家周敦頤、程顥、程頤、張載、朱熹，都以周易作哲學基本，都有易說，但是他們的思想，以理學思想爲主，應在哲學思想一節中去講，不在易學中重覆。唯一理學家以易學在全部學術思想的邵雍，則應在易學一節中講述。

邵雍的易學，有先天後天說，有皇極經世說，先天後天說，辨論卦的方位和卦的次序，涉及萬物的生成，他以天地萬物都是八卦的生成次序演變出來的。

「陰陽分而生兩儀，兩儀交而生四象，四象交而成八卦，八卦交而生萬物。」(觀物外篇)

「日爲暑，月爲寒，星爲晝，辰爲夜；寒暑晝夜交而天之變盡矣。水爲雨，火爲風，土爲露，石爲雷，雨風露雷交而地之化盡矣。暑變物之性，寒變物之情，晝變物之形，夜變物之體，性情形體交而動植之感盡之矣，雨化物之走，風化物之飛，露化物之草，雷化物之木，走飛草木交而動植之應盡之矣。」(觀物內篇之一)

「夫人者，暑寒晝夜無不變，雨風露雷無不化，性情形體無不感，走飛草木無不應。所以目善萬物之色，耳善萬物之聲，鼻善萬物之氣，口善萬物之味，靈于萬物不亦宜物。」(觀物內篇之一)

「觀春則知易之所存乎，觀夏則知書之所存乎，觀秋則知詩之所存乎，觀冬則知春秋之所存乎。易之易者，生生之謂也；易之書者，生長之謂也；易之詩者，生收之謂也；易之春秋者，生藏之謂也。書之易者，長生之謂也；書之書

者，長長之謂也；書之詩者，長收之謂也；書之春秋者，長藏之謂也。……」(觀物內篇之四)

「天由道而生，地由道而成，物由道而形，人由道而行。天地人物則異矣，其於道一也。夫道也者，道也。道無形，行之則見于事矣。」(觀物內篇之九)

邵雍專於易數，以數爲天地之易，易則是生生。他用易數把天地萬物，人事歷史，糾合一起，自成一說，在理論上沒有根據，他的用意則想以卦爻變成數，連串天地和人事演變的歷史，成一系統，中心的觀念，在於「生成」。

程顥對易傳的思想，以仁爲生，開啓了朱熹的思想，他解釋易繫辭下第一章的「天地之大德曰生」說：

「天地之大德曰生。天地絪縕，萬物化醇。生之謂性，萬物之生意可觀，此元者善之長也，斯所謂仁也。人與天地一物也，而人特自小之何邪？」(二程遺書十一)

「生生謂之易，是天之所以爲道也。天只是以生爲道，繼之生理者即是善也。善便是一個元底意思，元者善之長，萬物皆有春意，便是繼之者善也，成之者

性也。成卻待佗萬物自成，其性須得。」（遺書 二先生語）

程顥以「天只是以生爲道」，天道是生生之道，天理便是天之生理。天理的運行爲神，「化之妙者神也。」

楊簡爲陸象山的弟子，從陸象山的心說以解易，作易傳，他說：「坤之順即乾之健，坤之承天即乾之統天。坤之生物于春，長物于夏，成物于秋，藏物于冬，時行也。名殊形殊，陰陽之氣殊，而實一也。」（易傳 坤）

宋朝葉適，主張實用，反對邵雍和朱熹的易數易象，但他不否定周易生生之道，在所著習學記言·周易解釋乾坤兩卦說：「乾德終始主乎健，其象曰自強，曰不息。坤德終始主乎順，其象曰厚德，曰載物。」（周易四）「能自強不息，厚德載物，而天地之道在我矣。知用九天德不可爲自首而知始矣，知用六利永貞而知終矣。道之示人，未有切乎此者也，違而他求則遠矣。」（周易一）

乙、元明易學的生生

元雷思齊發展易數，著有易圖通變和「參天兩地倚數圖」，解釋日月運行，四時推移，晝夜結束，這圖也解釋一年的節氣、陰陽變化，爲化生萬物。

俞琰作先天卦圖解釋，以先天後天卦位模擬人的身體，講煉氣養生。

薛瑄易學，發揮程朱的易學，他解釋太極說：「太極自能生兩儀四象八卦，加倍生生而不容已，所謂生生之謂易也。」（讀書續錄　卷一）所謂生，作爲散開或展開的意義，他說：「易有太極，是生兩儀，兩儀生四象，四象生八卦，謂之生則齊生，就非有片時之間斷也。」（同上　卷二）齊生，沒有時間的先後，先後的次序爲理論上的次序。「無極而太極。太極動而生陽，靜而生陰，以至陽變陰合而生水火木金土，眞精妙合，氣化生男女，形化生萬物。竊意其初，理爲之主，而一齊造化生就。」（讀書續錄　卷二）

蔡淸在所著周易蒙引對卦序，他說：「愚意乾坤者造化之本體，坎離者，乾坤之大用，坎爲水陰也，離爲火陽也。天地所以造化萬物者，一陰一陽而已。此即太極之陰靜陽動也。」他以陰陽爲太極，此陰陽整合之氣乃天地造化之本體。「總是體統一元之氣流行貫通而無間然者也，不然，天雖不物物而雕之，亦當一一而取之，而天亦當一一而應之，而造化亦勞矣，亦當有時而息矣。豈可謂天道無心而成化也哉！豈無謂動靜無端，陰陽無始之妙道哉。」（周易蒙引　乾）「萬物資生，生者形之始，始字細認，方見是坤元。……萬物之生成，只是一元之氣，造化原無兩個原也。」（同上　坤）

羅欽順繼承朱熹的易學，批評張載。在批評正蒙的「聚亦吾體，散亦吾體，知死之不亡者，可與言性矣。」說：「夫人物則有生有死，天地則萬古如一，氣聚而生形而爲有，有此物即有此理。氣散而死，終歸於無。無此物即無此理，安得所謂死而不亡者耶？若夫天地之

運，萬古如一，又何死生存亡之有？」（困知記 卷下）

王廷相的易學，以氣爲主：

「天內外皆氣也，地中亦氣，物虛實皆氣，極通上下造化之實體也。是故虛受乎氣，非能生氣也。理載於氣，非能始氣也。世儒謂理能生氣，即老氏道生天地矣。謂理可離氣而論，是形性不相待而立，即佛氏以山河大地爲病，而別有所謂眞性矣，可乎不可乎！」（王氏家藏集 愼言 道體）

「夫萬物之生，氣爲理之本，理乃氣之載，所謂有元氣則有動靜，有天地則有化育，有父子則有慈孝，有耳目則有聰明也。非大觀造化，默契道體者，惡足以識之？」（王氏家藏集 內台集 太極辯）

「余嘗以爲元氣之上無物，有元氣即有元神，有元神能運行而爲陰陽，有陰陽則天地萬物之性理備矣，非元氣之外又有物以主宰之也。」（內台集 答薛君采論性書）

「道體不可言無，生有有無。天地未判，元氣混涵，清虛無間，造化之天機也。有虛即有氣，虛不離氣，氣不離虛，無所始，無所終之妙也。……二氣感化，群象顯設，天地萬物所由生也，非實體乎？是故即其象，可稱曰有；及其化，

可稱曰無，而造化之天機，實未嘗泯。故曰道體不可言無。」（愼言　道體）

湛若水爲心學的易學派，然而以萬物的化生，是氣之功能，「夫天地之生物也，猶父母之生子也，一氣而已矣。」（文集　語錄）

王陽明則以生生之理，爲太極之理：「太極生生之理，妙用無息，而常體不易。太極之生生，即陰陽之生生。就其生生之中，指其妙用無息者而謂之動，謂之陽之生，非謂動而後生陽也。就其生生之中，指其常體不易者謂之靜，謂之陰之生，非謂靜而後生陰也。」（傳習錄　答陸原靜書）又以仁解釋生生之理：「仁是造化生生不息之理。」（傳習錄）

來知德以象解易，然以天地萬物化生，皆出於氣。他解釋坤元說：「乾以施之，坤則受之，交接之間，一氣而已，始者氣之始，生者形之氣，萬物之形，皆生於地，然非地之自能爲也，天所施之氣至，則生矣。故曰乃順承天。」（易注　坤）

張介賓以易卦講論醫學，創易醫的一派，以陰陽五行配人身體，以五行生剋關係，講述醫術，用邵雍先天圖解釋人的生命變化歷程，他的易學成爲人的生命學。

方以智結束易學的象數學，「以河洛象數爲一切生成之公證。」（時論合編　圖象幾表　太極圖說）以火爲五行的動力，「世但知火能生土，不知火能生金，生水，生木。蓋金非火不能生成，水非火不能升降，木非火不能發榮。易稱乾爲龍，龍，火之精也。……今之土中、石中、金中、海中、樹中，敲之、擊之、鑽之，無不有火出焉，則此火能藏神于萬物，而又能生物也。」（五行尊火爲宗）他主張陰陽相反相因，他論剝復兩卦說：「人止于復言學問，豈知不剝不復之故耶？雜卦傳曰：爛也，反也。善于圖畫碩果之仁，浸長其乾元之幹者也。仁必克核而芽出反生，則仁爛矣，發而參天，全樹皆仁，豈非顯諸仁乎。」（時論合編 剝）

歷代易學的生生，爲一個傳統一貫的思想，整個宇宙的形成和萬物化生，自然連成一系，這一點從周敦頤的太極圖就很明顯地表示出來，對於萬物的化生，周易常說天地化生萬物，宋明的易學則常用一氣化生萬物，又說元氣化生萬物，元氣一詞來自漢朝學者的思想，宋明採用以解釋太極。同時代也有薛瑄以生不是父子的生，而是發展或散開，且沒有時間先後，祇是「齊生」。這些思想由理學家接受和整理，作成宋明理學的生生思想。

丙、王船山易學的生生思想

王船山結束了歷代的易學，在各方面作了總結，對於生生，他也有較完整的結合。

「易者，互相推移以摩盪之謂。周易之書，乾坤並建以爲首，易之體也，六十二卦錯綜乎三十四象而交列焉，易之用也。純乾純坤，未有易也，而相峙以並立，則易之道在，而立乎至足者爲易之資。……大哉，易之爲道，天地不能違之以成化，而況於人乎。」（周易內傳 卷一 上經乾坤）

這一段是王船山在周易內傳開卷的話。易，是變，「互相推移以摩盪。變化，以乾坤並建爲體，沒有純乾純坤，乾坤相跱」。這是易變之道，也就是天道。天道，是成化萬物。生生，爲易變以成化，易變由乾坤對峙互相推移以摩盪。

「乾，氣之舒也。陰氣之結，爲形爲魄，恆凝而有質。陽氣之行於形質之中外者，爲氣爲神，恆舒而畢通，推盪乎陰而善其變化，無大不居，無小不入。」(同上)

「物皆有本，事皆有始，所謂元也，易之言元者多矣，唯純乾之爲元，以太和清剛之氣，動而不息，無大不居，無小不察，入乎地中，出乎地上，發起生化之理，肇乎形，成乎性，以興起有爲而見乎德，則凡物之本，事之始，皆此以倡先而起用，故其大莫與倫也，木火水金，川融山結，靈蠢動植，皆天至健之氣以爲資而肇始。」(同上)

「陰非陽無以始，而陽藉陰之材以生萬物，形質成而性即麗焉。相配而合，方始而即方生，坤之元，所以與乾同也。」(同上 坤)

萬物的生生，陽爲主動，陰爲隨順，陽「發起生化之理」，「藉陰之材以生萬物，形質成而性即麗焉。」

「冬春之交，氣動地中，而生達地上，於時復有風雨凝寒未盡之雪霜，遏之而不得暢，天地始交，理數之自然者也。」(周易內傳 卷一下 屯)

「天以清剛之氣，爲生物之神，而妙其變化，下入地中，以鼓動地之形質上蒸，而品物流行，無不暢遂。」(同上 泰)

「乾者，陽氣之舒，天之所以運行。坤者，陰氣之凝，地之所以翕受。天地，一誠無妄之至德，生化之主宰也。」(周易內傳 卷五上 繫辭上)

「一陰一陽之謂道。推性之所自出而言之。道謂天道也。陰陽者太極所有之實也。凡兩間之所有，爲形爲象，爲精爲氣，爲清爲濁，自雷風水火山澤以至蜎子萌芽之小，自成形而上以至未有成形，相與絪縕以待用之初，皆此二者之充塞無間，而判然各爲一物，其性情才質功效，皆不可強之而同。……此太極之所以出生萬物，成萬理而起萬事者也，資始資生之本體也；故謂之道，亘古今，統天人，攝人物，皆受成於此。」(同上)

王船山以太極爲陰陽不顯之實體，具有變化之道，稱道，即天道，爲出生萬物之理。

「生生之謂易。此以下正言易之所自設，皆一陰一陽之道，而人性之全體也。生生者，有其體，而動幾必萌，以顯諸仁；有其藏，必以時利見，而效其用。故鼓萬物而不憂，則無不可發見，以興起富有日新之德業，此性一而四端必萌，萬善必興，生生不已之幾。而易之繇大衍而生數，繇數而生爻，繇爻而生卦，繇卦而生變占，繇變占而生天下之亹亹，有源故不窮，乘時故不悖，皆即此道也。」（同上）

「至德，猶中庸言大德，天地敦化之本也。唯有此至德以敦其化，故廣大之生，變通之道，陰陽倡和之義，皆川流而不息，易之首建乾坤以備天道者，以此。」（周易內傳　卷五上）

「天地之大德曰生，統陰陽柔剛而言之。萬物之生，天之陰陽具而噓吸以通，地之柔剛具而融結以成，陰以斂之而使固，陽以發之而使靈，剛以幹之而使立，柔以濡之而使動。天地之爲德，即立天立地之本德，於其生見之矣。」（同上　卷六上）

「夫道之生天地者，則即天地之體道者是已。故天體道以爲行，則健而乾，地體道以爲勢，則順而坤，無有先之者矣。體道之全，而行與勢各有其德，無始混而後分矣。語其分，則有太極而必有動靜之殊矣。語其合，則形器之餘，終無有偏焉者，而亦可以謂之混成矣。」(周易外傳 卷一 乾)

「陰陽之生萬物，父爲之化，母爲之基。基立而化施，化至而基凝，基不求化而化無虛施。所以然者，陰虛也，而致用實，形之精也；陽實也，而致用虛，性之神也。形之所成斯有性，性之所顯惟其形，故曰形色天性也，惟聖人然後可以踐形。陽方來而致功，陰受化而成用，故乾言造，坤言正位。造者動，正位者靜。動繼而善，靜成而性。故曰人生而靜，天之性也。繇此言之，動而虛者必凝於形氣之靜實。陽方來而交陰，爲天地之初幾，萬物之始兆，而屯紹乾坤以始建，信矣。」(周易外傳 卷一 屯)

「今夫人之有生，天事惟父，地事惟母。天地之際，間不容髮，而陰陽無畔者謂之沖，其清濁異用，多少分劑之不齊，而同功無忤者謂之和。」(周易外傳 卷二 復)

「夫陽主性，陰主形，理自性生，欲以形開。其或冀夫欲盡而理乃孤行，亦似矣。然而天理人欲同行異情。」(同上 卷一 屯)

「若其養萬物者，陽不專功，取材於陰，然而大化之行，啓不言之利，則亦終

歸於陽也。」（周易外傳　卷二　頤）

「且夫泰者，天地之交也，然性情交而功效未起。由泰而恆，由恆而既濟，由既濟而咸，皆有致一之感，必抵咸而後臻其極。臻其極，而外護性情，欣暢凝定，以固其陰陽之郛廓者，道乃盛而不可加，陽不外護，則陰波流而不知所止；陰不外護，則陽燄起而不烊其和。」（周易外傳　卷三　咸）

「故坤立而乾斯交，乾立而坤斯交。一交而成命，基乃立焉；再交而成性，藏乃固焉；三交而成形，道乃顯焉。性、命、形，三始同原而漸即於實。故乾坤之道，抵乎艮、兑，而後爲之性命者，凝聚堅固，保和充實於人之有身。」（同上）

「受命者期效其所生，報生者務推其所利。今夫天地以生爲德者，水火木金與人物而同生於天地。迨其已生，水火木金不自養，天地養之；天地無以養人物，水火木金相化以養之。生者所受也，養者所利也。水火木金相效以化，推養而施於人物，其以續天地之生而效法其恩育，以爲報稱者也。」（周易外傳　卷三　益）

「抑太和之流行無息，時可以生，器可以生，而各得其盈縮者以建生也。」（同上　困）

「嘗論之曰：道者，物所衆著而共繇者也。物之所著，惟其可見之實也；物之所繇，惟其有可循之恆也。既盈兩間而無不可見，盈兩間而無不可循，故盈兩間皆道也。可見者其象也，可循者其形也。出乎象，入乎形；出乎形，入乎象，則兩間皆陰陽也。兩間皆陰陽，兩間皆道。」（周易外傳 卷五 繫辭上 第五章）

「天地之間，流行不息，皆其生焉者也，故曰天地之大德曰生。」（同上 繫辭下 第五章）

「理之御氣，渾淪乎無門，即始即終，即所生即所自生，即所居即所行，即分即合，無所不肇，無所不成，徹首尾者誠也，妙變化者幾也。」（周易外傳 卷七 說卦傳二）

綜合上面所引王船山的文據，對於生生有下列幾點重要思想：

1.「天地之間，流行不息，皆其生焉者也。」天地間所有的就是「生」，因爲天地之間所有的是萬物，萬物是生生。

2.天地間的生生，因有大化的流行。大化的流行爲太和流行無息，雖有可循之跡，但妙化不可測。

3.太和的流行，由陽主動，陰主歛，陽成性，陰成形，陽陰相交，一交而成命，再交而立性，三交而成形。

4.太和即太極，太極爲道，道爲大化流行，萬物化生之道，在一物內則爲性所生之理。

5.陰陽相交而化生萬物，須要養育，乃以五行養萬物。五行爲陰陽所生所養，陰陽（天地）以五行養物。

6.六十四卦的爻卦，都是陰陽的變，也就是生生之變。例如在周易外傳卷三解釋恆卦說：「陽奮乎上，亢而窮則爲災，陰散乎下，抑而相疑則戰。天地也，雷風也，水火也，山澤也，無之而不以陽升而陰降爲凶吝之門也。」

結束了歷代易學對「生生」的思想，避免易緯和道家煉丹的迷信和神話，簡單地提出幾點重要觀念，可見易學以卦爲本體，卦爲陰氣陽氣的峙立摩盪，解釋萬物化生的關係。易學乃是生生之學，因爲「生生之謂易」。

二、儒家哲學的生生

1. 先秦以天時行政

儒家的思想，上溯到堯舜禹湯文武周公。堯舜和夏商周三代的思想，可以從書經和周禮去探索。從這種經書裡我們看到一項特殊的政治思想，人君按照天時而行政。從外面行政去看，因先民以農業謀生，一年四季的氣候對農業關係密切，人君須按一年的天時施行政治；從政治行動去追求哲學的意義，乃是一種「法天」的思想，人君既然是代天行道，必須按照天道行政；天道在一年的天上地面各種自然現象中顯出，天時代表這些自然現象，人君便注重天時。天時運流，使百穀生成，以養民，堯舜乃行仁政，行政效法上天愛物，愛民乃養民。

堯典（舜典）述說帝命羲和、羲仲、羲叔，掌管人民的生活，配合天象和四時。在洪範一篇裡講論人民的生活，使「百穀用成，家用平康。」重要的因素，在於歲月日星能夠順時不亂。

呂氏春秋總結春秋戰國的思想，很明顯地發揮這種「以天時行政」的政治，以十二紀勾劃出一個藍圖。在十二紀的後一篇有始覽中說：「天微以成，地塞以形」，高誘注說：「天，陽也，虛而能施，故微以生萬物；地，陰也，實而能受，故塞以成形兆也。」

禮記的十二月令，和十二紀相同，更能代表儒家的思想。

「是月也，以立春，先立春之日，大史謁之天子曰：某日立春，盛德在木，天子乃齋。立春之日，天子親帥三公九卿諸侯大夫以迎春於東郊，還反，賞公卿諸侯大夫於朝。」「是月也，天子乃以元日祈穀于上帝。乃擇元辰，天子親載耒耜，措之于參保介之御間，帥三公九卿諸侯大夫躬耕帝藉，天子三推，三公五推，卿諸侯九推。反，執爵于大寢，三公九卿諸侯大夫皆御命曰勞酒。」「是月也，天氣下降，地氣上騰，天地和同，草木萌動。王命布農事，命田舍東郊皆修封疆，審端經術，善相丘陵阪險原隰？土地所宜，五穀所殖，以教道民，必躬親之。田事既飭，先定準直，農乃不惑。」「是月也，命樂正入學習舞，乃脩祭典，命祀山林川澤，犧牲毋用牝，禁止伐木，毋覆巢，毋殺孩蟲，胎夭飛鳥，毋麛毋卵。」(月令 孟春)「立冬之日，天子親帥三公九卿大夫以迎冬於北郊，還反，賞死事，恤孤寡。是月也，天子始裘，命有司曰：天氣上騰，地氣下降，天地不通，閉塞而成冬。命百官謹蓋藏。」(月令 孟冬)

上面所引的孟春和孟冬的天子行事律，思想完全以天時行政。一年每月的氣象，和周易的思想相同，天地相通，萬物化生；天地不通，萬物凋零。天子行政，配合天時對萬物的關係，協調春生夏長秋收冬藏的生生現象。

唐孔穎達注疏禮記月令，在開端的注疏中說：「按老子云：道生一，一生二，二生三，三生萬物。易云：易有太極，是生兩儀。禮運云：禮必本於大一，分而爲天地。易乾鑿度云：大極者，未見有氣；大初者，氣之始；大始者，形之始；大素者，質之始，此四者同論天地之前及天地之始。老子云道生一，道與大易自然虛無之氣，不可以形求，不可以類取，強名曰道，強謂之大易也，道生一者，一則混元之氣，與大初大始大素同，又與易之大極，禮之大一，其義不殊，皆爲氣形之始也。一生二者，謂混元之氣分爲二，二則天地也，與易之兩儀，又與禮之大一分而爲天地同也。二生三者，謂參之以人爲三才也。三生萬物者，謂天地人既定，萬物備生其間。」

孔穎達的注疏，將道家、易經、易緯、禮運的思想，混合爲一。孔注爲唐朝官方注釋，代表儒家。

禮記書中有樂記一篇，樂記以禮樂反映自然的天道。天道化生萬物，萬物分種分類，不相混亂；萬物有互相連繫，結成一大生命。在人的生活中，禮代表天道的分，樂代表天道的合。

「方以類聚，物以群分，則性命不同矣。在天成象，在地成形；如此，則禮者，天地之別也。地氣上齊，天氣下降，陰陽相摩，天地相盪，鼓之以雷霆，奮之以風雨，動之以四時，煖之以日月，而百化興焉；如此，則樂者，天地之合也。」

「是故先王本之情性，稽之度數，制之禮義，合生氣之和，道五常之行，使之陽而不散，陰而不密，剛氣不怒，柔氣不懾，四暢交於中而發作於外，皆安其位而不相奪也。」

禮記不能算作先秦的書，書中的思想則為春秋戰國的思想，和周易的十翼思想相同。天氣下降，地氣上騰，天地之氣相合，化生萬物，聖人治國，效法天道，制訂禮樂，養育人的生命，人和天相合，人的生命和天地萬物的生命相連，生命的規律是一致的。

2. 孔孟的心靈生命

儒家以孔子為先師，儒家思想導源於孔子。孔子在論語裡很少談到萬物的生生，但是孔子教授弟子易經，儒家傳統肯定孔子作十翼；在事實上十翼不是孔子作的；然而十翼的基本倫理思想，則應認定是孔子的，因為和中庸的思想一致。在易傳裡，孔子把周易占卜吉凶的思想代以倫理善惡的思想。人的生命不在身體的生活，而是在心靈的生活，心靈生活乃是仁義的道德生活，孔子把人的心靈生命和天地萬物的生命連繫起來，不從爻變去求吉凶，但從爻變去求道德規範，易傳的象曰，特別表現這種情況，例如：「天行健，君子以自強不息。」「地勢坤，君子以厚德載物。」「山下出泉，蒙，君子以果行育德。」，幾乎六十四卦的每一卦的「象曰」，都說到君子修德之道，這一點，也作證「象曰」的思想必來自孔子。孔子的生生觀，由易卦的萬物生生的關係，看到宇宙爲一美好的倫常世界，有次序，有調協，有生氣，孔子乃嘆說：「天何言哉！四時行焉，百物生焉，天何言哉！」（陽貨）孟子後來發揮這種思想，造成了後代所謂「心學」。孟子明白指出人的生命是心靈的生命，心靈的生命爲發揚仁義禮智四端的道德生活。孔孟的這種思想，在宋朝便有張載主張易爲君子謀，不爲小人謀，以倫理道德思想解釋易卦。王船山的易學，便是傑出的代表人。

中庸一書引有孔子的許多話，也眞可代表孔子的思想。在中庸書裡有顯明的生生思想。

「天地之道，可一言而盡也；其爲物不貳，則其生物不測。」（第二十六章）

「致中和，天地位焉，萬物育焉。」（第一章）

「唯天下至誠，爲能盡其性。……能盡物之性，則可以贊天地之化育，可以贊天地之化育，則可以與天地參矣。」（第二十二章）

「大哉聖人之道，洋洋乎發育萬物，峻極于天。」（第二十七章）

「唯天下至誠，……知天地之化育，夫焉有所依，肫肫其仁，淵淵其淵，浩浩其天。」（第三十二章）

從中庸和周易「象曰」，幾項關於「生生」的重要思想，已經明顯地表達出來。第一：萬物生生，乃是天地之道，是天地化生萬物，這一點爲易學的中心思想。第二：宇宙間的萬物，人也包括在內，按照自己的物性，是發揚自己的生命，因爲盡性就是化育。第三：人的心靈生命，發揚到最高點，達到聖人的境界，乃是贊天地的化育，即所謂「與天地合其德」這幾項生生思想成爲儒家思想的基本思想。

3. 漢代的生生思想

漢代哲學的生生思想，和漢易的思想結合一起。陸賈的新語說天地：

「張日月，列星辰，序四時，調陰陽，布氣治性，以置五行，春生夏長，秋收冬藏，陽生雷電，陰成雪霜。養育群生，一茂一亡，潤之以風雨，曝之以日

光，溫之以節氣。」（新語 卷上 道基）

「故知天者，仰觀天文；知地者，俯察地理。跂行喘息蜎飛蠕動之類，水生陸行根著葉長之屬，爲寧其心，而安其性。蓋天地相承，氣感相應而成者也。」（同上）

陸賈認定天地相承以化生萬物，萬物由氣而成，乃互相感應。漢初已盛行鄒衍天人感應的思想，宇宙爲一氣運行的整體，氣的運行即是萬物的生命，人君和人民的行爲善惡，造了善惡的氣，和天地間的善惡之氣，互相感應，發生異象，異象又預告上天將行賞罰。天地萬物和人的生命，是一氣的運行，主宰一氣的運行乃是上天（上帝）。

賈誼在所著新書裡，講「道」和「禮」，表露生生之理。

「道者，德之本也。……道無形，平和而神。……道雖神必載於德，而頌乃有因以發動變化而爲變，變及諸生之理，皆道之化也。」（新書 道德說）

「故仁人行其禮則天下安，而方理得矣，逮至德渥澤洽，調和大暢，則天清澈，地富煴，物時熟，民心不挾詐。」（新書 禮）

賈誼主張道變而有德，德變而有氣，氣聚而有性有形，性和形以成一物。這種道德的思想，來自老子道德經，賈誼用於萬物化生的歷程，成爲一種獨特的思想。

董仲舒被認爲漢代哲學的代表，他不像陸賈和賈誼專從政治發表言論，他效法孔子以春秋的論斷，指導政治。孔子作春秋，按照古禮評判歷史人物和史事，成爲中國第一冊歷史哲學書。董仲舒作春秋繁露，從天地變化之道以講人事，不成爲歷史哲學，而成爲天道政治學，他的天道，不是堯舜的倫理天道，而是戰國時的自然哲學。春秋繁露中便充滿了陰陽五行的思想。

董仲舒的生生思想，以一元爲開端，然後有氣，有陰陽，有五行。

「謂一元者，大始也。」（春秋繁露　卷三　玉英）

「天地之氣，合而爲一，分爲陰陽，判爲四時，列爲五行。」（春秋繁露　卷十三　五行相生）

陰陽兩氣按照一定的法則周遊宇內，乃成四時。四時的氣：春氣暖，萬物發生；夏氣溫，萬物得養；秋氣清，萬物得收；冬氣寒，萬物得藏。

「天之道，春煖以生，夏暑以養，秋涼以殺，冬寒以藏。煖暑清寒，異氣而同功，皆天之所以成歲也。」（春秋繁露　卷十三　四時之副）

四時的氣，是「異氣而同功」，四時的異氣由五行而顯。

「天有五行，木火土金水是也。木生火，火生土，土生金，金生水。水爲冬，金爲秋，土爲季夏，火爲夏，木爲春。春主生，季夏主養，秋主收，冬主藏。」（春秋繁露　卷十　五行對）

五行不僅相生，也互相剋：土剋水，水剋火，火剋金，金剋木，木剋土。五行相生相剋的次序，爲生生演變的歷程。五行思想由易學的發展，自然界發展到人事、地勢、音樂、醫藥。中國歷代對於人生的一切，都包括在五行相生相剋的次序裡，如看地、結婚、旅行、治病……等等，都按五行生剋的次序去處理。在董仲舒的思想裡，還沒有到達這種程度。

董仲舒還有一種獨特的思想，以人體配天。在宇宙結構的一文裡，我已經說到，這種獨特的思想：以人身體的結構，配合天地的結構。天地爲萬物生生的資元，人爲萬物的優秀者，爲萬物的代表，和天地結成三才。人體配合天地，表現三才的密切關係。人和萬物爲天地所生，天地以氣化生萬物，氣凝成物形，人爲萬物的優秀，人的形體肖似天地，和天地相配合。天人合一，不僅是「與天地合其德」，也是「與天地合其形」，易傳已經說到「與天地合其德，與日月合其明，與四時合其序，與鬼神合其吉凶。」這是大人（聖王）的生活，和天地的運行相合，乃能達到中庸所說至誠的人「贊天地之化育」，和聖人「洋洋乎發育萬物」的境界，這種境界是道德的心靈生活境界；董仲舒所說的天人合一，則是包括身體方面的天然結構，整個人的生命和天地相合了。

董仲舒的生生思想，因著這個獨特點，人的生活和天地自然界不可分，政治的生活也是在這種天人合一的情況下進行。但是他以後的儒家，沒有人繼承他的這種天人合一的思想，而且王充根本反對。

王充爲漢代董仲舒一派思想所激起的反動，寫了論衡一書，專爲辯駁漢代學者虛妄的學說。以天人感應，天人合一，都是虛妄不實。天地萬物，爲一行之氣。

「或曰：五行之氣，天生萬物，以萬物含五行之氣，五行之氣更相賊害。曰：天自當以一行之氣生萬物，令之相親愛，不當令五行之氣，反使相賊害也。」（論衡　卷二　物勢篇）

「天之動也，施氣也。體動，氣乃出，物乃生矣。」（論衡　卷十八　自然篇）

「上世之天，下世之天也，天不變易，氣不更改。上世之民，下世之民也，俱稟元氣。元氣純和，古今不異。……萬物之生，俱得一氣，氣之薄渥，萬世若一。」（論衡 卷十八 齊世篇）

化生萬物。王充辯駁漢易和漢朝經學，極力攻擊天地大德曰生，天生物完全自然，絕對不是天有心

「春觀萬物之生，秋觀其成，天地爲之乎？物自然也。……道家論自然，不知引物事以驗其言行，故自然之說未見信也。然雖自然，亦復有爲輔助者，耒耜耕耘，因春播種，人爲之也。及穀入地日夜長，夫人不能爲也。或爲之者，敗之道也。」（同上）

王充以萬物化生，爲一氣的自然變化，沒有主宰，不是天地生萬物，乃是萬物自然化生，這種思想對宋明理學家主張「天無心而生物」發生了影響。

總觀漢朝哲學對「生生」觀念，沒有新的思想，和漢易相同，祇有董仲舒的天人相配和王充的自然化生有獨特處。

4. 周敦頤的生生思想

在宇宙結構一節裡，已經談到周敦頤的太極圖說，現在講宋代理學的生生思想，必須再講太極圖說。

對於太極圖說，我們不要去談朱熹的太極圖說注解，朱熹是用自己的哲學思想去作解釋。太極圖說的第一項意義，是把周易構成卦的歷程，貫串到宇宙萬物的化生。「太極圖」簡明地表示：無極而太極，太極生陰陽兩儀，陰陽互變化生五行，五行互變生男女，男女生萬物。這一連串的歷程，畫成了一個太極圖，由上而下，說明氣演變的歷程，由太極直到萬物。萬物的化生，爲太極演變的止變，止變併不是休止符，而是縱線的止點，卻開啓橫線的變化面，演變不停，這個圖形的意義，表示宇宙萬物的演變是一個，是同一的演變。宇宙的演變稱爲「易」，稱爲「生生」，整個宇宙萬物就是一個「生生」，一個生命。

生生，不僅是普通所說有生物的生生，乃是整個宇宙的演變，也是萬物的演變。這項思想爲周易的思想，宋代理學採納作爲哲學的思想。

周敦頤的太極圖說的第二項意義，是將生生的意義，歸結到人生的善惡，人的生命在於仁義。

「惟人也，得其秀而最靈。形既生矣，神發知矣，五性感動，而善惡分，萬事出矣。聖人定之以中正仁義，而主靜，立人極焉。故聖人與天地合其德，日月合其明，四時合其序，鬼神合其吉凶。君子脩之以吉，小人悖之以凶，故曰：立天之道曰陰與陽，立地之道曰柔與剛，立人之道曰仁與義。又曰：原始反終，故知死生之說。大哉易也，斯其至矣。」

易傳的說卦傳，曾講天地人之道，但天地人三才之道並列，說明易卦所以有六爻的理由，順著性命之理，宇宙間的變易是天地人的變易。太極圖說引用說卦傳的話，證明人道的仁義，和天地之道相連。但是周敦頤以人道的仁義，爲天道陰陽和地道剛柔演化的目標，易卦變化的意義，在於解釋「仁義」。君子順乎卦爻的變化，脩養仁義乃吉，小人悖乎卦爻的變化，敗喪仁義乃凶。「大哉易也，斯其至矣」，周敦頤讚嘆易卦的這項意義，宋明儒家都同他一樣，以生生的意義在於仁義。

周敦頤太極圖說的另外兩項思想：主靜；動極而靜。動極而靜，則不爲儒家大家都接受。理學家中有人主靜，有人主動，又有人主張動靜相繼續，有人主張動靜沒有先後。

周敦頤的通書，沒有提到太極圖說，因此陸象山懷疑太極圖說爲周敦頤所作。但在通書中，可以看到和太極圖說相同的思想，例如通書第六・道：「聖人之道，仁義中正而已矣。」

又如通書第二十二·理性命：「剛善剛惡，柔亦如之，中焉止矣。」通書的重點在於誠，誠的意義爲「與天地合其德」。意義就是順乎天地的變化，把變化的意義完全實現出來。周易以「易」代表天地的變化，也包涵變化意義的實現。周敦頤以「誠」就是「易」。所以說：

「大哉乾元，萬物資始，誠之源也。乾道變化，各正性命，誠斯立焉。元亨，誠之通，利貞，誠之復。大哉易也，性命之源乎。」（誠上　第一）

「聖，誠而已矣。誠，五常之本，百行之源也。」（誠下　第二）

通書的誠，和中庸的「至誠」相通，要從生生去解釋，即發展人的生命到最高點，人性的理完全發揮出來，達到盡性的境界，所以說「聖，誠而已矣。」

周敦頤的生生思想：宇宙間的一切爲一氣的變化，一氣變化而生陰陽，五行和萬物，變化乃是生命。氣在宇宙的變化，爲宇宙的生命，在萬物中，爲萬物的生命，人爲萬物的最秀，人的生命乃最高，人的生命爲中正仁義，即心靈的倫理生命。孔孟的倫理生命，和周易的宇宙生命連成一貫，得了形上的基礎。儒家的思想形成了整體的形態，具有理論和實踐兩部份，成爲一有系統的學說。

5. 張載的生生思想

張載的宇宙觀，以太和爲宇宙根源，太和乃太虛之氣。太虛之氣絪緼激盪，乃分爲陰陽，陽性發散，陰性聚斂，陰陽合而生物。太虛具有變化的天德。

「有天德然後天地之道可一言而盡。」（天道）

陰陽二氣互相感，合而爲一，生生爲感爲一。有二故能變，有一故能合，合乃能生。

「有無一，內外合，此人心之所自來也。……無所不感者虛也，感即合也，咸也。以萬物一本，故一能合異，以其能合異，故謂之感。若非有異則無合。天性，乾坤陰陽也，二端故有感，本一故能合。天地生萬物，所受雖不相，皆無復臾之不感，所謂性即天道也。」（乾稱）

張載特別注重宇宙變化之一，他在參兩篇說：「一物兩體，氣也，一故神，兩故化。」

在乾稱篇說：「感者，性之神，性者，感之體。惟屈伸動靜終始之能一也，故所以妙萬物而謂之神，通萬物而謂之道，體萬物而謂之性。」

「造物之功，發乎動，畢達乎順，形諸明，養諸容，載遂乎說，潤勝乎健，不匱乎勞，終始乎止。」(大易)

「靜之動也，無休息之期，故地雷爲卦，言反又言復，終則有始，循環無窮。入指其化而裁之爾，深，其反也，幾，其復也，故曰反復其道，又曰出入無疾。」(同上)

「易，一物而三才：陰陽氣也，而謂之天；剛柔質也，而謂之地；仁義德也，而謂之人。」(同上)

「一物兩體，其太極之謂與！陰陽天道，象之成也；剛柔地道，法之效也；仁義人道，性之立也。」(同上)

「六爻各盡利而動，所以順陰陽，剛柔性命之理也，故曰六爻之動，三極之道也。」(同上)

張載生生之思想，從上面所引的文中，可以知道，他以太和爲氣，乃一物兩體，兩體爲陰陽；陰陽兩端相感，聚而生物。陰陽兩體的特性，陽爲剛爲動，陰爲柔爲靜，剛柔動靜的變是順性命之理，性命之理，是「反復其道」和「出入無疾」，而且「至誠，天性也；不息，天命也。」（可狀篇）「有無虛實通爲一物者，性也，不能爲一，非盡性也。」（同上。可狀篇也作乾稱篇）

張載生生之化，變而爲一，整個宇宙乃爲一體。乾稱篇單獨提出作爲西銘，發揮這種思想。

「乾稱父，坤稱母，予茲藐焉，乃混然中處。故天地之塞，吾其體，天地之帥，吾其性。民，吾同胞；物，吾與也。……尊高年，所以長其長，慈孤弱，所以幼其幼。……凡天下疲癃殘疾，惸獨鰥寡，皆吾兄弟之顚連而無告者也。「于時保之」，子之翼也；「樂且不憂」，純乎孝者也。違曰悖德，害仁曰賊，濟惡者不才；其踐形，惟肖者也。知化則善述其事，窮神則善繼其志。」

西銘一篇的思想有兩點成爲儒家的共識：一是宇宙大同，一是孝道合於天道。禮記禮運篇有大同思想，愛一切人如兄弟，即論語所說「四海之內，皆兄弟也。」西銘則以宇宙爲一家，天父地母，人物同一生生，這是宇宙大同觀，也是孟子所說親親、仁民、愛物。從宇宙生生的觀念，到宇宙同一生生而爲一體，這種思想在王陽明的傳習錄乃有「一體之仁」，即一體的生命。

西銘的第二點，以孝道合於天道。宇宙的變化，順性命之理，性命之理以一體之生命互相連繫。認識生命的來源來自天地，天地爲乾坤，宇宙變化是「反復其道」，萬物反回乾坤，反回生命之源爲孝。西銘篇不僅講愛人，另外講孝親：「知化則善述其事，窮神則善繼其志。」述事和繼志爲儒家的孝道，西銘說知化窮神，爲周易的「窮理盡性以致於命。」知道宇宙變化之理，則知道善盡孝道。王船山正蒙注注這一段說：「化者，天地生物之事，父母之必教育其子，亦此事也。善述者必至於知化，而引伸以陶成乎萬物。神者，天地生物之心理，父母所生氣中之理，亦即此也。善繼者必神無不存，而合撰於乾坤以全至德。」

人以生命與宇宙萬物合而爲一。

6. 朱熹的生生思想

朱熹宇宙觀的特點，在理氣二元說，把理和氣並立，而且還更看重理。以理在理論上先於氣，「有是理，有是氣」，但是在實際上，天地化生萬物，氣的功能更重要，更明顯，因爲氣分清濁，清濁之氣所成物形各不相同。物的質，尤其人的質，由五行結成，五行爲氣，氣又成人的質。朱熹生生的理氣二元說，還免了張載氣一元說的影響。

萬物由天地所化生。

「某謂天地別無勾當，只是以生物爲心。一元之氣，運轉流運，略無停間，只是生出許多萬物而已。」（朱子語類 卷一）

「造化之理，如磨上面常轉而不止，萬物之生，似磨中撒出，有粗有細，自是不齊。又曰：天地之形，如人以西盌相合，貯水於內，似乎常常掉開，則水在內不出，稍住手，則水漏矣。」（朱子語類 卷一）

「晝夜運而無息，便是陰陽之兩端，其四邊散出紛擾者，便是浮氣，以生人物之殊，如麪磨相似，其四邊只層層散出。天地之氣，運轉無已，只管層層生出人物，其中有粗有細，如一物有偏有正。」（朱子語類 卷九十八）

「橫渠言，游氣紛擾，合而成質者，生人物之殊。其陰陽兩端，循環不已，立天地之大義，說得似稍支離。只合云：循環錯綜，升降往來，所以生人物之殊，立天地之大義。」（朱子語類 九十八）

朱熹以天地生萬物；他說：「天地以生物爲心」，天地既然有心，天地便不是形色的上天下地，應該是有人格的主宰，《周易》以天地代表乾坤，乾坤代表陽陰；然也可說天地代表上天。朱熹的天地有心生物，當然是主宰造化的上天。但是朱熹又說：「天地之形，如人以兩盌兩合」，則所說天地則爲形色的上天下地，因而朱熹對弟子問天地有心，他又答說天地是無心生物。朱熹在講「仁」時，卻肯定：「仁者，天地生物之心。」(朱子語類　卷五十三)

「天地以生物爲心，天包著地，別無作爲，只是生物而已。亘古至今，生生不窮，人物得此心以爲心。」(朱子語類　卷五十三)

「問：復見天地之心？曰：一元之氣，亨通發散，只物流行，天地之心盡見在品物上。但叢雜難看，及到利貞時，萬物俱已收斂，那時只有個天地之心，丹青著見。故云利貞者，性情也，正與復見天地之心相似。」(朱子語類　卷七十一)

朱熹的天地之心，乃是生之理。利貞代表秋冬，在秋冬時，萬物的紛紛花葉都已凋零，剩下的樹幹，藏著生之理，到了春來，生理又發散出來，朱熹所以說仁是生，人心是仁，人心具有生之理。

以生之理解釋天地之心，天地便不必解爲代表主宰的上天，天地乃是陰陽之氣，也就是乾坤。

整個宇宙，所有的現象，是生生不息，朱熹乃說「天地別無勾當，只是以生物爲心。」「天地以生物爲心，天包著地，別無作爲，只是生物而已。」整個宇宙的唯一動作，是化生萬物。儒家的宇宙論，以宇宙爲化生萬物的宇宙，化生萬物，爲宇宙的唯一動作，宇宙爲動的宇宙，動爲化生萬物。希臘亞里斯多德的宇宙論，也以宇宙所有的爲變動，宇宙論乃講變動。然而亞氏講變動，講變動的理由，沒有說宇宙變動的意義爲化生萬物。

天地生物，是「一元之氣，運轉流運，略無停間。」朱熹說的「一元之氣」是什麼？是不是沒有分陰陽之氣？這種氣是不是氣的本體？張載講太和，太和爲太虛之氣，乃是氣之本體，未分陰陽。太虛之氣稱爲太虛，即是沒有成形，爲形而上。朱熹反對氣在形而上，肯定氣爲形而下，理爲形而上。他的一元之氣，不是不成形之氣，而是天地之氣。天地之間祇有一氣，理學家都有這樣的主張；朱熹雖不主張有無形之氣，但也主張陰陽是一氣，天地之氣應是不分陰陽之氣。儒家和道家都主張元氣爲天地之氣，爲人生命的根本，人應保養元氣以求長生。

一元之氣，在宇宙間運流不息。朱熹說輕者上升爲天，濁者凝聚爲地，天地相合形似兩盌相合，一元之氣在中間運轉，四邊散出浮氣，乃成萬物。這種比喻沒有一絲哲學意味，不能說明萬物化生的經歷，但是他講五行的化生和人的生，則有次序。

「又問以質而語其生之次序，不是相生否？只是陽變而助陰，故生水；陰合而陽盛，故生火。木金各從其類，故在左右，曰：水陰根陽，火陽根陰，錯綜而生。其端是天一生水，地二生火，天三生木，地四生金，到得運行處，便是水生木，木生火，火生土，土生金，金又生水，水又生木，循環相生。」

「或問太極圖之說？曰：以人身言之，呼吸之氣便是陰陽，軀體血肉便是五行，其性便是理。又曰：其氣便是春夏秋冬，其物便是金木水火土，其理便是仁義禮智信，又曰：氣自是氣，質自是質，不可究說。」（朱子語類　卷九十四）

朱熹說明人有氣、有質、有理，氣爲陰陽之氣，陰陽之氣和理相聚，結成人，陰陽之氣和理相聚時，凝成人的形。氣成人形質則用五行；氣在人體內仍然運轉，人用呼吸以維持生命。人的理成人性，人性爲仁義禮智信，人的理和氣相聚以五行成人的形質，而成氣質之性，人的仁義禮智信也受五行的影響，使每一個人因受一行偏多而偏於相應的一德。例如受木行多的，偏於溫柔，受火行多的，偏於急躁。

朱熹生生思想的特殊點，在以生爲仁，以仁爲天地生物之心，人得天地之心爲心，人心故仁。儒家以五行配五常，乃是一種共同的思識。周易以仁義禮智配元亨利貞，漢朝易學以五行配仁義禮智信五常，宋明易學和理學都接受這種思想。這是繼承孟子以仁義禮智爲人心的四端，發自人性，人性故善而爲倫理人。朱熹更說明孔子所特別主張的一貫之道的「仁」，孟子所說「仁，人心也。」，乃是來自天道或天理。天道或天理即天地生物之心，整個天道或天理，就是爲化生萬物，天地之心除生物外，別無勾當，朱熹以天道或天理爲仁，仁是化生萬物，人心即人的理爲仁，人心也是爲化生萬物。人本不能化生萬物，乃贊天地的化育，周易所講聖人以仁保位爲法天地好生之德，中庸所講聖人贊天地的化育，朱熹以人心來自天心，都予以說明，構成了儒家的仁學。

朱熹的生生思想，宇宙乃一生生的世界，生生由一元之氣繼續轉運而成。一元之氣以陰陽合「理」成物之性，以五行成物的形質。人心則來自天地生生之理，人心故仁，親親，仁民而愛物。

7. 王船山的生生思想

在易學的生生思想裡，已經講到王船山的生生思想。他繼承張載的思想，以氣爲天地萬物的一元，氣爲一氣，本來就有陰陽，所以主張乾坤並立。一元之氣即天地間的大化之氣，大化之氣在天地間運行不停，化生萬物，萬物化生以後，由五行予以養育。

王船山在正蒙注，對於生生，說明次序。

「天之氣伸於人物而行其化者曰神。」

「天以神御氣而時行物生，人以神感物而移風易俗，神者，所以感物之神而類應者也。」

「氣之所生，神皆至焉。氣充塞無間，神亦無間，明無不徹，用無不利，神之爲德莫有盛焉矣。」(神化篇)

王船山在周易內傳卷五，解釋繫辭上第五章，「陰陽不測之謂神」說：

「神者，道之妙萬物者也。易之所可見者象也，可數者數也；而立於吉凶之先，無心於分而爲兩之際，人謀之所不至，其動靜無端，莫之爲而爲者，神也。使陰陽有一成之則，升降消長，以漸而爲序，以均而爲適，則人可以私意測之，而無所謂神矣。」

王船山因此尖銳地批評邵雍的易學，也批評朱熹易學，批評他們以數學方式，範圍易的變化，使宇宙變成了一架機器。他肯定宇宙生生內有神；並不是他主張宇宙由上帝而造化，但是他肯定宇宙生生有種靈性，使變化無方而不可測。宇宙的變化，便不是純物質的變化，而是含有靈性的變化，不能用物質變化的方式去測驗。當前大陸學者一心捧王船山爲唯物主義易學家，還說他是唯物辯証論者，是太小看了王船山。

王船山論宇宙變易以神爲主，以氣爲素料，「神御氣而時行物生」，神御氣沒有一定方式，但雖沒有一定方式，卻有一定的理，理稱爲天道。

「夫道何所自出乎？皆出於人之性也。性何所自受乎？則受之於天也。天以其一眞無妄之理爲陰陽，爲五行而化生萬物者曰天道。陰陽五行之氣化生萬物，其最秀而最靈者爲人，形既成而理固在其中。」(四書訓義　卷二　中庸一)

「自道之全體而言之，萬物之所資始者也，天道之所運行者也。……萬物之生，藉有發之育之者而始遂；而聖人一心之所涵而大仁存焉，萬物生理所自全者，皆其心量之所周也，發育之矣。」(同上　中庸三)

宇宙化生萬物，有一元之氣，有神，有天道。由天道指導一元之氣，由神發動一元之氣，運轉不息，化生萬物。天道成物之性，氣成形質，神成生命，生命乃是氣依照天道的不停之動。

「聖人之道，天道也，唯聖人之德，天德也。故曰：誠者天之道也，實天之德也。」(同上)

道，爲理；德爲用，聖人之大，在於合天道而發爲大用，效法天德。

「天地之大德敦化，定辟生之品類，正萬物之性命，全覆載之功能，故並育並行者以之而不相害悖。以此思聖人之大德，又何如哉？夫在天爲理者，在人而爲倫；在天而爲命者，在人而爲性；在天主宰而有其能者，而人贊化育而有知；一而已矣。故誠者，天之道也；而天下至誠之德，即天之大德也。」(同上)

「天下之生，有其消所以善其長，則存乎化；有其成所以遂其生，則存乎育。化育行，而四時百物交以著天地之功能而無悖害。然唯天地默運於無象之中，而成其妙用者，人不得而與之。唯天下至誠實於不見不聞之中，而喻其眞理者，天地不得而私之。」(同上)

王船山稱宇宙的化生萬物爲天地之大德，也即是天德，天德是天道之用，「定群生之品類，正萬物之性命，全覆載之功能。」天道化成萬物，顯明天德。天德可見的部份，在乎湯經所說的象，象是已經成形；天道御元氣而化，是無形象，「默運於無象之中」，稱爲神，人不能參與。至誠的聖人，在不見不聞之中，能夠「喻其眞理」，直接體會到元氣變化之道。這種「喻知」，就是易傳所謂「窮神知化」，也是宋明理學家講致知時的「體會」，是一種直接之知，是氣運的相通，所以說「聖人通於天道」。

王船山在生生思想中有一特殊重點，則是「性日生而命日降」的盡性說。

中庸講盡性，性爲人的理，理爲抽象觀念，一有這理，就有全理，這是朱熹所講太極。人性在生時，人性的理是全，不能增，不能減，人一生到死，常有同一的性，而且所有的人，都有同一的性。但是每一個人的性，則是氣和理相合的性，氣是具體的，一個人的性稱爲氣質的性，氣質的性是性理和才質合聚的性。才質不是抽象的，是具體實際的，不是一成不變的，而是要發育的。一個人由小到老，常要發育自己的才質。再者抽象的性理，也要表現於人的生活，性的表現由人心表現，孟子乃說人心有仁義禮智四端。四端來於性理，性理要發揮，發揮不是一次就可以完全發揮出來，因此，儒家講盡性，把人性的仁義禮智的理，完全予以發揮，把人的才質完全發育，成爲至誠的聖人。既然講發揮人性，則人性不是一成不變的人性，而是有發育的人性。但是所謂發育，並不是變動人性的理，而是把理完全表現出來。才質屬於氣質之性，爲氣所成，氣常動，氣質之性爲具體的性，乃可以動，可以變。所謂動與變，祇在氣的變動，理則不變。一個人從小長大，身體隨時變，才質隨時變，道德隨時變，都是生活上氣的變，因爲氣和理結成一個人，結合一個人性；氣變，便是人的變，也是人性的變，即是氣質性的變。

王船山在尙書引義卷三，湯誥篇說：

「是故人之生也，氣以成形，形以載氣。所交徹乎形氣之中，所以成，所以載者，有理焉，謂之『存存』。」

在同卷的太甲篇說：

「夫性者生理也，日生則日成也。則夫天命者，豈但初生之傾命之？是持一物而予之於一日，俾牢持終身以不失。天且有心以勞勞於給與，而人之受之，一受其成侀而無可損益矣。

夫天之生物，其化不息，初生之傾，非無所命也。何以知其有所命？無所命，則仁義禮智無所根也。幼而少，少而壯，壯而老，亦非無所命也。何以知其有命？不更有所命，則年逝而性亦日忘也。

形化者化醇也，氣化者化生也。二氣之運，五行之實，始以爲胎孕，後以爲長養，取精用物，一受天產地產之精英，無以異也。形日以養，氣日以滋，理日以成；方生而受之，一日生而一日受之。受之者有所自授，豈非天哉？故天日命於人，而人日受命於天，故曰性者生也，性日生而日成之也。」

王船山說明人的形體，從胎孕、出生、長養，天天在變。「形以養，氣日以滋，理日以成。」這都是氣在變，但是氣變仍有性理，理授自天。氣的每一變都須有性理。性理由天授與時，不是一次授予就完了；氣須有理，理在氣內「稱爲存存」；氣變理不存，須要再受理，就是須再有人性。天再授人以性理，天授理稱爲天命。天命的內容對於一個人的性理常是一樣，雖然天命日降，人性日生，一個人的性，因天命內容不變，性日生仍是一樣的性。

王船山的「命日降而性日生」，完成了他的生生思想。從王船山的生生思想中，我們有一元大化之氣，天道，天理，大化之氣的不停運轉，陰陽成物性，五行成物形質，命日降而性日生，化生歷程神妙莫測，大化之氣有理有神，聖人「喻知」造化之妙而與天德同功，發育萬物。在這連貫的思想中可以見到儒家的全部生生思想。

清朝有戴震講生生，注意化生的次序。清末有康有爲作大同書，譚嗣同作仁說，企圖發揮儒家生生的大同和仁。民國則有熊式一講生生，以佛家的緣生說配合易經的翕闢，有方東美頌揚生生之德，儒家的生命哲學，乃儒家一貫的思想，也是儒家全部的思想。

附錄　方東美　生生之德　哲學三慧

中國人知生化之無已，體道相而不渝，統元德而一貫，兼愛利而同情，生廣大而悉備，道玄妙以周行，元旁通而貞一，愛和順以神明。其理體湛然合天地之心，秩然配天地之德，故慧成如實。其智相闢宏天下之博，翕含天下之約，故善巧方便。存其心如生，成其德無息，博者因其博，約者應其約，無有偏私隱曲，故運智取境，平等平等，成慧攝相，亦平等平等。準此立論，中國之哲學，可以下列諸義統攝焉。

1. 生之理。生命苞容萬類，緜絡大道，變通化裁，原始要終，敦仁存愛，繼善成性，無方無體，亦剛亦柔，趣時顯用，亦動亦靜。生含五義：一、育種成性義；二、開物成務義；三、創進不息義；四、變化通幾義；五、緜延長存義。故易重言之曰生生。

2. 愛之理。生之理，原本於愛，愛之情取象乎易。故易以道陰陽，建天地人物之情以成其愛。愛者陰陽和會，繼善成性之謂，所以合天地，摩剛柔，定人道，類物情，會典禮。愛有五相四義：五相者，一曰雌雄和會，二曰男女構精，三曰日月貞明，四曰天地交泰，五曰乾坤定位，四義者：一曰睽通，睽在易為「二女同居其志不同行」（睽彖），「二女同居其志不相得」（革彖），通在易為「天地睽而其事同，男女睽而其志通，萬物睽而其事類。」（睽彖）。二曰慕說，慕說在易爲「柔進而應乎剛」（兌彖），「二氣感以相與，止而說，天地感而萬物化生；」（咸彖）「剛來而下，柔動而說。」（隨彖）三曰交泰，交泰在老子爲「天地相合，以降甘露。」在易爲「陰陽合德而剛柔有體，以體天地之撰；」（繫辭下），「男女正，天地之大義。」（家人彖）其他歸妹、漸、鼎、升、萃、益、離、臨、同人、泰諸卦反復言之綦詳。又左傳昭公五年正義曰：「陽之所求者陰，陰之所求者陽，陰陽相值爲有應。」四曰恆久，在易爲「恆與既濟定。」恆彖曰：「剛柔皆應、恆；亨，無咎，久於其道也，……觀其所恆而天地萬物之情可見矣。」

3.化育之理。生爲元體，化育乃其行相，元體是一而不局於一，故判爲乾坤，一動一靜，相並俱生，盡性而萬象成焉。元體攝相以顯用，故流爲陰陽，（陰陽者翕闢之勢，義非陰陽五行說所攝。）一翕一闢，相薄交會，成和而萬類出焉。生者，貫通天、地、人之道也，乾元引發坤元，體天地人之道，攝之以行，動無死地，是乃化育之大義也。

4.原始統會之理。生之體是一，轉而爲元。元之行孳多，散爲萬殊。老子曰：「道生一，一生二，二生三，三生萬物。」道乃能生，能生又出所生，所生復是能生，如是生生不已，至於無窮。品類之分歧至於無窮可謂多矣。然窮其究竟，萬類含生以相待，渾淪而不離。易大傳所謂天下之動貞夫一。

第三章　儒家理論生命哲學的人論

一、人之本體

儒家哲學為人生之道，講論人的生活，以人為主題；人在儒家哲學居中心的位置，儒家哲學乃號稱人文哲學。老子道德經講「道」，由道而到人生，莊子講氣，養生以長生；老莊哲學的目標也在於人的生活；但是講道和氣的部份多了些，講人的部份少一些，老莊哲學乃形成一種形上學。儒家哲學則講修身的部份很多，講宇宙的部份少，便被視為祇是倫理實踐哲學，缺少形上基礎。實際上宋明理學家就是為儒家哲學建立一個形上基礎，追溯到易經。宋明理學家沒有一個不研究易經，只有清朝儒家學者把經學留給考據家，自己專求一點實學。

宋明理學重建了儒家哲學，連貫了易學宇宙論和大學中庸修身論，儒家哲學有了一個系統，在系統中心站著「人」。周易的卦爻三或六，都以第二和第五爻爲中，第二和第五爻代表人。

人和宇宙相連，爲宇宙的一部份，即天地人三才。天地化生萬物，人爲萬物之一，由天地所化生。天地的生理，在人生命中，完全表現，人的生命爲萬物成全的最高生命，人乃爲萬物之靈，代表萬物，成爲和天地的三才。講論了宇宙和生生，現在就講論「人」。

方東美曾說：「儒家形上學具有兩大特色：第一，肯定天道的創造力，充塞宇宙，流衍演化，萬物由之而出。第二，強調人性之內在價值，翕含闢弘，發揚光大，妙與宇宙秩序，合德無間。」（生生之德　頁二八八）「至於人性與其在宇宙中之地位。中國人，無論其爲個人小我或社會大我，均不以遺世獨立爲尙，冀能免於與世界脫節，與人群疏離的大患。」（同上　頁三一五）

儒家的「人」和天地相連，和萬物相連，中間連繫的脈絡，是生生。生生是生命，是存在；若是人和天地和萬物脫節，人的生命就受傷害。

中國講論「人」的學者，常把中國人論的人和西洋哲學的人相比，因爲西洋哲學派別相當多，爲作比較，常拿西洋傳統的士林哲學。士林哲學爲天主教信仰的哲學，而且被誤認爲神學的侍女，講天主創造宇宙，創造人。士林哲學由天主造物主的立場去看人，中國學者乃認爲人的地位壓低了，西洋哲學是以「神」爲主體，中國哲學則以「人」爲主體。這種比較法是種錯覺，實際上，士林哲學所講人和神的關係，如同儒家哲學所講人和天地的關係，都是以生生爲基礎，西洋哲學以神（天主、上帝）創造萬物，中國哲學以天地化生萬物。西洋哲學處處出現「神」，中國哲學處處出現天地。由這種視線去作比較研究，才可以有根據，但不可缺少的條件，還是對天主教信仰有研究。

人的本體論，在書經詩經時期，沒有討論過，到了春秋戰國時期，「氣」的觀念漸漸形成萬物的原素，莊子就主張人由氣而成，氣合則生，氣散則死。孟子說：「氣，體之充也。」（公孫丑上）荀子說：

「水火有氣而無生，草木有生而無知，禽獸有知而無義，人有氣有生有知亦且有義，故最爲天下貴也。」（王制）

荀子已經以人有氣爲本體，和水火、草木、禽獸，同由氣所生。這種思想來自周易，周易以天地相交，化生萬物，「天地絪縕，萬物化醇，男女媾精，萬物化生。」（繫辭下　第五章）周易雖常講萬物，不專講人；但在歸妹卦的彖辭說：

「歸妹，天地之大義也，天地不交而萬物不興，歸妹，人之終始也。」

人。

歸妹爲人的終始，好似天地爲萬物的終始，天地相交以氣化生萬物；男女相交，以氣生

禮記的禮運篇說：

「人者，其天地之德，陰陽之交，鬼神之會，五行之秀氣也。故人者，天地之心也，五行之端也，食味，別聲，被色而生者也。」

漢朝易學的卦氣、卦數，專講天地的變化，以六十四卦解釋天地化生萬物，不特別講人，但是道教魏伯陽用易卦解釋煉丹的歷程，煉丹則爲求人的長生，魏伯陽的易學乃專於人的生命。道教以人的生命是氣的流行，外丹以乾固人的元氣，內丹以新造人的生氣，氣爲人的本體。

宋朝的理學從周敦頤的太極圖說開端，太極圖來自道教，太極圖說乃專講「人」。但是周敦頤是儒家，不接納魏伯陽求長生的信仰，而繼承孔子以周易卦變講人的心靈倫理生命，太極圖便專講人的倫理道德生命，但仍以氣爲人的本體，又加入五行的本質。

「無極之眞，二五之精，妙合而凝，乾道成男，坤道成女，二氣交感，化生萬

物。萬物生生，而變化無窮焉。惟人也，得其秀而最靈。形既生矣，神發知矣，五性感動而善惡分，萬事出矣。聖人定之以中正仁義，而主靜，立人極焉。」

太極圖說的這一段話，建立了理學家的人論。在這種人論裡，關於本體論有幾個重點：

本體的來源：無極之眞，二五之精。

本體的性質：得氣之秀。

本體的內容：形、神、五性。

「無極之眞，二五之精。」朱熹太極圖注解說：「眞以理言，精以氣言。」「無極之眞」即是天道，爲天地生物之道，人的出生，因天道而生。「二五之精」，爲陰陽五行之氣。人得秀氣，在禮運篇說人得「五行之秀氣也」。氣之秀爲氣之淸，氣淸則靈，人因此而靈。

形、神、五性，形而生，神而知，五性感動。人生便有身體，身體爲人是生，沒有身體人就死了。神，爲靈，爲心靈，人因心而有知，荀子所以說：「心能徵知」。五性爲五行所結成的才質，情感屬於才質，人因才質而有感。荀子也曾說：「人有氣，有生有知亦且有義。」人有義，太極圖說「五性感動而善惡分。聖人定之以中正仁義。」禮運篇乃說：「人者，其天地之大德。……故人者，天地之心也，五行之端也。」理學家的人論，在太極圖說繪出了模型。

張載在正蒙裡論人，對太極圖說的人論加有幾點發揮：「合虛與氣有性之名。」(正蒙 太和)「氣之性，本虛而神」(乾稱篇)「性者，感之體，感者，性之神。」(同上)「形而後有氣質之性，善者反之，則天地之性有焉。故氣質之性，君子有弗性者焉。」(誠明)「合性與知覺、有心之名。」(誠明)「心統性情者也。」(張子全書 卷十四 性理拾遺)

張載以人有性、有心、有情、有感、有知。

「合虛與氣，有性之名」，「氣之性本虛而神」，虛爲無形，爲靈。氣的本體太虛或太和，是虛而靈，且變化靈妙莫測。人的氣爲虛靈，虛靈乃爲人的性。這個性字，不是指著天理，是指著一個具體的人所以是人，跟禽獸草木有分別，是在於人有靈性。

「合性與知覺，有心之名」，心爲生命之所在，爲秀氣所成，故虛而靈。人的生命爲人性的生命，心的虛靈來自性；心既虛靈故能知。五行之氣成人的才質，才質發自心，能感；故「合性與知覺，有心之名。」

張載另一點，則是分別「天地之性」和「氣質之性」，二程也講「氣質之性」，朱熹後來用氣質之性解釋性之善惡。

朱熹結合了太極圖說的人論，張載的人論，以及二程的思想，構成了他的人論；朱熹的人論，可以作爲理學家人論的代表。

朱熹把人和天地緊緊相連，人得天地之氣以爲氣，得天地之理以爲性，得天地之心以爲心。

「天即人，人即天。人之始生，得於天也。既生此人則天在人矣。」（朱子語類　卷十七）

「性者，人所受之天理。」（朱子語類　卷五）

「發明心學，曰：一言以蔽之，曰生而已。天地之大德曰生，人受天地之氣而生，故此心必仁，仁則生矣。」（同上）

「天地以生物爲心，……人物則得此生物之心以爲心。」（朱子語類　卷五十三）

朱熹根據理氣二元論，解說人的本體。人的本體由理氣合成，理在人，爲天地之性，即人的本然之性。氣在人，爲人的形體，即具體的人，包括身體和心。人的氣，較萬物的氣都清，然而仍有清濁，身體的氣較濁，心的氣則清。而且人和人彼此有間，又有分別，這種分別也來自氣，有的人較清，有的人較濁。這種清濁的表現在三方面很明顯：一是身體外貌的清秀或俗陋；二是才能和氣質的高下，美麗，三是情感的輕濃。

才質和情感，爲氣所成，然分析來說，爲水火木金土五行所成，才質和情感的好壞，在於得五行之氣正與不正，正則好，不正則壞。

朱熹人論的特點，提出人心爲仁，仁爲生。爲愛之理，人心爲人，具有全部的生之理，全部生之理在人心靈的生命。生命之理爲愛，人心乃愛，這是孟子所說「仁，人心也。」朱熹以仁爲元，元統亨利貞，仁統義禮智。整個實踐生命學用這種觀念作根據，修身盡性，才質和情感在朱熹的人性論不佔重要位置，佔重要位置是心，人的生活，是性和情的生活，心則統性情，人的生活一統於心。

然而陸象山和王陽明反對朱熹，自稱是心學派，以朱熹爲理學派。陸象山和王陽明，當然也主張人由氣而成；然氣在人的功能，全部縮在心上。陸象山以理等於心，心就是理，心外無理；雖然不是說氣等於心，但除心以外，氣在人沒有其他意義。王陽明以陸象山繼承孟子的心學，然而孟子主張養氣，主張克慾。王陽明以心等於知，知爲良知，不學而有的天生之知，知道分別善惡，指導人實踐。

陸象山的弟子楊簡，以周易卦爻的陰陽，解釋人的心理，以人心有陰陽之氣，若陽氣在下，寂然不動，心便安定，與天地爲一，如同乾卦初九爻，「潛龍勿用」；若是陽氣在下，人的心動，則必得咎。楊簡更以人心無體，包含天地萬物。「類則通，通則同，同則一者，非合而爲一也，未始不一也。人心無體，無體則無際，無際則天地在其中，人物生其中，鬼神行其中，萬化萬變皆在其中，然則何往而不一乎！如人之身目口鼻四肢，雖不同而一人也，根幹枝葉花實雖不同，而一木也。源流瀦派洑激雖不同，而一水也。人惟意動而遷，自昏自亂，自紛紛，而不昏者自不睹其爲異也。」（易傳　睽）

宋末元初的易學家俞琰，以道家煉丹術法合邵雍的先天學，主張先天圖爲人身體結構的模形，對先天六十四卦圓圖，他解釋說：

「愚謂月窟在上，天根在下。往來乎月窟天根之間者心也。何謂三十六宮？乾一兌二離三震四巽五坎六艮七坤八是也。三十六宮都是春，謂和氣週流乎一身也。如此則三十六宮不在紙上而在吾身中矣。」（易外別卦序）

先天圓圖，乾在上，坤在下，始於復，終於坤；所以說月窟在上，天根在下。他又解釋先天八卦圖說：「人之一身，首乾腹坤，而心居其中，其位猶三才也。氣統于腎，形統于首，一上一下，本不相交，所以使之交者神也，神運乎中，則上下混融，與天地同流，此非三才之道歟！夫神，守于腎則靜而藏伏，坤之道也。守于首則動而運行，乾之道也。」（同上）他以心爲神，神爲心。（參考朱伯崑　易學哲學史　第三卷　頁四二）

先天卦乾上坤下圖

後天卦離南坎北圖

先天卦位，乾爲首爲天，坤爲腹爲地，心居天地之中。首爲形體陽氣所聚，腎爲腹內陰氣所凝，形氣相交通過人心的神。後天卦位腎屬水，心屬火，火入水中，水火交媾交結于丹田，丹田在臍之後，腎之前。修煉之術，目視鼻，以鼻對臍，降心火入于氣海。

這種思想，爲道家煉氣的方法，沒有哲學的根據，我們引來祇是爲說明陸王派的心學，以心爲人的本體中心。

元朝張理專心周易的圖象，以四象八卦圖式解釋儒家六經。他作六十四卦變通圖，用這圖配合人體的結構，說：「今以此圖推之，蓋以人身形合天地陰陽者也。乾爲首居上，坤爲腹居下，離爲心，坎爲腎；心，火也；腎，水也。故離上而坎下。陽起于腹，自左而升，由人之督脈（陽脈）起自尻，循脊背而上走于首。陰起于姤，自右而降，由人之任脈（陰脈）至自咽，循膺胸而下，起於腹也。」（易象圖說　內篇）張理的易圖和俞琰的易圖相同，思想也同一。

易卦配人體的思想，到了張介賓的易醫學，更普遍流行，且于以系統化。

「乃知天地之道，以陰陽二氣而造化萬物。人生之理，以陰陽二氣而養百骸。易者易也，具陰陽動靜之妙。醫者意也，合陰陽消長之機。雖陰陽已備于內經，而變化莫大乎周易。故天人一理者，一此陰陽也。醫易同源，同此變化也。」（類經附翼　醫易義）

「偉哉人也，稟二五之精，爲萬物之靈，得天地之中和，參乾坤之化育。四象應天，四體應地，天地之闔闢，即吾身之呼吸也。晝夜之潮汐即吾身之脈息也。天之此辰爲群動之本，人之一心爲全體之君也，由是觀之，天之氣即人之氣，人之體即天之體。」（同上）

儒家哲學沒有採用這種思想；然而這種思想的來源，可以上溯到漢朝的董仲舒和漢朝易學，儒家哲學追隨孔子的思想，以周易的卦和卦變，配合人的道德生命，以周易爲倫理的根據；周易醫學沿用道家的煉丹，以卦和卦變，配合人的身體生命，以周易爲醫學的根據。兩者所講的：一者爲心靈生命，一者爲身體生命。

明末方以智爲易象數學專家，以天地間皆是氣，人的本體爲氣，氣因理而神化會通於心；但是他認爲「彼離氣執理，掃物專心，皆病也。」（物理小識　氣論引）他以心也爲一物，「盈天地之間皆物也，人受其中以生，生寓於身，身寓于世，所見所聞，無非事也，事一物也。聖人制器利用以安其生，因表理治其心，器固物也，心一物也。深而言性命，性命一物也。通觀天地，天地一物也。」（物理小識　自序）方以智所謂物，不是指物質，不是指實物，天地間的事物，皆是實，不是虛；所謂心虛，心的虛不是無，而是實，所謂物皆是由氣而成，心也由氣而成，是實。

王船山的人論，聚合張載和朱熹的思想，加以自己的易學，可以說是儒家哲學人論的總結。

「天地之生，以人爲始；故其弔靈而聚美，首物以克家，明聰睿哲，流動以入物之藏而顯天地之妙用，人實任之。人者，天地之心也，故曰復其見天地之心乎！聖人者，亦人也，反本自立而體乎天地之生，則全乎人矣。」（周易外傳　卷

二　復卦)

「天地之生，人爲貴。惟得五行敦厚之化。」(思問錄　內篇)

「天地化生萬物，始生爲人，因爲人最貴，人最貴，因爲人爲天地之心。人爲天地之心，因天地以人主持萬物，自然者天地，主持者人，人者天地之心。」(同上)

「天以理授氣於人，此謂之命。即其所品節限制者，亦無心而化成。則是一言命，而皆氣以爲實，理以爲紀，固不容折之，以爲此兼理，此不兼理矣。乃謂後命字專指氣而言，則天固有無理之命；有無理之命，是有無理之天矣！而亦不誣天也哉！」(讀四書大全　卷六　盡心下)

天以理氣授於人，人得天的理氣以生。每一個出生都因天命而生，天命限制每一個的品節，「即其所品節限制者」，每一個人所受於天命的，有性。

「就氣化之成於人者，實有其當然者則曰性。……故以氣之理，即於化而爲化之理者，正之以性之名。」(讀四書大全說　卷十)

這是中庸所說天命之性，是人的氣之理。但是每一個人有自己的個性，個性各不相同。朱熹說是由氣之清濁不同而成。弟子們問朱熹爲什麼每個人的氣之清濁不同，朱熹說是由於「理」所限制。弟子們反問說理限制個人的氣爲人的氣，而不是每個人的氣，朱熹不能答。王船山解答每個人的氣也來自天命，天命授於每個人的氣，氣中有理，不是氣兼理，而是理限制氣，因此氣質的性也來自天命。王船山講氣質之性，不同朱熹和二程所說的天地之性和氣質之性，凡是性都是氣質之性，都是在氣內。

「程子創說個氣質之性，殊覺峻嶒。先儒於此不儘力說與人知，或亦待人之自喻。乃緣此而初學不悟，遂疑人有兩性，在今不得已而顯之。所謂氣質之性者，猶言氣質中之性也，質是人之形質，範圍著生理在內。形質之內，形氣充之而盈天地間。人身以內，人身以外，無非氣者，故亦無非理者。理行乎氣之中，而與氣爲主持分劑者。故質以函氣，而氣以函理。質以函氣，故一人有一人之生；氣以函理，故一人有一人之性也。」（讀四書大全說　卷七　陽貨篇）

王船山不接受程朱的天地之性和氣質之性，以每個人有一個人的性，這個性是函在氣中，來自天命。

人有才有形質有情，才、形、質、情都出於性。每個人的性不同，不同點在於才、質、情。性爲體，才、質、情都是用。「性者，道之體，才者，道之用。形者，性之凝；色者才之撰也。」（尚書引義　卷四　洪範三）

「命，猶令也。性，即理也。天以陰陽五行化生萬物，氣以成形，而理亦賦焉，猶命令也，於是人物之生，因各得其所賦之理，以爲健順五常之德，所謂性也。」（四書訓義　卷二　天命之謂性）

陽陰成健順之德，五行成五常之德。所謂成，是孟子所說善端。仁義禮智信五常之德的善端，即是人的質，由木火金水土五行之義而成。情爲心之動，心的發動爲情，使心動有所向，成爲意欲，情即五常的用。

王船山人論所論人的本體，依照上面所說：人得天地的理氣以生，氣中函理爲性，每一個人有一個人的生命，每一個人有一個的性。理氣成人的一切，理成人性，性中有氣；氣成人的形體，形體中有理。五行之氣，成人才質。才質爲性的用，由心主宰，心動爲情，心統性情。

儒家哲學傳統的人論，歸結人的本體到這幾點：人的本體爲氣，氣函理，理氣成人的形體心靈，心靈爲人的主體，心靈生命爲倫理道統生命，道德生命發展成聖人，老莊以氣成人體，道在人身，人的生命爲心的生命，心爲元氣，元氣自然發展，莊子養氣以求長生。佛教以人由業生，業藉緣而生人，業緣不斷，輪迴展轉。宗密曾著原人論說：「業既成熟，即從父母稟受二氣，與業識和合，成就人身。」（原人論　會通本末第四）

二、人　性

1. 通論性

儒家哲學人論，爲儒家哲學的中心，人論的中心，則爲人性。儒家哲學討論人性，不是從人的本體討論人性，而是從道德生活去討論。道德生活爲善惡的生活，善惡須有分辨的標準。中庸說：「熹怒哀樂之未發，謂之中，發而皆中節謂之和。中也者，天下之大本也；和也者，天下之達道也。」（第一章）大本和達道，究竟在那裡？中庸一書開端就說：「天命之謂性，率性之謂道，修道之謂教。」大本是人之性，達道是率性。人性問題，乃成爲儒家人論的中心。西洋哲學討論人性，從本體方面討論，討論人之所以爲人的理由，理由是人之性，儒家討論人性，從用的方面討論，討論人的生活怎麼成爲人的生活，標準在於人之性。在理論討論方面，中西哲學對人性看法不同，在實際上則體用同歸於同一的人性。西洋哲學有句格言：「存在之理即行爲之理」（Principium essendi est principium agendi）。

儒家哲學的學者，不僅特別注意人性問題，並且討論特別多。中國當前研究中國哲學的學人，撰寫專書彙集歷代對人性的研究成績。唐君毅的中國哲學原論的原性篇，密密的字，厚達五百頁。

倫理道德生活，率性而動，中節爲善；然而爲什麼有惡呢？惡的問題，在中外的宗教和哲學裡，已成爲幾千年不能解決的問題，人爲什麼作惡？老子莊子要根本解決這個問題，就否認有善惡問題，人的生命是一個，生活也是一個，就是自然的生活，人自然地要求什麼，就作什麼；因著自然要求所作的事，無所謂善惡，善惡乃是所謂聖人造出來的，因此「棄聖絕智」。但是人自然地要求，不像禽獸祇是活，還要求活得更好，更舒服。荀子乃說小孩生來爲活得好一點彼此相爭，相爭，人爲生活就發生困難，聖人們才製造禮法，禮法不是爲倫理的善，而是爲生活得安。例如當前排隊買火車票，或排隊上車，是爲能買得車票和能上車；不然，大家搶得買搶得走，大家就亂了，亂了就打，就擠死人。荀子認爲善惡的問題，自然就有，善不是美化人生，而是人爲生活所需要。人性根本就是惡。

荀子也沒有解決問題，因爲若人性是惡，聖人製造禮法按什麼標準造的？善若是僞，爲人所造，不是天然的，人行善時是不是違反人性？中庸的「率性之謂道」作何解釋？儒家學者沒有人接納荀子的主張以人性爲惡。

人性若是善，人爲什麼行惡？人行惡，違反人性怎麼能活？禽獸率性生活，不會違反自己的物性；人爲什麼會？哲學家找不出答案。哲學家說人和禽獸不同，人靈，自己作主，因而就作惡。可是人既然靈，自己主宰自己，超越禽獸，萬物之中人爲貴，人卻自己糟蹋自己，活得連禽獸也不如？朱熹乃想解決這個問題，主張每個人的人性爲氣質之性，氣有清濁，氣清則性善，氣濁則性惡。朱熹把善惡同歸在性上，由本體論解決惡的問題，但是善惡爲倫理關係，是行爲對行爲規律的關係，不是行爲本體的價值。例是眼睛看一幅裸體女人畫，在本體上的價值，是眼睛看得清楚不清楚；在倫理上的關係，是人看女裸體畫心起不起淫念，起了淫念而心喜好，就是惡了。倫理關係和本體價值不相連結，兩個人同時看清楚同一的女裸體畫，一個人不喜歡淫念，一個人喜歡，分別了善惡，善惡來自人心喜歡不喜歡淫念，不是來自眼睛，眼睛看，祇是一個機會。再者，若是一個人的氣質性惡，他爲什麼也作好事？若一個人的氣質善，爲什麼他也作惡事。天下沒有絕對的善人或惡人。清朝的儒家學者就反對朱熹的這種主張。一直到今天，儒家沒有學者，解決了惡的問題，老莊的道家也沒有。佛教講論善惡，以惡來自無明，無明是看事不清楚，把虛無的事看作實有，一心執著相信。佛教的善惡，在於是否看清宇宙萬物，看清宇宙萬物爲虛無，則是善，因爲人不起貪心，不生痛苦；若看宇宙萬物爲實有，則是惡，因爲人起貪心，產生痛苦。人爲什麼無明？因爲前生在生活裡起貪心，追求世間的人物，造成惡業，惡業爲現生行爲的惡種子。善惡的關係不是倫理的關係，而是知識的關係。佛教修行的目的，不在取得高尚的品德，乃在取得高上的智慧，以智慧除掉無明。因此佛教的善惡問題，不落在人性上。人性的問題，也是知識認識：即是認識人性是虛無或實有的問題。

佛教的人性，不是實有，是虛無，是假；萬物的性也是虛假。祇有一個實性，就是眞如，就是佛。可是佛在人和萬物內，人和萬物都因「眞如」而存在。佛在人和萬物內，稱爲佛性，也就是人和物的眞實本性。佛教講明心見性，就是教人在自己心內看見佛性，見到自己的本性，乃能脫離虛幻的輪迴，成性而入涅槃。佛教的性是實有，分別虛實，不是分別善惡。

儒家理學者，採納佛教的明心見性，以認識自己的本性，可以率性行善。理學者以知行合一，明心見性，成爲修身養性的主要步驟，以實踐易傳說卦所說「窮理盡性以致於命。」所謂明心以見性，因性爲抽象之理，人在行動時，不能祇想著抽象之理以作標準，性在心內，由心而顯，儒家乃常由心以講性，理學家又由天理以講性。

2. 孟子性善論

中國哲學首先提出人性問題，乃是孟子。在春秋時，學者已開始講人性，孔子就說到「性相近，習相遠」，左傳中也常說到人性：「淫則昏亂，民失其性，故爲禮以奉之。……哀樂不失，乃能協於天地之性。」（左傳 昭公二十五年）「天生民而立之君，……勿使失其性。天之愛民甚矣，豈使一人肆於民，以從其淫，而棄天地之性。」（左傳 襄公十四年）左傳明明說到人性和天地之性，也明明表示天地之性爲人性之本，人不失人性，乃能協於天地之性。但是正式討論人性的善惡，則由孟子開始。

孟子開始人性問題，是對告子所說：「生之爲性」提出質疑。「生之爲性」有三個問題：一、是性的來源，即性是人生來就有的，人性的來源是生。二、是性的本質，性是善是惡。三、是性的範圍，是否人所天生的都是性？

孟子對這三個問題，提出他的主張。第一，性是人天生的良知良能。人生來有各種器官，每種器官有天生的能，人心還有天生的知，天生器官的良知良能，是由生而來的。

第二，孟子不贊成告子的主張，告子主張人性是中立性的，不善不惡，但可善可惡，猶如水本來不流向東或流向西。

「告子曰：性猶湍水也，決諸東方則東流，決諸西方則西流。人性之無分於善不善也，猶水之無分於東西也。」（告子上）

孟子認為人的良知良能，為人的行動，行動必有所向，既有所向，就分善惡。

「孟子曰：水信無分東西，無分於上下乎？人性之善也，猶水之就下也，人無有不善，水無有不下。今夫水，搏而躍之，可使過顙，激而行之，可使在上，是豈水之性哉，其勢則然也。人之可使為不善，其性亦猶是也。」（同上）

孟子認為人性本質是善，作人行為的規矩。孟子還沒有像周易從天地方面講人性之善，也還沒有同理學家從天理講人性之善，他從人心方面去講人性之善。人的行為由心發動，心所有天生的動，來自人性。心的天生的動，即心的良知良能常是善，人性便是善。

孟子舉出例証，証明人心的良知良能是善。

「孟子曰：人皆有不忍人之心。……今人乍見孺子將入於井，皆有怵惕惻隱之心，非所以內交於孺子之父母也，非所以要譽於鄉黨朋友也，非惡其聲而然也。由是觀之，無惻隱之心非人也，無羞惡之心非人也，無辭讓之心非人也，無是非之心非人也。惻隱之心，仁之端也；羞惡之心，義之端也；辭讓之心，禮之端也；是非之心，智之端也，人之有是四端也，猶其有四體也。」（公孫丑上）

「仁義禮智，非由外鑠我也，我固有之也，弗思耳矣。」（告子上）

孟子說小孩子生來知道愛父母，路人見孩子將入井，必自動去救。這些都是天生的良知良能，且都是善。孟子的性善用心的良知良能作証明。

「公都子曰：告子曰：性無善無不善也。或曰：性可以爲善，可以爲不善；是故文武興則民好善，幽厲興則民好暴。或曰：有性善，有性不善；是故以堯爲君而有象，以瞽瞍爲父而有舜，以紂爲兄之子且以爲君，而有微子啓，王子比干。今曰性善，然則彼皆非與？」（告子上）

孟子的時候，已經有這三種主張，弟子舉出來向孟子質疑，孟子答說：

「乃若其情，則可以爲善矣，乃所謂善也。若夫爲不善，非才之罪也。……故曰：求則得之，舍則失之，或相倍蓰而無算者，不能盡其才者也。」（同上）

孟子舉出情和才，朱熹注情是心之動，孟子還是沒有想到情是心之動。他以惻隱、羞惡、辭讓、是非之心，爲情，不以中庸所說喜怒哀樂爲情，所以他說情是善，凡是人都有善情，象、瞽瞍、紂也和堯舜文武一般有善情。

才是情之用，人有才發揮人的情，例如惻隱之心發爲愛父母救難童。才也是善；但是有些人不善用自己的才，或捨而不用，或用到反其道而行，「不能盡其才者也」，乃作惡。

這一點暗示第三個問題，是否人所天生的都是性？孟子講到情和才，含在人性的範圍內，可是人的情和才，除孟子所講的四心外，還有很多。例如口舌可以吃東西，可以知道味，這是天生的才；同時人對於味的好壞有好惡，這是天生的情，這些情才，是否也是性？

「孟子曰：口之於味也，目之於色也，耳之於聲也，鼻之於臭也，四肢之於安逸也，性也，有命焉，君子不謂性也。仁之於父子也，義之於君臣也，禮之於賓主也，智之於賢者也，聖人之於天道也，命也，有性焉，君子不謂命也。」

（盡心下）

孟子提出了性命，命是天命，普通以貧富壽夭爲命，孟子在這裡所講的命，指的「天生的」，即天所命的。人的良知良能都是天生的，稱爲性，也稱爲命，性命便相互同用。但是孟子加了分別，身體器官的良能稱爲命，不稱爲性；心靈的良知良能稱爲性，不稱爲命。孟子的性學之範圍，不包含耳目口鼻四肢的情和才，不僅是這些官能的情和才不是性，還有身體的別的官能，例如消化、血脈等也不是性。因此「生之謂性」這句話不正確。孟子自己質疑告子說：

「生之謂性也，猶白之謂白與？曰：然。白羽之白也，猶白雪之白，白雪之白，猶白玉之白與？曰：然。然則犬之性，猶牛之性，牛之性，猶人之性與？」（告子上）

生和性的關係，不和白和白的關係相同，白和白是同一詞，內涵和外延完全相等。生和性的關係，祇就生出來的意義上相同。性是生出來的。生出來的事物和性的內容並不相關，就好比白羽和白雪和白玉並不相關，祇在色上都是白色，白按本身的意義爲色，白羽白雪白玉的白乃相同，並不是白羽白雪白玉都相同。犬之性，牛之性，人之性，就性是生出來的，意義是相同的，因爲都是生的，但是犬之性，牛之性，人之性則指性的內涵，指生出來的事件，彼此不相同。例如甲是父母生的，乙是父母生的，丙是父母生的，不能說甲就是乙就是丙。孟子質疑告子把生和性的關係，看作白和白的關係，結論就錯了。因此，應該說：性是生的；但不是凡是生的都是性。生的外延比性的外延廣些，朱熹的注解用他的理氣二元說，以性爲理，以生爲氣，認爲孟子以性爲理，告子以性爲氣，告子乃錯了。實際上孟子和告子都沒有理氣爲生爲性的觀念，不從理氣方面辯論。

孟子的性論，以心代表性，心的良知良能爲善，性所以爲善。對於這一種思想，後來發生兩個問題：一、心和性的關係，心是否可以代表性？二、心的良知良能是否是善。宋明理學家解釋了第一個問題，以性爲體，心爲用，心性相通。荀子則質疑了第二個問題，否認心的良知良能爲善，造成性惡的主張。

3. 荀子性惡論

荀子反對孟子的主張，人心所有天生的良知良能並不是善，乃是惡。孟子說孩提之童天生愛父母，荀子說孩提之童天生就爭。

「人之性惡，其善者僞也。今人之性，生而有好利焉，順是故爭奪生而辭讓亡焉，生而有疾惡焉，順是則殘賊生而忠信亡焉。生而有耳目之欲，有好聲色焉，順是故淫亂爭而禮義文理亡焉。然則從人之性，順人之情，必出於爭奪，合於犯分亂理而歸於暴，故必將有師法之化，禮義之道，然後出於辭讓，合於文理而歸於治。用此觀之，然則人之性惡，明矣，其善者僞也。」（荀子 性惡篇）

荀子認爲根據他所用証據，「然則人之性惡，明矣。」禮是不明！荀子首先沒有講明性、情、欲的關係，他舉証據時說好利、疾惡、好聲色，實際上是欲，不是情，更不是性。荀子說：「凡性者，天之就也，不可學不可事。」性即天生的良能。他又說：「孟子曰人之學者其性善。曰：是不然，是不知人之性，而不察人之性僞之分者也。」孟子沒有說過學而後善，孟子說性善是天生的善，不是人僞的善。孟子說善，說心之情是善，惻隱羞惡辭讓是非四種心，是四種情。荀子說性惡，因爲人天生好利、疾惡、好聲色按照孟子來說這些是人的才，即是情的用，人不盡其才而相倍蓰，乃有惡，這便是欲，欲是惡，孟子曾主張寡欲。

荀子在正名篇說：

「生之所以然者謂之性，性之和所生，精合感應不事而自然，謂之性。性之好惡喜怒哀樂謂之情。情然而心爲之擇謂之慮，心慮而能爲之動謂之僞，慮積焉能習焉而後成謂之僞。」

荀子以生之所以然爲性，即不學而能爲性，包括有身體的器官和心靈的器官，這些器官的良能都稱爲性，孟子分別身體器官的良能爲命，心靈器官的良能爲性，但性和命本都是善，在用不盡其才，則是惡。因爲，好利，本身不是惡，疾惡、好聲色本身也不是好，這些都是天生的情。但用不得其當，便是惡。荀子說：「必將有師法之化，禮義之道。」使人僞善，師法和禮義並沒有掉除好利，疾惡，好聲色之情，祇是限制它們的用，這和孟子所說的克欲相同。荀子自己也說：「今之人化師法，積文學道禮義者爲君子，縱性情安恣睢而違禮義者爲小人。用此觀之，然則人之性惡明矣，其善者僞也。」實則性惡並不明，小人是因爲縱情，濫用了才，按孟子所說：「若夫爲不善，非才之罪也。」荀子的理由，是人天生有這些好利、疾惡、好聲色之情，若順它們天然發展，必成爲惡，須有師法禮儀去教化，因此「然則人之性惡明矣。」但是，「順之」則惡，「不順之」則善，這一點並不明白，因「順之」和「不順之」和善惡的關係不是這樣，天生的情，順乎天性去發展，不會是惡。例如「好利」，順乎天性去好利，不是惡；祇是濫用好利之情，則是惡。荀子說就是順乎天性，人之情就會濫用。所以天然須有禮法的限制。守禮法，節制了用而有善，這種善是由人後天遵守禮法而有的，所以是僞，是人爲，不是天生。

但是荀子又自相矛盾，若是人性是惡的，禮法是從何而來？禮法是聖人制的。聖人怎麼制禮法？聖人按天理而制禮法。聖人怎麼能知天理？因爲聖人的心清明，可以觀察天地間的天理。聖人的心既然清明，能見天理，聖人便是好人，聖人的性便是善。當然荀子可以說聖人是天生的，不是普通的人，但若普通人守禮法而成君子，不守禮法成小人，君子和小人的分別，祇爲守不守禮法的僞，內心則同是惡人，因爲人性是惡；荀子能說自己是惡人嗎？荀子自己說：「凡人之性者，堯舜之與桀跖，其性一也，君子與小人，其性一也。今將以禮義積僞爲人之性邪？然則有曷貴堯禹曷貴君子矣哉？凡所貴堯禹君子者，能化性，能起僞，僞起而生禮義。然則聖人之於禮義積僞也，亦陶埏而生之也。用此觀之，然則禮義積僞者，豈人之性也哉！」荀子以聖人制禮法，又說聖人之性和衆人一樣，聖人由積禮義之僞而成聖人，然則聖人怎麼能制禮法呢？這是一種矛盾。又說聖人化性起僞，若人性可以變化，人性就是人性了，可見荀子所說的性，是人之欲。

荀子在樂論篇說：

「夫樂者，樂也，人情之所不免也。故人不能無樂。……樂則不能無形，形而不爲道則不能無亂，先王惡其亂也，故制雅頌之聲以道之……使其曲直繁省廉肉節奏足以感動人之善心，使夫邪汙之氣，無由得接焉。……凡姦聲感人而逆氣應之，逆氣成象而亂生焉。正聲感人而順氣應之，順氣成象而治生焉。唱和有應，善惡相象，故君子愼其去就也。……故曰樂者樂也，君子樂得其道，小人樂得其欲，以道制欲，則樂而不亂，以欲亡道，則惑而不樂，故樂者，所以樂道也。」

在這一篇裡，荀子提出心、情、欲、氣、道。樂是人情所不能免的，所以是合符人性的，樂有道有欲，道是先王制雅頌之道，動人之善心，欲則是姦聲的感覺，使人心亂。荀子以人心有善心，人心能爲氣所動。邪汙之氣，使人心亂。氣又有逆氣順氣，姦聲動人的逆氣，逆氣成象，即成行爲，則亂，爲惡。正聲動人順氣，順氣成象，則治，爲善。「唱和有應，善惡得象。」荀子在樂論篇講人的心、情、欲、和氣，由心和氣講善惡，較比在性惡論講善惡就複雜多了，也更近於儒家的傳統。惡，是逆氣應外物之感，便心有不正行爲之象。善，是順氣應外物之感，使心有正行爲之象。行爲的善惡，便不是天生的了；且人心是善心。

在解蔽篇，荀子曰：「心知道然後可道，可道然後能守道以禁非道。……心何以知？曰虛壹而靜。……虛壹而靜，謂之大清明，萬物莫形而不見，莫見而不論。」心能知能主宰，心清明見物，心既是這樣本質，怎麼能說爲惡呢？

4. 漢魏南北朝的性論

漢代的人文思想來自春秋戰國，春秋戰國乃百家共鳴的時代，秦朝統一中國，本可以結集那時代百家的思想，蔚然興起一種豐富的人文哲學，不幸秦始皇厭惡書生批評政府，竟焚書坑儒，幾乎斷滅了前代的各家學說，祇留傳了民間的宗教崇拜和日常生活的傳統習俗，漢朝學者費盡心血，搜尋古書，注釋經典，因此在哲學思想上沒有成就。

春秋戰國時的人性論，唐君毅在原性篇的第二章和第三章分別加以述說。他說孟子即心言性，莊子復心言性，荀子對心言性，中庸即性言心，易傳即成言性，禮記即禮樂之原之人情以言性，秦漢呂覽和淮南子貴生言性，即壽言性，攝德歸性，唐君毅所述說的先秦人性論，祇有孟子和荀子正面討論人性，在前面我已經講論了他們的人性論，其他的人性論，都是夾在各家的思想中，由他們的思想中抽出，再根據各家的思想去解釋。

莊子以「性者，生之質也。」唐君毅解釋說：「人有所感而生情，人一時只感此所感而非他，是爲命。人之所以能感而感而生情者，即吾人之生命之性。合性與命，爲一性命之情。（頁四四）「莊子所謂復其性命之情之實義，即不外化除一切向外馳求之心知，或收回此心知，以內在於人當下所遇所感之中之謂」（同上）

中庸即誠言性，即明言心。「此誠之工夫之所以可能則由吾人之有此一能自誠之德性或性德。此性德，又不僅只爲人之德性之自然表現於行爲之根據，亦爲吾人之能日去其德性之間雜，而使此表現，能相續不已而完成之根據。吾人亦當說：唯此人之能自誠之性或性德，乃吾人之眞正之性。」（頁六一）

易傳的人性論，唐君毅說：「以成言性」，因爲周易說：「一陰一陽之謂道，繼之者善也，成之者性也。」陰陽相繼相生，一生一成，所以能生能成乃是道，道是性，「緣是方見此『性』之貫徹於此相繼之歷程中，以爲其生之歸於成之根據。性即道。」（頁七二）

「秦漢之時，學者言性之思路與先秦學者不同，在其漸趨向於成就客觀政教之目的而言性，而不同於先秦學者之多爲成就人之德性生活、文化生活而言性。」（頁八九）

漢魏的人性論，和易學相連結，因爲從易學構成人的本體論，漢朝賈誼論性：「湛而潤厚而膠，謂之性。……性，神氣之會也。……性立，則神氣曉，曉然而通行拾外矣，與外物之感相應，故曰潤厚而膠謂之性。性生氣，通之以曉。」（新書　道德說）周易講天地變化，化生萬物，神妙莫測。天地變化中有神，因此不行而速，人爲天地所化生，人性乃爲神氣之會，有神故靈，故明曉；有氣故潤厚而膠，故仁愛。這種性，和宋明理學的心相近。

董仲舒論人性說：「今世闇於性，言之者不同，胡不試反性之名。性之名非生歟！如其生之自然之資謂之性。性者，質也。……性之名不能離質。離質如毛，則非性已，不可不察也。」（春秋繁露 卷十 深察名號）

董仲舒以性爲生，從告子以後，學者都將性和生連在一起。「性者，質也。」，莊子也曾說過。董仲舒又把性和情接在一起，「性情相與爲一」。實際上，他把人由生而有的良知良能都稱爲性，不像孟子加以區別。一個人天然的表現，就是性；他乃分人性爲三等：「名性不以上，不以下，以其中名之。」（同上）「靈人之性，不可以名性；斗筲之性，又不可以名性；名性者，中民之性，如繭如卵。」（春秋繁露 卷十 實性）

孔子曾經說：「惟上智與下愚不移」，董仲舒根據孔子的思想，分人性爲三等：上等爲靈人之性，即上智；下等爲斗筲之性，即下愚；他說這兩等不稱爲性，因爲不改。中民的性，即可善可惡之性，可以發展，如同繭和卵。繭生絲，卵生小雞。他反對性善說，認爲只能是「有善之資」。「善如米，性如禾。禾雖出米，而禾未可謂米也。性雖出善，而性未可謂善也。米與善，人之繼天而成於外也，非在天所爲之內也。天所爲有所至而止，止之內，謂之天，止之外，謂之王教。王教在性外，而性不得不遂；故曰：「性有善質，而未能爲善也。」（同上）董仲舒批評孟子說性善，人人都是善人，「觀孔子言此之意，以爲善難當甚。而孟子以爲萬民性皆能當之，過矣！」（同上）他以善爲王政的教化，教化爲人爲，「善，教訓之所然也，非質樸之所至能也，故不謂性。性者，宜知名矣。無所待而起，生而自有一也。」(同上)董仲舒根據荀子以善爲人爲，他說的這種善與荀子所說的人僞又不相同。荀子以人性惡，不能生出善，須用禮法教人控制人性，善不生於人性，生於禮法。董仲舒以性有善的資質，可以生善，如同禾生米，卵生雞，祇是要人工去培植。本來孟子說性善，就是說人心有善端，須要人去培養。孟子的性善是說善的能，不是善的成。董仲舒以已成的善事爲善，又不否認性有善的能，而又去批評孟子，他是爲表彰皇帝的功德，荀子則是爲表彰禮法的功能，在邏輯上都不邏輯。

揚雄的人性論：「人之性也善惡混，修其善則爲善人，修其惡則爲惡人。氣也者，所以適善惡之馬歟。」(注言　修身)揚雄的人性是天生的能，人性有作善作惡的能。善惡的行是氣，好比人行路乘馬，馬往東往西，人性的善能惡能乘氣而出。人怎麼御氣？人以心御氣。

王充的人性論：

「用氣爲性，性成命定。」(論衡　卷二　無形篇)

「稟氣有厚泊，故性有性惡也。……人受五常含五臟，皆具於身。稟之泊少，故其操行不及善人。猶(酒)或厚或與泊殊其釀也，麴蘖多少使之然也。是故酒之泊厚，同一麴蘖。人之善惡，同一元氣。氣有多少，故性有賢愚。」(論衡

卷二　率性篇）以稟元氣多少，作善惡的基礎，王充進入性的本體，從本體方面解釋性的善惡，作宋朝理學家人性論的先路。先秦漢初的學者論人性，都是從人性的用作討論，王充從人性的體方面作研究。雖然他的主張以稟元氣多少，人性本體有別，沒有為宋朝學者所接受。揚雄也談到氣，但是揚雄以氣為人性之用。王充既以人稟元氣多少有分別，人性便有分別。他仿效董仲舒分人性為三品，祇是他主張性的善惡可以變。「論人之性，定有善惡。……人之性，善可變為惡，惡可變為善。」（論衡　卷二　率性篇）這種思想來自氣的觀念，漢朝學者主張人所稟的氣可增可減，道教煉丹養氣以求長生。王充以人的性和命都由氣而成，人的命由氣而表現於人的身體，王充所以主張看相算命，且以為德行或惡行可以改變命運，因此他主張性的善惡可改，就是以人的行為去改。

但是宋朝理學家都說荀卿、揚雄不認識人性，王充也和揚雄一樣不識人性。

魏晉南北朝尚清談，清談的命題中，有「才性同異」。「傅嘏常論才性同異，鍾會集而論之。」（魏志　傅嘏傳）鍾會作四本論，收集了當時清談家的主張，但四本論已失傳。世說新語文學篇註引魏志說：「尚書傅嘏論同，中書令李豐論異，佳即鍾會論合，屯騎校尉論離，文多不載。」劉劭著人物志，依據才性以品鑒人物。在人物志的九徵第一說：「蓋人物之本，出乎情性。情性之理，甚微而玄，非聖人之察，其孰能究之哉？……凡有血氣者，莫不含元一以爲質，稟陰陽以爲性，體五行而著形。苟有形質，猶可即而求之。」在這一段裡，劉劭指出，人含元氣以成質，稟陰陽之氣以成性，以五行之氣以成形體。人有質、有性、有形，都是氣所成。人的生命來自元氣，是人的質，人的性由陰陽二氣合成，陰陽兩氣的特質不同，陽剛陰柔，五行更各有特質，人的性情和形體乃各不相同。劉劭的人物志根據氣質、才、外貌，品鑒人品的高下，情性都是外面的行爲表現。

藝文類聚有性命論一篇，篇中引宋何承天的達性論：「三材同體，相設而成者也。故能稟氣清和，神明特達，情綜古今，智同萬物。」又引晉表準才性論：「凡萬物生於天地之間，有美有惡。物何故美，清氣之所生也。物何故惡，濁氣之所御也。……賢不肖者，人之性也。」賢者，因養心的四端，不肖者，因不培養。接受了孟子的養心，卻又說性有善惡。但稟氣清濁的思想，開了理學家人性論的路。

宋明理學家講論人性，還接納佛教的思想。佛教大乘講心性；心學是佛教的修爲學，性學是佛教的本體論。佛教以萬法唯心，一切萬有都是心所產生，萬有都沒有自性，祗是依他起性，變爲遍計所執性，這兩種性都是心的作用。心能產萬有，是因爲心內有一實有；這實有爲唯一實有，稱爲眞如，稱爲佛性，稱爲如來藏。如來藏在各人心內，乃是人的實相，即是人的眞正自性。天台宗講「性具論」以眞如本性具有永常和變的兩面，眞如本性永常無生滅，眞如另一面有隨緣而變的能，乃隨緣現出生滅的萬物，萬物的本性是眞如。華嚴宗講「性起論」，以眞如本體純淨，不雜有生滅的能，祇由本體表現「用」，遂成萬物，萬物的本體本性，即是眞如。「明心見性」爲佛教大乘各宗的共識，在各人心內看見自己的實性，即是佛性。

5. 理學的人性論

甲、性和氣的關係

漢朝的人文思想，趨於道家，這種趨勢到了魏晉南北朝，成了人文思想的主流。魏晉的淸談標有三玄：老子、莊子、易經。王弼注易，援用道家的思想。道家主張虛無，以道爲虛，以人爲無爲。佛教傳入中國，套用道家的虛無，大講空觀，萬物皆是空，唯有眞如爲實。到了宋朝，儒家學者大起反響。主張肯定萬物爲有，人爲萬有之靈。道佛兩家講虛無，都以本體論爲根據，儒家可以作本體論的根據的乃是易經。周易到了漢朝向兩個方向發展：一是向占卜方面，一是向宇宙論方面，漢易的易氣、易象、易數、易圖，把這兩方面的趨勢，糾合在一起，漢末道教爲求長生，乃把漢易轉移到人，用漢易的易氣說作本體論根據，宋朝理學採納了道教的路線，周敦頤的「太極圖」開了端。

人由氣而成，已經是漢朝學者的共識，「太極圖」也採用這種主張。人的性由氣而成，魏晉南北朝學者已經開始有這樣的主張。太極圖說發揮這種思想。

「無極之眞，二五之精，妙合而凝，乾道成男，坤道成女；二氣交感，化生萬物。萬物生生而變化無窮焉。惟人也，得其秀而最靈，形既生矣，神發知焉，五性感動，而善惡分，萬事出矣，聖人定之以中正仁義，而主靜，立人極焉。」

這是儒家的第一篇人本體論。在人的本體論一節裡，我曾解釋這一段話，人因著天道，陰陽五行妙合而凝爲人，有形，有神，有五性。形爲身體，神爲心，五性爲情才，但是太極圖沒有講人性。

朱熹注解太極圖說，以太極爲理，太極圖說「五行一陰陽也，陰陽一太極也，太極本無極也，五行之生各一其性。」朱熹注說：「五行具，則造化發育之具無不備矣。故又即此而推本之，以明其渾然一體，莫非無極之妙，亦未嘗不各具於一物之中也。蓋五行異質，四時異氣，而皆不外乎陰陽。陰陽異位，動靜異時，而皆不離乎太極。至於無以爲太極者，又初無聲臭之可言，是性之本體然也，天下豈有性外之物哉，然五行之生，隨其氣質，而所稟不同，所謂各一其性也。各一其性，則渾然太極之全體，無不各具一物之中，而性之無所不在，又可見矣。」

朱熹以太極爲理，太極在陰陽在五行在人，爲性，「性無所不在。」這種解釋人出生的歷程，和太極圖說相合，然太極圖說沒有講人性，朱熹以太極爲理爲性，則不是太極圖說的思想。

在通書裡，在誠上篇，周敦頤引易傳的話：「成之者性也。」又說：「大哉易也，性命之源也。」在誠下篇說：「德，愛曰仁，宜曰義，理曰禮，通曰智，守曰信。性焉安焉之謂聖。」周易講性命很少，成爲性，是說陰陽之變而成的爲性，陰陽是氣。若把上面所引的德和聖，連起來說，則聖人的仁義禮智信爲性，但這是五行之性，即五常，仍舊是氣。氣中有「無極之眞」，萬物生化之道；但這生化之道，是否是人性，周敦頤沒有講。

張載把這個問題講明了，正蒙的第一篇太和篇就講到性。

「太和所謂道，中涵浮沈，升降，動靜，相感之性，是生絪縕，相盪，勝負，屈伸之始。……太虛無形，氣之本體，其聚其散，變化之客形爾；至靜無感，性之淵源，有識有知，物交物之客感爾。客感客形與無感無形，惟盡性者一之。」

張載說：太和是道，有相感的性；性的淵源，爲至靜無感的太虛；客形客感和太虛爲一。太虛就是太和，太虛爲氣的本體，太和就是氣的本體，太和有相感之性，乃生絪縕，化生萬物。太和之性隨著陰陽之氣和五行之氣，結成一個人，太極之性在人內，即是人的性。性在氣內，然不是氣，而是太極化生萬物之道，也就是萬物生生之道。

王船山在張子正蒙注注解這段話說：「涵，如水中涵影之象；中涵者其體。是生者其用也。輕者浮，重者沈，親上者升，親下者降，動而趨行者動，動而赴止者靜，皆陰陽和合之氣所必有之幾，而成乎情之固然，猶人之有性也。」性爲陰陽兩氣和合的幾所成；幾爲事將發尚未發的一刻，知幾的人尋求事情將發的道理，而與以處置。性，便是陰陽和合的道理。

張載再明瞭地說：「和虛與氣，有性之名。」（太和篇）「氣之性，本虛而神。」（乾稱篇）「形而後有氣質之性，善者反之，則天地之性有焉。故氣質之性，君子有弗性者焉。」（誠明篇）張載認爲氣本性是虛，虛故靈，荀子以心是虛而靈，虛按西洋哲學術語爲沒有物質，心是沒有物質的。但是說氣是虛，氣沒有物質怎麼能夠成人的形體？這個虛字不能解釋沒有物質，祇能解釋能動能感，所以能動能感，是因爲氣的本體爲太虛，太虛有動靜相感之性，「合虛與氣」，便應解釋爲「合太虛相感之性與氣」，相感之性，即生生之理，氣，便是氣和生生之理。這種性乃是氣質之性。

王船山的張載正蒙注，注這節「由太虛，有天之名；由氣化，有道之名；合虛與氣，有性之名；合性與知覺，有心之名。」說：

「太虛即氣絪緼之本體，陰陽合於太和，雖其實氣也，而未可名之爲氣；其升降飛揚，莫之爲而爲萬物之資始者，於此言之則謂之天。氣化者，氣之化也。陰陽具於太虛絪緼之中，其一陰一陽，或動或靜，相與摩盪？乘其時位以著其功能，五行萬物之融結流止，飛潛動植，各其成其條理而不妄，則物有物之道，人有人之道，鬼神有鬼神之道。……於此言之則謂之道。此二語兼人物言之，下言性心，則專言人矣。太虛者，陰陽之藏，健順之德存焉。氣化者，一陰一陽，動靜之幾，品彙之節具焉。秉太虛和氣健順相涵之實，而合五行之秀而成乎人之秉第，此人之所以有性也，原於天而順乎道，凝於形氣，而五常百行之理無不可知，無不可能，於此言之則謂之性。」

性來自太虛，由氣按變化之道凝聚於人而成性，「原於天而順乎道」，人生之理和能都具在性內。性是氣中的道，道涵在氣內。王船山注正蒙誠明篇的「性其體，合兩也。」說：「天以其陰陽五行之氣生人，理即寓焉而凝之爲性。故有聲色臭味以厚其生，有仁義禮智以正其德，莫非理之所宜。聲色臭味，順其道則與仁義禮智不相悖害，合兩者而互爲體也。」

張載講天地之性和氣質之性，跟程頤所講不同，王船山特別指出「此章與孟子之言，相爲發明，而深切顯著，乃張子探本窮歸之要旨，與程子之言自別，讀者審之。」（同上）王船山指出兩者的分別：「舊說以氣質之性爲昏明強柔不齊之品，與程子之說合。今按張子以昏明強柔得氣之偏者，繫之才而不繫之性。此言氣質之性，蓋孟子所謂口耳目鼻之於聲色臭味者爾。蓋性者，生之理也，均是人也，則此與生俱有之理，未嘗或異。」（同上）張載以性爲生之理，即孟子所說的仁義禮智之理，在一切人內都是同一。故張載在同一篇說：「性於人無不善。」這就是天地之性。氣質之性是孟子所謂命，即形體品官的良能，如耳目口鼻對於聲色臭味，這些良能爲氣所成的質，稱爲氣質，各人所稟的氣不同，氣質之性也就不同，但「君子有弗性者焉。」

性由天的化生萬物的理而來，爲生之理，在氣內；才質由氣而成，在外面形體，都是生來的，告子說生之之謂性，因此生之理和才質都稱爲性，孟子已經加以區別，張載也同樣加以區別。「人之有剛柔，緩急，有才與不才，氣之偏也。」（同上）

繼承張載人性論的思想的，是王船山；王船山不僅作了張載的正蒙注，他自己在著作裡，也說明了自己的主張。

「夫道何所自出乎？皆出於人之性也。性何所自受乎？則受之於天也。天以其一眞無妄之理爲陰陽，爲五行而化生萬物者曰天道。陰陽五行之氣化生萬物，其秀而最靈者爲人，形既成而理固在其中。於是有其耳目則有其聰明，有其心思則有其智睿；智足以知此理，力是以行此理者曰人道。是人道者，即天分其一眞無妄之天道以授之，而成乎所生之性者也，「天命之謂性」也。由此言之，則性出於天，人無不出於天，則性與生俱生，而有一日之生，則一日之性存焉。」（四書訓義 卷二 中庸二）

王船山主張性與生俱生，出自天，天化生萬物，有理有氣；理是天把自己所有一眞無妄之理，分授於人；氣按照天之理成爲陰陽五行而化成人，人得天之理爲性，得天之氣而有形質。性是理，理在成形質的氣中。性爲天之一眞無妄之理的分得，應爲善，故有陽的至健和陰的至順之德，以及五行的仁義禮智信。德爲能，健順和仁義禮智信乃是性的德能。人善用這些德能，就是「率性之謂道」。

性在情中，性因情而顯其自然之能。

「性只是理，合理與氣，有性之名，則不離於氣，而爲氣之理也。爲氣之理，動者氣也，非理也。故曰性不知檢其心，心則合乎知覺矣。合乎知覺則成才，

有才則有能。故曰心則檢性。」(讀四書大全說　卷十　告子上)

性兼理氣，心兼性情。才能爲動，爲氣，不是性。

性的善惡問題，王船山深入研究，認爲善惡來自後天，不是先天之性。先天之性，即天生的性；後天的性，是人在行動性所有的內心規律，即人在行動性所率的性。

「後天之性亦何得有善？習與性成之也。先天之性天成之，後天之性習成之也。乃習之所以能成乎不善者，物也。夫物亦何不善之有哉？取物而後受其蔽，此程子所以歸咎於氣稟也。雖然，氣稟亦何不善之有哉？然而不善之所從來，必有所自起，則在氣稟與物相授受之交也。氣稟能往，往非不善也；物能來，來非不善也。而一往一來之間有其地焉，有其時焉；化之相與往來者，不能恆當其時與地，於是有不當之物，物不當而往來者不及收，則不善生矣。……於是來者成蔽，往者成逆，而不善之習成矣。業已成習，則薰染以成固有，雖莫之感而私意私慾且發矣。」(讀四書大全　卷八　滕文公上)

「而習者亦以外物爲習也，習於外而生於中，故曰習與性成。此後天之性所以不善。故言氣稟不如言後天之爲得也。」(同上)

王船山以不善來自習氣；但是善和不善不是氣，而是物，物，是事物，是人所作的事，人作事合於時地之宜，則是善；不合，則是惡。周易常講時位，以時位中正爲善。王船山所以把善不善看成是時地的關係，究竟合不合時地，則另有原則，即行爲的倫理規律，中庸所說情動時中節不中節。人從生以來的性是善，因爲理和氣先天都是善。這所謂先天的性常是善的，人由習慣所養成的習氣則有善不善，所以善惡來自習氣。

清朝儒者都講惡來自習慣，反對程朱的主張。

乙、性和理的關係

張載講性不離氣，王船山說明性兼理氣；然而兩人都以性爲理。張載以太和或太虛化生萬物之道爲生理，在人物之內，爲人物之性。王船山以天將自有的一眞無妄之理，分施於人以成人性，人性是理，但兩人主張氣一元論，一元是氣，理是在氣中，性不離氣，不僅是在實際上理不能離開氣而存在；就是在理論上也是不能離開，因爲有氣才有理，理是氣之理；所以性是氣之性，沒有氣，就沒有性，王船山乃主張沒有器，不能有道，道是器之道，有車，才有車之道；有船，才有船之道。

程頤開始另一種主張，氣和理相對待，但不相離。朱熹發揮程頤的主張，特別講理氣二元，在上一節本體論已經談了。

性和理的關係，跟著理和氣的關係，變爲性和氣分開。在理論上，性是理，不是因有氣而有理，而是因有理而後有氣；在實際上，性和氣沒有先後，有性必有氣，性和氣的關係，性限制氣，因爲「有是理，便有是氣，理且是本，今且從理上說氣。」（朱子語類 卷一）朱熹又說：「伊川性即理也。自孔孟後無人見到此，亦如從古無人敢如此道。」（朱子語類 卷五十九）孔孟實際上都沒有說：「性即理」。張載已經說到性爲生理。伊川程頤所提出來的，祇是理氣的分別，正式說理是氣。

朱熹以理爲本，理限制氣。人之理，限制人之氣，人之氣和別的物之氣都不相同，然而人和別的禽獸草木不同，都表現在氣上。氣有清濁，人之氣清，所凝結成人的心、情、才、形體和別的物都不同，而且每一個人的氣之清濁不同，每一個人之所以爲一個人也不同。程頤和朱熹乃把氣加在性內，稱爲氣質之性，氣質之性因氣而有分別。實際上氣變成本；這是把理氣對待，性和氣相對待的矛盾。

「性只是理，萬理之總名。此理亦只是天地間公共之理，稟得來便爲我所有。天之所命，如朝廷指揮差除人去做官。性如官職，官便有職事。」（朱子語類 卷一一七）

中庸早已經說「天命之謂性」，性和天的關係，性是天所命的事。

「天之賦於人物者，謂之命，人與物受之者謂之性，主於一身者謂之心，有得於天而光明正大者謂之明德。」（朱子語類 卷十六）

程頤和朱熹乃以天、命、性、理、心的意氣相同，祇是觀點不同。從來源說：性是天；從天與性的關係說：性是命；從性的內容說：性是理；從性的用說：性是心。

「問天與命，性與理，四者之別。天則就其自然者言之，命則就其流行而賦於物者言之，性則就其全體而萬物所得以爲生者言之，理則就其事事物物各有其則者言之，到得合而言之，則天即理也，命即性也，性即理也，是如此否？曰：然。但如今人說天，非蒼蒼之謂。據某看來，亦捨不得這箇蒼蒼底。」（朱子語類 卷五）

「問性固是理，然性之得名，是就人生稟得言之否？曰：繼之者善，成之者性，這箇理在天地間時只是善，無有不善者。生物得來方始名曰性。只是這個理在天則曰命，在人則曰性。」（同上）

「性即理也，在心喚做性，在事喚做理。」(同上)

「生之理，謂性。」(同上)

性，即理，有兩個問題：程朱以「理一而殊」，宇宙間只有一理，宇宙萬物是否祗有一「性」？理無不善，性便是善，惡從何而來？

朱熹以人性之理即天理，天理祗有一理，在萬物因氣而有分別；但是萬物的理在根本上是相同的。人和物的性都不是同一理，朱熹說人物的理都是天理，人物的性因此都該同是一性。但因人物所稟的氣，有清濁的不同，人物的性因此不相同。這種不相同的理由在於氣，氣究竟怎樣使人物的性不相同？在於使人物所得的理有正偏的不同，正是全部的理，偏是部份的理，人得理之全，物得理之偏。這個理的正偏，實際上則是人的氣清，理能全部顯出；物的氣濁則蔽塞理，或全部蔽塞，或一部份蔽塞。

「生之理，謂性。」天地之理和人性之理，都是生命之理。天地爲一生命，每一物爲一生命，生命的高低，由所得之理而定，礦物的理因氣濁，全部被塞，沒有生命的活動，生命最低。植物動物歷級而上，以所得理的多少爲定，人氣清，得全部生理，生命在人全部表現出來。因此理和氣的關係非常密切。程朱乃主張氣質之性。理一而殊或性一而殊，因氣而殊。

氣質之性，對於程朱也成了解釋性善惡問題的關鍵。性是理，理無不善，性便是善。惡從那裡來？來自氣。氣濁則理不顯，即濁氣蔽塞理，人的氣雖較萬物的氣算最清，算爲秀氣；但是人的氣，彼此仍有清濁的不同。氣濁的人，性理被塞，乃惡。所被塞的理爲生理，人的生命爲心靈的生命，心靈的生命爲仁義禮智的倫理生命，這種生命被塞人便惡了。單祗說人，祗說到人性，人是什麼？人是有仁義禮智的生物。若說到這個人，「我」，是什麼？便要說到氣，我是得有這等氣的人，氣便進入我的性，所以有氣質的性，氣質之性，有善有惡。

氣在人「我」所成的爲才質和情，才質只有高低，沒有善惡可言，情是心之動，便是人的活動，人的一切行爲都是心之動，不是心之動的行爲不算人的行爲。心之動爲情，人的善惡便在情上表達出來，情表達善惡是因爲情自身有善惡，氣清則情善，氣濁則情惡。情惡即是慾，慾常是惡。人的善惡追根追到情上。這一點引起清朝儒者的反對，顏元、李塨、戴震，都承認情來自性，性善，情也該善，惡是來自習慣，朱熹自己以情爲氣，不來自性，祗是氣質之性。

理學家所講性和氣，性和理的關係，來自一個共同的要求，尋求善德的形上本體基礎。人的爲人的理由在那裡？人和禽獸的分別在那裡？爲什麼孔子主張一個完全的人在於品德成全？即是人是什麼？人是有善德的生物。善德既然是人的爲人的理由，善德便是人的人性，即是說善德來自人性，孟子乃說人生來有仁義禮智四端，周敦頤主張人性本來靜而中正，張載乃說太和化生萬物之道在人爲人性，王船山乃講天以貞一無妄的生理分授於人爲人性，程朱便主張人性爲理，理即天理，天理無不善。人生之道就在培育人性的善，發揚人之爲人的善德。

附帶產生「惡」的問題，「惡」是在「性」以外，或是情慾，或是習慣。

丙、性和心的關係

在本體論，人心和人性的關係，人性是體，人心是用。張載以「合性與知，有心之名。」知爲作用，性爲本體。程頤和朱熹以「心統性情」，心爲實體，由氣而成，屬於形而下，性爲根本，情爲用。

理學家所討論的心性關係，則是理和心的關係，也是朱熹和陸象山的爭論點。人性是理，這一點是大家的共識。理是天理，這一點也是大家的共識，所爭論的一點，在於人性是理的外延；人性是理是否包括全部天理？或者更好說是否包括全部人生之道？朱熹說不包括全部人生之道，陸象山說包括全部人生之道。朱熹乃主張格外物以致知，陸象山則主張對每一事物祇看自己的心。

在這種情形下，性和心的關係，朱熹認爲心的外延範圍較比性的外延範圍更寬，心所知的理較比性的理要多。陸象山認爲性和理相等，理和心相等，性和心相等，兩者的內涵和外延都相等。

陸象山說：

「蓋心一心也，理一理也，至當歸一，精義無二。此心此理，實不容有二。」（象山先生全集 卷一 與曾宅之書）

「故曰：大人者不失其赤子之心。四端者，即此心也，天之所以與我者，即此心也。人皆有是心，心皆具是理。心，即理也。」（同上 卷十一 與李宰二書）

「心即理」，陸象山肯定「心外無理」，心就等於性，按心所發的動去行爲，都合於理。王陽明乃以心等於知，心的知等於性，心所知的就是性，心所知稱爲良知，爲不學而知的知，良知等於心，等於理，等於性。王陽明肯定「率性之謂道」，就是「致良知」。孔子說過「從心所欲不逾矩」，王陽明的弟子泰州學派王畿便倡從心所欲，心自然的動，即是理，即是性，也即是善。他們忘記了孔子是說「七十而從心所欲，不逾矩。」孔子經過七十年的修養，才從心所欲不違背倫理規律。他們修養不要，倫理規律也不要，後來李贄乃說：「夫厥初生人，惟陰陽二氣，男女二命，初無所謂理也，而何太極之有？」（焚書 夫婦論）否定有太極，否定有理，人生來有的心便是善，便是性。性不是理，心不是理，心自己是規律，李贄倡說人只有衣食的倫理，百姓日用即性，又套用佛教說心妙明，心清淨，太空虛空為性。明末和清朝學者都攻擊李贄狂妄，王陽明疏空，認為他們乃是明朝亡國的罪人。

三、人心論

1. 通論心

心，在中國哲學儒釋道三家裡，都是研究的中心，道家老子不講心，莊子則專講心，天地元氣構成人心，氣的自然運行之道，為人生之道，元氣的運行由心而顯，心純樸沒有慾望則天眞自然，有慾望便有機心，機心為惡，且耗元氣，使人不能長生，心純自然，保全元氣，人可以與天地而長久。

佛教大乘整部為一心學。楞伽經以一切唯心，宇宙萬物都為心所現，心為如來應身，稱為如來藏，或佛性。天台宗以宇宙本體為一心，心名眞如，又稱如來藏。心不生不滅，不增不減，故名為眞。凡聖一切法，自有差異，眞心無異無相，故名為如，如來藏具染淨二性，由染性觀世界萬物，天台宗講性具論。華嚴宗以眞如為眞心，眞心純淨明白，不具染性，萬物由眞如本性所具德能而起；華嚴講性起論。我們若把佛教的心學簡單說明，可以這樣說：小乘各派，以外界萬物爲實有，假立一心，稱爲假心，我乃是空，由心造業，人乃輪迴出生。大乘始教唯識宗，以異熟阿賴耶識爲一心，宇宙萬物爲阿賴耶識的種子所造。大乘終教楞伽經，攝大乘論等派以如來藏爲一心，本性具諸功德，能現宇宙萬物。大乘頓教禪觀，以泯絕一切，無所寄托，只說一心。大乘圓教天台、華嚴，總攝萬有，眞如和萬有一切無礙，互相通，互相入，一切圓融，衹是一心。佛教各宗各派都以心爲思想的頂點，而且各宗各派的修行，又都以心爲對象，在後面我再說明。

儒家理學受了這兩家的影響，特別受了佛教禪宗修行方法的壓力，乃特別注意了「心」。王陽明作陸象山文集序，說孟子開始儒家的心學，孟子以後中斷了，到了宋朝才有周敦頤和程頤追尋孟子的心學，由陸象山繼承，「故吾嘗斷以陸氏之學，孟氏之學也。」陸氏之學是什麼？「其學必求諸心」，所以是心學，心學乃是儒家的正統思想，「聖人之學，心學也，堯舜之相授受。曰：「人心惟危，道心惟微，惟精惟一，允執厥中。」此心學之源也。中也者，道心之謂也。道心精一之謂仁，所謂中也。孔孟之學，惟務求仁，蓋專一之傳也。……自是而後，析心與理而爲二，而精一之學亡。」這一段是王陽明講自己和陸象山的思想，實際上事實不是這樣。王陽明所引書經的話，來自大禹謨，書經的這一篇，考據學斷爲僞書，爲漢朝人的手筆，不能認爲儒家心學的起源。心學不能視爲心理爲一的學，講心和理有分別，也是心學。

書經盤庚篇內，多次說到「心」，如「黜乃心」，「迂乃心」。詩經篇章中多有「心」字，表示人的感情，表示人的思念。周易說：「聖人以此洗心，退藏於密，吉凶與民同患。」（繫辭上　第十章）禮記禮運篇說：「善惡皆在其心。」樂記篇常說心，因爲樂來人心，人心感物而動，故形於聲。

古經書有論心的詞句，祇是表達一時的思想，沒有正式討論人心。儒家心學的起源該是大學。中庸一書中沒有心字，多講人性，但是中庸講誠，誠是心的善德。「誠者，天之道也；誠之者，人之道也。」（第二十章）天之道或心之道，都是心誠；理學家特別注意這一點，而且中庸的誠是率性，是爲講大學的正心。大學講修身，修身的重點，在於「正心」。理學家後來講心，都爲講大學的「正心」。

孟子正式提出修身，以養心作正心。心的本體就是仁義禮智，發揚仁義禮智便是正心。爲發揚仁義禮智，孟子主張養心，養心則在克慾。孟子開始了儒家的心學。

荀子則是儒家心理的理論者，說明了心的本質，心，虛而靈，能徵知，能主宰。

宋明理學家繼承了孟荀的思想，外面表現是繼承孟子的心學，講養心克慾，實際上繼承荀子的思想，講心虛能知，能主宰。理學家因受佛教心學的影響，偏重心的知。佛教的心學用一句作代表，是明心見性，從心去認識眞性。佛教的目的在解脫人生的痛苦，痛苦的來源是人愚昧無明，把虛空的萬物看成了實有，須用以智慧開啓人心，認識人心中的眞性。佛教的修行偏重在知，在明見。理學家的心學，乃是「窮理盡性以至於命」，不講孟子的寡慾以修德，乃講寡慾以明明德。明德爲人心所固有，能爲慾情所蔽，所以不顯，人乃爲惡，克除慾情，人心淸明，明德顯出，人心便誠。人心誠，就是自見自己的性，或說見到天理。見到天理，是體會天理，乃一種「直見」，有似於佛教智慧，直見心內眞性。這種修行法，將在儒家實踐生命哲學詳細敘述。

2. 心是什麼

甲、心虛靈

荀子開始講人心的本質，人心虛而靈。虛是沒有物質，可以接受無數的知識。靈，是無形無像的動，能知能主宰。「心者，形之君，而神明之主也。」（解蔽篇）管子說：「心者，智之舍也。」（心術上）董仲舒說：「心，氣之君也。」（春秋繁露　循天之道）淮南子說：「人亦有四支。……以與天地相參也，而心爲之主」（精神訓）司馬光說：「中者，心也，物之始也。神者，心之用也。」（太玄注）張載說：「心統性情者也，合性與知有心之名。」（正蒙　誠明）邵雍說：「心爲太極，又曰道爲太極。」（觀物外篇　下之中）程顥說：「理與心一，而人不能會之於

一。一人之心，即天地之心，一人之理，即天地之理。」（二程遺書　明道先生語）

程頤以性有形爲心，主於身爲心。

朱熹以心統性情，爲神明之舍，一身之主宰，乃精爽之氣，虛靈不昧，能應萬事。

陸象山以心即理，心即宇宙。

王陽明以心爲良知。

王船山以心與性不得分爲二，心本體有情。

從上面所引文據，可以知道「心」在儒家的思想裡的意義。不外乎荀子所說：心虛而靈，能知，能主宰。

明末清初學者，對於心學的批評。顧憲成說：「無聲無臭，吾儒所謂空也；無善無惡，釋氏所謂空也；兩者之分，毫釐千里，混而不察，概以釋氏之空，當吾儒所謂空，而心學且大亂於天下，非細故也。」（心學　宗序）

顧炎武日知錄，藝文，心學，有黃氏日抄云云，「近世喜言心學，舍全章本旨，而論人心道心，甚者單摭道心二字，而直指謂即心即道，蓋陷於禪學而不自知去堯舜禹授天下之本旨遠矣。云云。」

乙、心能知

荀子講心能徵知，知是對事物，人以心去知道事物，事物可以在人內或人以外，但必在心以外，荀子講知，不是心知道自己。理學家講心能知，則是講格物致知，知是知天理。天理在人性，人性在心內；理學家講心知，乃是心知道自己，是「明心見性」。朱熹則以天理一而殊，在人心在萬物，心知須格物以致知，但最後格物久而多則通，通則以心觀萬物。這一點明明是受禪學的影響，格物致知的問題，在儒家實踐生命哲學裡時作研究。

張栻（南軒）說：

「人具天地之心，所謂元者也，由是而見，莫非可欲之善也。其不由是而發，則爲血氣所動，而非其可矣。聖人者，是心純金，渾然天理，乾知大始之體也；故曰乾，聖人之分也，可欲之善屬焉。在賢者，則由積習以復其初，坤作成物之用也；故曰坤，學者之事也，有諸己之信屬焉。」（宋元學案 南軒學案）

朱熹說：

「心官至靈，藏往知來。」（朱子語類 卷五）

「大凡理只在人心，此心一定，則萬理畢現。亦非能自見，心是矣。則是是非非，自然別得。且如惻隱羞惡辭讓是非，因是良心，苟不存養，則發不中節，

顚倒是非，便是私心。」(朱子語類　卷八十七)

「發明心學。曰：一言以蔽之，曰生而已。天地之大德曰生，人受天地之氣而生，故此心必仁，仁則生矣。」(朱子語類　卷五)

陸象山說：

「人心至靈，此理至明。人皆有是心，心皆具是理。」(象山先生文集　卷二十二　雜說)

「人心不能無蒙蔽。蒙蔽之未徹，則日以陷溺。諸子百家往往以聖賢自期，仁義道德自命，然其所以卒畔於皇極，而不能自拔者，蓋蒙蔽而不自覺，陷溺而不自知耳。」(同上　卷一　與胡季隨二書)

楊簡說：

「人心自明，人心有靈。意起我立，始喪其明，始失其靈。孔子日與弟子從容問答，其諄諄告誡，止絕學者之病。大略有四：曰意，曰必，曰固，曰我。門

弟子有一於此，聖人必止絕之。」(宋元學案 慈湖學案 絕四記)

陳獻章(白沙)說：

「心上容留一物不得，才著一物，則有礙。且如功業要做，固是美事，若心心念念只在功業上，此心便不廣大，便是有累之心。是以聖賢之心，廓然若無，感而後應，不感不應。又不特聖賢如此，人心本體皆一般，只要養之以靜，便自開大。」(明儒學案 白沙學案 與謝元吉)

王陽明說：

「知是心之本體。心自然會知。見父，自然知孝；見兄，自然知弟；見孺子入井，自然知惻隱。此便是良知，不假外求。」(王文成公全書 卷一 傳習錄上)

「仁云心猶鏡也。聖人心如明鏡，常人心如昏鏡。近世格物之說，如以鏡照物，照上用功，不知鏡尚昏，在何能照？先生之格物，如磨鏡之明，磨上用功，明了後，亦未嘗廢照。」(同上)

湛若水（甘泉）說：

「性者，天地萬物一體者也。渾然宇宙，其氣同也。心也者，體天地萬物而不遺者也。」（明儒學案　甘泉學案一　心性圖）

「孟子之言求放心，吾疑之。……放者，一心也，求者又一心也，以心求心，所謂憧憧往來，朋從爾思，祇益亂身，況能有存耶！夫欲心之無蔽，莫若寡欲，寡欲莫若主一。」（同上　求放心篇）

根據上面所引的文據，朱陸兩派都有，朱派以性爲理，陸派以心爲理，主張不同；但兩派有相同的，以心虛靈，心靈有知。朱熹以性爲理，性在心內，性理由心而顯。陸象山以心爲理，心自然顯理。理學家都以心本體虛明，心靈乃能畢露天理。顯靈全部天理，心乃直接見到天理，直接見到稱爲體，或體會，心能體萬物而不遺。

理學家所注意心的，是明。心不能被蒙蔽，否則天理不顯露。蒙蔽心的物是慾，克慾乃是養心的最好方法。

明，是明明德，來自大學，「大學之道，在明明德。」明德則來自書經；明明德，成爲儒家思想的中心。明明德，是由心而明；心，便成爲儒家思想的中心。宇宙萬物由陰陽相合而化生，整個宇宙萬物由氣而相連。陰陽兩氣的運行和結合，有運行結合之道。陰陽之氣和連合之氣都來自天；天或稱太極，或稱太虛，或稱天地。人爲萬物之一，受天地之氣，受天地之道而生；氣成形質，道成性，人之性爲全部生生之理，人之氣爲清而秀，氣清而秀成人的心，人心虛而靈，全部生生之理由心而顯。心的生命，乃是人的生生之理的全部呈現，心的全部生生之理，爲明德，爲仁義禮智，這樣心的明，成爲儒家思想的關鍵。

王船山在四書訓義卷一——大學第一章訓義說：

「謂夫大學者，所以教人修己治人而成大人之德業者也。乃不得其要歸之所在，則無以知其詳而有其要也；不察其次序之所循，而無以知其博而該以約也。故從其要歸而言之，則不可不知其道之所在矣。其所以觀於事物，內盡其修能，將以內爲也？蓋以明明德也。人之所得於天者德也，而其虛而無欲，靈而通理，有恆而不昧者則明德也。但形氣累之，物欲蔽之，而或致失其本明。大學之道，則所以復吾性具知之理，以曉然於善而遠於惡，而勿使有所累，有所蔽也。」

王船山以性爲德，性在氣內，氣成心，「虛而無欲，靈而通理」，性之德「有恆而不昧」，稱爲明德。明不是德之明，是心之明；明德是心內的德，使心不受物蔽，所以要明明德。明明德爲大學之道，也就是儒家修身之道。在同一篇訓義裡，王船山講正心說：

「若夫修身者，修其言使無過言焉，修其行使無過行焉，修其動使無過動焉，盡責之躬者備矣，……故立身之始，有爲身之主者心也。當物之未感，身之未應，而執持吾志，使一守其正而不隨情感以迷，則所以修身之理，立之有素矣。乃心，素定者也，而心與物感之始，念忽以興，則意是也。靜而不失其正，動而或生其妄，則妄之已成，而心亦隨之以邪矣。古之欲正其心者，必先於動意有爲之幾，皆誠於善，而無一念之不善奪其本心焉。乃意者忽發者也，而意之未發之始，幾可素審，則知是已。發而乍欲其善，豫未有以知其不善，則著之不明，而意亦惑於所從出矣。言之欲誠其意者，必先於善惡可知之理力致其辨，而無一理之不明，引意以妄焉。」

正心，在心定於理，心定在於「先於善惡可知之理力致其辨，而無一理之不明。」因此，要在意將動的前一刻，即「動意有爲之幾」，知道意動的善不善，這種知，就是明。儒家修身必要正心，正心必要明，明在於知，知是見自性之理，分辨是非。這種分辨就是物來心應，一件事物來到，心自然知道應付之道。修身之道在於心的知。理學家所以說：「知之切，便是行。」

丙、心與情的關係

中庸標出「天命之謂性，率性之謂道，修道之謂教。」率性作人生之大道；中庸接著說：「喜怒哀樂之未發謂之中，發而皆中節謂之和。中也者，天下之大本也；和也者，天下之達道也。致中和，天地位焉，萬物育焉。」

率性和中和，有什麼關係呢？性由心而顯，率性即是心顯明性理；中和和心有什麼關係呢？理學家對這兩個問題有兩方面的研究：一方面研究情與惡的關係，一方面研究已發未發的關係。關於已發和未發的問題，在儒家實踐生命哲學裡將詳細述說，在這裡我簡單地敘述心和情的關係，以說明情與善惡的關係。

喜怒哀樂爲情，情由氣而成，儒家學者都有這種共識。

周敦頤的太極圖說：

「五性感動，而善惡分，萬事出矣。」

「欲動情勝，利害相攻，不止則賊滅無倫矣。故得刑以治，情僞微曖，其變萬

狀，茍非中正明達果斷者，不能治也。」（通書　第三十六）

程頤說：

「自性之有動者，謂之情。」（二程全書三　遺書二十五　伊川語錄十一）

「心本善，發於思慮，則有善不善。若既發，則可謂之情，不可謂之心。」（二程全書　遺書十八　伊川語錄四）

「問喜怒出於性否？曰：固是。纔有生識，便有性。有性，便有情；無性，安得有情。又問喜怒出於外，如何？曰：非出於外，感於外而發於中也。問性之有喜怒，猶水之有波否？曰：然。湛然平靜如鏡者，水之性也。及遇沙石或地勢不平，便有湍激，或風行其上，便為波濤洶湧，此豈水之性也哉！人性中只有四端，又豈有許多不善底事！然無水安得波浪，無性安得情哉。」（同上）

朱熹說：

「心如水，情是動處，愛即流向處。」（朱子語類　卷五）

「性是理之總名，仁義禮智皆性中一理之名。惻隱、羞惡、辭讓、是非，是情之所發之名。此情之出於性而善者也。其端所發甚微，皆從此心出，故曰心統性情者也。性不是別有一物在心裡，心具此性情。」（朱子語類 卷五）

「性是未動，情是已動，心包得已動未動。……欲，是情發出來底。心如水，性猶水之靜，情則水之流，欲則水之波濤，有好底，有不好底。」（朱子語類 卷五）

顏元說：

「程朱因孟子嘗借水喻性，故亦借水喻者甚多，但立意不同，所以將孟子語皆費牽合來就己說。今即就水明之，則有目者可共見，有心者可共解矣。程子云：『清濁雖不同，然不可以濁者不是水。』此非正以善惡雖不同，然不可以惡者不爲性乎？非正以惡爲氣質之性乎？請問：濁是水之氣質？吾恐澄澈淵湛者，水之氣質，其濁之者，乃雜入水性本無之土。……若謂濁水有氣質，清水無氣質矣，如之何其可也！」（存性篇 卷一 借水喩性）

王船山說：

「惟性生情，情以顯性。故人心原以資道心之用，道心之中有人心，非人心之中有道心也。則喜怒哀樂固人心，而其未發者固有四情之根，而實爲道心也。」（讀四書大全說　卷二）

「蓋吾心之動幾，與物相取，物欲之足引者，與吾之動幾交，而情以生。」（同上）

「然則才不任罪，性尤不任罪，物欲亦不任罪，其能使爲不善者，不在情而在何哉？」（同上）

根據上面所引各家的文據，可以看到幾點：

首先，情的理是出於性，因此理學家說性生情，人的生活常在情中表現，尤其每個人的個性，更是由情而顯出不同。但是情是氣而成，程朱便以情屬於氣質之性。

第二點，情爲動，理學家都一致主張；但是情動是性之動或心之動，則有不同意見，大致上大家都以情爲性之動，程朱也是這樣主張。然而朱熹主張心統性情，情不直接是性之動，性之動是心，心之動是情；雖然朱熹後來改變了這種思想，以未動已動都是心，說性是未動，情是已動，不過既然未動已動都是心，情動便是心之動。王船山以心與物相接，心往物來之機乃生情；然情不在物上，是在心上，情乃心所發。

第三點，情爲氣。性是善，因性是理，理無有不善，王船山且以性爲分得天的一眞無妄之理。惡便來自氣，宋明理學家都有這種主張，所以惡來自情。朱熹解釋是因爲氣濁。清朝顏元、李塨則認爲氣的濁不是氣的本性，是滲雜外物，惡不在情，而在於習慣。

善惡的理由，在於性的善能否由心顯明。顯明，就行善，不顯明，就作惡。顯明不顯明，在於心是否被蒙蔽，蒙蔽心的物，是濁氣。氣分清濁，乃氣的本性，清氣濁氣本身無所謂善惡，祇在對心的作用上，蒙蔽心便是惡，因此惡，歸於情。普通說一個人壞，是他的心壞。心壞，即是心遭濁氣蒙蔽。濁氣成的情和慾，乃是惡的根源。

四、仁論

1. 通論仁

在上面論人心的理學家文據中，有把心和仁連在一起，以人心爲仁。這種思想來自中庸和孟子。孟子說：「仁，人心也。」（告子上）「仁也者，人也，合而言之，道也。」（盡心下）中庸說：「仁者，人也，親親爲大。」（第二十章）孟子和中庸對仁的話，牽涉到人的本體，包括整個的人，在當時和後代漢唐兩代的學者，沒有人注意到，宋代理學家則注意這一點，乃從人的本體論仁，以人心的本體就是仁。

在漢以前，講仁的學者，以孔子爲首，在論語裡孔子答弟子問仁的話很多，每一次答覆都不相同，有幾次的答覆說到了修身的總則，「克己復禮爲仁」（顏淵）「夫仁者，己欲立而立人，己欲達而達人；能近取譬，可謂仁之方也矣。」（雍也）「能行五者於天下，可爲仁矣。請問之。曰：恭寬信敏惠，恭則不侮，寬則得衆，信則人任焉，敏則有功，惠則足以使人。」（陽貨）另一思想，則爲「愛人」，在孔子的思想裡，仁代表一切善德，特點則是愛。孟子常以「仁義」連著，作爲善德的代名詞。「仁，人心也，義，人路也。」（告子上）「雖存乎人者，豈無仁義之心哉。」（告子上）孟子主張人心有仁義禮智四端，仁乃是心之四德之一，稱爲惻隱之心。義爲對自己，仁爲對人；仁，有現代學者所說人與人的關係。左傳的仁，涵義和孔子孟子所說的仁相同；但左傳襄公九年「元，體之長也。……體仁足以長人。……今我婦人而與於亂，固在下位、而有不仁，不可謂元。」以仁爲元，則和易傳的思想相同了。

國語講仁，多爲政治設施有利於民，意義爲愛；但也有關倫理總則，「仁，所以行也。」

（國語上）「言人必及人。」（國語下）

大學和中庸論仁，常爲孔子孟子的思想。「爲人君，止於仁。」（大學 第三章）「知、仁、勇三者，天下之達德也。」（中庸 第二十章）

周易的仁，有種特點，以仁爲乾，爲元。「文言曰：元者，善之長也；亨者，嘉之會也；利者，義之和也；貞者，事之幹也。君子體仁足以長人，嘉會足以合禮，利物足以合義，貞固足以幹事，君子行此四德者，故曰：乾，元亨利貞。」（乾卦）仁，配元，爲善之長。元，包括亨利貞；仁，包括義禮智。「天地之大德曰生，聖人之大寶曰位，何以守仁？曰仁。」（繫辭下 第一章）把天地大德之生和聖人之大寶之位相連，生是仁。易傳這兩個觀念，在理學裡有了很大的發展。

荀子和禮記的仁，所有涵義，和孔子孟子講仁的意義相同，「仁者，愛人；義者，循理。」（荀子 議兵篇）「仁，愛也，故親；義，理也，故行。」（荀子 大略篇）「上下相親謂之仁。」（禮記 經解）「仁以愛之」（樂記）「仁者，義之本也，順之體也，得之者尊。」（禮運）「春作夏長，仁也；秋斂冬藏，義也。」（樂記）「天地溫厚之氣，始於東南，此天地之盛德氣也，此天地之仁義也。」（鄉飲酒）

樂記的仁的思想，和漢朝易學者的思想相同，漢易的氣運，以六十四卦配一年的季節月日，以四正卦配四季四方，春配東方，配五行的木，配四德的仁；仁，便是東方，是春，是木，是生。湯緯說：「夫萬物出於震，震東方之卦也，陽氣始生，愛形之道也，故東方為仁。」

2. 仁為生

漢易學者，以仁為木，為春，為生。宋朝理學家採納了這種思想。

周敦頤說：

「天以陽生萬物，以陰成萬物。生：仁也；成，義也。」（通書　志學第十）

「德：愛曰仁。」（通書　誠下）

張載說：

「仁道有本，近譬諸身，推以及人。及其方也，必欲博施濟衆，擴之天下，施之無窮。」（正蒙　至當第九）

「仁通極其性，故能致養而靜以安。」（同上）

「仁，統天下之善。」（易說上）

程顥說：

「天地之大德曰生，天地絪縕，生之謂性，萬物之生意最可觀，此元者，善之長也，斯所謂仁也。人與天地一物也，而人特自小之何耶？」（二程全書 遺書十一 明道語錄一）

程頤的思想：

「問仁與心何異？曰：心是所主處，仁就事言。曰：若是，則仁是心之用否？曰：固是。若說仁者，心之用，則不可。心譬如身，四端如四支，四支固是身所用，只可謂心之四支。如四端固具於心，然亦未可便謂之心之用。」（二程全書二 遺書十八 伊川語錄四）

「問仁。曰：此在諸公自思之，將聖賢所言仁處，類聚觀之，體認出來。孟子曰惻隱之心，仁也，後人遂以愛爲仁。惻隱固是愛也。愛自是情，仁自是性，

豈可專以愛爲仁。」(二程全書　遺書十六　伊川語錄四)

謝良佐：

「心者何也？仁是已。仁者何也？活者爲仁，死者不仁。今人身體麻痺，不知痛癢，謂之不仁。桃杏之核，而種而生者，謂之仁，言有生之意，惟此仁可見之。」(宋元學案　上蔡學案　語錄)

張栻說：

「問心有知覺之仁？……曰：元晦前日之言，因有過當，然知覺終不可訓仁。如所謂知者，知此者也，覺者，覺此者也，此言是也。然所謂此者，乃仁也。」(宋元學案　南軒學案)

「問：人者，天地之心，經以禮論，而五峰以論仁者，自其體言之爲禮，自其用言之爲仁。曰：仁其體也，以其有節而不可，故謂之禮。」(同上)

「天命之全體，流行無間，貫乎古今，通乎萬物者也，衆人自昧之，而是理，

何嘗有間斷。……蓋公天下之理，非我之得私，此仁之道所以爲大，而命之理所以爲微。」（同上）

總括以上所引理學家的文據，仁是心之體，心體的意義爲生之理，生之理來自天命，天命生之理流行宇宙，貫乎古今，通乎萬物。生之理在人爲性，性之理爲生。仁不能說是愛，不能說是知覺，而是性的表現於心，心本體活動，乃是仁。

這種總括的思想，便是朱熹的思想。

「生底意思是仁。」（朱子語類 卷六）

「仁是箇生底意思，如四時之有春。繼其長於夏，遂於秋，成於冬，雖各具氣候，然春生之氣皆通貫於其中，仁便有箇動而善之義。」（朱子語類 卷二十）

「仁是箇生底物事，既是生底物，便是生之理。」（朱子語類 卷二十一）

朱熹肯定仁爲生之理，不能稱爲愛或知覺。

「愛非仁，愛之理爲仁。心非仁，心之德爲仁。」（朱子語類 卷二十）

「仁是體，愛是用，又曰愛之理，愛自仁出也；然也不可離了愛去說仁。」（朱子語類　卷二十）

「仁固有知覺，喚知覺做仁，卻不得。」（朱子語類　卷六）

通常人們以愛爲仁，然而愛是情，仁則是理，朱熹乃說仁爲愛之理。張栻主張知覺爲仁，手足痲痺不仁，即是手足沒有知覺；朱熹說手足沒有知覺，是因爲沒有了生命，所以知覺不是仁。

仁，是生之理，理爲人性，心既統性情，仁便在心內。仁和心的關係，仁爲心的體。仁的意義爲生命活動，仁爲心的體，心乃是活的；仁，稱爲心之德。人心來自天心，天地以生物爲心，稱爲天地的大德，天地化生物之心，由天命以一元之春氣，貫通萬物。人得天命之性，得一元春氣，即得天地之心，人心乃仁。

「仁者，天地生物之心。」（朱子語類　卷五十三）

「天地以生物爲心，……亙古亙今，生生不窮，人物則得此生物之心以爲心。」（朱子語類　卷五十三）

「當來得於天者只是箇仁，所以爲心之全體。」（朱子語類　卷六）

「心即仁也，不是心外別有仁。」（朱子語類 卷六十一）

王船山後來也說：

「仁者，心之德，情之性也；愛之理，性之情也。」（讀四書大全說 卷四）

宇宙祇一個生之理，「理一而殊」，人得理之全，物得理之偏。生之理的全部理都在人。人的生命高於萬物，且包涵萬物的生理。人的生之理也就是天地的生之理，生之理為人心的全體，人心就代表天心。人心的生之理就成為天地人物的代表，人心的生之理為仁，仁乃成為天地人物的代表，天地人物是什麼？是人：「仁者，人也。」，可以說：「仁者，天地萬物也。」張載乃有西銘的「乾稱父，坤稱母。」王陽明乃有「一體之仁」。

3. 仁為德之基

人心既是仁，人心有仁義禮智四端，孟子便沒有講仁是善德的根基；但是孔子則以仁總攝一切善德，在答覆弟子問仁時，答以各種不同善德為仁，且以仁貫通自己的思想。周易的易傳則講仁為德基了。周易以乾有元亨利貞四種特性，易傳乾卦文言以元亨利貞配仁義禮智，周易又以元爲首，如說乾元坤元，元乃涵亨利貞，仁便涵義禮智。漢易以仁義禮智配春夏秋冬，春夏秋冬爲五穀生成的歷程，春爲生，春有生氣，生氣流行於夏秋冬，春便是生之元，生氣繼續在夏季生長，在秋季生果，在冬季生成。仁爲春的生氣，便流行在義禮智以內；仁便包涵義禮智。

王船山講生氣繼續之道說：

「大化之神，不疾而速，不行而至者也。故曰：闔户謂之乾，闢户謂之坤，一闔一闢之謂變，往來不窮謂之通，闔有闢，闢有闔，故往不窮來，來不窮往。往不窮來，往乃不窮，川流之所以屢遷而不停也。來不窮往，來乃不窮，百昌之所以可日榮而不匱也。」（周易外傳　卷七）

大化之神，即大化之生理和一元之氣，在宇宙萬物中川流不息，生化無窮，一年四季，繼續不斷。朱熹乃說：

「蓋天地之心，其德有四：曰元亨利貞，而元無不統。其遵行則爲春夏秋冬之序，而春生之氣，無所不通。故人之爲心，其德亦有四：曰仁義禮智，而仁無

不包。其發用焉，則爲愛恭宜別之情，而惻隱之心，無所不貫。」（朱文公文集卷六十七 仁說）

「元者，生物之始，天地之德，莫先於此，故於時爲春，於人爲仁，而衆善之長也。亨者，生物之通，物至於此，莫不嘉美，故於時爲夏，於人則爲禮，而衆善之會也。利者，生物之遂，物各得其宜，不相防害，故於時爲秋，於人則爲義，而得其分之合。貞者，生物之成也，實理具備，隨時齊足，故於時爲冬，於人則爲智，而爲衆事之幹。」（周易 乾卦 文言注）

「元亨利貞者，乾固有之德，而功即於此遂者也。……天下之有，其始未有也，而從無肇有，興起舒暢之氣，爲其初幾。形未成，化未著，神志先舒以啓運，而健莫不勝，形化皆其所昭徹，統群有而無遺，故又曰大也。成性以後，於人而爲仁，溫和之化，惻悱之幾，清剛之德，萬善之始也，以函育民物，而功亦莫侔其大矣。」（王船山 周易內傳 乾）

仁義禮智象徵也代表儒家的善德。孟子說這四德有天生的端，所以是天生的，天生四德在人心。理學家以天生者應當是性，仁義禮智便應歸於性。朱熹和王陽明以仁義禮智如同元亨利貞，由仁作長，包涵義禮智，乃以仁爲人性之生之理，乃說仁爲生。仁既生之理，顯於人心，成爲心之德，義禮智都由仁而發生。一切善德便以仁爲根；仁爲性之生之理，爲人性的本體；因此一切善德都以人性爲根，善德乃有形而上的根。儒家的倫理道德不是生活的規律和習慣，而是人生活的本體。沒有倫理道德的人不是人，不仁的人，不是人。人修身，乃是發展人的人性；聖人，乃是至誠盡性的人。

4. 仁爲孝之理

儒家的實踐道德，用一字包括，就是孝。

「孝，德之本也，教之所由生也。」（孝經　開宗明義章）

「身也者，父母之遺體也。行父母之遺體，敢不敬乎？居處不莊，非孝也。事君不忠，非孝也。蒞官不敬，非孝也。朋友不信，非孝也。戰陳無勇，非孝也。五者不遂，烖及於親，敢不敬乎？」（禮記　祭義）

儒家孝的理由，在於生，兒女的生命，來自父母，父母和子女的生命，連結爲一條生命。

「夫天者，人之始也；父母者，人之本也。人窮則返本。故勞苦倦極，未嘗不呼天也；疾痛慘怛，未嘗不呼父母也。」（史記 屈原 賈生列傳）

「吾聞諸曾子，曾子聞諸夫子曰：天之所生，地之所養，無人爲大。父母全而生之，子全而歸之，可謂孝矣。」（禮記 祭義）

「仁者，人也，親親爲大。」（中庸 第二十章）

儒家的孝，以生命爲理由，孝由仁而發，孝包括一切善德，實際上代表仁。儒家的孝，以生命爲根由，在時間和空間沒有限制，以生命爲範圍。在時間的縱線上，兒女終身該盡孝道，老萊子所以七十娛親。父母若已去世，兒子事死與事生，死，葬之以禮，祭之以禮；祭祖，即是孝。在空間橫線上，兒子一生的事情，都已在孝內，作善事爲孝，作惡事爲不孝。孟子說：

「世俗所謂不孝者五：惰其四支，不顧父母之養，一不孝也。博弈好酒，不顧父母之養，二不孝也。好貨財，私妻子，不顧父母之養，三不孝也。從耳目之欲，以爲父母戮，四不孝也。好勇鬥狠，以危父母，五不孝也。」（離婁下）

儒家以父母配天地，黃帝祭天時，以父母和祖先陪天受祭。又以子女身體爲父母遺體，司馬遷因受宮刑，自愧損汚了父母的遺體，沒有面目上祖墳祭祖。(報任少卿書) 這種思想繼續在儒家傳統中，一直到民國，儒家乃是家庭倫理，「老吾老以及人之老，幼吾幼以及人之幼。」家庭倫理以孝爲中心，孝便成爲「禮之本，教之所由生也。」

由孝到仁，由仁到性，由性到生，人的生命是仁。發揚仁道，是發揚人的生命，生命的發揚乃能盡性。盡性爲生命發揚的最高點，參贊天地的化育，與天地合其德。儒家的哲學，有了一貫之道，有了整體哲學的系統。

附錄

朱熹 仁說（文集 卷六十七）

浙本誤以南軒先生仁說爲先生仁說，而以先生仁說爲序，仁說又註此篇疑是仁說序，姑附此十字，今悉刪正之。

天地以生物爲心者也，而人物之生，又各得夫天地之心以爲心者也。故語心之德，雖其總攝貫通無所不備，然一言以蔽之，則曰仁而已矣。請試詳之：蓋天地之心，其德有四，曰元亨利貞，而元無不統其運行焉，則爲春夏秋冬之序。而春生之氣，無所不通，故人之爲心其德亦有四，曰仁義禮智，而仁無不包，其發用焉，則爲愛恭宜別之情，而惻隱之心無所不貫，故論天地之心者，則曰乾元坤元，則四德之體用不待悉數而足論人心之妙者，則曰仁人心也，則四德之體用亦不待遍舉而該，蓋仁之爲道乃天地生物之心，即物而在情之未發，而此體已具情之既發，而其用不窮，誠能體而存之，則衆善之源，百行之本，莫不在是。此孔門之教所以必使學者汲汲於求仁也，其言有曰克己復禮爲仁，言能克去己私，復乎天理，則此心之體無不在，而此心之用無不行也。又曰，居處恭執事敬與人忠則亦所以存此心也。又曰事親孝，事兄弟及物恕，則亦所以行此心也。又曰求仁得仁，則以讓國而逃，諫伐而餓，爲能不失乎此心也。又曰殺身成仁，則以欲甚於生，惡甚於死，爲能不害乎此心也，此心何心也，在天地則坱然生物之心，在人則溫然愛人利物之心，包四德而貫四端者也。或曰若子之言，則程子所謂愛情仁性，不可以愛爲仁者非歟。曰不然，程子之所訶，以愛之發而名仁者也。吾之所論以愛之理，而名仁者也，蓋所謂情性者雖其分域之不同，然其脈絡之通，各有攸屬者，則曷嘗判然離絕而不相管哉。吾方病夫學者誦程子之言而不求其意，遂至於判然離愛而言仁，故特論此以發明其遺意。而子顧以爲異乎程子之說，不亦誤哉。或曰程氏之徒言仁多矣，蓋有謂愛非仁而以萬物與我爲一，爲仁之體者矣。亦有謂愛非仁而以心有知覺，釋仁之名者矣，今子之言若是，然則彼皆非歟？曰彼謂物我爲一者，可以見仁之無不愛矣，而非仁之所以爲體之眞也。彼謂心有知覺者，可以見仁之包乎智矣，而非仁之所以得名之實也。觀孔子答子貢博施濟衆之問，與程子所謂覺不可以訓仁者則可見矣。子尙安得復以此而論仁哉，抑泛言同體者，使人含胡昏緩而無警切之功，其弊或至於認物爲己者有之矣。專言知覺者，使人張皇迫躁而無沈潛之味，其弊或至於認欲爲理者有之矣，一忘一助，二者蓋胥失之而知覺之云者。於聖門所示樂山能守之氣象，尤不相似，子尙安得復以此而論仁哉。因幷記其語作仁說。

張栻（南軒）仁說（文集 卷十八）

人之性，仁義禮智四德具焉。其愛之理則仁也，宜之理則義也，讓之理則禮也，知之理則智也。是四者雖未形見而其理固根於此，則體實具於此矣。性之中只有是四者，萬善皆管乎是焉，而所謂愛之理者，是乃天地生物之心，而其所由生者也，故仁爲四德之長，而又可以兼包焉。惟性之中有是四者，故其發見於情則爲惻隱、羞惡、是非、辭讓之端，而所謂惻隱者，亦未嘗不貫通焉。此性情之所以爲體用，而心之道則主乎性情者也。人惟己私蔽之，以失其性之理而爲不仁甚，至於爲忮爲忍，豈人之情也哉。其陷溺者深矣，是以爲仁莫要乎克己，己私既克，則廓然大公，而其愛之理素具於性者，無所蔽矣。愛之理無所蔽，則與天地萬物血脈貫通，而其用亦無不周矣。故指愛以名仁則迷其體（程子所謂愛是情仁是性謂此）而愛之理則仁也，指公以爲仁則失其眞。（程子所謂仁道難名惟公近之不可便指公爲仁謂此）而公者人之所以能仁也，夫靜而仁義禮智之體之所存者也，惟仁者爲能恭讓而有節，是禮之所存者也。惟仁者爲能知覺而不昧，是智之所存者也，此可見其兼能而貫通者矣。是以孟子於仁統言之曰仁，人心也，亦猶存易乾坤四德而總言乾元坤元也，然則學者其可不以求仁爲要而爲仁，其可不以克己爲道乎。

下編

儒家實踐生命哲學

第四章　儒家實踐生命哲學的系統及心理境界

一、系　統

儒家生命哲學，先從理論方面說明宇宙、生命、人，人的生命，在實踐上則就講人的實踐生命哲學。理論和實踐是連成一貫的，理論是基礎，實踐是完成。對於理論應知，對於實踐應該行。知和行在先後的程序上，可以成爲問題，但是兩者是不能分的。知沒有行，等於幻想；行沒有知，則是盲目。儒家的哲學在研究上，可以分成理論和實踐，在整體意義上則是互相連貫，而且比較士林哲學的理論和實踐的關係，更要密切。

中國哲學爲研究人生的哲學，目的爲使人好好做人；實踐的工夫，無論儒釋道都非常重視。儒家既是爲修身治國，便更重視實踐工夫，即是講性理學的宋明儒家，都專心講修身之道，儒家的修身之道，便有系統，有條目，次序井然不亂。

儒家修身之道，散見於論語和孟子兩書中，修身的系統則寫在大學和中庸兩書裡，因而「四書」在儒家的傳統裡，所有價值和地位，和經書平等；在實踐上則是修身的軌範，宋朝朱熹的學術著作，以四書的注釋爲最重要。明末清初的王船山雖以易經研究爲專長，他的四書訓義和讀四書大全以及稗疏、考異，可以和周易內外傳有同等的重要。

在儒家的傳統裡，講陰陽五行和人性，爲理論哲學部份，以易經爲依據；講率性正心，爲實踐部份，以「四書」依據；兩部份各有自己的系統，互相連貫。

1. 基礎

大學和中庸在開端時，提出了實踐生命哲學的基礎。大學說：「大學之道，在明明德。」，中庸說：「天命之謂性，率性之謂道。」兩書開章講修身之道，「在明明德」，「率性之謂道」所講的道爲修身實踐之道，即做人之道。

做人，當然以人性爲基礎；以依照人性去做，爲基本原則。

人性來自天命，人性本體爲明德。

宋明以及清朝的理學者，在理論方面，詳細討論了人性，更詳細地爭論了人性的善惡，在實踐方面，大家都有「率性」的共識，而且都有「人性善」的共識。

人性爲善，因爲來自天命。「天命」按照經書的思想，應該解爲上天的命；理學家則解爲天理，分有天地之理。王船山引朱熹的注釋說：

「命，猶令也。性，即理也。天以陰陽五行化生萬物，氣以成形，而理亦賦焉。率，循也。道，猶路也。人物各循其性之自然，則其日用事物之間，莫不各有當行之路，是則所謂道也。」（朱熹　中庸章句註　第一章）

「是人道者，即天分其一眞無妄之天道以授之，而成乎所生之性者也，天命之謂性也。」（王船山四書訓義　中庸第一章）

王船山保持中庸的筆法，仍說「天」，不加解釋，「天以陰陽五行化生萬物」，「天分其一眞無妄之天道」；「天」，可以解釋爲「上天上帝」，可以解釋爲「天然」「自然」。然整個詞句含有「意志」的意義，即「天自主」「天意」，爲有意志的天。

天以「一眞無妄之道」授予人，成爲人的人性，人性應該是善的，否則不能作爲人生活的規律，大學因此稱人性爲明德。朱熹說：

「明德者，人之所得乎天，而虛靈不昧，以具衆理而應萬事者也。但爲氣稟所拘，人欲所蔽，則有時而昏，然其本體之明，則有未嘗息者。故學者，當因其所發而遂明之，以復其初也。」（大學章句　第一章）

人性爲善，稱爲「德」。人性天然顯明，人自己天然見到自己人性，這種知識爲孟子所說不學而知的良知。

對於「明德」，可以用孟子的話來解釋，孟子主張性善，性善由心而顯，人心生來具有仁義禮智之端。

「惻隱之心，人皆有之；羞惡之心，人皆有之；恭敬之心，人皆有之；是非之心，人皆有之。惻隱之心，仁也；羞惡之心，義也；恭敬之心，禮也；是非之心，智也。仁義禮智，非由外鑠我也，我固有之也。」（告子上）

「由是觀之，無惻隱之心，非人也；無羞惡之心，非人也；無辭讓之心，非人也；無是非之心，非人也。惻隱之心，仁之端也；羞惡之心，義之端也；辭讓之心，禮之端也；是非之心，智之端也。人之有是四端也，猶其有四體也。」（公孫丑上）

宋明理學家以性為理，朱子說心具衆理；孟子以心為德，心具仁義禮智四德之端。大學說「大學之道，在明明德」，以心為德，合符孟子的思想，為實踐生命哲學的基礎。心為德，善德為人性的本質，培養善德，即是發揚人性。人的生命，乃是善德的生命，實踐生命哲學，便是培養善德的生活，因此儒家哲學以修身為主。

2. 步驟

實踐生命哲學，為生命實際的發展，在生活中去實行。生活的實行，不是一時的事，更不是一時就可成全的事，乃是人一生的事，既是長時間去實行，實行便應有次序，一步一步往前走，一梯一梯向上升。大學乃說：「物有本末，事有終始，知所先後，則近道矣。」（第一章）大學也就說明了實踐生命的步驟。

「大學之道，在明明德，在親民，在止於至善。」

「知止而后有定，定而后能靜，靜而后能安，安而后能慮，慮而后能得。」

「古之欲明明德於天下者，先治其國；欲治其國者，先齊其家；欲齊其家者，先修其身；欲修其身者，先正其心；欲正其心者，先誠其意；欲誠其意者，先

致其知，致知在格物。」（第一章）

大學所講的實踐生命哲學，由三方面去講。第一由目的方面去講，實踐生命的目的，目的有步驟，第一步目的在明明德以修身；第二步目的爲修身以親民，親民有兩步，即齊家和治國；第三步目的是止於至善以平天下。這三個目的，儒家傳統更是具體舉出人格的標準，第一步爲士，第二步爲君子，第三步爲聖人仁人。第二方面，由修身工作去講，第一步爲格物致知；第二步爲誠意；第三步爲正心。第三方面，由工作的心理境界去講，第一步爲定；第二步爲靜；第三步爲安；第四步爲慮；第五步爲德。中庸書裡也標出了心理境界的步驟，第一步盡自己個性；第二步盡人性；第三步盡物性；第四步贊天地的化育。

「唯天下至誠，爲能盡其性；能盡其性，則能盡人之性；能盡人之性，則能盡物之性；能盡物之性，則可以贊天地之化育；可以贊天地之化育，則可以與天地參矣。」（中庸 第二十二章）

這三方面的步驟，互相連貫。目的的步驟爲工作的標準，人在修身以前，就要知道自己的目的，這是所謂「知止而后有定。」爲自己的工作，準備自己的心理。爲能工作，先要使心定下來，心定下來了才能除去雜念，才能不亂而靜。心平靜了，心乃安了，安了以後才能考慮定斷，然後可以有工作的成效。在這一方面，宋明理學家有主敬主靜。

心理方面準備好了，就開始工作，第一格物致知，因爲修身要按人性天理，首先便該知道人性天理。在這一方面有朱熹和陸象山的爭執，爭執是在方法和途徑，怎樣可以知道天理；知道天理爲修身的第一步工作，則是大家的共識。知道了天理，便按照天理去生活。人的生活爲心的活動，心動爲意，心動要合于天理，天理爲人性，人性在人心，心動爲意便該合於內心的天理，因此說「誠意」，即意和內心的天理相符合。心動能符合內心的天理，必須心不被慾情所蔽，所以說「心正」。王船山說：

「夫自身而心，而意，而知，以極乎物，莫不極致其功，而知格物之爲大始，而詳於求格者，知至善之必於此而備也，於是而格之功已深，則物可得而格矣。物之既格，吾之所以處夫萬物者，皆一因於理，而如是則善，不如是則不善，知無不至矣。知之既至，吾之所以擇夫善惡者，皆明辨其幾，而無疑於善，無疑於不善，意無不誠矣。意之既誠，吾之動乎幾微者皆一如其志而純一於善，不搖於不善，心無不正矣。心之既正，吾之所以發爲言動者，皆根心以行，而爲之有本，持之有主，身無不修矣。夫自格物以至於修身，內外交盡而

初終一致，非明德之至善者乎？而必有其始，乃有其終，其先後不可誣矣。」（四書訓義　卷一　大學第一章訓義）

修身為發揚人的生命，人的生命為心靈的生命，心靈生命的極點，為贊天地的化育，與天地合其德，以利天下人物。

把步驟簡單地作成一圖表如下：

步驟
- 目的：明明德；士—親民；君子
  - 齊家；
  - 治國；
  - 聖人—平天下贊天地化育
- 心理境界：定—靜—安—慮—得
- 工作：正心—誠意—致知、格物

目的、心理境界工作。
- 知
  - 方法
    - 博學
    - 審問
    - 慎思
    - 明辨
  - 內容
    - 知己
    - 知人
    - 知天
- 持敬
  - 內敬、外敬
  - 養心
  - 建立人格

按照這個圖表，我將加以解釋。雖然這些觀念已經是大家知道清楚的觀念，並是在實踐

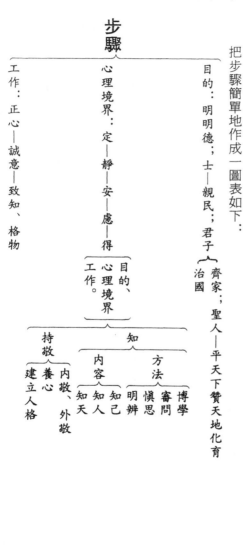

的步驟上所有的意義，則歷代儒家學者的意見，並不相同，實踐的細節目更相當複雜了。

3. 必要條件

儒家傳統自孔子開始，爲實踐人生的哲學，有一個必要的條件，爲「學」。「學」在儒家傳統含有知和行兩方面，論語開端就說：

「學而時習之，不亦樂乎！」（學而）

所謂習，不是溫習，而是實習，實際上按照所聽老師所講的，時時刻刻去做，這才是求學的樂趣。

孔子自己說：

「吾十有五而志於學。」（爲政）

「子曰：君子食無求飽，居無求安，敏於事而愼於言，就有道而正焉，可謂好學也已。」（學而）

孔子對於門生，就肯定顏回一個人爲好學，「有顏回者好學，不遷怒，不貳過，不幸短命死矣！今也則亡，未聞好學者矣。」（雍也）「子曰：回也，其心三月不違仁，其餘則日月至焉而已矣。」（雍也）

好學，在於力行。中庸說：「博學之，審問之，愼思之，明辨之，篤行之。」（第二十章）學要博，行要篤。中庸又說：「故君子尊德性而道問學。」（第二十七章）這句話的「尊德性」和「道問學」，成了後代儒家的標語，也成了兩個學派的特點，陸象山主「尊德性」，朱熹主「道問學」。實際上這兩點不能分開，必要同時並行，有問學而有德性。孔子說：「篤信好學，守死善道。」（顏淵）子張也說：「執德不弘，信道不篤，焉能爲有，焉能爲亡。」（子張）子夏又說：「博學而篤志，切問而近思，仁在其中矣。」（子張）可見孔子和門人，都以好學爲求知和篤行，知和行要一致。

在宋朝朱熹和學者講學時，發生了知行先後的問題。普通大家說先知而後行，人爲有理性的動物，有理性的特點，在於作一事，先必知道這件事，但這一點，是普通一般人的情況，對於求學修身的人，情況就不一樣了。例如孫中山倡知難行易，以行在知以先，因爲專門的知識，常須特別研究才能有知。對於革命，先知道革命是作什麼事，先知道革命是緊要的事，便馬上去做，然後再研究革命的內容，研究革命的學理。朱熹當時和湖湘學派張南軒論學，張南軒主張先察識後涵養，察識指精察吾心，有同於佛教的明心見性。

「元晦謂略於省察，向來某與渠書，亦嘗論此矣。後便錄呈，如三省四勿，皆持養省察之功兼焉。太要持養，是本省察所以成其持養之功者也。」（與曾夫撫幹書　南軒先生文集　卷二十八）

「若不令省察苗裔，便令培壅根本，夫苗裔之萌且未能知，而遽將孰爲根本而培壅哉！此亦何異目坐禪，未見良心之發，便敢自謂我已見性者。」（答吳晦叔　同上　卷二十九）

張南軒注意省察，省察即是察識。朱熹認爲近於佛教的明心見性，張南軒認爲「見性」，先要對自己的心性有所察識，否則便是佛教所說佛性自然明顯，所以他批評朱熹「元晦略於省察」。

朱熹壯年時，從佛教法師宗杲學禪，又和宗杲的徒弟道謙交遊問道，後來又師事靜坐的李侗，對於禪學有過一番熱情，後來他轉變了生活的意向，歸向了二程的理學，對於禪學乃「心以爲危」，極力反對陸象山的學說，也不讚成張南軒的先察識，後修養。他主張知和行並時並進。

「問尊德性而道問學，行意在先，擇善而固執，知意又在先，如何？曰：此便是互相爲用處。大哉聖人之道，洋洋乎發育萬物，峻極于天，是書道之大體處。禮儀三百，威儀三千，是言道之細處。只首章便分兩節來，故下文五句又相因尊德性至敦厚。此上一截便是渾淪處；道問學至崇禮，此下一截便是詳細處。……若有上面一截而無下面一截，只管道是我，渾淪更不務致知，如此則茫然無覺。若有下面一截而無上面一截，只管要纖悉皆知，更不去行，如此則又空無所寄。」（朱子語類 卷六十四）

朱熹晚年實踐「守敬」，戒愼恐懼以防閑心動情發，作爲愼獨。他說明愼獨是察於將然，以審情動的幾（端），是知，又是行。

陸象山以心與理爲一，心統貫知的主體和客體。知的主體是人心，知的客體也是人心。王陽明以人心爲良知，良知包括知與行，良知沒有行，便不是良知。知行合一，不能分離。

陸象山和王陽明所講的知，爲人心對行爲的是非之天然之知，人不學而能知，如孟子所說的良知；但是中庸所說的「道問學」，不是這種良知，因爲中庸用了道、問、學三個字，爲求知人生之道，要緊從學去問，這就是中庸第二十章所說：「博學之，審問之。」既然要審問，便不是天然而知的良知了。知行合一，在本體上說只是人心知是非的良知，良知不行，便是良知不顯。王陽明所以講致良知，把良知致用到行爲上，良知的知才能成全。

修身的知，不僅祇是良知，而是人性的天理。天理不只是指示是非，還昭示人進德，以尊德性。爲知天理，要緊研究，以窮理盡性，中庸所以說：「人一能之，己百之；人十能之，己千之。果能此道矣，雖愚必明，雖柔必強。」（第二十章）這種知，在理論方面說，是先於行的；在實際上，要見諸實行，才能稱爲確實的眞知。

中庸又說：「或生而知之者，或學而知之者，或困而知之者，及其知之，一也。或安而行之，或利而行之，或勉強而行之，及其成功，一也。」（第二十章）儒家普通認爲聖人爲「生而知之」和「安而行之」；賢人君子爲「學而知之」，「利而行之」；一般人則「困而知之」和「勉強而行之」。孔子自己認爲自己「學而不厭」，「發憤忘食」，並不自認是「生而知之」或「安而行之」。他一生好學，「十室之邑，必有忠信如丘者，不如丘之好學也。」（公冶長）

孔子好學，爲「學而知之」，「利而行之」，因此他能夠「吾十有五而志於學，三十而立，四十而不惑，五十而知天命，六十而耳順，七十而從心所欲，不逾矩。」（爲政）

孟子雖主張人心有仁義禮智的四端，卻極力主張養心養氣，以養心以培育仁義禮智四德，養氣使心不動。養心須克欲，養氣後集義，克慾集義都先要有知，知而行，乃能有成。

二、心理境界

實踐人生哲學，儒家稱爲修身，修身須要有知有行，爲能知又能行，心理上應有準備。大學一書開端說了大學之道三句話。馬上接到就說：「知止而后有定，定而后能靜，靜而后能安，安而后能慮，慮而后能得。」這幾句話，說明了爲實踐大學之道，應有的心理準備。王船山曾解釋說：

「今且使學者知明德新民之必乎止至善，而後可謂之明，可謂之新。則所以內治其爲學之志者，必無所旁分於一曲之理，異耑之教，而志向定於明新之大者矣，則知止而后有定也。夫既定矣，則當未有事之時，堅守吾道而不旁分，即當有所感之際，外誘相嘗而自不妄動，則定而后能靜也。夫既靜矣，則事物不足動我之情志，而一於善之至，即或事物之授我以危疑，而自守其至善之止，靜而后能安也。……苟能安矣，無所處而不知至善之不可離，則心志澄而條理出，不能慮乎？……苟能慮矣，擇乎善而得其必至之理於己，則至道備而至德凝，然後可以得其所止矣。」（四書訓義　卷一　大學第一章訓義）

這一段話都是理論方面的話，實際上很難分別定，靜，安，三種境界，在心理上可以用一個靜字來代表。宋明理學家也就在靜字上下工夫，使心靜定下來。另一方面，大學的明明德的明字，指示洗淨人心的慾情，即孟子所說：「養心莫善於寡慾。」因此，儒家實踐生命哲學的心理境界有兩個層面：一個層面是求靜；一個層面是克慾。

1. 已發未發之中

求靜，在宋代以前的儒家，沒有談這個問題，宋代的理學家則大談這個問題，這一點乃是受了佛教禪靜的影響。道家本來早就求靜，老子莊子都講無爲無欲；然而老莊的無爲無欲而靜，是在外面的行爲上求靜；佛家的求靜則是無思無想，使心成空。宋明理學家求靜傾於佛家的空心，使心不動，因此，宋明理學家求靜的第一個問題，乃是未發和已發的問題。

中庸第一章說：「喜怒哀樂之未發謂之中，發而皆中節謂之和。中也者，天下之大本也；和也者，天下之達道也。致中和，天地位焉，萬物育焉。」

中爲天下之大本，中的意義就大了。中和本，連在一起，中便是本。本是根本，根本是本體。人的本體爲人性，人性本體乃是中。中，是喜怒哀樂之未發，未發是未動，未動是靜，人性本體便是靜。

二程的程顥，教人存心，使天理流露，不用鍛鍊功夫，傾向於靜。他的門生，謝良佐、呂大臨、楊時，跟隨他的傾向於靜的風格，造成了「人性中靜」的思想，以靜坐爲求靜的修養工夫。

呂大臨曾和程頤討論「中」；他以中爲性，以赤子之心爲中，爲未發以前之心。

「赤子之心，良心也，人之所以降衷，人之所受天地之中也，寂然不動，虛明純一，與天地相似，與神明爲一。傳曰：喜怒哀樂之未發謂之中，其謂此歟。」（宋元學案　呂范諸儒學案　頁五十五）

程頤說明「中」不指性的本體，是指心之境狀，動靜是用，不是體。赤子之心可以說是「和」不是中。

「先生曰：中即性也，此語極未安。中也者，所以狀性之體段，如稱天圓地方，謂方圓即天地可乎？……中也者，性之德，卻爲近之。」（與呂大臨論中書　二程全書　伊川文集五）

中爲性之德，程顥曾有這種思想：

「中者，天下之大本也。天地之間，亭亭當當，直上直下之正理，出則不是。唯敬而無失，最盡。」（二程全書　卷十二　明道先生語一）

張南軒也有這種思想：

「中字之說甚密，但在中之義作中外之中未安，詳蘇季明再問伊川答之語，自可見。蓋喜怒哀樂未發，此時蓋在乎中也。只如是涵養，才於此要尋中，便不是了。只說作在裡面底道理，然後已發之後，中何嘗不在裡面乎？幸更詳之。又中庸之云，中是以形道也，喜怒哀樂未發之謂中，是以中狀性之體段也。然而性之體段，不偏不依，亭亭當當者，是因道之所存也。道之流行，即事即物，無不有恰好底。道是性的體段，亦無適而不具焉。如此看，尤見體用分明，不識如何？」（答朱元晦祕書　南軒大集　卷二十）

王船山看這個問題，不從已發和未發，即是不從動靜觀點，而是從「中」的意義去看，中是不偏不依，不過不及，適合時地洽得其當。這是人性之德，來自天理。

「夫道何自出乎？皆出於人之性也。性何自受乎？則受之於天也。天以其一眞無妄之理爲陰陽，爲五行而化生萬物者曰天道。陰陽五行之氣化生萬物，其秀而最靈者爲人，形既成而理固在其中。……是故君子之體道也，有所不覩者焉，形未著也，而性中之藏，天下之形悉在焉。若此於此而致其戒愼，所烱然內見者，萬善之成象具在，不使有不善之形無故而妄爲發見也。……夫性當未有情之時，則性獨著其當然之則，性當既有性之後，則性又因情以顯其自然之能。故自其成德而言之，渾然一善而不依於一端以見善者，中也。衆善具美，而交相融以咸宜者，和也。……蓋有所偏者，情也；而無所倚者，性也。寂然無感，而可以喜，可以怒，可以哀，可以樂，可以未有其事，而具當喜，當怒，當哀，當樂之理，可以未有其念，而存無過於喜怒哀樂，無不及於喜怒哀樂之則，是則所謂中者，即此而存焉者也，可相渾於一善而已矣。」（四書訓義卷二 中庸第一章訓義）

王船山以「中」爲人性的本體，是理，爲情動的「則」，事事得其宜，不偏不倚，不過與不及。這是從理論方面說，人性來自天的「一眞無妄之理」，人性爲中。

朱熹曾從實踐方面去研究這個問題，很費了一番苦心，前後曾修改一次，有「未發已發舊說」和「未發已發新說」。舊說以未發爲性，已發爲心，性寂然無動，心爲動。新說則以未發已發都是心，未發爲心，已發爲情，情爲心之動：

「中庸未發已發之義，前此認得此心流行之體，又因程子「凡言心者皆指已發」之云，遂自心爲已發，而以性爲未發之中，自以爲安矣。此觀程子文集、遺書，見其所論多不符合。因再思之，乃知前日之說，雖於心性之實未始有差，而未發已發命名未當，且於日用之際欠缺本領一段工夫，蓋所失者不但文義之間而已。因條其語，而附以己見，告於朋友，願相與講焉。恐或未然，當有以正之。

文集云：中即道也。又曰：道無不中，故以中形道。中即性也，此語極未安。

又云：中也者所以狀性之體段，如天圓地方。

又云：中之爲義自過不及而立名。若只以中爲性，則中與性不合。

又云：性道不可合一而言。中止可言體，而不可與性同德。

又云：中者性之德，此爲近之。又云：不若謂之性中。

又云：喜怒哀樂之未發謂之中。赤子之心發而未遠乎中。若便謂之中，是不識大本也。

又云：赤子之心可以謂之和，不可謂之中。

遺書云：只喜怒哀樂不發便是中。

又云：既思，便是已發，喜怒哀樂一般。

又云：當中之時耳無聞，目無見，然見聞之理在始得。

又云：未發之前謂之靜則可，靜中須有物始得。這裏最是難處。能敬，則自知此矣。

又云：敬而無失，便是熹怒哀樂未發謂之中也。敬不可謂之中，但敬而無失，即所以中也。

又云：中者天下之大本，天地間亭亭當當直上直下之正理。出則不是，惟敬而無失最盡。（案，此條爲明道語，非伊川語。）

又云：存養於未發之前則可，求中於未發之前則不可。

又云：未發更怎生求？只平日涵養便是。涵養久，則喜怒哀樂發而中節。

又云：善觀者卻於已發之際觀之。

右：據此諸說，皆以思慮未萌、事物未至之時，爲喜怒哀樂之未發。當此之時，即是心體流行，寂然不動之處，而天命之性體段具焉。以其無過不及，不偏不倚，故謂之中。然已是就心體流行處見，故直謂之性則不可。呂博士論此，大概得之。特以中即是性，赤子之心即是未發，則大失之。故程子正之。（原注：解中亦有求中之意，蓋答書時，未暇辨耳）。蓋赤子之心動靜無常，非寂然不動之謂，故不可謂之中。然無營欲智巧之思，故爲未遠乎中耳。未發之中，本體自然不須窮索。但當此之時，敬以持之，使此氣象常存而不失，則自此而發者，其必中節矣。此日用之際本領工夫。其曰：『卻於已發之處（際）觀之』者，所以察其端倪之動，而致擴充之功也。一不中，則非性之本然，而心之道或幾於息矣。故程子於此，每以敬而無失爲言。又曰：『入道莫如敬，未有致知而不在敬者。』又曰：『涵養須用敬，進學則在致知。』以事言之，則有動有靜，以心言之，則周流貫澈，其工夫初無間斷也。但以靜爲本爾。（原注：周子所謂主靜者，亦是此意。但言靜則偏，故程子又說敬）。向來講論思索，直以心爲已發，而所謂致知格物亦以察識端倪爲初下手處，以故缺卻平日涵養一段工夫。其日用意趣常偏於動，無復深潛純一之味，而其發之言語事爲之間，亦常躁迫浮露，無古聖賢氣象，由所見之偏而然爾。程子所謂『凡言心可默識。故程子之答蘇季明，反復論辯，極於詳密，而卒之不過以敬爲言。又曰：『敬而無失，即所以中』。又曰：『入道莫如敬，未有致知而不在敬者』。又曰：『涵養須用敬，進學則在致知』。蓋爲此也。向來講論思索，直以心爲已發，而日用工夫亦止於察識端倪爲最初下手處，以故闕卻平日涵養一段工夫，使人胸中擾了，無深潛純一之味，而其發之言語事爲之間，亦常急迫浮露，無復雍容深厚之風，蓋所見一差，其害乃至於此。不可以不審也。

程子所謂『凡言心者皆指已發而言』，此乃指赤子之心而言。而謂『凡言心者』，則其爲說之誤，故又自以爲『未當』，而復正之。固不可徒執已改之言，而盡疑諸說之誤，又不可遂以爲『未當』，而不究其所指之殊也。不審諸君子以爲如何？」(文集　卷六十四　與湖南諸公第一書)

又有答張欽夫書：

「諸說例蒙印可，而未發之旨又其樞要。既無異論，何慰如之！然比觀舊說，卻覺無甚綱領。因復體察，見得此理須以心爲主而論之，則性情之德，中和之妙，皆有條而不紊矣。然人之一身，知覺運用，莫非心之所爲，則心者固所以主於身，而無動靜語默之間者也。然方其靜也，事物未至，思慮未萌，而一性渾然，道義全具，其所謂中，是乃心之所以爲體，而寂然不動者也。及其動也，事物交至，思慮萌焉，則七情迭用，各有攸主，其所謂和，是乃心之所以爲用，感而遂通者也。然性之靜也，而不能不動，情之動也，而必有節焉，是則心之所以寂然感通，周流貫澈，而體用未始相離者也。然人有是心，而或不仁，則無以著此心之妙。人雖欲仁，而或不敬，則無以致求仁之功。蓋心主乎一身，而無動靜語默之間，是以君子之於敬，亦無動靜語默而不用其力焉。未發之前是敬也，固已立乎存養之實，已發之際是敬也，又常行於省察之間。方其存也，思慮未萌，而知覺不昧，是則靜中之動，復之所以見天地之心也。及其察也，事物紛糾，而品節不差，是則動中之靜，艮之所以不獲其身，不見其人也。有以主乎靜中之動，是以寂而未嘗不感。有以察乎動中之靜，是以感而未嘗不寂。寂而常感，感而常寂，此心之所以周流貫澈，而無一息之不仁也。然則君子之所以致中和，而天地位，萬物育者，在此而已。蓋主於身而無動靜語默之間者，心也。仁則心之道，而敬則心之貞也。此澈上澈下之道，聖學之本統。明乎此，則性情之德，中和之妙，可一言而盡矣。

熹向來之說，固未及此。而來喻曲折，雖多所發明，然於提綱振領處，似亦有未盡。又如所謂『學者須先察識端倪之發，然後可知存養之功』，則熹於此不能無疑。蓋發處固當察識，但人自有未發時，此處便合存養。豈可必待發而後察，察而後存耶？且從初不曾存養，便欲隨事察識，竊恐浩浩茫茫，無下手處。而毫厘之差，千里之謬，將有不可勝言者。此程子所以每言『孟子才高，學之無可依據，人須是學顏子之學，則入聖人為近，有用力處』。其微意亦可見矣。且如灑掃應對進退，此存養之事也。不知學者將先於此，而後察之耶？抑將先察識，而後存養也？以此觀之，則用力之先後，判然可觀矣。來教又謂『動中涵養，所謂復見天地之心』，亦所未喻。熹前以復為靜中之動者。蓋觀卦象，便自可見，而伊川先生之意，亦似如此。來教又謂『言靜則溺於虛無』，此所當深慮。」（文集 卷三十二 答張欽夫十八書之第十八書）

朱熹從實踐方面看已發和未發，不把未發看作性之理，爲不偏不倚之中，而看作心之靜，然靜中有動。對實踐工夫來說，不是先去識察情未發又將發之機，或先識察端倪之發，後行存養之功，而是「未接物時，便有敬以主乎其中，則事至物來，善端昭著，而所以察此者益精明耳。」（同上 答張欽夫第八書）

程伊川答蘇季明的問題時，已曾說明這種思想：

「蘇季明問中之道與喜怒哀樂未發謂之中，同否？曰：非也！喜怒哀樂未發是言在中之義，只一個中字，但用不中。或曰：喜怒未發之前求中可否？曰：不可。既思於喜怒哀樂未發之前求之，又卻是思也，既思，即是已發，纔發便謂之和，不可謂之中也。……

又問學者於喜怒哀樂發時，固當勉強裁抑，於未發之前，當如何用功？曰：於喜怒哀樂未發之時更怎生求？只平日涵養便是，涵養久，則喜怒哀樂發自中節。

或說有未發之中，有既發之中。曰：非也！既發時，便是和矣，發而中節，因是得中，只為將中和來分說，便是和也。」（二程全書卷十九　伊川語錄第四）

「季明問先生說喜怒哀樂之未發謂之中，是在中之義，不識何意？曰：只喜怒哀樂不發便是中也，曰：中，莫無形體，只是箇言道之題目否？曰非也，中有甚形體？然既謂之中，也須有箇形象。

賢且說靜時如何？曰：謂之無物則不可，然自有知覺處。曰：既有知覺，卻是動也，怎生言靜。人說復見其天地之心，皆以謂至靜能見天地之心，非也！復之卦下面一畫便是動也，安得謂之靜，自古儒者皆言靜見天地之心，唯其言動見天地之心。

或曰：莫是於動上求靜否？曰：固是，然最難，釋氏多言定，聖人便言止，且如物之好，須道是好，物之惡，須道是惡，物自好惡，關我這裡甚事。若說我只是定，便無所爲；然物之好惡自在裡，故聖人只言止，……易之艮言止之義，曰艮其止，止其所也，隨其所止而止之。……

或曰：先生於喜怒哀樂未發之前下動字下靜字？曰：謂之靜則可，然靜中須有物始得。這裡便是難處。學者莫若先理會得敬。能敬則自知此矣。或曰：敬何以用功？曰：莫若主一。」(同上)

朱熹採納程伊川的思想，以未發爲心之靜。心靜則寂然光明，「一性渾然，道義全具。」但他不主張以守靜不動去維持這種心境，卻主張守敬，即伊川所說「守敬無失」，「平日涵養」。這種涵養已經是實踐工夫。

2. 愼 獨

所謂平日涵養，究竟是什麼實踐工夫？

大學說：

「所謂誠其意者，毋自欺也，如惡惡臭，如好好色，此自謂自慊，故君子慎其獨也。」（第三章）

中庸說：

「道也者，不可須臾離也，可離非道也，故君子戒懼其所不睹，恐懼其所不聞，莫見乎隱，莫顯乎微；是故君子愼其獨也。」（第一章）

「愼獨」便是「平日涵養」工夫。

理學家對於「未發」的意義，在共識上認爲是「靜」，「靜」對於實踐的意義，是「預防」。「預防」不是專門預防情動時不中節，因爲專門想去預防，已經是思了，思是已經動了。因此「預防」情動不中節，不是在「未發」時去想，也不是去識察「未發」的氣象，而是平日涵養，養成一種警覺，使情動時自然中節。這種平日涵養便是愼獨。

「愼獨」，不祇是一個人單獨在一處，而是自己心裡所想的，別人都不知道，這個境遇也稱爲獨。愼，則是謹愼，自己對獨自一個人所作的或所想的，要看作是在大衆跟前作或想，好像有一個眼睛在看，或十個耳朵在聽。「愼獨」，乃是平日涵養，時刻留心，養成警覺的心境。這種心境，是平定安靜的心境，但不是寂靜的心境。中庸所以道不可須臾離，「愼獨」便是使人常意識到做人之道，也使人見到做人之道。因此，「愼獨」可以使人「明心見性」，有「未發」的情狀，但不用「面壁靜坐」去成得。

「獨者，人所不知，而己所獨知之地也，言欲自修者，知爲善以去其惡，則當實用其力，而禁止其自欺，使其惡惡則如惡惡臭，好善則如好好色，皆務決去而求必得之，以快足於己，不可徒苟且以徇外而爲人也。然其實與不實，蓋有他人所不及知而己獨知之者，故必謹之於此，以審其幾焉。」（船山全書 第七冊 四書訓義上 頁六十四）

「子在川上曰：逝者如斯夫！不舍晝夜。自漢以來儒者皆不識此義。此見聖人之心，純亦不已也。詩曰維天之命，於穆不已。蓋曰天之所以爲天也，於乎不顯，文王之德之純，蓋曰文王之所以爲文也，純亦不已，此乃天德也。有天德便可語王道。其要只在愼獨。」（二程全書 卷十五 明道語四）

「孔子言仁，只說出門如見大賓，使民如承大祭。看其氣象，便是心廣體胖，動容週旋，中禮自然。惟愼獨便是守之之法。聖人修己以敬，以安百姓，篤恭而天下平。惟上下一於恭敬，則天地自位，萬物自育，氣無不合。」（二程全書卷六　二先生語六）

「問：中庸工夫只在戒謹恐懼與愼獨，但二者工夫，其頭腦頭又在道不可離處，若能識得全體大用皆具於心，則二者工夫不待勉強，自然進進不已矣。曰：便是有箇頭腦，如天命之謂性，率性之謂道，修道之謂教。古人因甚冠之意首，蓋頭腦如此。若識得此理，則便是勉強，亦有箇著落矣。」（朱子語類　卷七十二）

「戒謹恐懼是未發，然只做未發也不得，便是所以養其未發，只是聳然提起在這裡，這個未發底便常在何曾發，或問恐懼是已思否？曰：思又別，思是思索了，戒謹恐懼正是防閑其未發。或是卻是持敬否？曰：亦是。伊川曰：敬不是中，只敬而無失，即所以中，敬而無失，便是常敬，這中底便常在。」（同上）

「戒謹恐懼乎其所不睹不聞，是從見聞處，戒謹恐懼到那不睹不聞處；這不睹不聞處是功夫盡頭，所以謹獨，則是專指獨處而言。如莫見乎隱，莫顯乎微，是謹獨緊切處。」（同上）

「戒愼一節當分爲兩段，戒愼不睹恐懼不聞，如言聽於無聲視於無形，是防之於未然，以全其體，謹獨是察於將然，以審其幾（端）。」（同上）

「問謹獨莫只是十目所視，十手所指處也與那閭室不欺時一般否，先生是之。又云這獨也不是恁地獨時，如與衆人對坐，自心中發一念或正或不正，此亦是獨處。」（同上）

「所謂誠其意者，表裡內外，徹底皆如此，無纖毫絲髮，苟且爲人之弊。如飢之必欲食，渴之必欲飲，皆自以求飽足於己，非爲他人而食飲也。又如一盆水，徹底皆清瑩，無一毫砂石之雜，如此，則其好善也必誠好之，惡惡也必誠惡之，而無一毫強勉自欺之雜，所以說自慊，但自滿足而已，豈有待於外哉。是故君子愼其獨，非特顯明之處是如此，雖至微至隱，人所不知之地，亦常謹之，小處如此，大處亦如此，顯明處如此，隱微處亦如此，此表裡內外精粗隱顯，無不謹之，方謂之誠其意。……」（朱子語類　卷十六）

「看誠意章有三節，兩必愼其獨，一必誠其意，十目所視，十手所指，言小人閒居爲不善，其不善形於外者，不可揜如此。德潤身，心廣體胖，言君子謹獨之至其善之形於外者，證驗如此。」（同上）

上面所引的朱熹的話，是爲解釋大學的誠意和大學的「道不可須臾離也。」話中的意思，在於誠於人心的理。人心若靜，心的理便顯明，在動時，保持這種天理顯明的情況，這就是

「誠意」；後來王陽明稱爲「致良知」，王陽明是從動上去說，若從心理情況去說，則是誠；誠，所以說是愼獨。

3. 誠

誠，在儒家的思想裡，佔有重要地位，而且還有幾分神祕性。現代解釋「誠」的學人，有的說「誠」相當於太極，相當於老子的道，爲宇宙的原始，爲絕對的實體，似乎把「誠」神而化之，好似把易經的「易」也神而化之，作爲宇宙的原始。吳康解說周濂溪太極圖和通書的誠，「濂溪之釋誠，爲出於乾元，純粹至善，無爲而爲善惡之幾，發微而不可見。充固而不可窮，性命之源，五常百行之本；則誠即大傳之易，而爲宇宙萬有之本之「純粹活動」(actus purus) 也。此純粹活動之本質，有下列名義：宇宙之本源……」(宋明理學 第一章)

唐君毅在中國哲學原論說易傳的太極，由通書的誠去解釋：「今本此意以釋圖說，誠既相當於太極，則太極之本，只當以無說之，而且說之以無極，此正猶通書之以無思無爲，寂然不動，說極也。而太極之用，則首先於動有，正如誠之動之爲有。…唯以通書之誠，原出中庸，原爲一道德性之大道與人道人德，涵具眞實存在及至善之義者，則吾人今以誠之義，規定太極之義，便可確立太極爲一涵具眞實存在之性質及至善之性質者。」(第一冊 第十章 原

太極上）

但是，誠既出於中庸，我們要依照中庸的原意去解釋。孔子曾是「不語：怪、力、亂、神。」（述而）有子曾經說：「信近於義，言可復也。」（學而）信是信實，誠是誠實。誠和信，意義相通。信，爲五常之一：仁義禮智信，儒家常以仁義禮智爲四德，信則是一個基本必要的條件，仁義禮智四德的每一德都該有信，好像五行金木水火土的土。因此誠，從廣義說，乃是善德的必要條件，也就是善德的心理情況，每一種善德都符合心的理，心乃安定不亂。

朱熹注釋大學的誠意，以誠爲實，和虛僞相對。

「問自慊。曰：人之爲善，須是十分眞實爲善，方是自慊。若有六七分爲善，又有兩三分爲惡的意思在裏面相牽，便不是自慊，須是如惡惡臭好好色，方是。」（朱子語類　卷十六）

「問誠於中形於外，是實有惡於中，便形見於外，然誠者，眞實無妄，安得有惡，有惡不幾於妄乎？曰：此便是惡底眞實無妄，善便是虛了。誠，只是實，而善惡不同，實有一分惡，便虛了一分善，實有二分惡，便虛了二分善。」（同上）

「誠於中形於外，大學和惡字說此誠，只是實字也，惡者，卻是無了天理本然

者，但實有其惡而已矣。」(同上)

王船山對大學的訓義也說：

「故誠其意者，使意皆出於不妄，而心爲實心，知爲實知，意亦爲誠實之意，而後爲善去惡之幾決矣。」(四書訓義 卷一 大學傳第六章訓義)

大學的誠爲誠意，解釋乃簡單，誠爲實，意義很明瞭。誠，出自中庸，中庸一書的下半部都講「誠」，而且講的更玄妙，所以才引起不同的而且神而化之的解釋。我們便細心研究中庸的誠。

中庸一書的本意，在於「率性之謂道。」「率性」即是大學的「明明德」。「率性」和「明明德」的實踐，則是「誠」，這種「誠」，和大學的誠意之誠，意義是相同的，中庸爲解釋誠，提高了層次，就如中庸的中，從本體論去講了。在本體論上，「中」是性，天理，天道的本德，時時處處，事事物物，都應付得恰得其當，不偏不倚，不過亦不不及。誠，也是性，天理，天道的本德，常是眞實無妄。但是因爲人的情發不中節乃不中，人的意動不實乃虛僞；大學所以講誠意。

誠，爲性的天德，中庸乃說：

「誠者，天之道也；誠之者，人之道也。誠者，不勉而中，不思而得，從容中道，聖人也。誠之者，擇善而固執之也。」（第二十章）

「自誠明，謂之性；自明誠，謂之教。」（第二十一章）

「誠者，自成也，而道自道也。誠者，物之終始，不誠無物。」（第二十五章）

把這幾章合起來看，誠的意義就不玄妙了。另外是第二十五章，「誠者，自成也。」，第二十章已經說了，「誠者，不勉而中，不思而得，從容中道。」誠，旣是性的天德，性自然表現自己的天德，中是天德，誠者，便自然成爲中者，所以說「誠者，自成也。」誠旣是性的天德，凡是物的性都是誠，沒有誠，就沒有性，沒有性，就沒有物。所以說：「不誠無物。」因此，不須要把誠作爲宇宙萬物的本原，作爲太極。

周敦頤的通書第一篇誠上說：

「乾道變化，各正性命，誠斯立焉。……元亨，誠之通，利貞，誠之復。大哉易也，性命之源乎。」

在第二篇裡說：

「聖，誠而已矣。誠，五常之本，百行之源也。」

中庸說：「誠者，天之道也。……誠者，不勉而中……聖人也。」通書的話，和中庸相同，聖人天然而誠於人性，誠爲性的天德，聖人沒有私慾的掩蔽，乃天然顯示人性，所以是誠。

易經的乾坤，爲宇宙萬物生化的起源，元亨利貞爲宇宙生化的特性。宇宙萬物生化時，天然就有元亨利貞，這是宇宙的誠，也是宇宙的天德。宇宙生化以乾坤爲起源，「乾道變化，各正性命」，誠爲性的天德，因此，也以乾坤爲起源，「誠斯立焉」。

朱熹解釋中庸第二十章的誠字，說：

「誠者，天之道，誠是實理，自然不假修爲者也。誠之者，人之道，是實其實理，則是勉而爲之者也。孟子言萬物皆備於我，便是誠。」（朱子語類　卷六十四）

「問誠者天之道，誠之者人之道。曰：誠是天理之實然，更無纖毫作爲。聖人之生，其稟受渾然氣質，清明純粹，全是此理，更不待修爲，而自然與天爲

一。若餘，則須是博學審問謹思明辨篤行，如此不已，直待得仁義禮智與夫忠孝之道，日用本分事，無非實理，然後爲誠。」(同上)

朱熹解釋中庸第二十五章的誠字，說：

「問誠者自成也，而道自道也。曰：誠者是箇自然成就的道理，不是人去做作安排底物事。道，自道者，道卻是箇無情底道，卻須是人自去行始得。……又曰：誠者自成，如這箇草樹，所以有許多根株枝葉條幹者，便是它實有所以有許多根株枝葉條幹，這箇便是自成，是你自實有底，如人便有耳目鼻口手足百骸，都是你自實有底。道雖然是自然底道理，卻須你自去做始得。」(朱子語類卷六十四)

「問誠者自成也，而道自道也，兩句語勢相似，而先生解之不同，上句工夫在誠字上，下句工夫在行字上。曰：亦微有不同，自成若只做自道解，亦得。某因言妄意，謂此兩句只是說箇爲己，不得爲人，其後卻說不獨是自成，亦可以成物。先生未答，久之復曰：某舊說誠有病，蓋誠與道，皆泊在誠之爲貴上了，後面卻便是箇合內外底道理。若如舊說，則誠與道成兩物也。」(同上)

「誠者，自成也，下文云誠者，物之終始，不誠無物，此二句便解上一句。實有是理，故有是人；實有是理，故有是事。」(同上)

朱熹的解釋，在大學和中庸，常是一貫：誠是實，人性是實理，人性的表顯，自然合於實理，凡是人物和事物，都各有自己的實理，才能是這樣的人物或事物，這是天然的，所以說「誠者，自成也。……誠者，物之終始，不誠無物。」

王船山在四書訓義，解釋中庸第二十章的誠字，說：

「夫誠身至矣，體之於心，存之於靜，發之於動，皆有其實功焉，然而抑有其道矣。誠者，誠於善之謂也。」(四書訓義　中庸第二十章訓義)

王船山解釋中庸　第二十五章的誠字，說：

「誠者，有是實心則有是實理，有是理則有是物。故近而吾身之形形色色，遠而萬物之生生化化，萬事之原原本本，皆誠以成之者也。唯其誠故能成，及其成而無不誠也。乃人之所以誠，則有道焉。誠有此理，則有所以入之理者，則有所以尊之理者，由是而行之則誠，不由而行之則不誠。是人之所當率由者，以踐形色，以處萬物，以應萬事，皆在自道之而已。」（四書訓義 中庸第二十五章訓義）

王船山的解釋和朱熹的解釋同在一個「實」字上，由實理而到實踐。誠，乃是一種心理情況；人心之理，表現在行事上，理是實理，行爲合於實理，便是誠，也就是明明德，率性。

4. 明

中國哲學很注重「明」。「明德」的名詞，不是大學所創的，在大學的傳文就有「康誥曰：克明德。大甲曰：顧諟天之明命。帝典曰：克明峻德，皆自明也。」明德，在書經裡已經有，乃是大學的根據。

「明德」的意思，大學傳說「皆自明也」，朱熹注說：「皆言自明己德之意。」所說自明己德，是就人一方面說，即是說要明白知道自己人性的善，善是德，是行事的軌範。人要明白知道人性的行爲軌範，按照軌範去行動。

但是「明德」的意義，並不是這樣簡單，「明德」的意思，第一，人性自然顯明，人性的善也就自然顯明，所以稱爲明德。人性自然顯明，人性的德也就自然顯明：人性是中，中自然顯明；人性是誠，誠自然顯明。第二，人爲行動，要保持這種「明德」的情況，人要自然明見人性的德，使人性的德能夠發揚，就如孟子所說培養仁義禮智的端。

儒家的善德，爲內心生命，生命自然發揚。人心是善，善有力量同生命自然發揚。但有一種必要的條件，即是人心不要遇到阻力；人心有阻力，即是情慾，情慾使人心昏迷，善德不能明見，又使人心善德的發揚能力不能發展，人便違背人性行惡。因此，大學乃說：「明明德」，要除去障礙，使「明德」顯明。

朱熹注大學明明德說：

「明，明之也。明德者，人之所得乎天，而虛靈不昧，以具衆理而應萬事者也。但爲氣稟所拘，人欲所蔽，則有時而昏，然其本體之明，則有未嘗息者，故學者當因其所發而遂明之，以復其初也。」

王船山在四書訓義裡，對大學明明德予以訓義說：

「人之所得於天者德也，而其虛而無欲，靈而通理，有恆而不昧者則明德也。但形氣累之，物欲蔽之，而或致失其本明，相習於污染。大學之道，則所以復吾性具知之理，以曉然於善而遠於惡，而勿使有所累，有所蔽也。」（四書訓義卷一 大學第一章訓義）

王船山採納朱熹的解釋，再加以說明。人所得於天的，是虛靈之心。心虛沒有情慾，心靈能夠通理。但是人心受有兩種阻礙：第一是氣的累，第二是欲的蔽。氣成形，又有淸濁，限制了人心的靈，靈，運動自如，不受物束，心靈有了氣成的身體，便受身體的限制，且常偈於氣質的身體。欲來自氣，爲物質性，因此常能蔽塞心靈。

從氣質方面說，人稟天地之氣，每個人的氣或淸或濁，都來自天賦，人不能有所改變，祇能在氣的發作上，可以加以控制。氣的作用即是「欲」，儒家便主張克欲。

孟子說：

「養心莫善於寡欲。其爲人也寡欲，雖有不存者寡矣；其爲人也多欲，雖有存焉者寡矣。」（盡心下）

孟子講「存」；存，是保存人心的善端，有多欲的人，能保存的善端不多；少欲的人，則保存的善端多。朱熹和王船山則講因「欲」，而失人心之明。

「問養心莫善於寡欲。曰：緊要在寡字多字看。那事又要，這事又要，便是多欲。」（朱子語類　卷第六十一）

「敬之問養心莫善於寡欲，養心也只是中虛，曰：固是。若眼前事事要時，這心便一齊走出了，未是說無，只減少便可，漸存得此心。若事事貪要這個，又要那個，未必便說到邪僻不好底物事，只是眼前的事才多欲，便將本心都紛雜了。」（同上）

「敬之問寡欲。曰：未說到事，只是才有意在上面便是欲，便是動自家心。……孟子說寡欲，如今要得寡，漸至於無。」（同上）

在語類裡，朱熹提到八點，值得我們注意，第一，寡欲，並不是說欲是惡，祗是說多欲能紛擾人心，人要心寧靜。第二，寡欲對多欲說，是寡多，不是說絕欲。絕欲爲佛教的主張，儒家素反對。孟子和儒家學者祗講減少貪欲。朱熹採納二程的主張「守敬主一」，以主一爲寡欲。第三，無欲，爲道家的主張，佛家不反對。無欲不是絕欲，是克制情慾的動。但儒家主張無欲，不同意道家的「無爲」，靜中有動，以未發時的涵養，預備情發時中節。第四，欲是意動的傾向，意動便是欲，「欲」是「想要」，想要的事物可以是善，可以是惡。孔子在答覆顏淵問仁時，說「克己復禮」，克己便是克欲，克欲是按禮去克欲。

「或曰：克己是勝己之私之謂克否？曰：然。曰：如何知得是私後克將去？曰：隨其所知者，漸漸克去。」（朱子語類　卷四十一）

「克己復禮自復閑邪，則誠自存，非克己外，別有復禮閑邪分別有存誠。」（同上）

克欲和存誠是一事的兩面，從消極方面說是克欲，從積極方面說是存誠，因爲一克欲，人心本善（明德）就自然顯然，這就是誠。

「人之本心不明，一如睡人都昏了，不知有一身，須是喚醒方知，恰如瞌睡，彊自喚醒，喚之不已，終會醒。某看來大要工夫，只在喚醒上。然如此等處，須是體驗，敎自分明。」（朱子語類　卷十二）

「聖賢千言萬語，只要人不失其本心。」(同上)

「自古聖賢皆以心地爲本。」(同上)

克欲存誠，就是不失本心。被情欲蒙蔽的人，好像人瞌睡，不知道了自己的本心。

「人之一心，天理存則人欲亡，人欲勝則天理滅，未有天理人心夾雜者。學者須要於此體認有察之。」(同上)

「學者須是革盡人欲，復盡天理，方始是學。」(同上)

人心的本體爲性，性是天理，復性便是復天理，便是存誠。人欲多，天理不明，人處於昏迷的境況中，人心不正。在論語先進篇，子路、曾皙、冉有、公西華侍於孔子身邊，四個弟子各言自己的志向，孔子最看重曾皙的志向：「喟然嘆曰：吾與點也。」後人讚嘆曾點有超然的氣象，在日用的事物裡，見到天理的流行。

「動靜語默莫非道理，天地之運，春夏秋冬，莫非道理。人之一身便是天地，只緣人爲人欲隔了，自看此意思不見，如曾點，卻被他超然看破這意思。夫子

所以喜之。日月之盈備，晝夜之晦明，莫非此理。」(同上)

「明」，是人心的氣象，人心光明，意情不亂動，人明見天理，行事乃能誠，乃能中。

第五章　儒家實踐生命哲學的致知

在儒家實踐生命哲學的行之步驟，以致知爲第一步，致知和格物爲一事。儒家的致知，不是西洋哲學的認識論，但和認識論相關，或者就可以說是儒家的認識論。

儒家的致知，所注重點不在於認識主體和認識客體的關係，也不在於人心的認識能力，而是在於知和行的關係。關於主體和客體的關係，儒家根本不講；關於人心的認識能力，中國哲學都假定人心自然有認識能力，而且自然可以認識，祗有佛教以物和我都是空虛，所有認識是無明。而且儒家和道家更以知和行互相關連，沒有知便沒有行。

一、知的意義

甲、道　家

中國哲學儒釋道三家，對於知的意義有種共識：以知爲見，由道家開始，明明說知是見；儒家雖不多說，然實際以見爲知；佛家則在破除一切假名假識以後，講「明心見性」，又有天台宗和華嚴宗的「觀」。

老子道德經常講觀，也講見：

「常無欲，以觀其妙；常有欲，以觀其徼。」（第一章）

「致虛極，守靜篤，萬物並作，吾以觀復。」（第十六章）

「以身觀身，以家觀家，以鄉觀鄉，以國觀國，以天下觀天下。」（第五十四章）

觀，爲直接看見，不假思索推論。觀，對身外的事理而言，另外是對「道」的妙。對於自己，老子用「見」，自己見自己應該「明」，不明則不見。明，是自然顯明，不是自己去想：

「是以聖人抱一爲天下式。不自見故明；不自是故彰。」（第二十二章）

「知人者智，自知者明。」（第三十三章）

「夫物芸芸，各復歸其根。歸根曰靜，是謂復命，復命曰常，知常曰明。」（第十六章）

老子用「知」，用於對於外面有形的事物，又用爲「知識」。

「天下皆知美之爲美，斯惡已。皆知善之爲善，斯不善已。」（第二章）

「知其雄、守其雌，爲天下谿。」（第二十八章）

「不出户，知天下；不闚牖，見天下；其出彌遠，其知彌少。是以聖人不行而知，不見而名，不爲而成。」（第四十七章）

「知者不言，言者不知。」（第五十三章）

「知不知，上；不知知，病。夫唯病病是以不病。聖人不病，以其病病，是以不病。」（第七十一章）

老子的道德經對於知識有三個字：知、見、觀。知爲知識的普通字，用爲名字又用爲動字。見，用於自己知道自己，爲自知。自知爲自己認識自己，這種認識是直接的，故「自知者明」，即自己明明見到自己，不是眼睛看見，而是人心見到自己。但「自見」也解爲自己想法看見，或自己以爲自己看見，不是自然的顯露，那種自見不好，「不自見故明，不自是故彰。」意思仍舊是自見應當是無爲而自然的顯露。觀，爲直接的見，含有欣賞的心情，爲高度的「知」。老子所以主張人對於自己，對於道，有直接的知識，不用理智去推論，而是

「自己」和「論」自然顯露，人心面對「自己」和「道」的顯露，知道很「明」。

莊子逍遙遊說：

「小知不及大知。」

齊物論篇說：

「大知閑閑，小知閒閒，大言炎炎，小言詹詹。甚寐也魂交，其覺也形開。……日夜相代乎前而莫知其所萌。……可行已信，而不見其形。……終身役役而不見其成功。……欲是其所非而非其所是，則莫若以明。」

「古之人其知有所至矣。惡乎至？有以爲未始有物者，至矣盡矣，不可以加矣，其次以爲有物矣而未始有封也，其次以爲有封而未始有是非也，是非之彰也，道之所以虧也。……故知止其所不知，至矣。」

養生主篇說：

「庖丁釋刀對曰：臣之所好者道也，進乎技矣。始臣之解牛之時，所見無非牛者，三年之後，未嘗見全牛也。方今之時，臣以神遇，而不以目視，官知止而神欲行，依乎天理，批大郤，導大窾，因其固然，技經肯綮之未嘗，而況大軱乎。」

秋水篇說：

「計人之所知，不若其所不知，其生之時，不若未生之時，以其至小求窮其至大之域，是故迷亂而不能自得也。……北海若曰：以道觀之，物無貴賤；以物觀之，自貴而相賤；以俗觀之，貴賤不在己；以差觀之，因其所大而大之，則萬物莫不大，因其所小而小之，則萬物莫不小。知天地之爲稊米也，知豪末之爲丘山也，則差數覩矣。……」

「莊子與惠子遊於濠梁之上，莊子曰：儵魚出遊從容，是魚樂也。惠子曰：子非魚，安知魚之樂？莊子曰：子非我，安知我不知魚之樂？惠子曰：我非子，固不知子矣，子固非魚也，子之不知魚之樂，全矣。莊子曰：請循其本，子曰：女安知魚樂云者，既已知吾知之而問我，我知之濠上也。」

郭象注說：「夫物之所生而安者天地不能易其處，陰陽不能回其業，故以陸生之所安，知水生之所樂，未足稱妙耳。」

在這裡我不是講道家的認識論，不能遍引莊子書中的文據；但從上面所引的幾段文據中，可以看出莊子對知識的思想和主張。莊子以知識是無限，人的生命是有限，人所知道的比不知道少的多。人為知識，用耳目去看有形的事物，這種知識是「小知」，大知則在知「道」。對於道的知，不能用耳目之官和心思之官，而是要以「神遇」。「神遇」，莊子說是「氣知」。萬物都由氣而成，人得天地的元氣以生，元氣週遊在宇宙萬物間，元氣運行之理是「道」，「道在萬物」。人的元氣和物的元氣相遇而相通，便有知。「道是一」，理相同，故人能知魚之樂，莊子為認識，也用知、見、覩、觀。

乙、佛教

為明白儒家的認識論，也應看看佛教的認識論。佛家的認識論有唯識論。唯識講八識，前六識眼耳鼻舌身意，和普通認識論大同小異，第七識末那識則為意識的我執物執，以我和萬物為有，堅持固執。第八識阿賴耶識稱為藏識，藏有前生行為所留的種子，種子有認識能力，製造感官的對象—「造境」，一切萬有都是種子所造的幻境，所以說「萬法唯識」。佛教的目的，在使人明白這種幻境，不要「我執」和「物執」，破除了「物執」和「我執」，人在自己心內，見到自己和萬有的本體，本體即是「佛」，即是「絕對實相」，稱為「眞如」。人心的佛，是人的佛性，隱藏在幻境內，稱爲如來藏，如來藏即是人心的眞如，是人的眞我，是人的眞性。人的知識眞正地就在於認識自己的眞我眞性，這稱爲明心見性。「明心」，除卻一切幻境，沒有自我，沒有萬有，知道都是虛幻，人心便能光明，人心光明了，「佛性」或「如來藏」，也即是「眞如」，就顯露出來，於是人就「見性」。「見性」爲直接面見佛性。佛教的眞正知識，不是感官或理性的認識，而是心的面對佛性，是佛性在心的顯露，人面對「佛性」而「見性」，人便覺悟，這種心理狀態，稱爲「覺」，稱爲「得道」，稱爲得到光明。

人的痛苦，來自人對自我和萬物的貪慾，人有貪慾是因爲人有「我執」和「物執」。「我執」和「物執」的來源，是因人「無明」，把虛幻的事物認爲眞實的事物。無明爲愚昧，爲不正確的知識。爲破除「無明」便以正確的知識「覺」洗去愚昧。佛教的中心問題，乃是知識問題。

人得了光明，取得「覺」，再去看宇宙萬物，稱爲「觀」。「觀」的立足點是從「佛」或「眞如」的立場去看，因爲得道的人，覺悟自己就是「佛」，自己和眞如爲一體。自己看宇宙萬物，便是由佛的立場去看；這種「知」稱爲「觀」。

華嚴法界玄鏡爲澄觀所著，說明華嚴宗有三種觀：一、眞空觀；二、理事無礙觀；三、周徧含容觀。

「言眞空者，非斷滅空，非離色空，即有明空，亦無空相，故名眞空。二、理事無礙者，理無形相，全在相中，互奪存亡，故亡無礙。三、周偏含容者，事本相礙，大小等殊，理本包徧，如空無礙，以理融事，全事如理，乃至塵毛，皆具包徧。」

三種觀，每種觀又分作十門，理爲眞如，事爲萬物，萬物由眞如發出，好似海水的海波，海水和海波的關係，代表眞如和萬物的關係。宗密注華嚴法界觀門，在書尾作漩澓頌：

若人欲識眞空理，身內眞如還偏外。
情與無情共一體，處處皆同眞法界。
秖用一念觀一境，一切諸境同時會。
於一境中一切智，一切智中諸法界。
一念照入於多劫，一一念劫收一切。
時處帝網現重重，一切智通無窒礙。

華嚴宗智儼作華嚴一乘十玄門。十玄門的觀法和澄觀的三重觀意義相同。

華嚴宗的創立人法藏曾著有華嚴一乘教義分齊章，開釋如來海印三昧。海印三昧，爲眞如本覺，好似大海，風平浪靜，海水澄淸，天上星辰，地上山林樹木，都印在海中。海象徵智慧如海，至明至淨，直接觀到衆生的海界，在正覺的觀中，萬有和眞如，互相圓融，一入一切，一切入一，一切入一切。華嚴又講帝網，即通因陀羅網，陀羅網無限大，網目鑲有明珠，明珠照另一明珠，所有明珠互相照映，一珠的影像，映到所有明珠中，再來回交映，一顆明珠中有了一切明珠的影像，千千萬萬，這就代表萬有的虛幻。

天台宗講摩訶止觀，止觀是心觀，心觀以明宇宙一切，圓融於心的一念，所以創立「一念三千」的教義。在心的一念裡，具有一切，一切以三千世界爲代表。萬有都在一念之中，互相融會，互相平著。

丙、儒　家

儒家對於知，中庸說：「博學之，審問之，愼思之，明辨之，篤行之。」（第二十章）又說：「或生而知之，或學而知之，或困而知之，及其知之，一也。」（同上）這種思想是孔子、孟子的思想，孟子還說人有心思之官和耳目之官。人的「知」，由耳目之官和心思之官去取得。爲取得「知」，有天生而知的，有學而後知的，有勉力去求而後得的。耳目之知，爲感官之知，物和物相接，即外面的物和感官相接觸而有知。心思之官則不可蔽於物欲，人心要明淨才可以「知」物理。

儒家又分見聞之知和德性之知，德性之知根於心，見聞之知來自經驗。儒家所講的知，不是見聞之知，而是德性之知。德性之知的對象爲理，理爲人性天理，朱熹在注大學時，補了大學傳的第五章，解釋格物致知，開啓了儒家德性之知的思想。

「右傳之五章，蓋釋格物致知之義，而今已亡矣。閒嘗竊取程子之意，以補之。曰：所謂致知在格物者，言欲致吾之知，在即物而窮其理也。蓋人心之靈，莫不有知，而天下之物，莫不有理。惟於理有未窮，故其知有不盡也。是以大學始教，必使學者即凡天下之物，莫不因其已知之理而益窮之，以求至乎其極。至於用力之久，而一旦豁然貫通焉，則衆物之表裡精粗無不到，而吾心之全體大用無不明矣。此謂物格，此謂知之至也。」

朱熹的這一段補注，引起的問題很多，也就是他和陸象山爭論之點，我們來予以分析研究。

大家有共識的一點，是「人心之靈，莫不有知，而天下之物，莫不有理。」人心有認識的能力，因爲人心是靈。這一點在荀子的思想裡已經很明白標出，荀子以後的儒家都接納這種思想，人心認識的對象爲物之理，不是物的形相；理爲物之性，人心認識物性。陸象山也肯定這一點。

致知的致，在解釋上儒家學者就有不同的意見，朱熹採納程頤的意見以致爲至，爲到。

「致知則理在物，而推吾之知以知之也。知至，則理在物，而吾心之知已得其極也。」（朱子語類　卷十六）

「心與性自有分別，靈底是心，實底是性，靈便是那知覺底。……問：表裡精粗無不到。曰：表，便是外面，理會得底裡，便是就自家身上至親至切至隱至密貼骨貼肉處。今人處事，多是自說道且恁地也不防，這箇便不是，這便只是理會不曾到那貼底處。若是知得那貼底時，自是決然不肯恁地了。」（同上）

「致知」，是要知到窮極處，又是要理會到貼底處，說是「窮理盡性以至於命。」（說卦）怎麼能夠窮理？朱熹和程頤主張就已知推到未知，「因其已知之理而益窮之，以求至乎極。」就我所已經有的知識，去推求未知道的事理，從大處推到微處，從粗處推到精處。朱熹批評陸象山的致知，過於簡易。

「問：因其已知之理，推而致之以求至乎其極，是因定省之孝，以至於色難養志，因事君之忠，以至於陳善閉邪之類否？曰：此只說得外面底，須是表裡皆如此。若是做得大者而小者未盡，亦不可。做得小者而大者未盡，尤不可。須是無分毫欠闕方是。且如陸子靜說良知良能四端根心，只是他弄這物事，其他有合理會者，渠理會不得，卻禁人理會。鵝湖之會渠作詩云：易簡工夫終久大，彼所謂易簡者，苟簡容易，爾全看得不子細。」(朱子語類 卷十六)

我們再分析研究一下。朱熹講推知，講理會，推知，用已知推未知，周易可以代表這種推知，周易以象求言，以言求意，由意推知吉凶。歐陽修在易童子問中說：

「聖人急于人事者也，天人之際罕言焉。惟謙之象，略其說矣。聖人，人也，知人而已。天地鬼神不可知，故推其跡；人可知者，故直言其情。以人之性而推天地鬼神之跡，無以異也。然則修吾人事而已，人事修則與天地鬼神合矣。」(解釋謙卦彖)

由人事之理推知天地鬼神之迹；但是周易的大象則常由天地之理以推知人事之理，如乾卦「天行健，君子以自強不息。」這兩種推知可以不相衝突，即是由有形可見推知無形不可見。「天行健」在卦象中已現出，由天象推知人事之理。謙，在人世社會得福，爲大家所認知的事，由可見的人事推知天地鬼神不可見的迹。

推知是由已知到未知，由有形到無形。所推求之理是在事物內，因每物有每物之理，朱熹追隨程頤的主張，就事物去求，稱爲格物。

> 格物，「凡天地之間；眼前所接之事，皆是物。」（朱子語類　卷五十七）
>
> 「致知工夫，亦只是且據已所知者玩索推廣將去，具於心者，本無不足也。」（朱子語類　卷十四）
>
> 「所謂格物者，常人於此理或能知一二分，即其一二分之所知者推之，直要推得十分，窮得來無去處，方是格物。」（朱子語類　卷十八）

所謂格物，是就日常所遇的事，逐事研究，每事之理要研究到最後一點。陸象山提出反對理由：一、隨事研究，既然煩索，又常心亂；二、窮到底處，何處是底？歸根要以心爲底，求到心的天理，使人心安。這樣一來，又何必研究事物之理，理都在心中。反觀自心，便「窮理盡性至於命。」

「問：陸先生不取伊川格物之說，若以隨事討論，則精神易弊，不若但求之心，心明則無所不照，其說亦似省力。曰：不去隨事討論後，聽他胡做，話便信口胡說，脚便信步行，冥冥地去，都不管他。」(朱子語類 卷十八)

朱熹的答覆，理由的中心點，在於人心中的理是天理，是大原則，每椿事件之理是隨事的細理，細理跟大原則並不相同，因爲「理一而殊」，因此該討論，否則「冥冥地去，都不管他。」必定會壞，所以該窮理。

但是「至於用力之久，而一旦豁然貫通。」卻是問題。弟子中很多人就這一點，向朱熹發問，在朱子語類卷十八、大學或問下，列舉了這些答問詞。

「格物最是難事，如何盡格得？曰：程子謂今日格一件，明日又格一件，積習既多，然能脫然有貫通處。某嘗謂他此語便是眞實做工夫來。他也不說格一件後，便會通，也不能盡格得天下物理後才始通，只云積習既多，然後脫然有箇貫通處。」(朱子語類 卷十八)

問題不在格多少件，是在「脫然有箇貫通處」。沒有盡格得天下理，爲什麼可以貫通呢？是不是所說「貫通」只是心裡自以爲心安了，還是在實際上眞的貫通了事物之理？當然不該是心理上的滿足，而是實際上的貫通，然而實際上怎麼可能呢？

「所以格物便要閑時理會，不是要臨時理會。……格物只是理會未理會得底，不是從頭都要理會。如水火人自知其不可蹈，何曾有錯去蹈水火。格物，只是理會當蹈水火與不當蹈水火，臨事時斷置教分曉。」(同上)

所謂格物，乃是隨事理會，而且有理會到底。理會，含有知道和體貼，是一種簡單而切身的「知」，不是多費思索的知。所理會的是行事的恰當不恰當，不是事物本身之理，即是事物和我在目前的關係。

「問一理通則萬理通，其說如何？曰：伊川嘗云雖顏子亦未到此。天下豈有一理通，便解萬理皆通也！復積累將去。」(同上)

「問自一身之中以至萬物之理，理會得多，自當豁然有箇覺處。曰：此一段尤其要切，學者自當深究。」(同上)

「陶安國問千蹊萬徑皆可適國，國恐是譬理之一源處，不知從一事上便可窮到

一源處否？曰：也未解便如此，只要以類而推，理固是一理，然其間屈折甚多，須是把這個做樣子，卻從這裡推去始得。」(同上)

「或問萬物各具一理，萬理同出一原。曰：一箇一般道理，只是一箇道理。恰如天上下雨，大窩窟，便有大窩窟水，小窩窟便有小窩窟水，木上便有木上水，草上便有草上水，隨處各別，只是一般水。」(同上)

把上面所引朱熹的話，可以見到他的思想。所說格多了，脫然貫通，理由在於所知的是「理」，理是一源，所有「用」不同，從各種不同的用中，可以理會到同一的理。

「說卦」所講「窮理盡性以至於命」，周敦頤的通書講理性命說：「厥彰厥微」，以為事彰理微。孔穎達的易經正義解釋繫辭的「微顯闡幽」說：「觀其易辭，是幽而幽暗也，演其易理，則顯見著明也。」韓康伯注繫辭「其事肆而隱」說：「事顯而理微」。周敦頤在通書的理性命乃說：「厥彰厥微」，「匪靈弗瑩」，事物之理隱微不顯，必須有心之靈，才能明瞭。周易還有「窮神知化」，張載把神和化分開，神是本，化是用，本是氣的本體，氣本體神妙莫測。化是氣變化的過程，變化過程由卦的象和辭可以知道，氣本體的神則須心和氣相通理會天道的流行。

心能明理，乃是儒家的共識。儒家不講道家的氣知，但對道家的「神會」則用為理會；

理會爲心靈去體貼，也就是神會，但不是「直見」。儒家也不講佛教的觀，卻也講明心見性，因爲性在心內，性由心而顯。

理爲一，理一而殊，朱熹曾說：「釋氏云一月普現一切水，一切水月一月攝，這是那釋氏也窺見得這些道理。濂溪通書只是說這一事。」（同上）宇宙事理總是一個，或說總是一個源頭，朱熹說：「此所以可推而無不通也。」（同上）

天地之理只是一個，理是性，天地只有一個理，豈不是天地只有一個物性，萬物都是同一物嗎？道家和佛教可以有這樣的主張，儒教決不是這樣的主張。儒教主張物各有性，物性不同。朱熹解釋是因爲氣有清濁，清濁的程度不同，所稟受的理不同。物因氣濁，得受理的一部份，即「理之偏」，人的氣清，得受全部的理，即「理之全」。

理之全和理之偏，這箇理是「生命之理」，對於人，就是「人生之道」。

「問天道流行，發育萬物，人物之生莫不得其所以生者以爲一身之主，是此性隨所生處便在否？曰：一物各具一太極。問此生之道，其實也是仁義理智信。曰：只是一箇道理，界破看。以一歲言之有春夏秋冬，以乾言之有元亨利貞，以一月言之有晦朔弦望，以一日言之有旦暮晝夜。」（朱子語類　卷十八）

理，就是天道。天道流行，發育萬物，天道在萬物內，爲物性，天道流行，爲生命。人心是靈，能夠知道這個理。理是活的，隨著天道流行，人心知道「理」，乃是理會天道的流行，所以能夠貫通。

總結這一長段，儒家以萬物都各有一理，理來自天道，天道流行，發育萬物，爲萬物生命，所謂一理爲生生之理，生生之理只有一箇，但在萬物中因萬物氣稟不同也就偏和全的不同。人心是靈能夠「知」，事事物物之理雖各不同，但研究多了，就能明瞭多是來自一源的天道，天道流行，人心靈乃能溯源，貫通到一源的天道。

二、知的完成

1. 見之明

中國哲學注重「明」，佛教以「明」爲得道不必說，道家講自然、講道，自然和道在人心也是明，儒家修身講明，以明爲誠，爲純靜中正，對於認識也注重「明」。

人心是靈，是虛，虛便是虛；因爲虛，虛中無物，人心清明。爲能知天理，理會天道，人心須要虛明，不能滲有情慾；否則情慾蔽掩了心，人心就不靈明，就不能知天理。在上一章講克慾存誠時，曾引朱熹的話：

「人之本心不明，一如睡人都昏了，不知有一身，須是喚醒方知。……某看大要工夫，只在喚醒上。然如此等處，須是體驗，敎自分明。」（朱子語類 卷十二）

人爲知「理」，心要淸明，不僅是爲看的淸楚，而是因爲人心的本體是性，性由心而顯。天理在人性中，即是包含天地萬物的同一的理。當一事物呈現在我面前時，我的心中的理和這事物的理相對，便知道應付之道，若是我心不淸明，我心的理不顯明，便不知道應付之道。王船山曾經說明：

「夫君子所修之道，即性所必率之道，而斯道也，以應事物而爲事物當然之則，將無事至而應，物來而處，其事物未形之際，遂可不存於中乎？而不然也。道率於性，人未有離性而生者也。……是故君子之體道也，有所不覩者焉，形未著也，而性中之藏，天下之形悉在焉。……養其純一於善成無雜之心體，然後雖聲色雜技，而吾心之寧一有主者自若，斯乃體天理於不息之常，而無須臾之

離矣。」（四書訓義 中庸第一章訓義）

人性具有天理，天理爲應付事物之道。人要率性以應付事物，所以要知道應付事物之道，這就是致知格物。所說的「知」，乃是體貼或理會，事物來到，自然體會到應付之道。王船山說「體天理於不息之常」，朱熹和程頤說：「所以格物便要閑時理會。」平時要使自身光明，時時可見人性天理，即天理呈顯在心中，「人之視己，如見其肺肝然。」（大學 第六章）

天理在人心，天理爲同一之理，天理應付事物之道則爲天理之用，用則不同，當事物臨在面前，心會顯出應付之道。這種情況是「知之明」。

「問：或問云心雖主乎一身，而其體之虛靈足以管乎天下之理，理雖散在萬物，而其用之微妙，實不外乎一人之心。不知用是心之用否？曰：理必有用，何必又說是心之用。夫心之體，具乎是理，而理則無所不該，而無一物不在，然其用，實不外乎人心。蓋理雖在物，而用實在心也。……次早，先生云，此是以身爲主，以物爲客，故如此說。要之，理在物與在吾身只一般。」（朱子語類 卷第十八）

這種思想爲程朱的思想，和陸象山王陽明的思想有什麼不同？陸象山以「心是理」，「心外無理」，「反身而誠，則萬物在我矣，」又何必去格外物呢？王陽明以理之用即是良知，良知自然顯知，不必去求。朱熹說：「以身爲主，以物爲客。」，在「知」有主客的分別。陸王的知不分主客，主客爲一，就是心。朱熹的主客之分，在於理之用。理之體，人心之理和外物之理爲一。這一點，朱王有共識。朱熹認爲理體雖同而用不同，對於「理之用」該研究。王陽明以「理之用」爲良知，朱熹認爲良知只說是非，即善或不善，但不是若何去應付之道。例如人家批評孟子後喪愈前喪爲不善，但沒有說爲什麼後喪愈前喪，而且孟子的後喪愈前喪是合禮，是善，這一說就該研究了。治喪的禮，不在心裡面，是人所規定的，禮合於理，人心就安定。知道禮的儀式，那是「見聞之知」，所知的是外面的形相。這種知，不是儒家所講的知，儒家所講的知，是「德性之知」。從禮儀的外面儀式，知道合於心的天理，乃是「德性之知」，每一物之理不同，是由於氣稟不相同，氣稟所成的是外面的形相，所以要從「見聞之知」去知物之理，由物之理溯到一源的天理。朱熹看重這種「見聞之知」的工夫。這種工夫做多了，便能夠遇事貫通，即是說從每次「見聞之知」所知的一件事物的不同之理，立時又貫通到同一的天理，不用去思索。因爲物之理，從「見聞之知」明白顯露出來，而對人心明白顯露出來的天理，人心就同時理會兩者相合的關係，即應付之道。

例如王陽明曾因朱熹的致知格物，破竹去求竹之理。破了許多竹，費了許多精力，精神幾乎要分裂了，仍舊什麼都不知道，便放棄了朱熹的格物致知，改用陸象山「返身存誠」。實際上是王陽明錯解了朱熹的思想，朱熹不是教人去求竹子在生物學上的理，也不是講竹子對人的用途，如筍可以吃，竹幹可用製器織物，而是求竹對人心靈生活的關係，竹子冬寒而不凋，竹幹勁直而不依，標示人的品德，這種知才是德性之知。從「見聞之知」竹子的不畏寒不怕風暴的個性，明白顯露在人心前，人心同時理會這種個性合於人性天理。

見之明，事物的個性（理）從「見聞之知」明白顯出；人性之理顯明在人心；互相明對，人心便理會到，理會便是明見。儒家的明見和西洋的認識論相比較，不同點多。西洋哲學以理在物中，「見聞之知」不能顯理：人心（理智）在人身內，不能達到外物，因此理智不能知理。士林哲學則以「見聞之知」含有物理。理智從「見聞之知」抽出物理，遂可以有知，儒家以「見聞之知」顯理，人心之天理常明不息。（人心要明）人便能理會事物之理和人心天理的相通。但這個天理，爲生命之理，人的生命爲心靈生命。心靈生命爲仁義禮智的生命。「德性之知」所知的理，便是倫理道德之理。普通學術所講的理，都包括在「見聞之知」。

2. 知之切

知之切，知既然是「德性之知」，知的對象爲人生之道，爲人心應付事物之道，這種「德性之知」必然要和行結合一起，知沒有行，便是行爲沒有道理，即是情發不中節，知就沒有意義。因此，儒家主張「知之切」，切實去知道，要去實踐，程顥曾說：

「窮理盡性以至於命，三爭一時並了，元無次序，不可將窮理作知之事，若窮得理，即性命亦可了。」（二程全書　卷二　二先生語　第二上）

朱熹補充說：

「且窮理令有切己工夫。若只泛窮天下萬物之理，不務切己，即是遺書所謂遊騎無所歸矣。」（朱子語類　卷十八）

「誠意不立，如何能格物？所謂立誠意者，只是要著實下工夫。」（同上）

「敬則心存，存則理具於此而得失可驗。」（同上）

「問程先生所說格物之要，以誠敬爲主。胡氏說致知致物又要立志，以定其本，如何？曰：此程先生說得爲人切處。」（同上）

「致知在乎所養，養莫過於寡欲二句，致知者，推致其知識而至於盡也。將致

知者，必先有以養其知，其有養之，則所見益明，所得益固。」（同上）

知切，有兩層意義：第一，知之先，要心明無欲，又要切實去窮理；第二，知了，便行，「且如言忠信行篤敬，只見得言行合。」（同上）言行合，是知行合；知行合，才是「知切」，才是切實之知。

「正淳云：某雖不曾理會禪，然看得來聖人之說，皆是實理，故君君臣臣父父子子夫夫婦婦，皆是實理流行。釋氏則所見偏，只管向上去，只是空理流行爾。曰：他雖是說空理，然眞箇見到那空理流行。自家雖是說實理，然卻只是說耳，初不曾眞箇見得那實理流行也。釋氏空底卻做得實，自家實底卻做得空，緊要處只爭這些子。」（朱子語類 卷六十三）

朱熹批評當時儒家學者，言講聖人的實學，卻不去做，實學變成了虛學，釋氏講虛學，但照虛學去做，虛學成了實學。儒家講知，知行合一，才是實學，知與行合一，才是實知，也是知之切。知到切底，便是「窮理知性以至於命。」

王陽明講致良知，以知行爲一，沒有良知當然沒有行，沒有行，也是沒有知。良知指示行爲的善惡，沒有行爲便沒有善惡。朱熹和別的理學家所講的知，則是「德性之知」，爲倫理道德之知，雖不是知行爲一，卻應該是知行合一。

儒家的「知」，爲儒家的認識論，受道家和佛教的影響，心的虛明，和天道流行，這些觀念來自道家；明心見性，和理的體用等觀念，來自佛教。佛教的體用觀念和普通的體用意義不同，天台宗講「性具」，華嚴宗講「性起」，都以眞如爲體，萬物爲眞如的用，體是一，用是多。程朱的理一而殊，以一理爲體，以多事理爲用，這種觀念來自佛教。「理皆同出一源，但所居之位不同，則其理之用不一。」（朱子語類 卷十八）

三、知的對象

儒家「知」的對象爲「理」，「理」爲「物之理」，「物之理」同出一源，理的用則不同。理的原爲天理，即天地之道或天道，用則是天地間的事物。人爲求知，目的在日常生活中能夠合理地應付隨時來的事物，即是人生活的日常關係。爲能合理地應付這些關係，儒家主張「知天」、「知己」、「知人」。

「君子不可以不修身，思修身，不可以不事親；思事親，不可以不知人；思知

人，不可以不知天。」（中庸 第二十章）

1. 知天

儒家修身的總原則，「率性之謂道」，性來自天，「天命之謂性」。性爲理，理跟性相連，性來自天，性跟天相連。爲能事性，便該知理；爲能知理，便該知天。

「孟子曰：盡其心者，知其性也；知其性，則知天矣。存其心，養其性，所以事天也。」（孟子 盡心上）

心、性、天，互相連貫，天爲性的根源，性爲心的體，心爲性的具。知心則知性，知性則知天；反過來，知天才知性，知性才知心，知天，乃是修身的基本。

「知天是起頭處，能知天，則知人，事親修身皆得其理矣。聞見之知與德性之知，皆知也，只是要知得到信德。」（朱子語類 卷六十四）

「問修身不可不事親，思事親不可不知人，思知人不可不知天。曰：此處卻是倒看，根本在修身，然修身得力處卻是知天。知天是知至物格，知得箇自然道理。學者若不知天，便記得此又忘彼，得其一失其二。未知天，見事頭緒多，既知天了，這裡便都定，這事也定，那事也定。」（同上）

「知天是箇頭處」，因為「天」是根，是頭，有了頭，才有頭緒。儒家講知天，要知天意、知天命、知天理。

甲、知天意

在書經裡，黃帝治國按天意而行。

「帝曰：咨！汝二十有二人，欽哉！惟時亮天功。」（舜典）

春秋戰國時，興起十二月令和明堂的制度，人君行政要按四季的天時，天時顯露天意。呂氏春秋和禮記都有十二月令，詳細敍述，每個月和每一季，人君的施政設施。戰國時又興起「天人感應」的思想，自然界的特殊現象，表現出天的賞罰意願，人君須要特予注意。這種天意，是人君應該知道，應當遵行。

例如呂氏春秋的十二紀以正月氣運屬木，色為青，「天氣下降，地氣上騰，天地和同，草木繁動。」天子率諸侯迎春於東郊，祈穀於上帝，親載耒耜行開耕禮，宣佈農事。

淮南子書裡則多談天人感應，班固在漢書天文志也記載了許多災異，如地震、月食、日食，以爲日、月、星、辰都由陰陽五行之氣而成，五行有運行的次序，人的行事也含有五行之氣，人事有失，反對五行的次序，便使天象有變。

「此皆陰陽之精，其本在地而上發於天者也。政失於此，則變見於彼，猶景之象形，鄉之應聲。是以明君覩之，而寤飭正身，思其咎謝，則禍除而福至，自然之符也。」（漢書 天文志）

古代，遇有大天災或變異，皇帝下詔罪己。自然界的災異，代表天將罰惡，皇帝悔惡求恕，可免天罰。

不僅皇天要知天意，孔子和孟子也觀察天意，以測本人的行動。

「鳳鳥不至，河不出圖，吾已矣夫。」（子罕）

「五百年必有王者興，其閒閒必有名世者，由周而來，七百有餘歲矣，以其數

則過之，以其時考之則可矣。夫天未欲平治天下也，如欲平治天下，當今之世，舍我其誰哉。」（孟子　公孫丑下）

鳳鳥河圖爲自然現象，代表天意使聖人教化世人；孔子認爲當時既沒有這種現象，天道不使聖人教化，他自己說自己退休不問世事了。孟子以古代傳說天道每五百年有王者出來，同時必有一位佐王者的賢臣，他相信自己是合於王佐的人；孔孟都相信天道。

乙、知天命

命，在中國人的傳統裡，佔著重要的位置，人生的境遇，人生的究竟，不爲人所知，「死生有命，富貴在天」，成爲通俗的諺語。命，由上天所定，中國人都有這種共識。雖然墨翟非命，王充不信命，卻提不出令人折服的證據。孔子孟子都信有命，而且主張知命畏命。命有兩種：一種是上天所授一個人的使命；一種是普通貧富壽夭的命。

「子曰：五十而知天命。」（爲政）

「子曰：不知命無以爲君子，不知禮，無以立也，不知言，無以知人。」（堯曰）

「君子居易以俟命，小人行險以徼幸。」（中庸　第十四章）

「子畏於匡，曰：文王既沒，文不在茲乎？天之將斯文也，後死者不得與於斯

文也，天之未喪斯文也，匡人其如予何？」（子罕）

「君子有三畏：畏天命，畏大人，畏聖人之言。小人不知天命而不畏；狎大人，侮聖人之言。」（季氏）

「吾之不遇魯侯，天也，臧氏之子，焉能使我不遇哉。」（孟子　梁惠王下）

「伯牛有疾，子問之，自牖執其手，曰：亡之，命矣夫，斯人而有斯疾也！斯人而有斯疾也。」（雍也）

孔子和孟子教人知命，爲能修身立命，即中庸所說：「君子居易以俟命。」孟子也說：「殀壽不貳，修身以俟之，所以立命也。」（盡心上）

丙、知天理

知天理，乃是知的目的，也是知的最終目的。天理源自天道，流行於萬物，在於人心。宋明理學家號稱性理學家，他們專講理，以理在人性，將性同理連合一起。天道純淨至善，純一中正，表現於日月星辰和四季的運行。人要以見聞之知，深入物性，「窮理盡性以至乎命。」

2. 知人

中庸說修身以事親，思事親不可不知人。儒家的思想，修身以齊家，齊家而後治國，家國代表人的人際關係，國是社會，由家而組成，社會的關係有似於家庭的關係，分爲上輩平輩晚輩，上輩通稱爺爺伯叔，平輩通稱兄弟，晚輩通稱姪或乾兒孫。家庭的關係以父子的關係爲主，所以說：「修身以事親，思事親不可不知人。」知人便是知道人際關係。

人際關係爲相互的關係，我修身事人，以立己立人，達己達人；人對我，也助我修身，師長和朋友都爲助我。人際關係有普通的關係，有師長的關係，有朋友的關係。因此「知人」目的在於能助人，也能助我。

「樊遲問仁：子曰：知人。」(顏淵)

「子曰：不患人之不己知，患不知人也。」(學而)

「子曰：始吾於人也，聽其言而信其行，今吾於人也，聽其言而觀其行，於予與改是。」(公冶長)

「子曰：視其所以，觀其所由，察其所安，人焉廋哉！人焉廋哉！」(爲政)

「子曰：可與言而不與之言，失人；不可與言而與言，失言。知者不賢爲先人，亦不失言。」（衛靈公）

「子曰：君子不以言擧人，不以言廢人。」（衛靈公）

「子曰：無友不如己者。」（學而）

「子游曰：事君數，斯辱矣，朋友數，斯疏矣。」（里仁）

「孟子曰：存乎人者，莫良乎眸子，眸子不能掩其惡，胸中正則眸子瞭焉，胸中不正，則眸子眊焉，聽其言也，觀其眸子，人焉廋哉！」（孟子離婁上）

「孔子曰：益者三友，損者三友。友直、友諒、友多聞，益也；友便辟、友善柔、友便佞，損矣。」（季氏）

「子曰：三人行，必有我師焉，擇其善者而從之，其不善者而改之。」（述而）

「責善，朋友之道也。」（孟子　離婁下）

「曾子曰：君子以文會友，以友輔仁。」（顏淵）

「孔子曰：才難，不其然乎。」（泰伯）

「子游爲武城宰，子曰：汝得人焉乎？曰：有澹臺滅明者。」（雍也）

「仲弓爲季氏宰，問政。子曰：先有司，赦小過，擧賢才。曰：焉知賢才而擧之？曰：擧爾所知，爾所不知，人其舍諸？」（子路）

知人，可以擇友，可以求師，可以用人之才。在人際關係上，大都在以言語相通，因此爲人際關係，又要知言。孔子教人愼言，不俳語，不巧言，不自誇。

知言：

「子貢曰：君子一言以爲知，一言以爲不知，言不可不愼也。」（子張）

「孔子曰：侍於君子有三愆，言未及之而言，謂之躁，言及之而不言，謂之隱，未見顏色而言，謂之瞽。」（季氏）

正名：

「子曰，野哉由也，君子於其所不知，蓋闕如也，名不正，則言不順，言不順，則事不成，事不成，則禮樂不興，禮樂不興，則刑罰不中，刑罰不中，則民無所措手足，故君子名之必可言也，言之必可行也，君子於其言，無所苟而已矣。」（子路）

3. 知己

中庸雖沒有說知己，然而孔子教訓弟子，常教他們反省，修身以自己爲主體，自己要知道自己是何等材質，然後可以量才施用，好的材質加以發施，不好的材質予以改正。尤其是有了過錯，自己知道改過。知己，便成了修身的基本知識。知己，然後立志，立志就要固執。中庸所以說：「誠之者，人之道也。……擇善固執。」

「子曰：吾十有五而志於學，三十而立，四十而不惑，五十而知天命，六十而耳順，七十而從心所欲，不逾矩。」（學而）

「人一能之己百之；人十能之己千之。果能此道矣，雖愚必明，雖柔必強。」（中庸 第二十章）

反省以知過：

「曾子曰：吾日三省吾身，爲人謀而不忠乎？與朋友交而不信乎？傳不習乎？」（學而）

「子曰：人之過也，各於其黨，觀過，斯知仁矣。」（里仁）

「子曰：已矣乎！吾未見能見其過而內自訟者也。」（公冶長）

言志：

「顏淵季路侍，子曰：盍各言爾志。子路曰：願車馬衣輕裘，與朋友共，敝之而無憾。顏淵曰：願無伐善，無施勞。子路曰：願聞子之志。子曰：老者安

之，朋友信之，少者懷之。」（公治長）

「子路、曾晳、冉有、公西華侍坐，子曰：以吾一日長乎爾，毋吾以也，居則曰不吾知也，如或知爾，則何以哉？子路率爾而對曰：千乘之國，攝乎大國之間，加之以師旅，因之以饑饉，由也爲之，比及三年，可使有勇，且知方也。夫子哂之。求，爾何如？對曰：方六七十，如五六十，求也爲之，比及三年，可使足民，如其禮樂，以俟君子。赤爾何如？對曰：非曰能之，願學焉，宗廟之事，如會同，端章甫願爲小相焉。點，爾何如？鼓瑟希鏗爾，舍瑟而作，對曰：異乎三子者之撰。子曰：何傷乎！亦各言其志也，曰：莫春者，春服既成，冠者五六人，童子六七人，浴乎沂，風乎舞雩，詠而歸。夫子喟然嘆曰：吾與點也。」（先進）

知天知人知己，三者相連貫。爲修身，先須立志；爲立志，先須擇善，爲擇善，既要知天理，又要知己，還要知時和位，既立了志，必須力行；爲力行，必須反省；爲反省，又須知人知天。在力行時，還要知言，也要知命。所以知和行，全在天、人、己三者中週旋，若應付得宜，才能成聖成賢，成君子。

四、知的方法

中庸第二十章，總結了對於「中」的說明，下面開始講誠。在第二十章裡，對於「誠之」人道，說明是「擇善而固執之」，爲擇善固執，中庸說：

「博學之，審問之，愼思之，明辨之，篤行之。有弗學，學之弗能弗措也。有弗問，問之弗知弗措也，有弗思，思之弗得弗措也。有弗辨，辨之弗明弗措也。有弗行，行之弗篤弗措也。人一能之，己百之，人十能之，己千之，果能此道矣，雖愚必明，雖柔必強。」

朱熹的四書集註說：「此誠之之目也，學問思辨，所以擇善而爲知，學而知也。篤行，所以固執而爲仁，利而行也。程子曰：五者廢其一，非學也。」這五個項目，可以看作求知的方法，使人能夠達得一個眞實的知。

1. 博學之

學須博：學以修身，修身須知應付日常的各種事務，須知道的很多了，決不能侷促於一兩種知識，或死守一點而不知權變。

「子曰：其爲人也，發憤忘食。」（述而）

「我非生而知之也，好古以求之也。」（述而）

「學而不思，猶恐失之。」（泰伯）

「溫故而知新，可以爲師矣。」（爲政）

「子曰：默而識之，學而不厭，誨人不倦，何有於我哉？」（述而）

「吾嘗終日不食，終夜不寢，以思，無益，不如學也。」（衛靈公）

「子曰：由也聞六言六蔽矣乎？對曰：未也，居，吾語汝，好仁不好學，其蔽也愚。好知不好學，其蔽也蕩；好信不好學，其蔽也賊；好直不好學，其蔽也絞；好勇不好學，其蔽也亂；好剛不好學，其蔽也狂。」（陽貨）

朱子云：

「博學之謂天地萬物之理，修己治人之方，皆所當學，然亦各有次序，當以其大而急者爲先，不可雜無統也。」（中庸解 語類 卷六四）

歷代儒者求學，經史子集四類的書都要讀，「經」爲學術的根基，「子」爲經書的解釋；「史」爲經書的見記；「集」爲經書的文彩。儒家學者尤重史書，這是中國讀書人的特點，因爲讀書人的目的在治國平天下；爲治國平天下，歷史則爲重要的教訓，以「仰古治今」。

曾國藩教兒子曾紀澤讀書：

「聞兒經書將次讀畢，差用少慰。自五經外，周禮，儀禮，爾雅，孝經，公羊，穀梁六書自古列之於經，所謂十三經也。此六經宜請塾師口授一遍。爾記性平常，不必求熟。十三經外所最宜熟讀者莫如史記，漢書，莊子，韓文四種。余生平好此四書，嗜之成癖，恨未能一一註釋箋疏，窮力討治。自此四種而外，又如文選，通典，說文，孫武子，方輿紀要，近人姚姬傳所輯古文辭類纂，余所抄十八家詩抄，此七書者，亦余嗜好之次也。凡十一種，吾以配之五經，四書之後，而周禮等文經者，或反不知篤好，蓋未嘗致力於其間，而人之性情各有所近焉爾。吾兒既讀五經，四書，即當將此十一書尋究一番，縱不能講習貫通，亦當思涉獵其大略，則見解日開矣。」（咸豐八年 九月二十八日）

從曾國藩求知的廣，可見其學爲博，他訓兒子也要隨他一樣讀五經、四書和十一書，爲能「見解日開」。

2. 審問之

陶淵明曾說「讀書不求甚解」，代表他道家的興趣，孔子教學的方法，教學生要了解，不了解則要問；論語書中許多是答覆學生的問。宋明理學家的語錄，更是學生審問，老師作答的記錄。

「子入太廟，每事問。」（八佾）

「曾子曰：以能問於不能，以多問於寡，有若無，實若虛，犯而不校，昔者吾友，嘗從事斯矣。」（泰伯）

「子貢問曰：孔文子何以謂之文也？子曰：敏而好學，不恥下問，是以謂之文也。」（公冶長）

「舜其大知也與！舜好問而好察邇言。」（中庸 第六章）

「公都子曰：滕更之在門也，若在所禮而不答，何也？孟子曰：挾貴而問，挾賢而問，挾長而問，挾有勳勞而問，挾故而問，皆所不答也，滕更有二焉。」（孟子 盡心上）（滕更，滕君之弟，滕更有二：挾貴、挾賢）

孟子教誨向人發問，須有虛心。中庸說：「審問之」的「審」字，指示為發問，應謹慎擇人擇言，還須誠的發問。

3. 慎思之

讀書，從老師請教，切磋，向朋友問道，問了以後，自己須慎重思考。

「子曰：學而不思則罔，思而不學則殆。」（為政）

「子曰：不憤不啓，不悱不發，舉一隅不以三隅反，則不復也。」（述而）

「季文子三思而後行，子聞之曰：再斯可矣。」（公治長）

「思在人最深，思主心上。」（朱子語類　卷一二三）

「思在言行之先，思無邪，則所言所行皆無邪矣，惟其表裡皆然，故謂之誠。」（同上）

中庸所說的「愼思之」，是關於求知的思考，不宜祇聽老師講，記著老師的話，必須從老師所說的，加以思考。看書也是一樣，對於書上所說的，自己去思索，印證書上所說的對不對；並且還加以推論，以求建立自己的思想。

孔子在論語上還講了另一種「思」，爲行爲思想，行爲的規則，自己按照目標去做。

「君子有九思：視思明，聽思聰，色思溫，貌思恭，言思忠，事思敬，疑思問，忿思難，見得思義。」（季氏）

「子張也說：士見危致命，見得思義，祭思敎，喪思哀，其可已矣。」（子張）

這種思，是記著行事的規則，自己按著去做。在原則上說，則是立志，立定行爲的目標。理學家稱爲「思誠」。

4. 明辨之

辨，是辨別善惡。

「或問明善擇善，何者爲先？曰：譬如十箇物事，五箇善，五箇惡，須揀此是善，此是惡，方分明。」(朱子語類 卷六十四)

明辨，本是辨別眞假。眞理的問題，在西洋認識論爲一很困難的問題。笛卡爾指示爲明辨眞理須有兩個條件：一是顯明，一是確實。墨子曾有三表法：本於古聖王，原於百姓，發爲民政。中庸第三十九章說：「故君子之道，本諸身，徵諸庶民，考諸三王而不謬，建諸天地而不悖，質諸鬼神而無疑，百世以俟聖人而不惑。質諸鬼神而無疑，知天也，百世以俟聖人而不惑，知人也。」

儒家以眞爲善，善爲眞，從知天和知人去致知，按照古先聖王的遺傳，去辨別，乃能明辨是非。陸象山和王陽明主張明辨，按心去辨，心爲理，心的良知就是辨別是非。朱熹繼承中庸的思想，明辨是非須要研究事物之理，要經過思考。

「中庸言天道處，皆自然無節次，言人道處，皆有下功夫節次。」（朱子語類　卷六十四）

「聖賢所說工夫，都只一般，只是一個擇善固執。論語則論學而時習之，孟子則說明善誠身，只是隨它地頭所說不同，下得字來，各自精細。眞實工夫只是一般，須是盡知其所以不同，方知其所謂同也。」（同上）

明辨，爲一種盡知工夫，使知能眞實。

5. 篤行之

知和行連在一起，知的成全是在於行，而且要篤行，也就是中庸的「力行」。中國的知爲知人生之道，人生之道要在人生中實行，知而不行，等於不知，就是不誠。

「子曰：好學近乎知，力行近乎仁，知恥近乎勇。知斯三者，則知所以修身。」（中庸　第二十章）

工夫。

「知仁勇三者，天下之達德也。」（同上）

知仁勇，代表孔子的德論；孟子則以仁義禮智四者代表德論；然而知和仁，則為修德的

「問力行近乎仁，又似勇者不懼意思。曰：交互說都是。三知都是知，三行都是仁，三近都是勇。」（朱子語類　卷六十四）

力行當然也是勇，且勇而有恆。孔子在論語裡多次教訓門生，求學必須力行，尤其要言必有行。

「子曰：君子欲訥於言而敏於行。」（里仁）

「子曰：古者言之不出，恥躬之不逮也。」（里仁）

孔子稱讚顏回，就是因為顏回聽了以後，就按著去做，學必須行，行使學得成全。

中庸所說的博學、審問、慎思、明辨、篤行，前四者屬於知，祇最後一者屬於行；最後

一者爲總結前四者，五者相連不可缺一。王船山對於中庸第二十章的訓義中說：

「夫擇善固執者，其功豈易竟哉？善不以己意度也，古有言之者，有其行之者，學之而必求博以考事理之詳也。所學亦不可以己意裁也，有道可師者，有事可詢者，問之而必致其審以求折衷之定也。問所得，欲其切於己也，則必思其思焉，慎之而勿失之疎略，勿失之荒唐。思之所得，恐其尚未精也，則必致其辨焉，明焉而善不疑於惡，惡不疑於善。夫然，而後可謂擇善而得其善也，於是而可以行矣。行焉而或有其名，未有其實，善其始未善其終，未可也，必篤行之，而極吾剖析之精，無不盡其必至之力，夫然而後可謂執之固者也。」

王船山的思想，可以說是孔孟程朱一系的思想。在宋朝學者的意見頗多，朱子語類有簡單的記載。

「或問近世大儒格物致知之說。曰：格猶扞也，禦也，能扞禦外物而後能知至道（溫公），必窮物之理同出於一爲格物（呂與叔），窮理只是尋箇是處（上蔡），天下之物不可勝窮，然皆備於我，而非從外得（龜山），今日格一件，明日格一

件，爲非程子之言（和靖），物物致察，宛轉歸己（胡文定），即事即物，不厭不棄，而身親格之（五峰）。」（朱子語類 卷十八）

除陸象山主張不從外求，其他各家都肯定求知的工夫，更肯定知行合一的工夫。

第六章　儒家實踐生命哲學的力行

生命的實踐爲生活，生活乃生命本體的發揚；生命自性常動，生命之動即是生活。儒家以人的生命爲心靈的生命，心靈的生命乃德性的生活，孟子稱這種生命爲「養心」或「養性」，大學稱爲「明明德」或修身，宋明理學家發揮大學的修身，詳細講修身之道，修身則須下工夫，下工功便是力行。

儒家以知行合一爲修身的總原則，行隨著知。儒家對於知，在致知的方式上，大約可分爲朱熹和陸象山的兩大派，在力行上也可分成兩派。陸象山和王陽明的門徒，以知就是行，便無所謂力行，王陽明自己則主張有行的工夫。程朱和門人，都主張力行，在力行的方式上則分成了「主靜」「持敬」兩派。

一、主　靜

1. 守靜

周敦頤作太極圖說，以靜爲根，靜極而生動，動極而靜，因爲太極圖來自道家，周敦頤乃有道家的靜爲根的思想。

「聖可學乎？曰：可！曰：有要乎？曰：一爲要！一者無欲也，無欲則靜虛動直。」（通書 第二十）

程顥生性開暢，修身主張自然，勿過拘束。他的思想在宋明引起了「心學」的一派哲學。王陽明在陸象山文集序以陸象山爲繼承孟子心學的第一人，然而陸象山自己承認二程兄弟得孟子之學，「韓退之言軻死不得其傳；固不敢誣後世無賢者；然眞是至伊洛諸公，得千載不傳之學。但草創未爲光明，到今日若不大光明，更幹當甚事。」（象山全集 語錄）又說：「二程見周茂叔後，吟風玩月而歸，有吾與點也之意。後來明道此意卻存，伊川已失此意。」（同上）陸象山的弟子楊簡研究周易，以易之道即人心，他說：

「道心無體，因物而遷，遷則有所倚。有所依則入于邪。不動於意，本無所倚，本無邪偏，何思何慮？自至，自中，自神，自明，無所不通。人之所以動而巽者此也，何思何慮？天之所以施者此也，何思何慮？地之所以生者此也，何思何慮？惟無思故無所不明，惟無爲無所不應。凡易之道皆此道也，皆大易之道也。」（易傳　益）

楊簡主張靜，主張無思無慮，以不起意念爲道心。到了明朝湛若水發揮了這種思想，且和王陽明分派而立。王陽明主張致良知須有克慾工夫，湛若水主張隨處體認天理和程顥相近。

「僕因言學者欲學象山，不若學明道，故于時有遵道錄之偏，乃中正不易之的也。若于象山則敬之而不敢非之，亦不敢學也。」（甘泉文集　寄崔渠司成）

湛若水雖主靜，然不主靜坐以求禪靜。王陽明的門生中王畿則坐禪求靜，他講調息法說：

「一念微明，常惺常寂，範三教之宗旨。吾儒謂之燕息，佛氏謂之反思，老氏謂之踵息，造化闔闢之元機也。以此徵學，亦此衞生，了此便是徹上徹下之道。」（明儒家學引）

這種主靜的修身方式，開始的人是謝良佐。良佐爲二程的門生，但傾向於程顥。

「先生（謝良佐）習舉業，已知名，往扶講見明道，受學甚篤。明道一日謂之曰：爾輩在此相從，凡是學某言語，故其學心口不相應，蓋若行之。請問焉。曰：且靜坐。」（宋元學案 上蔡學案）

謝良佐習靜坐，引用道教的導引吐納之術。

「問色欲想已去多時，曰：伊川則不絕，某則斷此二十來年矣。當初有爲之心多，欲有爲，則當強盛方勝任得，故斷之。又用引導吐納之術，非爲長生如道家者，亦以助養吾浩然之氣耳。」（同上）

張載的門人呂大臨，從學於程顥、程頤。他主張「未發之中」為性，中為性之本體：

「中即性也。」(宋元學案　諸儒學案　呂范)

「中者，道之所由出。」(同上)

他又以赤子之心為未發：

「喜怒哀樂之未發，則赤子之心。當其未發，此心至虛，無所偏依，故謂之中。以此心應萬物之變，無往而非中矣。」(同上)

既以「中」為靜，為未發，修身的方法，便是守靜，使心不動，情不發。二程另一弟子楊時，雖不同于呂大臨以中為性體，然也偏向靜坐：

「夫至道之歸，固非筆舌所能盡也，要以身體之，以心驗之，雍容自盡，燕閒靜一之中，默而識之，兼忘於書言意象之表，則庶乎其至矣。反是，皆口耳誦

數之學也。」（宋元學案 龜山學案 文集 寄翁好德）

楊時的弟子羅從彥，接受靜坐的方式。從彥教弟子李侗以體驗未發之「中」。

「先生令愿中靜中看喜怒哀樂未發之謂中，未發時作何氣象，不惟於進學有方，亦是養心之要。」（宋元學案 豫章學案）。

李侗的學生朱熹記述說：

「李先生意，只是要學者靜中有個主宰存養處。」（同上）

「李先生教人，大抵合於靜中體認大本未發時氣象分明，即處事應物，自然中節。此乃龜山門人相傳指訣。」（同上）

「先生與詠說看文字罷，常且靜坐。」（朱子語類 卷一一六）

李侗主張守靜，常靜坐以保持心的本體，事來時，心能面對事物而不亂。他也教導朱熹在灑掃的日常小事上，習慣保持心的靜。靜既是心的本體，修養就是保持心的本體，就是率性，修養方法便是守靜，避免動。這種方法當然和儒教的坐禪相近，而宋明的心學也來自佛教的禪寂。心沒有任何的思念和意欲，因爲這一切都是空，都是假，除去了這一切的假念假欲，心乃光明，心中所藏的眞性乃能明白顯出，人遂能自覺自己的眞性即佛性，對於宇宙萬物也有眞正的覺悟。楊簡、楊時、湛若水，都以人心的本體爲人性，人性爲天理，天理乃流行的天道。人心若虛靜而明，人性天理自然流行到事物上，因而他們主張守靜，雖不習用道家的導引吐納或佛教的禪坐，但常以靜爲修身方法的根本。

「謝良佐（上蔡）問一日靜坐，見一切事至等，皆在我和氣中，此是仁否？曰：此是靜中之功夫，只是心虛氣平也，須是應事時有時氣象方好。」（上蔡語錄　宋元學案　上蔡學案　頁九）

2. 靜坐

宋明不主張守靜的理學家，對於靜坐則都重視，以靜坐可以收心，可以安定，爲初學的人，更是習學的方法。

「明道教人靜坐，朱先生（延年）亦教人靜坐，蓋精神不定則道理無湊泊處。」（朱子語類　卷一一五）

「問初學精神易散，靜坐如何？曰：此亦好；但不專在靜處做工夫，動作亦齊當理。」（朱子語類　卷一一五）

「教人爲學，不可偏執。初學時，心猿意馬，拴縛不定，其思慮多是人欲一邊，故且教之靜坐息思慮，久之，俟其心意稍定，只懸空靜守如槁木死灰亦無用，須教他省察克治。」（王陽明語錄）

「吾昔居滁時，見諸生多語知解，口耳異同，無益於得，姑教之靜坐。一時窺見光景，頗收靜效。久之，見有喜靜厭動，流入枯槁之病；或務爲玄解妙覺，動人聽聞，故邇來只說致良知。」（王陽明語錄）

靜坐爲初學以求收心，爲學者則是愼獨的工夫，愼獨是心常惺惺，爲修煉這種常常惺惺的心境，靜坐便是日常功課。曾國藩曾說：

「自世儒以格致爲外求，而專力於知善知惡，則愼獨之旨晦，自世儒以獨體爲內照，而反昧乎即事即理，則愼獨之旨愈晦，要之明宜先乎誠，非格致則愼亦

失當；心必麗於事，非事物則獨將失守，此入德之方，不可不辨者也。」（曾國藩全集　君子慎獨篇）

他教訓自己的兒子，每日須靜坐養神發憤用功。

「爾輩身體皆弱，每日須有靜坐養神之時，有發憤用功之時，一張一弛，循環以消息之，則學可進而體亦強矣。」（同治十年八月十四夜　諭紀澤紀鴻）

一張一弛，一動一靜，循環消息，乃周易動靜循環之道，宇宙變化有這原則，人事也應遵守。

二、持敬

1. 敬的意義

程頤不喜歡談靜，「纔說靜，便入於禪昏之說也。不用靜字，只用敬字。」（二程全書二　二

程遺書卷十八　伊川語錄四）

程頤爲修身提出了敬字，程顥也講敬，他們的標語：「敬以直內，義以方外。」

「子曰：敬以直內，義以方外，仁也。不可曰敬以直內，義以方外者，猶曰行仁義耳。何？直之有所謂直也者，必有事而勿正心是也。敬以直內，義以方外，與物同矣。故曰敬義立而德不孤，推而放諸四海而準。」（二程全書　卷四十二先生粹言）

「又問敬以直內，其能不用意乎？子曰：其始安得不用意也，久而成焉意亡矣。又問必有事焉者，其惟敬而已矣。子曰：敬以涵養也，集義然後爲有事也。知敬而不知集義，不幾於兀然無所爲者乎。」（同上）

「子曰：一不敬，則私欲萬端生焉，害仁此爲大。」（同上）

「子曰：敬則虛靜，而虛靜非敬也。」（同上）

以上所引的文據，很難分辨是程顥或程頤的話，話中有兩點是敬的特點：一，敬，不是虛靜無爲，而是要用工夫，稱爲涵養。二，敬和義相連，義是敬的原則，雖說敬是行，那是因敬以直內，保持心的本然氣象，天理昭然。

「敬以直內，有王於內則虛，自然無非僻之心。如是則安得不虛，必有事焉，須把敬來做件事，著此道最是簡，最是易，又省工夫。爲此語雖近似常人所論，然持之必別。」(二程全書 卷十六 伊川先生語第一)

「敬則自虛靜，不可把虛靜喚做敬。居敬則自然行簡；若居簡而行簡，卻是不簡，只是所居者已剩一簡字。」(同上)

「敬則無己可克，始則須絕四。」(同上)

「涵養須用敬，進學則在致知。」(二程全書 卷十九 伊川先生語第四)

「學者先務固在心志，有謂欲，屏去見聞知思，則是絕聖棄智；有欲，屏去思慮，患其紛亂，則是須坐禪入定。如明鑑在此，萬物畢照，是鑑之常難爲；使之不照，人心不能不交感萬物，亦難爲；使之不思慮，若欲免此，唯是心有主。如何爲主？敬不而已矣，有主則虛，虛謂邪不能入；無主則實，實謂物來奪之。……大凡人心不可二用，用於一事，則他事更不能入者，事爲之主也。……所謂敬者，主一之謂敬，所謂一者，無適之謂。……易謂敬以直內，義以方外，須是直內，乃是主一之義。」(同上)

敬爲主一，朱熹接納了這種思想，敬，使心內只有一事，心中不亂；既有一事，他事不能入，心便安定。

朱熹對於修身，接納程頤的思想，而且特別主張持敬，以敬爲修身的主要工夫。

「程子只教人持敬，孔子告仲弓，亦只是說如見大賓，如承大祭。此心常存得，便見得仁。」（朱子語類 卷十二）

「敬只是收斂來，程子亦說敬，孔子說行篤敬。敬以直內，義以方外。聖賢亦是如此，只是工夫淺深不同。聖賢說得好，人生而靜，天之性也，感物而動，性之欲也。物至知知，然後好惡形焉，好惡無節於內，知誘於外，不能反躬，天理滅矣。」（同上）

「因嘆敬字工夫之妙，聖學之所以成始成終者皆由此。……或曰：自秦漢以來諸儒皆不識這敬字，直至程子方說得親切，學者知所用力。曰：程子說得親切了，近世程沙學猶非之，以謂聖賢無單獨說敬字時，只是敬親，敬君，敬長方著個敬字，全不成語。聖人說修己以敬，曰敬而無失，曰聖敬日躋，何嘗不單獨說來！若說有親，有君，有長時用敬，則無親，無君，無長時將不敬乎！」（朱子語類 十二）

朱熹稟承程頤的修身方法，改正他自己以往學佛空心和學李侗主靜的方法，專用「敬」

字。敬不只是一種遵守禮儀的形態，而是修身的內外涵養方法，以專於一事，主於天理作修身原則。守靜，爲消極方法；朱熹認爲一個人只有靜而不動。持敬，爲積極方法，是動，但動中有靜，靜中又有動，動靜不能偏。

敬的執行，可分外敬、內敬。

2. 外　敬

敬在外面的表現，是整齊嚴肅，是恭敬，是守禮。孔子答覆顏回問仁，曰克己復禮，又加以解釋：

「非禮勿視，非禮勿聽，非禮勿言，非禮勿動。」（顏淵）

視聽言動都是外面的行爲，一切要守禮，不僅守倫理規律，也守行動的禮儀規則。朱熹所以說：

「問敬。曰：不用解說，只整齊嚴肅便是。」（朱子語類 卷十二）

「持敬之說不必多言，但熟味整齊嚴肅，嚴威儼恪，動容貌，整思慮，正衣冠，尊瞻視，此等數語，而實加功焉，則所謂直內，所謂主一，自然不費安排，而身心肅然，表裡如一矣。」（同上）

外敬，使外面行動整齊，容貌端莊，舉止不亂，同時內心乃能專於一，心可安定。但後代儒家學人偏於兩點：一是死守外敬而忘記了應付事物之理；一是僞於外貌，內心邪念多欲。

「敬有死敬，有活敬：若只守著主一之敬，遇事不濟以義，辨其是非，則不活。……須敬義夾持，循環無端，則內外透徹。」（朱子語類 卷十二）

內外透徹，避免死守儀則，也避免虛僞儀禮。胡適曾喊打倒「禮教」，就是因爲儒家學者死守沒有意義的禮規，又徒在外面求敬，內心不正。孔子已教門生外敬，歷代學者繼續施教。

甲、莊重、威儀

「君子不重則不威，學則不固。」（論語　學而）

「子溫而厲，威而不猛，恭而安。」（述而）

「席不正不坐……，寢不尸，居不容。……升車必正立，執綏，車中不內顧，不疾言，不親指。」（鄉黨）

孔子所說君子有九思，即是「修己以敬」（憲問），事事謹慎，對外面行動要端莊，內心要守義。

「孔子曰：君子有九思：視思明，聽思聰，色思溫，貌思恭，言思忠，事思敬，疑思問，忿思難，見得思義。」（季氏）

張栻（南軒）：「程子教人居敬，必以動容貌整思慮爲先，蓋動容貌整思慮，則其心一以敬也。敬有主宰，涵養漸熟，則遇事接物，此意豈容渙散乎！主一之義，且深體之。」（南軒學案　宋元學案十三　頁八）

揚雄：「或問：何如斯謂之人？曰：取四重，去四輕，則可謂之人。曰：何謂四重？曰：重言，重行，重貌，重好，言重則有法，行重則有德，貌重則有威，好重則有觀。敢問四輕？曰：言輕則招憂，行輕則招辜，貌輕則招辱，好輕則招淫。」（法言 修身）

中庸以聖人的外貌，威儀隆重。

「大哉聖人之道！洋洋乎，發育萬物，峻極於天，優優大哉！禮儀三百，威儀三千，待其人而後行。」（第二十七章）

「齋明盛服，非禮不動，所以修身也。」（第二十章）

莊重表現在行動上，在衣服上，在行事上。普通以君子和小人之分，君子端重，小人輕佻。朝廷和各級政府，都以儀禮加重皇帝和官吏的聲威，在私塾和家庭中，老師和父親，也都以外貌嚴肅以維持孝敬父母和尊師重道。

乙、愼言

言語以構成人際關係，表現每人的思想。爲持敬則須愼言，愼言有兩方面的謹愼：一是言語的態度，一是言語的內容。兩方面都須守敬。

「子曰：巧言令色，鮮矣仁。」（學而）

「司馬牛問仁：子曰：仁者，其言也訒……子曰：為之難，言之，得無訒乎。」（顏淵）

「何謂知言，曰：詖辭知其所蔽，淫辭知其所陷，邪辭知其所離，遁辭知其所窮，生於其心，害於其政；發於其政，害於其事；聖人復起，必從吾言矣。」（孟子　公孫丑上）

說話的聲音和面色，為守敬，應勿「疾言厲色」，孔子說：「言思恭」，「色思溫」，不宜「盛氣凌人」。

孔子對於惡言毀人，心有所惡。

「子貢曰：君子亦有惡乎？曰：有。惡稱人之惡者，惡下流而訕上者，惡勇而無禮者，惡果敢而窒者。」（陽貨）

「曾子有疾，孟敬之問之，曾子言曰：鳥之將死，其鳴也哀，人之將死，其言也善。君子所貴乎道者三：動容貌，斯遠暴慢矣；正顏色，斯近信矣，出辭

氣，斯遠鄙倍矣；籩豆之事，則有司存。」（論語 泰伯）

曾子把容貌、顏色、言辭的謹慎，作爲君子所貴的三項生活之道。

曾國藩曾訓誡弟弟們：

「余正月初四回信中，言戒驕字，以不輕非笑人爲第一義。望弟弟常猛省，並戒子弟也。」（咸豐十一年二月初四日 致四弟）

丙、忍

平日的人際關係，常使人心煩，發言不愼，都因爲事體多不如意。守敬的工夫，則在能忍，古代家庭中，數代同堂，人多事雜，爲避免口角，能忍是上策。

「孔子謂季氏，八佾舞於庭，是可忍也，孰不可忍也。」（八佾）

「子曰：不怨天，不尤人，下學而上達，知我者其天乎！」（憲問）

「子曰：巧言亂德，小不忍，則亂大謀。」（衛靈公）

「子曰：人無遠慮，必有近憂。」（衛靈公）

「孔子曰：侍於君子有三愆：言未及之而言，謂之躁；言及之而不言，謂之隱，未見顏色而言，謂之瞽。」（季氏）

「孔子曰：君子有三戒：少之時，血氣未定，戒之在色；及甚壯也，血氣方剛，戒之在鬥；及其老也，血氣既衰，戒之在得。」（季氏）

「孔子曰：君子有三畏：畏天命，畏大人，畏聖人之言，小人不知天命，而不畏也，狎大人，侮聖人之言。」（季氏）

「孟子曰：有人於此，其待我以橫逆，則君子必自反也，我必不仁也，必無禮也，此物奚宜至哉？其自反而仁矣，自反而有禮矣，其橫逆由是也，君子必自反也，我必不忠也，自反而忠矣，其橫逆由是也，君子曰此亦妄人也已矣，如此則與禽獸奚擇哉！於禽獸又何難焉。」（離婁）

「明·夏原吉有雅量。或問原吉：量可學乎？曰：吾幼時人有犯者，未嘗不怒，始忍於色，中忍於心，久則無可忍矣。」（秦孝儀　進德錄　頁十）

「漢·劉寬嘗坐車而行，人有失牛車，乃就寬牛車認之，寬無所言，下車步歸，有頃，認者得牛而送還，叩頭謝曰：慚負長者。寬曰：物有相類，事容脫誤，幸勞見歸，何謝爲？州里服其不較。寬雖在倉卒，未嘗疾言遽色，夫人欲試令忿，伺當期會，嚴裝已迄，侍女奉肉羹，翻污朝衣，寬神色不異，仍徐言曰：

羹爛汝手乎？其性度如此，海內皆稱寬長者。」（同上 頁七四）

「小不忍，則亂大謀。」這句孔子的話，在中國歷代社會裡常是警竦的格言。孟子也曾特別指出，上天要重用一人而賦於特別使命時，必先磨鍊他，養成能忍的習氣。

「故天將降大任於斯人也，必先苦其心志，勞其筋骨，餓其體膚，空乏其身，行拂亂其所爲，所以動心忍性，增益其所不能，人恆過，然能能改，困於心，衡於慮，而後作。」（告子下）

朱熹注說：「動心忍性，謂竦動其心，堅忍其性也。然所謂性，亦指氣稟食色而言耳。」「蓋不能謹於平日，故必事勢窮蹙，以至困於心，橫於慮，然後能奮發而興起。」

在攻安寧和金陵時，曾國荃督戰，常求急戰，常因病生氣，曾國藩屢次去信敦勸忍耐。

「此病（肝病）非藥餌所能爲力，必須將萬事看空，毋惱毋怒，乃可漸漸減輕，蝮蛇螫手，則壯士斷其手，所以全生也，吾兄弟欲全其生，亦當視惱怒如蝮蛇，去之不可不勇。至囑，至囑。」（同治三年四月十三 兄致九弟沅）

丁、涵 養

涵養，宋明理學常用爲代表修身，稱爲修養；但普通社會人士常用涵養表現修養高，不易生怒，不易失言，常能自重。涵養便視爲一種外敬的工夫，或代表外敬的一切工夫。

「居上不驕，爲下不倍。」（中庸 第二十七章）

「唯天下至聖，爲能聰明睿知，足以有臨也，寬裕溫柔，足以有容也，發強剛毅，足以有執也；齊莊中正，足以有敬也，文理密察，足以有別也。溥博淵泉，而時出之。溥博如天，淵泉如淵。見而民莫不敬，言而民莫不信，行而民莫不說。」（中庸 第三十一章）

「子曰：巧言，令色，足恭，左丘明恥之，丘亦恥之。」（公冶長）

「子絕四：毋意（臆度）、毋必（期必）、毋固（固執）、毋我（自我）。」（子罕）

「子曰：君子謀道不謀食，……君子憂道不憂貧。」（衛靈公）

「子曰：君子食無求飽，居無求安，敏於事而慎於言，就有道而正焉，可謂好學也已。」（學而）

「子曰：富與貴，是人之所欲中，不以其道得之，不處也；貧與賤，是人之所惡也，不以其道去之，不去也。君子去仁，惡乎成名？君子無終食之間違仁，

造次必於是，顛沛必於是。」（里仁）

「孟子曰：君子窮不失義，達不離道。」（盡心上）

「孟子曰：君子所性，大行不加焉，知窮居不損焉，分定故也。」（盡心上）

孟子常講涵養，說明自己培養浩然之氣，能遇事不動心。

「敢問夫子之不動心，與告子之不動心，可得聞與？告子曰：不得於言，勿求於心，不得於心，勿求於氣。不得於心，勿求於氣，可。不得於言，勿求於心，不可。夫志，氣之帥也，氣，體之充也，夫志至焉，氣次焉，故曰持其志，無暴其氣。……

敢問夫子惡乎長？曰：我知言，我善養吾浩然之氣。敢問何謂浩然之氣？曰：難言也！其爲氣也，至大至剛，以直養而無害，則塞乎天地之間。其爲氣也，配義與道，無是餒也，是集義所生者，非義襲而取之也。行有不慊於心則餒矣，我故曰：告子未嘗知義，以其外之也。必有事焉而勿正，心勿忘，勿助長也。」（公孫丑上）

孟子養浩然之氣，不僅是外敬，而也有內敬。但他以浩然之氣爲集義所生，宋儒以「敬以直內，義以方外。」義常關於我與人的關係，爲養浩然之氣，在對人的關係上，常加謹愼。孟子對景丘氏責他不敬王（齊王），說：「天下有達尊三：爵一，齒一，德一，朝廷莫如爵，鄉黨莫如齒，輔世長民莫如德。惡得有其一，以慢其二哉！故將大有爲之君，必有所不召之臣，欲有謀焉，則就之。其尊德樂道，不如是不足以有爲也。」（公孫丑下）孟子離開齊國，有人來留他，跟他談話，孟子不告，「客不悅曰：弟子齊宿而後敢言，夫子卧而不聽，請勿復敢見矣。曰：坐！我明語子。昔者魯繆公無人乎子思之側，則不能安子思；泄柳申鮮無人乎繆公之側，則不能安其身。子爲長者慮而不及子思，子絕長者乎？長者絕子乎？」（公孫丑下）

常人都以孟子好言，好賣老，裝架子；孟子卻說：「予豈好辯哉，予其不得已也。」孟子常對君王，對不禮遇的人，保持自己的身份，守禮不屈。這種氣概，表示他的浩然之氣，有涵養，遇事不亂。

3. 內敬

敬分內外，祇爲工夫上有頭緒，實則內外兩面不可分，外敬若沒有內敬，便等於死敬或假敬。敬的工夫，是在使心安定，然後在行動上才不亂，內敬便對心作工夫。內敬對心的工夫，第一是主一，第二是收心，第三是反省，第四是克慾。

甲、主一

大學指示修身的先決條件，在於心能安定的情況，或說心定的氣象，心不安定就亂，不能思慮，人性天理不能顯明，應付事物常不得其當。爲當心安，必求主一。主一，是心專於眼前所作的事。

「心不在焉，視而不見，聽而不聞，食而不知其味。」（大學 第七）

「人多思慮，不能自寧，只是作他心主不定，要作得心主定，惟是止於事。」（程頤 二程全書二 二程遺書十五 伊川語錄一）

「敬，莫把做一件事情看，只是收拾自家精神，專一在此。」（朱子語類 卷十二）

「心須常令有所主。做一事未了，不要做別事。心廣大如天地，虛明如日月。要閒，心卻不閒，隨物走了。不要閒，心卻閒，有所主。」（朱子語類 卷十二）

「只敬則心便一。」（同上）

「敬只是此心自做主宰處。」（同上）

「問敬何以用功？曰：只是內無妄思，外無妄動。」（同上）

「敬且定下，如東西南北各有去處，此爲根本，然後可明。若與萬物並流，則

如眯目播穅，上下四方易位矣。如伊川說，聰明睿智皆由是出，方曰敬，中有誠立，明通道理。曰：然。」（同上）

但是僅僅「主一」兩字，不加說明，則能引起誤會。

「陸澄問主一之功：如讀書則一心在讀書上，接客則一心在接客上，可以爲主一乎？先生曰：好色則一心在好色上，好貨則一心在好貨上，可以爲主一乎？是所謂逐物，非主一也。主一是專心一省天理。」（王陽明全集　卷一）

王陽明所說就是普通一般人可能有的誤會。主一，要主於天理，心要守著天理以應接事物。

「嘗喻以心知天，猶居京師，往長安，但知出門便可到長安。此猶是言作兩處，若要誠實，只在京師便是到長安，更不可別求長安，只心便是天，盡之便知性，知性便知天。當處便認取，更不可外求。」（二程全書一　二程遺書二上　二程語錄二上）

「閑邪則固有一矣，然主一則不消言閑邪，有以一為難見，不可下功夫，如何？一者無他，只是整齊嚴肅，則心便一，一則自是無非僻之奸。此意但涵養久，則天理自然明。」(二程全書二 二程遺書十五 伊川語錄一)

「主一者謂之敬，一者謂之誠，主則有意在。」(二程全書三 二程遺書二十四 伊川語錄十)

敬的主一，專心於一事，祇是一種方法，目的在於人心不亂，湛然光明，人性天理顯明出來，人按天理應接事物。內敬外敬本來合成這一方法，「內無妄思，外無妄動。」人心自明，天理乃顯。朱熹稱這個目的為「存心」。

乙、收心

朱熹和程頤都主張敬以存心，存心為保持人心的本來面目，保存人心的光明氣象。這種氣象可能失掉，是在人心放蕩在許多事上；為能存心乃用敬，敬的工夫，在於收心。收心，是把心收回來。心裡一時想許多事，外面一時做許多事，心放在這許多思慮上，放在這許多事情上，心便亂了。初步工夫，便是把心從這些思慮上和許多事情上，收回來，不去想，不去作，同時，也不妄想不妄動，心便安了。收心，來自孟子，孟子曾教人求放心，把放出去的心，尋回來。

「孟子曰：仁，人心也；義，人路也。舍其路而弗由，放其心而不知求，哀哉！人有雞犬放，則知求之，有放心而不知求。學問之學無他，求其放心而已矣。」（告子上）

朱熹在四書集注中說：

「程子曰：心至重，雞心至輕，雞犬放則知求，心放而不知求，豈愛其至輕而忘其至重哉！弗思而已矣。愚謂上兼言仁義，而此下專言求放心者，能求放心，則不違於仁而義在其中矣。」

朱熹注曰：

「學問之事固非一端，然其道則在於求其放心而已。蓋能如是，則志氣清明，義理昭著，而可以上達；不然，則昏昧放逸，雖曰從事於學，而終不能有所發明矣。故程子曰：聖賢千萬言語，只是欲人將已放之心，約之使反復入身來，自能尋向上去，下學而上達也。此乃孟子開示切要之言，程子又發明之，曲盡其指，學者宜服膺而勿失也。」

求放心，這是一種說法，實則不是有一個心放出去了，再用一個心去尋，尋得了，找回來。若是這樣，便有兩個心或多個心了，心，祇一個。放出去的心，和尋放心的心，同是一個心。因此求放心，更好說收心，或更好說存心，就是使自己這個心不亂想。

「或問求放心，愈求則愈昏亂，如何？曰：即求者便是賢。心也知求，則心在矣。今以已在之心，復求心，即是有兩心矣。雖曰譬之雞犬，雞犬卻須尋求乃得，此心不待宛轉尋求，即覺其失，覺處即心，何更求爲？自此更求，自然愈失。此用力甚不多，但只要常知提惺爾。惺，則自然光明，不假把捉。今言操之則存，又豈在用力把捉，亦只是說欲常常惺覺，莫令放失，便是此事。用多極不多，只是些子力爾。然功成後，卻應事接物，觀書察理，事事賴他。如推車子，初推卻用些力，車既行後，自家卻賴他以行。」（朱子語類 卷五十九）

「求放心，也不是在外面求得箇放心來，只是求時便在。我欲仁，斯仁至矣。只是欲仁，便是仁了。」（同上）

「求放心，非以一心求一心，只是求存便是已收之心。操則存，非以一心操一

心，只操底便是已存之心。心雖放千里之遠，只一收便在此，他本無去來也。」（同上）

收心以求放心，收心只是存心，使心不亂想，也不妄想。朱熹對於心的天理，和陸象山、王陽明的主張，並不相反。朱熹也主張心的天理，本來昭明顯著，遇事時，自然應接得好，不費氣力，這一點，則是儒家修德的問題，在後面一章將討論。

孟子又講存夜氣。

「雖存乎人者，豈無仁義之心哉。其所以放其良心者，亦猶斧斤之於木也，旦旦而伐之，可以爲美乎？其日夜之所息，平旦之氣，其好惡與人相近也者幾希，則其平旦之所爲，有梏亡之矣，梏之反覆，則其夜氣不足以存。夜氣不足以存，則其違禽獸不遠矣。人見其禽獸也，而以爲未嘗有才焉者，是豈人之情哉！」（告子上）

朱熹注說：

「平旦之氣，謂未與物接之時，清明之氣也，好惡與人相近，言得人心之同然也。幾希，不多也。梏，械也。反覆，輾轉也。言人之良心，雖已放失，然其日夜之閒，亦必有所生長，故平旦未與物接，其氣清明之際，良心猶必然有發見者，但其發見至微，而旦暮所爲之不善，又已隨而梏亡之，如山木既伐，猶有萌蘗，而牛羊又牧之也。晝之所爲，既有以害其夜之所息，夜之所息，又不能勝其晝之所爲，是以輾轉相害，至於夜氣之生，日以寖薄，而不足以存其仁義之良心，則平旦之氣，亦不能清，而所好惡遂與人遠矣。」

朱熹在論語的注釋裡，對「夜氣」並沒有解釋，他的門生作了許多問題。

「或問夜氣旦氣如何？曰：孟子此段，首尾只爲良心設爾。大多將夜氣便做良心說了，非也。夜氣不足以存，蓋言夜氣至清，足以存得此良心爾。平旦之氣亦清，亦足以存吾良心。……但此心存得不多時也，至旦晝之所爲，則梏亡之矣。所謂梏亡者，人多謂梏亡其夜氣，亦非也，謂旦晝之爲，能梏亡其良心也。」（朱子語類　卷五十九）

「敬子問旦晝不梏亡，則養得夜氣清明。曰：不是靠主爲主，蓋要此氣去養那

仁義之心，如水之養魚，水多則魚鮮，水涸則魚病。養得這氣，則仁義之心亦好；氣少則仁義之心亦微矣。」(同上)

「平旦之氣，只是夜間息得許多時節，不與事物接，才惺來便有得這些自然清明之氣，此心自恁地虛靜。少間才與物接，依舊又汨沒了。只管汨沒多，雖夜間休息，是氣亦不復存，所以有終身昏沈，輾轉流蕩，危而不復者。」

「器之問平旦之氣，其初生甚微，如何道理能養得長？曰：亦只逐日漸漸積累，工夫都在旦晝之所爲。今日長得一分，夜氣便長得一分，明日又長得一分，明夜又長得兩分，便是兩日事。日日積累，歲月既久，自是不可禦。今若壞了一分，夜氣漸薄，明日又壞，便壞成兩分，漸漸消只管無，故曰旦晝之所爲有梏亡之矣。梏之反覆，夜氣不足以存，到消得多，夜氣益薄，雖息一夜，也存不得。」(同上)

朱熹按照理氣的主張，解釋夜氣爲清氣，但是在實際上保存或損失清氣，弟子們都茫茫地不知道究竟怎麼做，誰也不能理會這種氣是什麼。究其實乃是一個心理境況，一個人好好睡了一夜，平旦醒來，或在午夜醒來，心裡沒有掛心的事，沒有想念的事，心中空白，心情安寧，這種心理境況，就是平旦的清氣，也就是夜氣。人要存夜氣，就是保持這種清明的境況，也就是喜怒哀樂未發時的境況，不要動欲動情。但是絕對不動情不動欲，則是不行動，這是佛教的絕慾；儒家反動，保存夜氣的工夫，便是守敬，心不妄想，手足不妄動。

「問夜氣之說。曰：祗是借夜氣來滋養箇仁義之心。」（朱子語類 卷十二）「夜氣存，則清過這邊來。」（同上）

實際上，我是使心上清明，沒有妄想妄動的情欲，心的本體，即仁義之心自然未顯明，以應付事物。存夜氣，可以歸到收心工夫。

丙、反省

在知的內容裡，曾講過反省以自知；在修身的工夫裡，內敬工夫要求常作反省。朱熹對於存夜氣常說：「且晝之所爲，有以汨亂其氣，則良心爲之不存矣。」（朱子語類 卷十二）且晝的作爲，內裡亂想，外面亂爲，把良心汨亂了，爲能改正或避免這種境況，自己須要常常回想或反省自己的作爲，以便看清楚自己的處境。

論語學而篇記載曾子所說：「吾日三省吾身，爲人謀而不忠乎？與朋友交而不信乎？傳不習乎？」後代儒者莫不奉曾子作表率，常作反省。

柳宗元曾作「三戒」，「吾恆惡世之人不知推己之本，而乘物以逞。或依勢以干非其類，出技以怒強，竊時以肆暴，然卒迨於禍。有客談麋，驢，鼠三物，似其事，作三戒。」（唐柳先生集　卷十九）麋因主人嚴禁家犬害牠，並習慣同戲，自以爲犬皆友，出門遭外犬咬殺。驢在黔爲特產，老虎初見龐然大物，怕懼，後試與驢鬥，驢蹄虎，老虎知驢「技止此耳！」「因跳踉大㘎」。永州某人因生歲值子，鼠爲子神，遂不殺鼠，鼠相告皆來他家。後來這人遷居，新來者看到老鼠成群，竟不避人，乃「假五六貓，闔門，撤瓦，購僮羅捕之，殺鼠如丘。」

「三戒」戒人反省，認識自己，明瞭自己的處境，以能「知推己之本」。

孟子對於人際關係，也教人反省：

「孟子曰：有人於此，其待我以橫逆，則君子必自反也，我必不仁也，必無禮也，此物奚宜至哉？其自反而仁矣，自反而有禮矣，其橫逆由是也，君子必自反也，我必不忠也。自反而有忠矣，其橫逆由是也，君子曰，此亦妄人也矣，如此則與禽獸奚擇哉！於禽獸又何難（計較）焉。」（離婁下）

在日常生活裡，遇事能反省，必能避免重犯錯失，又能擇善固執，立定自己的志向。

丁、改過

人在日常生活中常常反省，爲知道自己的過失，每個人日常免不了有失，大過小過常有；但知過而改，則是善了。

爲變化氣節，最要緊是能知過則改。氣節不良，常做錯事，自加省察，能實行改正，漸漸便能變化氣質。

「子曰：過而不改，是謂過矣。」（衛靈公）

「無友不如己者，過則勿憚改。」（學而）

「子曰：人之過也，各於其黨，觀過，斯知仁矣。」（里仁）

「子曰：丘也幸，苟有過，人必知之。」（述而）

「子曰：過而不改，是謂過矣。」（衛靈公）

「子曰：德之不修，學之不講，聞義不能徙，不善不能改，是吾憂也。」（述而）

「子夏曰：小人之過也必文。」（子張）

「子貢曰：君子之過也，如日月之食。過也，人皆見之，更也，人皆仰之。」（子張）

「子曰：已矣乎！吾未見能見其過，而內自訟者也。」（公冶長）

「子曰：法語之言，能無從乎？改之爲貴。巽與之言，能無說乎？繹之爲貴，說而不繹，從而不改，吾未如之何也矣！」（子罕）

「孟子曰：子路，人告之以過則喜。禹聞善言則拜，尤戡有大焉！善與人同，舍己從人，樂取人以爲善。」（孟子　公孫丑上）

「陳賈見孟子。問曰：「周公何人也？曰：古聖人也。曰：使管叔監殷，管叔以殷畔也，有諸？曰：然。曰：周公知其將畔而使之歟？曰：不知也。然則聖人且有過與？曰：周公弟也，管叔兄也。周公之過不亦宜乎？且古之君子，過則改之，今之君子，過則順之。古之君子，其過也如日月之食，民皆見之，及其更也，民皆仰之；今之君子，豈徒順之，又從而爲之辭。」（公孫丑下）

過而不改，已經不足稱君子了。孟子說：「今之君子」是對來訪的陳賈，因爲他替齊王掩飾過失。「燕人畔，王曰：吾甚慙於孟子。陳賈曰：王無患焉。」孟子曾勸齊王勿伐燕，齊王不聽，齊破燕二年，燕人畔。陳賈來向孟子解釋，孟子乃說今之君子不知過，而加以掩飾。

改過爲修身的必要工夫，過而不改，過上加過，惡習慣造成，將來越難改掉。古代聖賢，高興聽人責備過失，孔子認爲自己很幸運，犯了過失，人家都知道都說，自己便可以改正。孔子也說朋友中最好而有益的朋友，是直言不諱，責惡勸善，所以要「友直」。

曾國藩指揮湘勇攻打洪秀全，有兩次大敗，一次在岳州，一次在九江，後來自己痛加悔過，在晚年給曾國荃的一封信中說：

「兄自問近年得力惟有一悔字訣。兄昔年自負本領甚大，可屈可伸，可行可藏，又每見得人家不是。自從丁巳，戊午大悔大悟之後，乃知自己全無本領，凡事都見得人家有幾分是處。故自戊午至今九載，與四十歲以前迴不相同，大約以能立能達爲體，以不怨不尤爲用。……弟若欲自儆惕，似可學阿兄丁戊二年之悔，然後痛下針砭，必有大進。」(同治六年正月初二日　致沅弟)

「朱子嘗言：悔字如春，萬物蘊蓄初發；吉字如夏，萬物茂盛已極；吝字如秋，萬物始落；凶字如冬，萬物枯凋。又嘗以元字配春，亨字配夏，利字配秋，貞字配冬。兄意貞字即硬字訣也。弟當此艱危之際，若能以硬字法冬天之藏，以悔字啓春生之機，庶幾可挽回一二乎？」(同治六年三月初二日　致沅弟)

「余到金陵已六日，應酬紛繁，尚能勉強支持，惟畏禍之心刻刻不忘。弟信以咸豐三年六月爲余窮困之時。余生平吃數大塹，而癸丑六月不與焉。第一次壬辰年發佾生，學公懸牌，責其文理之淺。第二庚戌年上日講疏內，畫一圖淺陋，九卿中無人不冷笑而薄之。第三甲寅年岳州，靖港敗後棲於高峰寺，爲通省官紳所鄙笑。第四乙卯年九江敗後赧顏走入江西，又參撫，臬；丙辰被困南昌，官紳人人目笑存之。吃此四塹，無地自容，故近雖忝竊大名，而不敢自詡爲有本領，不敢自以爲是。俯畏人言，仰畏天命，皆從磨煉後得來。弟今所吃塹，與余甲寅岳州，靖港敗相等，雖難處各有不同，被人指摘稱快則一也。弟力學悔字硬字兩訣，以求挽回。弟自任鄂撫，不名一錢，整頓吏治，外間知者甚多，並非全無公道。從此反求諸己，切實做去，安知大塹之後無大伸之日耶？」（同治六年三月十二日　致沅弟）

沅弟曾國荃自大自傲，遇事求急效，曾國藩屢次敦勸，卒使國荃轉危爲安，晚年引退居家。我引這幾段信，因人事離我們尙不很久，可以証實儒家長久流下的傳統。

戊、克　慾

儒家修身之道，對於慾字用意很多，佛教以生老病苦的原因在於一箇欲字，心若無欲，人便不再輪迴，佛教乃主張絕慾。儒家不主張絕慾，否則使人變成枯木槁灰；但主張克欲。

「孟子曰：養心莫善於寡欲，其爲人也寡欲，雖有不存焉者寡矣。其爲人多欲，

雖有存焉者寡矣。」（盡心下）

朱熹注釋說：「欲，口鼻耳目，四支之欲，雖人之不能無，然多而不節，未有不失其本心者，學者所當深戒也。程子曰：所欲不必沈溺，只有所向便是欲。」

欲，是心之所向，不是在理論上，是在實踐上。在理論上，心之所向爲意，意之所支則爲欲。在實際上，心動，是情動，朱子常說：「心統性情」。心的本體，在孟子的主張爲仁義禮智四端，四端發出來的，爲惻隱之心，羞惡之心，辭讓之心，是非之心，孟子講養心是養這四種心，存心也爲存這四種心。耳目口鼻身之欲，則能桎梏或殺伐這四端，故必須節欲，因爲耳目口鼻身之欲，物引物，常能而不中節。

理學家的思想以心本體爲善，具有應付萬物之理，心的本體也明朗，唯有情慾可以掩蔽心的光明，使人看不見心的本體，而且情慾多常動，人更不能看見心的天理，必須節欲，使心保存本體的明朗。

「致知敬克己，此三事，以一家譬之，敬是守門之人，克己則是拒盜，致知則是去推察自家與外來成事。」（朱子語類　卷七）

「敬如治田而灌溉之功，克己則是去其惡草。」（朱子語類　卷十二）

「因說克己，如剝百合，須去了一重方始去第二重，今且義利兩字分個界限，緊緊走這邊走。」（朱子語類　卷四十一）

「問克字工夫全在克字上，蓋是就發動處克將去，必因有動而天理人欲之幾始分，方知所抉擇而用力也。曰：如此則動以前不消得力，只消動處用力便得，如此，得否？且更子細。明早問看得如何。林安　擧注中程子所言克己復禮乾道，主敬行恕坤道以對。曰：這箇也只是微有些如此分。若論敬，則自是徹頭徹尾要底。如公昨夜之說，只是發動方用克，則未發時，不成只是在這裡打瞌睡懵憧，等私欲來時，旋捉來克，如此得否？又曰：若待發見而後克，不亦晚乎！發時固是用克，未發時也須致其精明，如烈火之不可犯，始得。」（朱子語類　卷四十一）

孔子曾說：「克己復禮」，禮爲行爲的規範，爲情動的標準，合於禮，情動乃中節。欲和情常連在一起，克欲成爲控制情感。中庸以情動中節爲善，不中節爲惡，善惡便都在情上，情動於中必形於外，形於外是在耳目口鼻身各方面，便是欲。欲的動，爲氣的動；欲重則氣濁，氣濁則掩蔽心的本體，因此，善惡都歸於情慾。情在心內，欲在身體，情內欲外，情和欲都由氣而成。朱熹講性的善惡時，以性的本體爲理，即所謂天地之性爲善；每個人的性由理氣合成，稱爲氣質之性，因氣有淸濁，得氣淸的人所有的性爲善，得氣濁的人所有的性爲惡。氣質之性的善惡實際上就是情欲的輕或重，情和欲重的人爲惡，情和欲輕的人爲善。修身之道，則在於使情欲減輕，情欲的表現是動，減輕情欲的工夫，便是控制情欲之動，使勿妄動，而且使不多動。

張載主張氣成一切，每個人有自己的氣質，氣質代表每個人的特性，特性不好，應加矯正，所以要變化氣質。

氣質是人由氣凝聚而有的才質，才爲才能，質爲情慾，由才能和情慾結成一個人的特質或性格。

張載：

「變化氣質，孟子曰：居移氣，養移體。況居天下之大居者乎？居仁由義，自然心和而體正，更要約時，但拂去舊日所爲，使動作皆中禮，則氣質自然全好。」（理窟 氣質）

荀子主張性惡，然而主張以禮可以矯正性之惡，善所以爲人所爲，稱爲僞。

張載教人改變氣質，方法有兩層：一是學問，一是求禮。

「氣質惡者，學即能移。」（理窟　氣質）

「爲學大益，在自求變化氣質。」（張子語錄）

「天資美不足爲功，惟矯惡爲善，矯惰爲勤，方是爲功。」（同上）

明清有些學者，反對克慾，王陽明的學生，認爲良知自然顯露，沒有所謂慾情蔽塞的問題，這派人乃流於疏狂，一切任其自然。清朝的學者如戴震，認爲情欲本身不能有善惡，都是出自人性，都是天生的。宋朝程顥也曾說情欲好像一條水，水自源頭流出時，水是清，流的遠了，滲入了泥沙，水乃濁。情欲的壞，來自習慣。孔子曾說：「性相近，習相遠。」清朝學者以惡來自習慣，修身之道不在克欲，而是在謹愼平日的習氣，但是實際上，都是在使心不多動。

「養心莫善於寡欲，欲是好欲，不是不好底欲，不好底欲，不當言寡。」（朱子語類　卷六十）

不好的欲該絕，不祗寡；好的欲，多了，便多動而亂心。寡欲的工夫從孟子以後，儒家代代實踐，雖在理上有爭執，在實踐上都實行。

三、正心 誠意

這一篇論持敬，上一篇論致知，講述了儒家修身的篤行工夫，篤行工夫的目的，在於「誠意」。人心有天理，天理自然顯明，祇因情欲的動使人心亂，天理遭蔽塞，修身的工夫在於除掉使心亂的原因，保存心的本體，心便能以天理應付事物，這種情況便是「誠意」。意是心之動，凡是行動都是意，行動符合人的天理便是「誠意」。

「致知在乎所養，養知莫善於寡欲二句，致知者推致其知識而至於盡也。將致知者，必先有以養其知，有以養之，則所見益明，所得益固。欲養其知者，惟寡欲而已矣。欲寡則無紛擾之而知益明矣，無變遷之患而得益固矣。」（朱子語類十八）

知能夠明，能夠固，則意誠。大學說：「知至而后意誠」。「知至」，乃知明，知固；知能明，能固，必須寡欲，持敬乃爲寡欲。

「誠意不立，如何能格物。所謂立誠者，只是要看實下工夫，不要若存若亡，遇一物須是眞箇即此一物究極得箇道理了，方可言格。若物格而后知至，知至而后意誠，大學蓋言其止之序，其始則必在於立誠。」(同上)

朱熹講誠意和致知的關係，主張先要有誠才能致知，這不是大學所說的「誠意」，朱熹自己在大學第一章的注釋說：「知旣盡，則意可得而實矣。」、「誠，實也；意者，心之所發也。實其心之所發，欲其心自慊而無自欺也。」大學的「誠意」乃是心發意時，意有心的天理，意合於天理，天理顯在意中，這是修身的目的，也就是中庸的「誠之」。

「問誠者，眞實無妄之謂，天之道也。此言天理至實而無妄，指理而言也。誠之者，未能眞實無妄而欲其眞實無妄之謂，人之道也。此言人當有眞實無妄之知，行乃能實此理之無妄，指人事而言也。」(朱子語類 卷六十二)

「或問中與誠意如何？曰：中是道理之模樣，誠是道理之實處，中即誠矣。」(同上)

程顥和程頤都主張爲未發之中，在於守敬勿失，守敬爲保持「中」。「中即誠矣」，守敬便能誠。

誠意，才能正心，正心爲修身的止點。人的行動由心主宰，情發中節或不中節，也由心主宰。人的行動好不好，都在心上。心統性情，性爲本，情爲用。心發意，合於天理，意爲實意，便是誠。意中有天理，心的天理在意中，心的天理昭明，心好比一面鏡子，天理正對著鏡子，在鏡中顯出，心乃正。朱熹注大學第一章說：「心者，身之所主也。」

「正心卻不是將此心去正那心，但存得此心在這裡，所謂忿懥恐懼好樂憂患，自來不得。」（朱子語類　卷十六）

「人心如一箇鏡，先未有一箇影象，有事物來方始照見妍醜。若先有箇影象在裡，如何照得。人心本是湛然虛明，事物之來，隨感而應，自然見得高下輕重，事過便當依前恁地虛方得。若事未來，先有一箇忿懥好樂恐懼憂患之心在這裡，及忿懥好樂恐懼憂患之事到來，又以這心相與衮合，便失其正。事了又只苦留在這裡，如何得正。」（同上）

「喜怒憂懼都是人合有底，只是喜所當喜，怒所當怒，便得其正。若欲無這喜怒憂懼而後可以爲道，則無是理。小人便只是隨這喜怒憂懼去，所以不好了。」

（同上）

正心，是心不偏不倚，不偏不倚便是中。心本來中正，遇事不偏，但若心中有情欲，偏於一面，心便不正，意也不誠，所以要守敬克欲，保存心的本來中正。

王船山在四書訓義卷一大學第六章的訓義中說：

「夫經文所謂誠其意者，乃明德之要，善惡之樞，不可不審也。……故誠其意者，使意皆出於不妄，而心爲實心，知爲實知，意亦爲誠實之意，而後爲善去惡之幾，決矣。」

在大學第七章的訓義說：

「經言修身在正其心者，夫心居靜而制動，爲身之主，而身之用皆自此而起也，今且無言正與修合一之功，而言身心關通之故，則試就心之不正者而言之乎。夫心之不正，惟無理以爲之宰制也，乃情之未先，則正不正不可得而知，迨乎情之既起，則無主之心必因情而流矣。……隨情以流，則心失其居而若去矣；

因感以迷，則心並失其靈而若亡矣。……心失而身之精爽不靈也。」

大學所說格物、致知、誠意、正心，互相連貫，不分先後，在實踐修身上，缺了一個，四個都缺；實踐一個，四個同時見效。知和行，本可分開，在修身上，知行須要合一，先要立誠，誠心去求知，得了知就要實行，否則「知」不可保存，沒有知，不會去行，就是去行，將是亂行。宋明理學家主張動靜相涵，沒有先後，靜中有動，動中有靜。情未發時要以涵養保持心常惺惺，情發，心主之以理，便能中節。中庸說：「中也者，天下之大本也；和也者，天下之達道也。致中和，天地位焉，萬物育焉。」（第一章）

第七章　儒家實踐生命哲學的聖人氣象

儒家生命發展的頂點，在聖人心境。聖人爲人師，「與天地合其德，與日月合其明。」聖人生活的心境，「溥博如天，淵泉如淵。」聖人的生命，發展到最高點，盡心盡性，至誠無息。

聖人生命的實踐，在於能養心以盡心，養性以盡性，養氣以建立氣概，至誠以贊天地的化育。

一、養　心

1. 養心

宋朝理學家陸象山興起儒家的心學，王陽明作陸象山的文集序，稱陸象山的心學是繼孟子的絕學，孟子爲儒家心學的創始者，孟子以後沒有繼承的學人，直到宋朝才有陸象山提出孟子的思想，予以發揮。陸象山興起心學，王陽明繼續發揚；然而他們的心學思想和孟子的心學思想，並不相同，孟子的思想反而在程朱的思想中，有所發揮。

孟子主張性善，由心而顯出。性爲抽象的理，心爲活動的主體。心天生有仁義禮智之端，代表人性的善，人的生命，爲心的生命，心的生命在發揚仁義禮智之端，爲發揚這四端，孟子主張養心，培養四端的發育。

「惻隱之心，仁之端也；羞惡之心，義之端也；辭讓之心，禮之端也；是非之心，智之端也。人之有是四端也，猶其有四體也。有四端而自謂不能者，自賊者也；謂其君不能者，賊其君者也，凡有四端於我者，知皆擴而充之矣，若火之始然，泉之始達。苟能充之，足以保四海；苟不充之，不足以事父母。」（公孫丑上）

朱熹注釋說：

「仁義禮智，性也。心，統性情者也。端，緒也。因其情之發，而性之本然可得而見，猶有物在中而緒見於外也，擴，推廣之意。充，滿也，四端在我，隨處發見，知皆即此推廣，而充滿其本然之量，則其日新又新，將有不能自已者矣。」

孟子主張養心，不僅爲擴充，而且也爲保養。四端有如草種，若不保養，則被摧殘。

「孟子曰：牛山之木嘗美矣！以其郊於大國也，斧斤伐之，可以爲美乎？是其日夜之所息，雨露之所潤，非無萌櫱之生焉，牛羊又從而牧之，是以若彼濯濯也。人見其濯濯也，以爲未嘗有材焉，此豈山之性也哉！雖存乎人者，豈無仁義之心哉？其所以放其良心者，亦猶斧斤之於木也，旦旦而伐之，可以爲美乎？其日夜之所息，平旦之氣，其好惡與人相近也者幾希。……故得其養，無物不長；苟失其養，無物不消。」（告子上）

人有善端，須加保養，孟子所以說「存心」。善端被保養了才可以長大，好比草木的種子得了照顧，再加雨露，便可以生長。爲保養善端，孟子說克慾，「養心莫善於寡欲」，孟子說：「求放心」和「存夜氣」。這些都是修身的工夫。

善端得了養乃長，「而充滿其本然之量」，按照其本性完全發揮出來，長成巨木大樹，能長多高就長多高，孟子稱爲盡心，盡心，盡其本然之量去發展。

「孟子曰：盡其心者，知其性也。知其性則知天矣。存其心，養其性，所以事天也。」（盡心上）

朱熹的注釋說：

「心者，人之神明，所以具衆理而應萬事者也。性則心之所具之理，而天又理之所從以出者也。人有是心，莫非全體；然不窮理，則有所蔽而無以盡乎此心之量，故能極其心之全體而無不盡者，必其能窮夫理而無不知者也。既知其理，則其所從出，亦不外是矣。以大學之序言之，知性則知致之謂，盡心則知致之謂也。」

致知是知理，「知其性」爲致知，因爲性是理。盡心，不屬於知，應屬於行；「盡其心」

不是「知致之謂」而是徹底發揮心的能，即是心的善端，而後可以「事天」。

「盡心謂事物之理皆知之，而無不盡，知性謂知君臣父子兄弟夫婦朋友，各循其理。知天，則知此理之自然。」（朱子語類　卷六十）

「盡心如何盡得，不可盡者心之事，可盡者心之理，理既盡之後，謂如一物初不曾識，來到面前，便識得此物。盡吾心之理，盡心之理，便是知性知天。」（同上）

「盡心知性知天，此是致知；存心養性事天，此是力行。」（同上）

「盡心知性，以前看得知字放輕，今觀之，卻是知字重，盡字輕。知性則心盡矣。存養有行的意思。」（同上）

朱熹自己就有矛盾，「盡心之理，便是知性知天。」和「知性則心盡矣」，一時把知性放在盡心之後，由於盡心之理而知性；一時把知性放在盡心以前，「知性則心盡矣」。按朱熹的思想，知是知理，心的理是性，知心便是知性。孟子不能說知盡心則知性，應該說知性則知心。孟子的盡心知性，從行致知，從心的行，致知心的理，而後知天。孟子講心不是講心之理，是講心的善端，盡心是盡量發揮心的善端。朱熹講「理」，理是性。「窮理盡性以至於命」，都是講知，不牽涉到心。講到心，應該是行，不是知。程朱解釋孟子，是按他們理氣的思想去解釋。

孟子談到養心，培養善端，和他的養氣一樣，不可以揠苗助長。

「必有事焉勿正，心勿忘，勿助長也。無若宋人然。宋人有閔其苗之不長而揠之者，芒芒然歸，謂其人曰：今日病矣，予助苗長矣。其子趨而往視之，苗則槁矣。天下之不助苗長者寡矣。以為無益而舍之者，不耘苗者也。助長者，揠苗者也，非徒無益而又害之。」（公孫丑上）

這個譬喻，明明說出養心是培養善端，而不是知心的天理；盡心，培養善端依照本性盡量完成，這種全德的人將是聖人或仁人。

2. 理學家中心學的養心

程朱的養心，以致知心的天理為目標，到了「窮理盡性」便是盡心。程朱以這種思想注釋孟子，沒有發揮孟子養心的思想；但發揮了孟子「養心莫善於寡欲」的工夫，朱熹在注孟子所講牛山之木的譬喻說：「愚聞之師曰：人理氣之心未嘗無，惟持守之即在爾。若於旦晝之閒，不至梏亡，則夜氣愈淸。夜氣淸，則平旦未與物接之時，湛然虛明氣象，自可見矣。孟子發此夜氣之說，於學者極有力，宜熟玩而深省之也。」

王船山在孟子的牛山之木譬喻篇的訓義中說：「由此觀之，其存其去，在人而不在天，明矣。夫良心之存乎人者，在既放之餘，而有可以生長以全復其本然之體，則存乎養之者，亦猶萌蘗之可養而成材也，但在乎得失之間耳。在山木也，禁其樵牧，加之培壅，則可使漸漬以成喬木。在人心也，節其嗜欲，資以學問，則雖蔽錮之餘，善幾偶動，而擴充之以達於萬行，即可使仁熟義精，而德業日崇。」

宋朝陸象山倡心學，自信是繼承孟子，和朱熹相對。他主張「心即理」，心就是天理，而且「心外無理」。他不主張養心，而主張存心。他的存心不是程朱派所主張求情未發時的中，存心不是主靜求存心的本體或本來狀態，心的本體自然存在，不必去求，且靜亦在，動亦在，不能把心分爲動靜，存心之道在於誠。

「知所以成己而無非僻之侵，則誠之在己者，不期而自存。知所以成物而無驕盈之累，則德之及物者，不期而自化。……」(象山先生全集　卷二十九　解誠　庸言之信)

陸象山以心自然而明，事來即可順應。但在平日須有涵養，使心不泊於事，心不泊於外面的事，不會受蒙蔽，便常清明。實際上「心不泊於事」等於節欲。

明初陳獻章主張心學，以心為修養的中心：

「今是編也，採諸儒行事之跡，與其諸著之言。學者苟不但求之書，而求諸吾心，察於動靜有無之機，致養其在我者，而勿以聞見亂之，去耳目支離之用，全虛圓不測之神，一開卷盡得之矣。非得之書也，得自我者也。」（白沙子　卷一　道學傳序）

「承示教近作，頗見意思，然欲不多作，恐其滯也。人與天地同體四時以行，百物以生；若滯在一處，安能為造化之主耶？古之善學者，常令此心在無物處，便運得轉耳。學者以自然為宗，不可不著意理會。」（白沙子　卷二　遺言　湛民澤）

陳白沙以心為重，心為一元之氣之舍，不能滯於物，一元之氣乃能週流宇宙，化生萬物，「學者以自然為宗。」陳白沙似有道家莊子的形象。

王陽明爲陸王心學的中心，主張心即良知，存心就是致良知。

「夫心之本體，即天理也。天理之昭明靈覺，所謂良知也。君子之戒愼恐懼，惟恐其昭明靈覺者，或有所昏昧放逸，流於非僻邪妄，而失其本體之正耳。戒愼恐懼之功無時或間，則天理常存，而其昭明靈覺之本體無所虧蔽，無所牽擾，無所恐懼憂患，無所好樂忿懥，無所意必固我，無所歉餒愧怍，和融瑩徹，充塞流行，動容周旋而中禮，從心所欲而不踰，斯乃謂眞灑落矣。是灑落生於天理之常存，天理常存生於戒愼恐懼之無間。孰謂敬畏之增，乃反爲灑落之累耶！」（王文成公全書　卷五　答舒國用癸未）

上面的說法，看到跟朱熹的說法一樣，祇是中心思想並不相同。朱熹克己以存心，使心能應付萬事。王陽明存心爲致良知，心有情欲，必須格除，所以要戒愼恐懼。王陽明有四句教。

「無善無惡心之體，有善有惡意之動，知善知惡是良知，爲善去惡是格物。」

王陽明的格物，為格除物欲。為保存本心良知，應格除物慾。實際上他也是接受孟子所說：「養心莫善於寡欲」。但是他的門生常常離開了他的主張，偏重陳白沙的「學者以自然為宗」，不再主張格除物欲，一切任其自然。王畿批評當時同門中有人主張自然說：

「有謂良知本來無欲，直心以動，無不是道，不待復加銷欲之功。……良知原是未發之中，無知無不知。若良知之克，復求未發，即是沈空之見矣。古人立教，原為有欲說，銷欲正以復還無欲之體，非有所加也。」（王龍溪全集　卷一　撫州擬峴台會語）

王畿為致良知，不主張誠意，而在於悟見自性，即悟見良知。良知為性的靈根，為心的本體，自然虛明。「知而曰致，翕聚緝明，以完無欲之一，所謂功夫也。」（同上　卷五　書同心冊）

聶豹則主張良知為心本體，應在情未發中體驗，主靜以得這體驗。

「良知本寂，感於物而能有知。知其發也，不可遂以知發為良知，而忘其發之所自也。心主乎內，應於外，而後有外，外其影也，不可以其外應者爲心，而遂求心於外也。故學者求道，自其求乎內之寂然者求之，使之寂而常定。」（明儒學案　卷十七　雙江論學書　答許玉林）

聶豹的主張是「歸寂守靜」，以保存心本體的虛明，可以通於萬物的感應。所以有近於禪學的氣味。

王洪先的本傳說：「先生之學，始致力於實踐，中歸於寂靜，知徹悟於仁體……而聶雙江以歸寂之說號於同志，惟先生獨心契之。」（明儒學案　傳十八）王洪先說：

「心之本體至善也，然無善之可執。所謂善者，自明白，自周偏，是知是，非知非，如此而已。不學而能，不慮而知，順之而已。惟於此上倚著爲之，便欲，便非本體，明白亦昏，周偏亦狹，是非亦錯，此非有大相懸隔，只落安排與不安排耳。」（同上　論學書　奉李谷平）

王洪先以良知自然流露，不用人工夫，免揠苗助長，反使苗枯，他認爲良知流露，使人「從心所欲不逾矩。」這種學說過於樂觀，孔子到了七十歲，一生修養才達到這種地步，不是不修養克己所能做到。良知自然流露，告知是非；但致知於事件，則不是自然，必須費工夫。

王艮對於大學的修身綱目，不予同意，正心不在於誠意，誠意不在於致知。但他卻又主說意誠而後可以正心，他所說的誠意，乃是相信自己有天然自足之性，動即中，感即應，不要再作工夫。

「王子敬問莊敬持養工夫？先生曰：道一而已矣，中也，良知也，性也，一也。識得此理，則見見成成，自自在在，即此不失，便是莊敬，即此常存，便是持養。眞體不須防檢。不識此理，莊敬未免著意，才著意，便是私心。」（王心齋全集 卷三 語錄下）

這種樂天的思想，造成淸朝學者攻擊王陽明學派空疏狂妄，誤民誤國。

王陽明同時的湛若水，爲陳白沙的門生，和王陽明爲定交的朋友。他也主張心學，但和王陽明的思想不相同。湛若水不講良知而講天理，天理爲心的生理，由心去認識，心虛能知。他繪有「心性圖」，又作心性圖說。心的本性爲未發之中，仁義禮智爲已發之情之和，情發以應萬事萬物。心未發之中爲理，理爲生理，和萬物在生命上連成一體。心因虛靈能體認萬物一體之理，這種虛靈宜用戒愼恐懼去保養。能夠保養，然後能夠發育。體認萬物的心在開始時爲四端，發育以後則能保有萬物，贊天地之化育，心無內外，修身工夫都在內心，不必求放心，祇能講「心體物而無遺」，心若有遺外物，則爲慾情所蔽，因此須要寡慾，寡慾在心主一，即是持事以敬。

湛若水的思想爲心學，以主無內外，包萬物又貫通萬物。心虛明，以生理應接萬物，爲保心的虛明，心自己主於一而不爲慾情所亂，即持內敬。

宋明心學的養心，學者所主張多不相同，所有的共識，則以心體本來虛明，不能從外在的工夫去保養，須由內心自然流露，不有阻礙。

3. 理學家的養仁

湛若水以心的理爲生理，貫通萬物，心能體認性理，則包有宇宙萬物，這種思想，乃是孟子所說「萬物皆備於我」，以心的本體爲仁。在理學家中沒有一個特別派系，主張心體爲仁，養心即爲養仁；然而體認心爲仁的思想，則散在理學家的各派中，可以說是共同之點。

「孟子曰：萬物皆備於我矣，反身而誠，樂莫大焉。強恕而行，求仁莫近焉。」

（盡心上）

朱熹注說：「此章言萬物之理，具於吾心，體之而實，則道在我而樂有餘，行之以恕，則私不容而仁可得。」朱熹以萬物皆備於我，爲萬物之理皆具在人的性理內，這種思想不合於孟子的思想，孟子沒有講性是理，卻講「仁，人心也。」

「仁，人心也；義，人路也，舍其路而弗由，放其心而不知求，哀哉！」（告子上）

孟子以人心不仁，不是說心的理爲仁，而是說心是活的，心的生活就是仁，這是就心的活動方面說。朱熹在集注中說：「仁者，心之德。程子所謂心如穀種，仁則其生之性是也。然但謂之仁，則人不知其切於己，故反而名之曰人心，則可以見其爲此身酬酢萬事之主，而不可須臾失矣。」

王船山在孟子這一章的訓義中說：

「自其爲人而別於物，則有人心焉；心有能知能覺之靈，物得以分之，而其獨爲人之心者，則自孩提而有其眞愛，有愛而有愛之理，與此心之虛靈合爲一體者也。」

仁，和愛相連，仁爲愛之理；這一點也是朱熹的思想。「仁，人心也」，即是說人心是仁愛，孟子乃說「親親而仁民，仁民而愛物。」

「孟子曰：君子之於物也，愛之而弗仁；於民也，仁之而弗親；親親而仁民，仁民而愛物。」（盡心上）

朱熹在集注中引程頤的話說：「程子曰：仁，推己及人，如老吾老以及人之老，於民則可，於物則不可。統而言之則皆仁，分而言之則有序。」孟子養心，培養仁德，擴充到宇宙萬物。這就是「萬物皆備於我矣，反身而誠，樂莫大焉。」一個人能達到親親仁民愛物的心境，他必定心中「樂莫大焉。」

宋朝張載主張心外無物，自己一心要包有宇宙萬物。

「大其心，則能體天下之物，物有未體，則心爲有外。世人之心，止於聞見之狹，聖人盡性，不以見聞梏其心。其視天下，無一物非我。孟子謂盡心則知性知天以此。天大無外，故有外之心，不足以合天心。」(正蒙 大心篇)

王船山注說：「大其心，非故擴之使遊於荒遠也。天下之物相感而可通者，吾心皆有其理，惟意欲蔽之則小爾。繇其法象，惟其神化，達之於萬物一源之本，則所以知明處當者，條理無不見矣。天下之物皆用也，吾心之理其體也，盡心以循之而不達，則體立而用自無窮。」王船山因張載篇中有見聞之知和德性之知，乃從「理」爲體，解釋張載的「心體萬物」，但張載「心體萬物」的本意，應和西銘（乾稱）的思想相合去解釋。

「乾稱父，坤稱母，予茲藐焉，乃混然中處。故天地之塞，吾其體，天地之帥，吾其性。民吾同胞，物吾與也。」

王船山注說：

「塞者，流行充周；帥，所以主持而行乎秩敍也。塞者，氣也，氣以成形，帥者，志也，所謂天地之心也。天地之心，性所出也。父母載乾坤之德以生成，則天地運行之氣，生物之心在是，而吾之形色天性，與父母無二即與天地無二也。蓀吾同胞之必友愛，交與之必信睦，則於民必仁，於物必愛之理，亦生心而不容也。」（張子正蒙注　卷九）

朱熹以仁爲愛之理，仁爲生命，即易傳所說「天地之大德曰生，聖人之大寶曰位。何以守位？曰：仁。」（繫辭下　第一章）聖人發揮人心本體之仁，與天地合其德，達到孟子所說的「盡心」，「盡心」則必盡性，中庸第二十二章講至誠者盡性：

「唯天下至誠，爲能盡其性，能盡其性則能盡人性，能盡人之性，則能盡物之性，能盡物之性，則可以贊天地之化育，可以贊天地之化育，則可以與天參矣。」

盡性的盡，不是「窮理盡性」的盡，不是從致知方面說，盡知性的理；而是從力行方面說，完全發揮人性的德能。人性的天德爲仁，盡性是完全實行了仁德。朱熹注中庸這一章說：「天下至誠，謂聖人之德之實，天下莫能加也。盡其性者，德無不實，故無人欲之私，而天命之在我者，察之由之，巨細精粗，無毫髮之不盡也。」

王船山的四書訓義在這一章的訓義說：「夫天地之所以成乎其爲兩大者，唯其以二氣之闔闢，五行之運用，化育人物也。至誠而贊助其德業，以司人物之生成。」天地的天德在生育萬物，聖人之德在贊助天地的德業，使人物生生不息，聖人「何以保位？曰仁。」聖人養心的仁德，以「民吾同胞，物吾與也。」如孟子所說：「親親，仁民，愛物。」也同張載所說：「其視天下，無一物非我。」周易說：

「夫大人者，與天地合其德，與日月合其明，與四時合其序，與鬼神合其吉凶，先天而天弗違，後天而奉天時，天且弗違，而況於人乎；況於鬼神乎！」（乾卦文言）

大人，乃是至誠之人，乃是盡心盡性之人，明明德而致於至善。

德，是能。孟子講心有仁義禮智四德之端，即是能。能須培養，須發揮，儒家的善德，是心的德能的發育，發自內，顯於外。普通說「修德」，是外面涵養的工夫，天天努力加增善德的程度。西洋哲學以善德爲好的習慣，由人加功，漸漸加在人心上，人心有各種才能，才能用時，作成用的方式，常常用同一方式，積成習慣，便於運用，易於運用，習慣乃是加上心的能力上一種動的方式，好的習慣就是善德，壞的習慣便是毛病，善德乃是心以外的方式。然而這種方式是加在心的才能上，好的習慣在方式上假定有才。但是才無所謂善惡，由習慣的善惡去決定。孔子說：「性相近，習相遠。」近於這種西洋的思想；孟子把善德爲心的德能，修德便是養心，德由內發。後代理學家遵循孟子的主張，更以金木水火土五行之氣，結成仁義禮智性，善德成了人的本性，人不修德便不是人，養心而能盡心盡性，乃是聖人。

二、養氣

1. 浩然之氣

從戰國時期，氣的觀念變成了哲學術名，進入哲學的宇宙論和本體論，以後逐漸發展，成爲中國哲學的最主要的基本觀念，戰國時期的莊子首先以「氣」爲人和物的構成素，人爲養生，須要養人的元氣。元氣週遊宇宙，貫通萬物，在人爲心，培養人的心齋，隳棄形骸，人可以長生。戰國時的孟子，乃主張養氣。

孟子養氣，不是爲求長生，而是爲求心靈生命的發展。孟子主張人的生命，以心靈生命爲主，心靈生命在於發揮心的天德，心的天德爲仁義禮智四德。孟子對人的成素，雖沒有和莊子一樣明明說是「氣」，但他已經說氣充塞人的身體，身體由氣而成，身體的動由「志」發動，「志」在人心。人決定作事爲「志」，「志」發動身體去實行。

「敢問夫子之不動心，與告子之不動心，可得而聞與？告子曰：不得於言，勿求於心，不得於心，勿求於氣。不得於心，勿求於氣，可。不得於言，勿求於心，不可。夫志，氣之帥也；氣，體之充也，夫志至焉，氣次焉，故曰持其志，無暴其氣。

既曰志至焉，氣次焉，又曰持其志，無暴其氣者，何也？曰：志壹則動氣，氣壹則動志也。今夫蹶者趨者，是氣也，而反動其心。」（孟子 公孫丑上）

朱熹注說：

「志固心之所之，而爲氣之將帥，然氣亦人之所以充滿於身，而爲志之卒徒也。……壹，專一也，蹶，顛躓也。趨，走也。孟子言志之所向專一，則氣固從

之。然氣之所在專一，則志亦反爲所動。如人顚躓趨走，則氣專在是而反動其心焉。所以既持其志，而又必無暴其氣也。」（同上）

「無暴其氣」，不要消耗自己的氣，即是保養自己的氣。孟子不說人身體由氣而成，然人爲動所用的力則是氣，普通稱爲氣力。莊子以及道家和道教爲養生，主張不宜多動。所謂動，不僅是身體肢體的動，也是情慾的動，道家要求爲養生須要清心寡欲，避世隱居。孟子以氣爲身體的力，受人心的指使，人心決定一事爲志，志帥氣；志應該專於一，若不專一而多或亂，則消耗氣力多，心又亂，反轉來，若氣專於一，即情慾專於一事，情慾的力量大，則帶動志，如同人專愛一人或一事，心便常被牽動。氣專於一時，慾情重，消耗氣力也多，莊子守心齋，隳棄形骸，便是克除情慾之氣。

孟子持志以養氣；養氣既不因情慾而消耗氣，更要培養以擴充「氣」，使成浩然之氣。

「敢問何謂浩然之氣？曰：難言也！其爲氣也，至大至剛，以直而無害，則塞于天地之間。其爲氣也，配義與道，無是餒也。」（公孫丑上）

朱熹四書集注說：「至大，初無限量；至剛，不可屈撓。蓋天地之正氣，而人得以生者，其體段本如是也。惟其自反而縮，則得其所養，而又無所作爲以害之，則其本體不虧，而充塞無間矣。程子曰：天人一也，更不分別，浩然之氣乃吾氣也，養而無害，則塞乎天地，一爲私慾所蔽，則欲然而餒，卻甚小也。」

這些話都相當神祕，天地正氣是什麼氣？私慾也是氣，從那裡來？朱熹以每人由天賦之氣，有清有濁，則元氣爲天地本體之氣，或不分清濁，或爲至清之氣。人爲養氣，究竟養什麼氣？當然該養本人所得天賦之氣，要去了「濁」，恢復「清」，乃能同天地之氣相通。這種講法，免不了道教吸氣的思想，道教吸取天地元氣，以革新體內的氣爲求長生，理學家養氣以發展心靈生活，則不適當。

爲解釋孟子的養浩然之氣，從他的上文所說志和氣去解釋，應當說是普通所說的「志氣」。志是氣之帥，養氣便是養志。志大，志高，氣也就隨著大，隨著高。孔子孟子都注重養志。

「子曰：士志於道，而恥惡衣惡食者，未足於與議也。」(里仁)

「三軍可奪帥也，匹夫不可奪志也。」(子罕)

「顏淵季路侍，子曰：盍各言爾志。子路曰：願車馬，衣裘，與朋友共，敝而無憾。顏淵曰：願無伐善，無施勞。子路曰：願聞子之志。子曰：老者安之，

朋友信之，少者懷之。」（公冶長）

「公孫丑問曰：夫子當路於齊，管仲晏子之功，可復許乎？孟子曰：子誠齊人也，知管仲晏子而已矣。……管仲，曾西之所不爲，而子爲我願之乎！……當今之世，萬乘之國，行仁政，民之悅之猶解倒懸也。故事半古人，功必倍之，惟此時爲然。」（公孫丑上）

「夫天未欲平治天下也，如欲平治天下，當今之世舍我其誰哉！」（公孫丑下）

孟子本人以行堯舜之道，平治天下爲志。「我非堯舜之道，不敢陳於王前。」（公孫丑下）他養氣，所以不動心。所謂不動心，是因公孫丑問他，若是齊王以他作卿相，他動不動心？孟子答說：「不，我四十不動心。」（公孫丑上）朱熹注說：「孔子四十而不惑，亦不動心之謂。」孔子、孟子的志向都很高很大，都是以堯舜之道，以平治天下，孔子曾說文王之道在他身上，由他去傳授，所以不會因金錢官爵而動心，常是「持其志」，便「毋暴其氣」。

志氣的氣，便是心的情，心決定志向，情歸於志，情動常有力，力爲氣。人培植志向，志向高大，堅固不撓，情感氣力不亂用，常常積累。孟子講養浩然之氣的方法，在於集義。

「其爲氣也，配義與道，無是餒也。是集義所生，非義襲而取之也，行有不慊

於心，則餒矣。」(公孫丑上)

朱熹注說：「集義，猶言積善。蓋欲事事皆合於義也。襲，掩取也，如齊侯襲莒之襲。言氣可以配乎道義，而其養之始，乃由於事皆合義……由非只行一事偶合於義，便可掩襲於外而得之也。」

則就是「士志於道，而恥惡衣惡食者，未足與議也。」志既在道，情也該向道，不能背道而馳，或散於他事。志既在義，情也隨同集於義，情的氣力也同向於義。孟子乃說：「其爲氣也，配義與道。」

「齊人歸女樂，季桓子受之，三日不朝，孔子行。」(微子)

「子曰：德之不修，學之不講，聞義不能徙，不善不能改，是吾憂也。」(述而)

「子曰：賢哉回也！一簞食，一瓢飲，在陋巷，人不堪其憂，回也不改其樂。」(述而)

孔子志於堯舜之道，不以衣食爲念。宋朝周敦頤教程顥和頤兄弟「求顏回居陋巷之樂。」志向既高大，以道義爲標準，胸襟就寬了，氣量也大了，不把人間的榮華富貴放在心裡，心便不被一物所繫，心境擴到天地的廣大，情感也隨同擴充，氣也就充塞天地，成爲浩然之氣。孟子在生活行事上，眞能表現這種志氣。

2. 氣概

有志氣的人，表現浩然之氣，在生活中決不爲物質物所困，役物而不役於物。

「君子憂道不憂貧。」（衛靈公）

「朝聞道，夕死可也。」（里仁）

「飯疏食，飲水，曲肱而枕之，樂亦在其中矣，不義而富且貴，於我如浮雲。」（述而）

「孟子曰：柳下惠不以三公易其介。」（盡心上）

孟子自己常表現這種氣概，他而且在談話中，把這種氣概描述得很清楚。

「孟子曰：居天下之廣居，立天下之正位，行天下之大道，得志與民由之，不

得志，獨行其道，富貴不能淫，貧賤不能移，威武不能屈，此之謂大丈夫。」（滕文公下）

「故士窮不失義，達不離道。窮不失義，故士得己焉。達不離道，故人不失望焉。古之人，得志，澤加於民；不得志，修身見於世。窮則獨善其身，達則兼善天下。」（盡心上）

「孟子曰：說大人則藐視之，勿視其巍巍然。堂高數仞，榱題數尺，我得志弗為見。食前方丈，侍妾數百人，我得志弗爲也。般樂飲酒，驅騁田獵，復車千乘，我得志弗爲也。在彼者皆我所不爲也，在我者皆古之制也，吾何畏彼哉。」（盡心上）

人家批評孟子傲慢，孟子有立身處世的原則，以道義爲高，以天爵高於人爵，以人君應有不召之臣，因此，對人君，對權臣，對遊客，孟子常保持自己的身份。

孔子雖謙虛，然也表示自己的氣概。

「陽貨欲見孔子，孔子不見。歸孔子豚，孔子時其亡也，而往見之，遇諸塗。」（陽貨）

「孺悲欲見孔子，孔子辭以疾。將命者出户，取瑟而歌，使之聞之。」（陽貨）

「子見南子，子路不說。夫子失之曰：予所否者，天厭之！天厭之。」（雍也）

儒者以這種氣概爲生活規則，但須眞有高大志氣，修養深厚的善德，否則爲自傲自大，虛張聲氣。

「子溫而厲，威而不猛，恭而安。」（述而）

「子絕四：毋意，毋必，毋固，毋我。」（子罕）

孔子平日生活注重涵養，避免「不重則不威」；然而他的威嚴不猛，不常表現自己，必須有中庸之道。他述說自己的修養，「四十而不惑，五十而知天命。」胸襟開朗，氣量寬弘，培養成聖人的氣概。

氣概可以說是浩然之氣在外的表現；爲養氣概，首先便該養志，要「士志於道」，行事以道義爲準則；如孟子所說：「人有不爲也，而後可以有爲。」（萬章下）然後生活的態度，如孔子所說：「君子泰而不驕，小人驕而不泰。」（子路）「子夏曰：君子有三變：望之儼然，即之也溫，聽其言也厲。」（子張）「人心不得有所繫。」（二程全書　二程遺書十一　明道語錄一）

心不繫於物，物慾便不能蔽塞人心，人心能保持光明，又能有自由，能自己作主，不能爲的就不爲。同時，人心不爲外物所拘束，心可安住。

「持國曰：道家有三住：住心則氣住，氣住則神住，此所謂有三守一。伯淳先生曰：此三者，人絕食之頃，未有不雜者，其要只在收心。」（同上）

培養氣概，和收心養性連在一起，收心則心住，心住則志固，志固則氣不亂，氣不暴費，乃能「直養而無害，則充塞於天地之間。」（公孫丑上）養成浩然之氣，而有聖賢的氣概。

「君子素其位而行，不願乎其外。素富貴，行乎富貴；素貧賤，行乎貧賤；素夷狄，行乎夷狄；素患難，行乎患難。君子無入而不自得。」（中庸 第十四章）

「知足常樂」，聖賢的氣概，乃生活樂觀的氣概。

「君子居易以俟命，小人行險以徼幸。」（同上）

君子知命，「孔子五十而知天命。」對貧賤，不怨天，不尤人。對於死亡，以平常心處理。朱熹年近七十，辭官回鄉。年七十一時重病，手書囑子弟門生勉勵修學，正坐整衣冠去世。陸九淵去世時，也先整衣襟。這種心安地面對死亡，乃是儒家的理想氣概。

3. 氣節——節操

中國人愛好自然，以花卉草木象徵人的精神：竹，直勁不屈，經冬不凋，象徵人不屈撓的精神。荷出汚泥不染，象徵人自立不受環境的汚染。梅，在霜雪中吐艷，不和群芳爭輝，象徵人的孤高精神，不趨世合俗。這幾種精神，都表示一個人有氣節，有節操。

氣節、節操，說明一個人遭到危難時，屹立不搖，不被危難所折服。危難可以是生命的危險，可以是名譽的危險，可以是權位的危難；遭遇這種危難，一個人固執道義，寧死不屈，所以說：「三軍可奪帥也，匹夫不可奪志也。」抱定志向，寧死不屈。

「孟子曰：魚，我所欲也，熊掌，亦我所欲也，二者不可得兼，舍魚而取熊掌者也。生，亦我所欲也，義，亦我所欲也，二者不可得兼，舍生而取義者也。生，亦我所欲，所欲有甚於生者，故不爲苟得也。死，亦我所惡，所惡有甚於死者，故患有所不辟也。如使人之所欲，莫甚於生，則凡可以得生者，何不用也！使人之所惡，莫甚於死者，則凡可以辟患者，何不爲也！由是則生，而有不用也，由是則可以辟患，而有不爲也；是故所欲有甚於生者，所惡有甚於死者，非獨賢者有是心也。人皆有之，賢者能勿喪耳。一簞食，一豆羹，得之則生，弗得則死，嘑爾而與之，行道之人弗受，蹴爾而與之，乞人不屑也，萬鍾則不辨禮義而受之，萬鍾於我何加焉？爲宮室之美，妻妾之奉，所識窮乏者得我與。鄉爲身死而不受，今爲宮室之美爲之；鄉爲身死而不受，今爲妻妾之奉爲之；鄉爲身死而不受，今爲識窮乏者得我而爲之；是亦不可以已乎！此之謂失其本心。」（告子上）

孟子這一段話，說明人的本心爲仁義之心，愛仁義過於自己的身體生死所以寧願殺身成仁，捨身取義，朱熹注說：「此章言羞惡之心，人所固有，或能決生死，於危迫之際，而不免計豐約於宴安之時，是以君子不可頃刻而不省察於斯焉。」

節操，不僅在危迫之時，寧死不屈，且須在平日的義利相比較的際遇中，捨利取義。

「子曰：富而可求也，雖執鞭之士，吾亦爲之；如不可求，從吾所好。」（述而）

「子曰：飯疏食，飲水，曲肱而枕之，樂亦在其中矣，不義而富且貴，於我如浮雲。」（述而）

孔子好義的精神，在日常生活中表示他的節操，孟子也能表現這種節操。

「陳臻問曰：前日於齊，王餽兼金一百而不受；於宋，餽七十鎰而受；於薛，餽五十鎰而受。前日之不受，是，則今日之受，非也；今日之受，是，則前日之不受，非也；夫子必居一於此矣。孟子曰：皆是也。當在宋時，予時有遠行，行者必以贐，辭曰餽贐，予何爲不受？當在薛也，予有戒心，辭曰聞戒，故爲兵餽之，余何不受？若於齊，則未有處也。無處而餽之，是貨之也，焉有君子而可以貨取乎！」（公孫丑下）

孟子收人君的餽送，必按義理，可取，雖小也收；不可取，雖多也不收，這就是平日行事的節操。

節操，或在平日，或在危險時，都須要有勇氣。這種勇氣，乃是平日修養所得。孟子說羞惡之心爲人天生所有；但爲培養羞惡之心，除去障礙，則須要有勇氣。孔子講達德，便是智仁勇。這種勇氣，須要日常操練，日常培養。

「子路問強。子曰：南方之強與？北方之強與？抑而強與？寬柔以教，不報無道，南方之強也，君子居之。衽金革，死而不厭，北方之強也，而強者居之。故君子和而不流，強哉矯！中立而不倚，強哉矯！國有道，不變塞焉，強哉矯！國無道，至死不變，強哉矯。」（中庸 第十章）

朱熹注說：「國有道，不變未達之所守；國無道，不變平生之所守也。此則所謂中庸之不可能者，非有以自勝其人欲之和，不能擇而守也。君子之強，孰大於是？夫子以是告子路者，所以抑其血氣之剛，而進之以德義之勇也。」

中國歷代的史書，都作有忠臣、烈女、節婦的傳記，表彰他們的節操義氣。宋末的文天祥、明末史可法以身殉國。文天祥的「正氣歌」和岳飛的「滿江紅」，流傳民間，讀者都義氣塡胸。

方苞作左忠毅公逸事，描述左光斗受刑不屈的精神。左光斗上疏劾宦官魏忠賢三十二斬罪，被捕入獄，受盡酷刑，不屈而死。

中國歷代諫官，按司馬光所作諫院題名記：「居是官者，當志其大，舍其細，先其急，後其緩，專利國家，而不爲身謀。彼汲汲於名者，猶汲汲於利也，其間相去何遠哉。」歷代諫官有節操，敢直言諫爭，不怕遭貶遭殺者不少。

夏完淳十四歲隨父組軍抗清。明福王兵敗，投水自殺，完淳繼續作戰，兩年後，失敗被囚，獄中上母書說：「人生孰無死，貴得死所耳。父得爲忠臣，子得爲孝子，含笑歸太虛，了我分內事。大道本無生，視身若敝屣，但爲氣所激，緣悟天人理，惡夢十七年，報仇在來世，神遊天地間，可以無愧矣。」（夏完淳集）

明末王夫之誓不臣清，隱居窮鄉，衣食不濟，遇清朝和吳三桂的徵召，決遷居逃避。自己提自己的墓石「明遺民王夫之之墓」，又自銘曰：「抱劉越石之孤憤，而命無從致；希張橫渠之正學，而力不能企；幸全歸於茲丘，固銜恤以永世。」

三、聖人氣象

荀子說：「求學，其義在始乎爲士，終乎爲聖人。」（勸學篇）朱熹也說：「古之學者，始乎爲士，終乎爲聖人。」（文集卷七十四　策問首條）儒家的求學，求做人；做人，是「率性」。率性達到盡性，便是聖人，聖人乃是儒家最高的人格。

「子曰：若聖與仁，則吾豈敢！抑爲之不厭，誨人不倦，則可謂之爾已矣。」（述而）

孔子終生以聖人爲目標，「爲之不厭」；他說：「吾十有五而志於學，三十而立，四十而不惑，五十而知天命，六十而耳順，七十而從心所欲不逾矩。」（爲政）七十歲時的心境，就是聖人的心境。

聖人，在儒家學者的心目中，乃人類的師表。聖人的言行，具有化人的力，有如風吹萬木。

「孟子曰：聖人，萬世之師也。伯夷柳下惠是也。故聞伯夷之風者，頑夫廉，懦夫有立志。聞柳下惠之風者，薄夫敦，鄙夫寬。奮乎百世之上，百世之下，聞者莫不興起也，非聖人而能若是乎？而況於親炙之者乎。」（盡心下）

「聖人，人倫之至也」（離婁）

「聖人者，道之極也。」（荀子 禮論）

儒家的教育，是以人人皆可爲堯舜，培植每個人作聖人，「率性之謂道，修道之謂教。」、

「大學之道，在明明德，在親民，在止於至善。」但是在儒家學者的心理上，卻相信聖人是天生的，沒有天生的資格，祗憑努力，最多可以做致賢人。

中庸說：

「誠者，天之道也；誠之者，人之道也。不勉而中，不思而得，從容中道，聖人也。誠之者，擇善而固執之者也。」

朱熹注說：「聖人之德，渾然天理，眞實無妄，不待思勉，而從容中道，則亦天之道也。未至於聖，則不能無人欲之私，而其爲德不能皆實，故未能不思而得，則必擇善，然後可以明善；未能不勉而中，則必固執，然後可以誠身，此則所謂人之道也。」

朱熹按照他的理氣論，以聖人得氣中正，生而爲聖。他說：

「人性雖同，其氣不能無偏重，有得木氣重者，則惻隱之心常多，而羞惡辭遜是非之心，爲其所塞而不發。有得金氣重者，則羞惡之心常多，而惻隱辭遜是非之心爲所塞而不發。水火亦然。唯陰陽合得，五性全備，然後中正而爲聖

人。」（朱子語類 卷四）

「又問：如此，則天地生聖賢不只是偶然，不是有意否？曰：天地那裡說我特地要生個聖賢來，也只是氣數到那裡，恰好湊著，所以生出聖賢，及至生出，則若天之有意焉。」（同上）

每個人的性質，由陰陽五行之氣，偶然湊著結合起來的，聖人也是偶然湊著生出來的。這種答辭太不學術化，也不邏輯。但不管怎樣，朱熹主張聖人是有天生的資質，就是心裡沒有私情，人性自然清明。

「雖有其位，苟無其德，不敢作禮樂焉。雖有其德，苟無其位，亦不敢禮樂焉。」（中庸 第二十八章）

「天高地下而萬物散殊，而禮制行矣。統而不息，合同而化，而樂興焉。春作夏長，仁也，秋斂冬藏，義也。仁近於樂，義近於禮。樂者，敦和率神而從天，禮者，別宜居鬼而從地。聖人作樂以應天，制禮以配地；禮樂備，天地官矣。」（禮記 樂記）

「樂者大始，而禮居成物，著不息者天也，著不動者地也，一動一靜者，天地

之間也。故聖人曰禮樂云。」(同上)

「是故先王本之情性，稽之度數，制之禮義，合生氣之合，禮五常之行，使之陽而不散，陰而不密，剛氣不怒，柔氣不懾，四暢交於中，而發作於外，皆安其位而不相奪也。」(同上)

聖王制禮樂，合於天道人義。禮樂按天理人情而制。聖人心地清明，能明瞭天理人情，才能制禮樂。制了禮樂，要頒行天下，故要是君王。中庸所以說要有德有位。

聖人的第一項品質，是心清沒有私慾。

儒家認定天理在宇宙，天理在人心，人心天理來自宇宙天理。人生活之道，在於「率性」，遵循人心天理。人心天理自然顯明，為天生明德，惟有私慾可以掩蔽天理。人心氣清心明，天理常顯，應接萬事，自然中正，為一誠者。故能「不勉而中，不思而得，從容中道。」朱熹說：「聖人之德，渾然天理。」

聖人的第二項品質，是盡性。

人性之理，發表於日常生活。聖人的生活，完全合於天理，沒有一點偏差。王船山對中庸第二十章的訓義中說：

「誠，極乎天地萬物之理，而凝之者身，誠動於上下朋友之際，而先所感通者親。所存者仁義禮之全體，無有不實；所發者知仁勇之大用，無有不眞，則身以誠矣。……夫誠身至矣，體之於心，存之於靜，發之於動，皆有其實功焉。……

夫人之有道，因其有性，則道在性之中；而人之有性，因乎天之有命，則性又在天之內。人受此理於天，天固有其道矣，誠者，則天之道也。二氣之運行，健誠乎健，而順誠乎順，五行之變化，生誠乎生，而成誠乎成。終古而如一，誠以爲日新也；萬有而不窮，誠以爲富有也。」（四書訓義　卷三　中庸二十）

「夫聖人誠之至而自無不明，乃以通乎衆理，而爲天下之至聖。則凡其爲德，無不至也。」（四書訓義　卷四　中庸三）

「天下至誠，謂聖人之德之實，天下莫能加也。盡其性者，德無不實，故無人欲之私，而天命之在我者察之由之，巨細精粗無毫髮之不盡也。……至於盡物之性，而至誠之功用允極矣，則由是而思之，其有功於天地者豈小哉！人物之有性，自稚而壯，變易以成其用，有化之者矣；自無而有，保合以就其材，有育之者矣；則天地是也。而天地之化育，不能施之習氣相染，材質相限之中，至誠由盡性而及乎人物之性矣。則天地之所不能變易者，至誠爲成其用，天地

之所不能保合者，至誠爲就其材，是輔天地以成化育之功，在至誠矣。」（四書訓義　卷四　中庸三）

王船山以聖人至誠。因所有的德全是實理。聖人一舉一動都合於中道，都是善，便都符合人性天理。該是仁，便是仁，該是義，便是義；該是禮，便是禮，該是智，便是智；沒有偏差，沒有虛僞。朱熹又說聖人至誠，就仁義禮智善德說，由近推遠，能夠實現全部善德。

「問唯天下至誠，爲能盡其性一段，且如性中有這仁，便眞個盡得仁底道理。性中有義，便眞個盡得義的道理，云云。曰：如此說盡，說不著。且如仁，能盡父子之仁，推而至於宗族，亦無有不盡，又推而至於鄉黨，亦無不盡，又推而至於一國，至於天下，亦無有不盡。……就仁上推來是如此，義禮智莫不然。」（朱子語類　卷六十四）

聖人至誠，盡人性之理，應接萬事，常融會天理。

聖人的第三項品質，是發揮仁道，贊天地的化育。

贊天地的化育，乃至誠的必然結果。孟子以「仁者，人心。」中庸又說：「仁者，人也。」人性的本體是仁，仁是生。宇宙的運行，就是爲化生萬物，「生生之謂易」，「天地之大德曰生」聖人能至誠而盡性，必能完成生生之道。周易雖以仁義禮智配元亨利貞，然以元統亨利貞，也以仁統義禮智。因此盡人性之仁，必愛生命，而贊天地以化育萬物。

> 「贊天地之化育，人在天地中間，雖只是一理，然天人所爲各自有分，人做得底，天做不得。如天能生物，而耕種必用人。……財成輔相，須是人做，非贊助而何？程先生言，參贊之義，非謂贊助，此說非是。」（朱子語類　卷六十四）

孟子稱堯舜的政治觀爲仁政，後世儒家談政治，都標取仁政爲目標。范仲淹岳陽樓記所說：「先天下之憂而憂，後天下之樂而樂。」因仁政爲愛民，聖人的政治，法天地好生之德。儒家的聖人，乃堯舜禹湯文武周公孔子，可以說都是聖王，都能愛民。但雖說人人都可做堯舜，並不是說人人都可以做聖王，而是說可以有堯舜的仁愛。但在日常生活上不易取法，可以爲每人日常生活取法的，乃是孔子。

> 「孟子曰：伯夷，聖之清者也；伊尹，聖之任者也；柳下惠，聖之和者也；孔子，聖之時者也。孔子之謂集大成。」（萬章下）

孔子代表儒家的聖人，也因孔子不以自己爲天生的聖人，而是「爲之不厭」，七十年修養才能「從心所欲不逾矩」，可供人效法。

中庸描述孔子聖人的氣象：

「仲尼，祖述堯舜，憲章文武，上律天時，下襲水土；譬如天地之無不持載，無不覆幬；辟如四時之錯行，如日月之代明，萬物並育而不相害。道並行而不相悖，小德川流，大德敦化，此天地之所以爲大也。」（中庸　第三十章）(1)

孔子集大成，集有堯舜文武的德，積有天地日月四時之道，「大德敦化」，與天地同大。

「唯天下至聖，爲能聰明睿知，足以有臨也；寬裕溫柔，足以有容也；發強剛毅，足以有執也；齊莊中正，足以有敬也；文理密察，足以有別也。溥溥淵泉，而時出之。溥溥如天，淵泉如淵；見而民莫不敬，言而民莫不信，行而民莫不說；是以聲名洋溢乎中國，施及蠻貊，舟車所至，人力所通，天之所覆，地之所載，日月所照，霜露所濛，凡有血氣者，莫不尊親，故曰配天。」（中庸

第三十一章）(2)

「大哉聖人之道，洋洋乎發育萬物，峻極于天，優優大哉。禮儀三百，威儀三千，待其人而後行。故曰苟不至德，至道不凝焉。」（中庸 第二十七章）(3)

「唯天下至誠爲能經綸天下之大經，立天下之大本，知天地之化育。夫焉有所依，肫肫其仁，淵淵其淵，浩浩其天。苟不固聰明聖知達天德者，其孰能知之？」（中庸 第三十二章）(4)

聖人配天，聖子至德，聖人達天德，氣象萬千，至道而凝。這等高尚的人品，誰敢說能做到，「若聖與仁，則吾豈敢」，孔子的這句話，後代儒家都有同感。但是孔子能夠「七十而從心所欲不逾矩」，後代儒家沒有敢說這話的人，儒家從孔子以後沒有另一位聖人，大家祗勉力擇善而固執，以作君子。君子，成了儒家的修養人格，聖人祗是心目中懸著的目標「雖不能至，而心嚮往之。」

註　釋

㈠ 孔子遠宗堯舜的道理，而加以傳述，取法文王、武王的道理，而加以闡明；上效法天道的自然運行，下順應水土一定的道理。好比天地沒有不能負載的，沒有不能覆蓋的；又好比四季的更番運行，和日月的交替輝映。萬物一齊生育而不互相妨害，四時日月的更替運行而不互相悖逆。小的德行：比如脈絡分明的河流，長流不止；大的德行，則敦厚其化育，而又衍出無窮，這就是天地之所以偉大的地方。

㈡ 只有天下至聖的人，才能耳目聰明，思想靈敏，足夠居上位而監臨天下而有餘；度量寬宏充裕，性情溫柔平和，足以包容衆人而有餘；奮發堅強，剛直勇毅，足以執守大事而有餘；敬肅莊重，大中至正，足以使人恭敬而有餘；文章條理，詳細明察，足以明辨是非而有餘。聖人這五種德性，普徧而廣大，靜深而有本源，而又時時表露在儀容言行之間；他的普徧廣大，就像天一樣；他的幽靜深浚，就像深淵一樣。他所表現的，老百姓沒有不恭敬的；他的言語，老百姓沒有不相信的；他的行動，老百姓沒有不高興的。所以聲名充滿於中國，甚至傳佈到其他蠻夷的國家去，只要是船車能到的地方，人力能夠通達的地方，天所覆蓋的，地所負載的，日月所照耀的，霜露所能降到的，凡是有血氣的人，沒有不尊敬、不親愛他的，所以說聖人的德可以配天。

㈢ 偉大啊！聖人的道理，充滿在宇宙之間，足以發育萬物，其高大可與天齊。充裕廣大啊！大的儀節有三百多，小的儀節有三千多，必須等候那有才德的人出來，而後才能實行。所以說：「要不是有極高德行的人，那最大的道理就不能有成就。」因此，君子要恭敬地奉持自身的德性，還要講求學問，致力於道體的廣大，盡心於道體的精微，雖然達到最高明的境地，而仍舊遵循著中庸的道理，溫習舊學而增進新知，存心敦厚而崇尚禮節。所以，在上位不會驕傲，在下位也不會悖亂。國家有道的時候，他的說話足以表振與國家；國家無道的時候，他的沈默足以保身。詩經上說：「既明事理，而又睿智，可以安保自身。」就是這個意思吧！

(四) 只有天下至誠的聖人，才能治理天下人倫的常綱，確立天下人道人性的本源，知道天地對於萬物的變化生育，這何嘗有什麼別的倚靠呢？他的態度誠懇，是仁心的表現；他的深靜清遠，就像深淵一樣；他的廣大，就像天一樣。要不是本來就聰明聖智而通達天德的人，誰又能知道他呢？

羅光全書

冊四之二

儒家形上學

臺灣學生書局印行

訂定本序

這本書，寫于三十五年前，那時我在羅瑪傳信大學任敎，敎中國思想史。因爲常聽到外國學者說儒家是倫理學，沒有形上學；又看到那時的中國哲學史，也都不講儒家的形上思想，胡適和馮友蘭都輕視易經，我便寫了這册儒家形上學。那時年輕，對中國哲學思想研究有限，所寫的這册書在研究方面未盡深入。

十年前，我將這册書修改了一次，出刊了修訂本。近十年裡，對中國思想所講所寫的很多，對這册書的內容又多不滿意。所以在去年年底出版生命哲學訂定本和中國哲學的精神兩本書以後，就把這册書的修訂本，再加修改，作爲訂定本。

這次修改的範圍很大，將全書的結構改得簡扼，更顯出儒家的形上結構。全書的內容，保留了原有的一半，重寫了幾乎一半，刪去了一小部分。

形上學在中國儒家，是講形上的道，普通哲學研究宇宙、人、人的生活，分爲：宇宙論、心理學、倫理學。在研究這些部份以後，追求最後的理，乃有本體論研究「有」，以研究

「有」的哲學爲形上學。

儒家形上學當然研究「有」，然以「有」由「在」去研究，乃以變易之「有」爲本體，稱爲「生命」。

由變易之「有」，研究宇宙的變易，由宇宙的變易，研究人的變易，講解人的本體，講明人生活之道，因爲都是由「形上之道」一方面去研究，便能合成儒家的形上學。

寫這册書時，我還浸沉在士林哲學的分析方法內，便用這種方法解釋儒家的思想，似乎太形式化、太煩瑣，好處則在於說理清楚明瞭，可以改正中國哲學模糊籠統的習慣。我在訂定這册書時，在所保留的原文裡沒有更改。

至於儒家形上的基本觀念，如變易、生生、性、心、中，研究中國哲學的學者免不了各有各的意見，我將我的意見寫出，祇供各位的參考。

羅光 民八十年元月十一日 天母牧廬

修訂本序

在二十五年前，我在羅瑪寫過一本儒家形上學，由中華文化出版事業委員會出版，雖再版一次，現在已經是絕版了。

近十五年來，在輔仁大學和中國文化學院常講儒家形上學的問題，在報章雜誌上寫了幾篇有關於這類問題的文章，有幾篇文章已經收集在中國哲學的展望一書裏。

近年便常想把原有的儒家形上學一書，重新改寫一次，但由於時間難於抽出，至今尚不能如願，每次聽到有人問我這本書時，心中便有些著急。因此，在今年春天，寫完了隋唐佛學思想史，在寫元明清哲學思想史以前把儒家形上學一書，整理清楚，交由輔仁出版社付印。

儒家形上學的改寫本，加了儒家形上學一章，說明儒家形上學的意義和內容，宇宙論全部改寫，後面各章稍有增添。改寫和增添的資料，採自近年我所寫的文章。

雖然歐美近世紀哲學界因著科學的影響反對形上學，認爲不著實際，常屬空想，然而這班反對形上學的哲學家，他們卻把自己的理論建立爲一種形上學，因爲哲學沒有形上學就沒有基礎，沒有系統。形上學不是別的，只是研究最高理論的學術，讀哲學而沒有哲學的最高理論，哲學的思想怎樣建立呢？

批評或輕視儒家哲學的人，就是說儒家哲學沒有形上學，只是講人生的倫理學，假使眞是這樣，儒家的思想爲什麼可以延續幾千年的命運，而又能成爲道統的思想呢？我深入研究儒家的思想，體會到唐君毅和方東美兩位學者歷年對中國哲學的研究，已經指出了儒家形上學研究的途徑。

儒家的思想，以易經的「生生」爲中心，生生由動的方面去研究「有」，西方傳統形上學由靜的方面去研究「有」，易經的宇宙變化爲「生生」，物既由陰陽，互相結合而生，仍是繼續變化，整個宇宙沒有靜止的物，整個宇宙也沒有靜止的一刻。生生的動乃是生命，生命之理涵在每一物中，按照物所稟氣之淸濁，表現於動，人之氣淸，生命之理乃得完全表現於人的心。人心靈明，所表現的生命之理爲仁，仁是生，是愛，含有衆善。生命在天地之間因流於萬物，繼續於萬物，各物各有生命的規律，互相連接，互相調協。中國古人常以天地在自然的天籟旋律、山水間都流露著生氣。人活在天地間和萬物成爲一體，融洽在萬物的旋律裏，且以自己的仁心，贊襄天地的化育，聖人乃以萬物皆備於我，以天下爲一體，仁民而愛物。易經乃說「夫大人者與天地合其德，與日月合其明。」

仁義禮智的生活，便是人性的發揚，倫理道德的基礎，建立在天地之道和人性之上。道德的價值，也是本體的價值。因此儒家的性善惡論，常由形上本體論去求解釋，朱熹便以人所禀的氣，作爲性善性惡的根由。

孔子注重禮，禮記以禮本於天理，天理爲天地之道，卽一陰一陽之道，禮的根本也向形上學的宇宙論去尋。

仁爲孔子倫理道統的中心，仁乃天生之德，由天地生生不息而表現，中庸便以仁的最高點在於贊天地的化育。

儒家的標準人格爲聖人，聖人爲心無情慾的大人，大人和天地合德，和日月合明。

儒家的仁義禮智信配合乾坤的元亨利貞，配金木水火土五行，中庸乃是天地萬物的調協，國家和平那是宇宙間的天籟。

或者有人可以問說：儒家的宇宙論是否在科學昌明的時代還可以存在？儒家宇宙論的形下層面天地構成說，以及元氣周流萬物說，已不合科學的發明，形上層面的生生之理，則不但可以存在，而且還可以發揚，歐洲新的哲學不是趨向動嗎？形上學的對象已經不是「有」，而是「成」。易經和理學所講的對象，便是生生之成。

生命不僅是儒家哲學思想的中心脈絡，而且也是道家和佛教哲學的中心，我們由生命去研究中國哲學思想，可以貫通，可以體會，可以欣賞。

民六十九年四月七、八日　天母牧廬

儒家形上學

目錄

第二章　形上宇宙論

第三章 人論……一七一

第四章 生活……二三一

第五章 名學……二八七

第一章　形上學本體論

一、形上學的研究對象

1. 對　象

西洋的形上學，從亞里斯多德（Aristoteles 384-322 B. C.）以來，以「有」（being）爲研究的對象，以靜態分析的方式來研究，探討「有」的意義，「有」的成素，和「有」的原理定律，從之進而研究「存在」（Existence）。研究「存在」他們依然採用靜態的觀念把「存在」和「性」（Essence）分開。直到近代的存在論（Existentialism）才從「在」去研究「有」，乃有所謂的「存有」。存有的「在」爲動態的「在」，海德格（Martin Heidegger 1889-1976 A. D.）以時間去襯托「存有」。

「有」和「在」的關係不可分開，一個「有」便是一個「在」，理想之有也是理想之在。但是理想之「在」，實際上不是「在」，因爲「在」的觀念，就是指的實在。聖多瑪斯把「有」和「在」的觀念分開，「有」由本性（Essence）作代表。在實際的存有，「有」和「在」是一體的兩面，由抽象方面去看，稱爲「有」，從具體方面去看，則稱爲「在」：實際的有，便可以稱爲存有。「有」和「在」的關係，是當代西洋形上學所很注意的問題。

西洋的傳統哲學，「有」的觀念不包含「在」，「有」和「在」是兩個不同的觀念。「在」的觀念則包含「有」，因爲「在」是「動詞」，「動詞」是附動，必定要有最普通的主詞，即是「有」。「在」若用爲名詞，則是在者，即是「在」的主體，普通說「在」，就是說「有」，既是「在」，必定是「有」，即是「有」的「在」，所以凡是「在」，就是「有」。在「在」的觀念裡，就有「有」。「在」必等於「有」。但是在觀念上，「有」不等於「在」，因爲有些「有」，並不是「在」：祇是在實際上，「有」必等於「在」。在觀念上的「有」，不是「在」，爲能夠「在」，還須要一個原因，使「有」和「在」相結合。絕對自有的「有」，在本體內有「在」的原因，它是自有，但不能如同聖安瑟爾莫所說：絕對的有，在觀念內包含一切，包含「在」，絕對的有就必定實際上在。因爲絕對的有在觀念上，雖包含「在」，從觀念到實在，則是兩方面的事，不能以觀念就是事實。相對的有在本體不包含「在」，爲能夠在，須要另一動因。因此，西洋傳統哲學由「有」去解釋「在者」

史各杜（Scotus）卻主張「有」等於「在」，凡是「有」都是「在」，不在，就是沒有，這樣，是不是一切的有都是自有呢？若是自有，則一切有都是絕對的有，結果，推翻了絕對之有的觀念；因爲絕對之有祇能有一個。史各杜答說：不是有等於在，有都是自有；因爲「在」不是在觀念上就是自己存在，「在」可以自己存在，可以由他而存在，這樣「有」，由「在」去解釋。

當代西洋哲學，由「在」去解釋「有」；「有」在觀念上，內容非常簡單，非常空虛，爲解釋「有」，須由「在」去解釋，一個「有」因着「在」成爲實際之有，實際之有具有充實的內容。海德格說：「此有祇能從它的存在去理解它自己，存在就是此有成爲自己或不成爲自己的可能性。」㈠

「有」，爲一抽象觀念，「有」成爲自己，卽成爲具體的有，當然由於「在」而成，「在」限定了「有」，充實了「有」。但是「在」所加於「有」的限定，都是一些特性，普通稱爲附加體。附加體加於一個主體，要符合主要的本性，而且附加體的來源，也是主體的本性。因此，「在」由「有」而限定。

「有」和「在」互相限定，爲理解「有」，不能僅由「在」去理解，必定先要從「有」的內容本性去理解，然後再由本性的具體存在去理解。

「在」，宇宙萬有的「在」，是在時間和空間以內；宇宙萬有的「在」，爲變的「在」，「在」的意義，特別由時間顯露出來。海德格也強調這一點，認爲眞實的自我存有，是意向的自我，意向傾向將來，由以往的我和現在的我更能顯出。在空間的在，是在世的存在，是社會的存在。許多存在共同存在，這種「在」，由彼此的關懷造成掛慮，掛慮顯出自我存有。若按傳統哲學由靜態抽象方面去看「在」，則「在」由附加特性而顯露，實際的「在」，爲一單體，單體的成因，不是「元形」，而是「元質」。

2. 研究的方法。

西洋傳統形上學研究「有」，從「有」的內容去研究，「有」的觀念，內容非常簡單，也就是非常空虛，每個「有」的內容，則是它的本性。研究每個「有」便從它的本性去研究。

「有」的觀念既然簡單空虛，沒有內容可以分析，西洋傳統形上學乃就「有」本性的特點去分析，便有形上學的同一律和矛盾律，又有「有」的本性眞、美、善。就如「有」的觀念，爲一切學術的基礎，同樣形上學的同一律矛盾律，和本性的眞美善，也成爲一切學術的基礎。因此，西洋哲學常以形上學爲第一哲學，又爲最高哲學。

近代西洋學術則以自然科學爲主，自然科學的對象爲具體的事物；近代西洋學術界乃養成重視具體事物而輕視抽象觀念的風氣。西洋近代哲學遂倡導以經驗爲智識的唯一途徑，摧毀傳統的抽象形上學。但是形上學爲學術的基本原理原則，沒有形上學，學術無法存在。當代西洋哲學乃有由具體的「在」去研究「有」的學派，這些學派中柏格森就很突出，而結成以「存在論」（Existentialism）爲代表的系統學派，存在論又以海德格爲代表。

具體的存有，爲一常變的「存有」，無法可以予以分析研究，祇能自己予以體驗，海德格對於自我存有，在時間上，祇能以意向性顯示眞正的自我存有；在空間上，祇能以「在世存有」及「共同存有」的關心掛慮顯示自我。這些顯正都是自我的體驗，不是理性的分析，柏格森的生命論，則主張以「直見」(Intuition) 去領悟。吳康教授說：「柏格森哲學之基本目的在緜延，其方法則爲直覺（Intuition），(亦譯直觀)。……實在本身是動的。……由是以知理智力之眞實品性，實不宜於思維「緜延」，不明不絕的動力，不知不斷的連續。在緜延中，理智所見，非不斷的長流，而是一種內在的空間，其中諸狀態，個別獨立，與具體之物無異，可以計量，可以積疊。要之，理智將不可分的實在緜延與同質時間混而不分，同質時間則可分，可計量者也。理智不能窺見生命之深遠本相，不喜傾聽彼深遠生命所發之不斷的薨薨之聲，而不知實在的緜延卽在於是也，」(二)

懷德海說：「一切事物都在流動，是第一個模糊，含混的普遍性，而形上學最重要的工作之一，卽是闡釋一切事物都在流動所包含的意義。」(三) 爲理解這種意義，不能把「實際事物」和相關連的事物和宇宙相分離，而且實際事物泛指任何具體存在，是流動中的一刹那。這種流動乃是實際事物的歷程，有時間的緜延，有空間的體。若用抽象的理智分析法，無法捉摸。

註

(一) 項退結　海德格存在與時間探微，哲學與文化，一六六卷頁一七，海氏原書頁二三一。

(二) 吳康　柏格森哲學　頁四三—四五。臺灣商務印書館。

(三) Whitehead, A.N. Process and Reality. Corrected ed. David Ray. p. 208. 中文見楊士毅，懷德海哲學，東大圖書公司頁三一。

二、儒家形上本體論

1. 意　義

甲、儒家「形上」、「形下」的意義

「形而上」、「形而下」的名詞出自易經，「形而上者，謂之道。形而下者，謂之器」。（繫辭上，第十二）

兩漢經學家對這兩句話，沒有多加注意。宋代理學家們，對於「形上」、「形下」則各自提出不同的解釋，而且還有些爭論。

張載作易說，對形上形下的主張爲：

「形而上，為無形體者也，故形以上者謂之道。形而下，是有形體者，故形以下者謂之器。無形跡者，即道也，如大德敦化是也；有形跡者，即器也，見於事實，如禮義是也。……凡在形以上者，皆謂之道。惟是有無相接，與形不形處，知之為難，須知氣從此首。蓋為氣能一有無，無則氣自然生，是道也，是易也。」（易說下）

張子的重點在於，一、形上形下是有形無形。二、氣是形而上。程、朱對於這兩點都不贊成。朱子認爲：

「問形而上者，理也，何以不以形言？曰：『此言最當。設若以有形無形言之，便是物與理相間斷了。所以程子謂擱截得分明者，只是上下之間，分別一個界止分明。器亦道，道亦器，有分別而不相離者也。』」（朱子語類卷七十五）

程子和朱熹以爲上下不是有無。若以形上爲無形，形下爲有形，無形之道不得和有形之器，同在一實體內。可是實際上，道在器內，器內有道，道器相合而成一實體。因此，只能說在形以上者爲道爲理，在形以下者，爲器爲事。

朱子又言：

「謂一陰一陽之謂道，已涉形器，五性為形而下者，恐皆未然。陰陽固是形而下者，然所以一陰一陽者乃理也，形而上者也。五事固是形而下者，然五常之性則理也，形而上者也。試更思之，卽可見矣。」（朱子大全，卷五九，答郭子順）

程子也說：「子厚以清虛一大名天道，是以器言，非形而上者。」（濂洛關閩書、卷八、天地第十二）

程、朱只以理爲形而上，氣則爲形而下。朱熹直截地說：

「形而上者，指理而言；形而下者，指事物而言。」（語類卷七十五）

後代學者並不都接受程、朱的主張。淸初王夫之主張形上形下，爲隱和顯。

「道之隱者，非無在也，如何遙空索去？形而上者隱也，形而下者顯也，纔說箇形而上，早已有一形字為可按之迹，可指求之主名。」（讀四書大全說，卷二，中庸第十一章）

淸戴東原，解釋形上形下爲成形之前或成形之後，他不但以爲陰陽爲形而上，並且以五行之氣也爲形而上。

「形謂已成形質。形而上猶曰形以前，形而下猶曰形以後。陰陽之未成形質，是謂形而上者也，非形而下明矣。」(孟子字義疏證，天道)

綜合以上各說，我們可以知道儒家的形上形下的意義，要看各人對於理氣的主張若何。主張理氣二元論者，則以理爲形上，氣爲形下。主張唯氣論者則以爲，成形或有形之氣爲形而下，未成形或無形之氣爲形而上。

乙、儒家形上學的名與實

「形上學」之名，以往的儒家未曾用過，於今我們提出此名詞，並非想創新立異，而是想借我們本有的名詞來翻譯西洋哲學中的一門學術的名詞——Metaphysics。

民國初年，張君勱和丁文江等人有科學與玄學論戰，把 Metaphysics 譯爲「玄學」。「玄學」一名在中國學術史上是有過的，魏晉清淡之士，高談玄理，通常我們稱此一時期，他們所談的三玄學，他們所談的三玄：易、老、莊，近於玄妙，不可捉摸。如今我們若說，儒家尚玄，不免要令人驚疑，何況玄學通常指着玄妙之學，玄妙則可以指著虛無縹緲之學，就不成其爲學了。

再者，西洋哲學中的 Metaphysics是哲學中，研究實體(物體)之本性的一門學術，爲哲學推理的最高深點。實體的本性雖爲最高深，然並不是虛無縹緲，不宜稱之爲清談的「玄學」。

儒家宋、明的理學，卽在研究物之性理。在宇宙方面，理學家討論太極和陰陽。在物體方面，理學家討論理和氣。在人方面討論性和理，心和情。這一些問題，他們雖不是用系統的方法與以解說，但是理學家們對這些問題，各人都發表過自己的意見。這些意見可以說是他們對於物體本性的討論。因此，也就可以認爲是儒家的 Metaphysics —— 形上學。

理學家討論太極、陰陽、理氣、心理等問題時，常是注意「理」，不談每個實體的形器，因此，這一部份研究討論的對象，都是形而上的。我們把這部份研究討論稱之爲「形上學」，是很名符其實的。因此，我們便以儒家形上學代表儒家的 Metaphysics。

儒家形上學的範圍，較比理學的範圍小。理學除了性理部份外，還有修身養性的工夫的討論，我們講儒家形上學，只就儒家談論實體本性方面的思想加以述說。在時間上也不以理學時期爲限，早期儒家有關此方面的思想也一併加以探討。在原則上我們要探討的目標爲：我們要看儒家是不是和西洋形上學一樣研究「有」？儒家研究「有」的方法是從「在」的方面去研究，每個「在」都是變易，變易是生命，儒家的形上本體論，乃是生命哲學。

儒家常以天地爲一大實體，我們便要看儒家怎樣解釋天地的性理，因此我們述說儒家的宇宙論。

天地間的實體中，以人爲貴。儒家思想的中心也在於人。因此，我們述說儒家的人論，講人的性、心、情、才。人的具體存在，就是生活，儒家的哲學，就是講人生之道，由天地之道以求人生之道，人的生活，有形上之理。

丙、儒家形上學的演進

儒家形上學雖不相當於宋、明理學，但是儒家形上學，可以說是由宋、明理學所闡明，而且也是理學的特點。因此，儒家形上學的演進史卽是理學的演進史。

關於宋、明理學的演進，近代中國學界頗有學者加以研究。寫成專書的有：錢穆的宋明理學概述，吳康的宋明理學。

儒家形上學的根據，當然要推易經與中庸。易經各部份的寫定，無論考據的人如何爭論，最晚也不能後於漢初。中庸爲子思所作，朱熹認爲由曾子所傳。

易經爲儒家形上學安排了幾個基本觀念：一、「生生」，二、「陰陽」，三、「變易之道」，四、「天道」與「人道」。中庸則奠定儒家生命哲學的形上基礎。

漢代註解易經的學者很多，他們大都接受鄒衍和董仲舒的「五行說」和「天人感應說」，再加上當時流行的術數，造成了讖緯的易經。這麼一來，易經幾乎和儒家思想脫了節，而成了道士輩的圖讖了。但到了唐代的儒家文人學士中，就不見治易經的人了。

在此必須說明的是，治易經的道士輩和道家的思想並無多大的關係，老莊的思想和讖緯或道藏中的「先天太極圖」根本上談不到師承關係。道士輩的思想源於道經，道經則是由漢朝的讖緯迷信和幻想脫化而來。宋朝周濂溪著「太極圖說」。「太極圖 」源出道士輩的圖經，但是思想則直溯易經。周子摒棄了漢以來各種註易的雜說，他對易經有廓淸之功。後起的張載作易說，程頤作易傳和朱熹所校正的周易繫辭精義都承繼這種精神。然而我們也不能說，道士輩的圖經對宋代理學沒有影響。易經宇宙論的系統，因圖解而有系統，宋代理學對太極陰陽的變化，作系統的解釋乃是受其影響。

理學的中心思想，在於人的理氣和心性，對於此點，很多學者都認爲是受了佛敎的影響，佛敎到了唐朝臻於極盛時期。派別雖多，但對於中國士大夫階級影響最大的要推禪宗。禪宗的主旨是明心見性，理學家們雖也常談心性，但內容卻與佛敎大異其趣。

理學家的興起，旨於闢佛，要想闢佛就該對症下藥。佛敎常談心性；但所談的卻違背中國聖人的敎訓，因爲佛敎以心性爲空。理學家乃注重心性，以心性作修身的基本。先儒並不是沒有談過心性，大學有「正心」，「誠意」，中庸有「率性」，「中和」和「誠」。理學家便發揮這種思想。他們把易經的形上觀念和大學、中庸的修身觀念，聯合在一起，造成了宋、明理學。所以中國思想史常以理學爲集合道佛而成的新儒學。

理學的第一位大師，當擧周濂溪，他的著作很少，只有短短的太極圖說與通書，這兩書都是據易經而立說。太極圖說講明天、地、人、物的本體；通書則闡述正心誠意之道。這兩種著作的思想和方法，都是後代理學家的模型。

邵雍（康節）的著作較比周濂溪多得多，但是他不能算爲理學的第二位大師，因爲他傾於漢代讖緯的易說，所著皇極經世多屬象數的臆測，卽非哲理，又非科學。後代理學家沒有人繼承他的學說。

理學的第二位大師，普通都推張載，他著有正蒙與理窟，東銘、西銘。又有易說十卷（已逸）他的思想重點在於「氣」。

程頤、程顥兄弟是繼起之秀，大程重「心」，小程重「性」。大程乃多談「道」和「仁」；小程子對「理」字多有發揮。

朱熹爲程門弟子，爲宋代理學之集大成者。朱子的中心思想在於主張物之本體，以「理」與「氣」爲主要的構成分子。因此，人心有「理」有「氣」，心乃統「性」和「情」。從心統性情的原則上建立了他「致知格物」和「正心誠意」的思想。

陸象山與朱子同時而學說相反，象山主張「心卽理」，明心卽可洞見一切事理。顯係受禪宗的影響。

後期理學家，不但分有「朱派」、「陸派」，還有「湘派」、「浙派」。然思想大都不出前人窠臼，僅在小問題上斷續地爭辯不休。唯一有建樹者爲王陽明，這已到了明代了，陽明承繼陸學，主張在實踐上下工夫，創「致良知說」，以良知爲知是非之心，誠於自己之心，卽致良知，他更主「知行合一」之說。

晚明與清朝學者，蔑視宋、明的理學，他們想直溯漢儒治經的風氣，以王船山爲代表，王船山可以說是最後的理學家，他集合經學，史學和理學，他的理學思想，繼承張載的「氣」說，然而主張氣開始即有陰陽，祇是不顯明，稱爲太極，因此他的易說，主張乾坤並建，清朝，顏習齋、戴東原也談心性，但並不專注於此種學術上，他們有的是治經學，有提倡經世致用之學，這個時期的思想是與理學不同的。

2. 生命哲學

甲、儒家生命哲學的演進

西洋形上學以「有」或「存有」爲研究的對象，或由「有」的內容去研究，或由「在」的意義去研究。「有」或「存有」指着實體，凡是實體都是「有」，因此說「萬有」。「有」爲最根本的觀念。

儒家形上學所研究的對象也是「有」或「物」，即「萬有」「萬物」的最根本觀念。儒家研究「有」，不是從「有」的內容去研究，而是從「在」去研究。每個「有」都是「在」，「有」的內容空虛且抽象，「在」則是實際的有，可以作研究的對象。凡是「在」，都是動的在，易經稱爲易，即是變易。整個宇宙常繼續變易，每個單體的「有」，也是繼續變易，因此，儒家形上學的研究對象爲「變易」，不是抽象的變易觀念，而是具體變易的「在」。

易經稱這種變易爲「生生」，繫辭上第五章說：「生生之謂易」。我所以稱儒家的形上學爲「生命哲學」。哲學的開端，常從宇宙開端，研究宇宙是什麼，然後追究萬物的本體，中國哲學由易經開端，研究宇宙，宇宙爲一常變動體，宇宙萬物也常在變，變是內在的變，因此稱爲生命，

儒家的生命哲學在尚書的舜典和洪範兩篇裏，已經開端，以人君行政按照天時，天時由日月星辰風雨在四季裏顯出，天時的意義則爲使五穀生長。

易經成熟了儒家的生命哲學，以六十四卦象徵天地的變化，天地的變化稱爲「易」。「易」則是「生生之謂易」。整體的宇宙，合成一系統的變易，每個物體，又自成一變易。變易由兩原素：陽陰而成，陽陰常動不停，繼續相交，交乃成物。「一陰一陽之謂道，繼之者善也，成之者性也。」(繫辭上　第五章)宇宙的變化以天地爲代表，天爲陽，地爲陰，泰卦象曰：「泰，小往大來吉亨，則是天地交而萬物通也。」又以乾坤爲代表，乾爲陽，坤爲陰。乾卦象曰：「大哉乾元，萬物資始，乃統天。」坤卦象曰：「至哉坤元，萬物資生，乃順承天，坤厚載物，德合無疆」。因此，易經繫辭曰：「天地之大德曰生。」(繫辭下　第一章)

易經肯定了宇宙的變易爲化生萬物，稱爲生生，又說明了變易的性質：爲進退，爲剛柔，變易的原則：爲循環，爲繼續。「剛柔相推，乃生變化。……變化者，進退之象也。」

（繫辭上 第二章）「復，反復其道，七日來復，天行也。利有攸往，剛長也。復其見天地之心乎。」（復卦 象曰）

易經的「生生」思想，到了漢朝的易學更顯明出來。漢朝易學家講易數和易象，爲「象數之易」，把五行摻入了易經的變易。宇宙的變易在空間和時間內進行，空間爲東南西北和中央，時間爲春夏秋冬四季。漢朝易學把易經的卦配合一年的四季，十二月，二十四節氣，七十二候，三百六十五日零四分。又以四季配合四正卦，再配合四方。整體宇宙的變易，以四季和四方作代表；四季和四方的變易，標榜爲春生，夏長，秋收，冬藏，象徵五穀的生長。整體宇宙的變易，便是爲「生生」。

呂氏春秋有十二紀，禮記有十二月令，將皇帝的行政工作，配合一年的四季十二月，使能像中庸第二十二章所說：「贊天地之化育。」

宋朝理學家周敦頤作太極圖，無極而太極，太極生兩儀陽陰，兩儀生五行，五行生男女，男女生萬物。周敦頤以漢朝的五行，代替了易經的四象，又把乾坤加入圖裏：「乾道成男，坤道成女，二氣交感，化生萬物」。（太極圖說）

朱熹倡理氣二元論，以天地萬物是「理一而殊」，「理一」爲同一生命之理，「而殊」爲每個物體因稟氣清濁不同而理有不同，惟人得生命之全，人的生命乃最高。朱熹說：「天地以生物爲心，天包着地，別無所作爲，只是生物而已。亘古至今，生生不窮，人物得此生物之心以爲心。」（朱子語類 卷五十三）「發明心字，曰，一言以蔽之曰生而已矣。天地之大德曰生，人受天地之氣以生，故此心必仁，仁則生矣。」（朱子語類 卷五）

清初王船山講解易經，排除漢朝的象數易，直接解釋易經的理論，主張氣本體有陰陽，陰陽變化不停，故每一物體的本體也常變易，「性日生而命日降」，王船山的周易內傳卷一，解釋乾卦的「飛龍在天，乃位乎天德」，說：「天道同流於六位，惟五居中而應乎天位，乃天之大德，敦化所以行時，生物之主宰運乎上，而雲行雨施，皆自此出也。」卷五，解釋「生生之謂易」說：「此以下正言易之所自設，皆一陰一陽之道，而人性之全體也。生生者有其體，而動幾必萌而顯諸仁，有其藏，必以時利而效其用。」又在卷一解釋泰卦「天地交而萬物通也」說：「天以清剛之氣，爲生物之神而妙而變化，下以地中，以鼓動地之形質上蒸，而品物流形，無不暢遂。」

清朝戴震由氣化講生生，「凡有生卽不離於天地之氣化。陰陽五行之運而不已，天地之氣化也；人物之生生本乎是。」（孟子字義疏證 卷中）

儒家自尚書到易經，由易經到理學，在本體論方面，以「生生」貫串全部思想，在倫理方面，以「仁」貫串全部思想。仁卽生，因此儒家思想可以稱爲生命哲學。

乙、生命的意義

A 動

易經以宇宙一切都是動，「有」就是動性的「在」，動爲「易」，「易」爲生命。

易經云：「易之爲書也不可遠，爲道也屢遷，變動不居，週流六虛，上下無常，剛柔相易，不可爲典要，唯變所適。」（繫辭下 第八）宇宙不是一個靜止的塊然大物，而是一個變動不居，剛柔相易的整體。無時不變，無物不變。「變」是變易，變有什麼意義呢？

「化而裁之謂之變，推而行之謂之通。」（繫辭上 第十二）朱熹註說：「因其自然之化而裁制之，變之義。」這個變字和通字通用，指的是聖人在治國時，知道按着天地之道而有變通，以治理國家。

「是故，闔戶謂之坤，闢戶謂之乾，一闔一闢謂之變，往來不窮謂之通。」（繫辭上 第十二）朱子註云「闔闢，動靜之幾也，先言坤者，由靜而動也，乾坤變通者，化育之功也。」闔闢爲動靜，動靜爲乾坤，乾坤爲剛柔。「剛柔相推而生變化。」（繫辭上 第二）「剛柔相推，變化其中矣。繫辭焉而命之，動在其中矣。」（繫辭下 第一）變易是由剛柔相推，動靜相繼。剛柔代表動靜，動靜代表乾坤，乾坤代表天地，天地代表陽陰，變易乃是陰陽的結合，易經很少講陰陽，卻常講剛柔和天地。

B 化

變又是化，變化二字的意義爲：「變化者，進退之象也。」（繫辭上 第二）進退代表動靜，變化由動靜而成，而變化代表動靜的現象。但「化」在易經上有特別的意義，它指動靜之變所有之成，生新的體。「易與天地準，……範圍天地之化而不過，曲成萬物而不遺。」（繫辭上 第四）

「窮神知化，德之盛也。」（繫辭下 第五）宇宙的變化神妙，變所有的化更是神奇莫測，易經乃稱宇宙的變化爲「神」。而說：「神無方而易無體」（繫辭上 第四）。能夠知道宇宙的變化，則必定是一位有盛德的聖人。故曰：「易無思也，無爲也，寂然不動，感而遂通天下之故，非天下之至神，其孰能與於此？」（繫辭上 第十）又說：「知變化之道者，其知神之所爲乎。」（繫辭上 第九）

天地變化，看來似乎不動。一株小花，由發芽生葉到開花，從外面看不出有什麼動作，似乎是「寂然不動」，然而其中的變化卻是異常神妙的。葉子、花，都是新的產物，只有聖人才能知曉天地變化的神妙，「夫易，聖人之所以極深而研幾也。唯深也，故能通天下之志；唯幾也，故能成天下之務；唯神也，故不疾而速，不行而至。」（繫辭上 第十）天地的變化既深遠，又微妙，而聖人能夠洞察天意，「極深研幾」，窺其端倪以引導人民。

C 生生

天地的變化是有目的的，其要在於「生生」，因爲這種變易是「化」，化則是「化生」，化生則成新的實體。易云：「生生之謂易」（繫辭上 第五），天地變易之道乃是生生。生生爲化生一個新的「存在」，即是產生一個新的「有」——「實體」。

論語中記載孔子由觀察自然的現象，而得到萬物化生的結論，他說：「天何言哉！四時行焉，百物生焉，天何言哉！」(陽貨)，這和易經中的「天地之大德曰生」的意義相通。

「生」的觀念充滿易經。天地、乾坤、陰陽都是指萬有變動的兩種元素或動力。其所起的變易則在於「生生」，易云：「天地絪縕，萬物化醇，男女媾精，萬物化生。」(繫辭下 第五) 朱熹註云：「絪縕，交密之狀，醇謂厚而凝也，言氣化者也。化生，形化者也。」也就是說，天地——陰陽之氣，互相交接，萬物因而生化。泰卦象曰：「小往大來吉亨，則是天地交而萬物通也。」歸妹卦象曰：「歸妹，天地之大義也。天地不交而萬物不興。」天地相交則萬物亨通而興發，「天地相交」即是「易」：就是變化，有變易，萬物乃生。

乾卦象曰：「大哉乾元，萬物資始乃統天。」坤卦象曰：「至哉坤元，萬物資生，乃順承天」。乾坤爲萬物化生與存養的資源，一切物都由乾坤相合而生。易傳云：「乾道成男，坤道成女，乾知大始，坤作成物。」(繫辭上 第一) 朱熹云：「乾主始物，而坤作成之。承上文男女而言乾坤之理。蓋凡物之屬乎陰陽者，莫不如此。大抵，陽先陰後，陽施陰受，陽之輕清未形，而陰之重濁有迹也」。乾坤代表陽陰，陽陰相結合則萬物化生。

「一陰一陽之謂道，繼之者善也，成之者性也。」(繫辭上 第五) 宋、明理學家對於易傳的這段話非常重視，所作的註解很多。原文之意義，在於說明生生的變化之理；宇宙之道就是陰陽變化之道，這種變化繼續不止，表示天地好生的善德，這種變化的成果，是物的性。物因「性」而成，性由陰陽相結而生。這種陰陽的變化，不僅是不停地繼續產生新的實體，而且在所成的物體內還是繼續不停的變化。這就是說，每一實體的本體是動的，而非靜呆的。王船山乃主張「性日生而命日降」，每一個體的「性」時時刻刻在成就，並不是一成就停止了，因爲陰陽繼續再變易。但是在一個物體內，其性雖是繼續再成就；性的理卻是不變，性常是這個性，那是因爲「命日降」。命爲「天命之謂性」的天命，這個性乃是因爲天命如此。陰陽的變易，按着天命而變，繼續的變易，需要繼續的天命，因此，「性日生而命日降。」

每一個物體的本體，這是就實際的存在而言，這個繼續動的存在，稱爲生命。繼續不停的變易，稱爲化育。化育的思想爲儒家傳統的思想，天地化育萬物，聖人也發育萬物。天地的變化使萬物發生，又繼續培育。聖人法天去治理國家，使人民能夠生存發育。

「至誠者，……贊天地之化育，則可以與天地參矣。」（中庸　廿一章）

「大哉聖人之道，洋洋乎發育萬物，峻極於天。」（中庸　第廿七章）

中華民族自古爲農業民族，農民的生活與日夜四季的變化有很密切的關係，日夜的變化是因着，太陽和月亮。四季的寒暑、雨露，則直接影響農作物的生長。風調雨順，寒暑得宜爲農民最大的希望。上天有好生之德，使四季的變化能適宜於五穀的發育。孔子說：「天何言哉！四時行焉，百物生焉，天何言哉！」(陽貨) 宇宙的變化爲化育，化育爲生生，生的物體乃是生命。

D 生命

易經和中庸所說的「生」，是否爲一般所謂的「生命」？一切物都稱爲「生」，它們是否都是「生物」？

生命和生物，在哲學與科學裏都有一定的意義，生命是一種「內在自動力」，生物則是具有此「內在自動力」之物體。生物又可分爲植物、動物和人。通常在科學和哲學中分宇宙物體爲生物與無生物兩大類，無生物又稱礦物。易經和中庸是否以萬物都是生物？

易經和中庸以及後代儒家，都承認物體中分爲生物和無生物，也把人和物分得很清楚。然而宋儒朱熹卻認爲凡物都有其生命之理，只是生命之理的表現有高低的程度，在無生物中，生命之理只有一點表現——存在。在植物裏，生命之理有部份的表現，動物則又比植物多些，而人則是生命之理的全部表現。朱熹認爲物得理之偏，人得理之全。

朱熹以萬物同一「理」，然則「理一而殊」。萬物之理相同，如天地間只有一太極，太極爲「理之極至」。萬物之氣則之同，因爲氣有清濁。物得氣之濁，因此，所有之理不能顯明；人得氣之清，所有之理乃完全顯出。朱子說：「西銘要句句見理一而殊，西銘一篇，始末皆是理一而殊。以乾爲父，坤爲母，便是理一而分殊，予茲藐焉混然中處，便是殊分而理一。天地之塞吾體，天地之帥吾性，分殊而理一。民吾同胞，物吾與也，理一而殊。逐句推之，莫不該然。」（朱子語類 卷九十八）朱熹這一段話，講張載的西銘，西銘以爲人和天地萬物合爲一體，朱子說這是理一而殊之故。

「問理與氣？曰：伊川說得好，曰理一而殊，合天地萬物，只是一個理。及在人，則又各自有一個理。」（朱子語類 卷一）人都是相同的，但在個性上又不盡相同。朱熹乃說，人的氣質之性有善惡，人因氣質之性——理和氣結合之性，而有善惡、智愚、賢不肖之分別。

「問：或問氣之正且通者爲人，氣之偏且塞者爲物，如何？曰：『物之生，必因氣之聚而成形。得其清者爲人，得其濁者爲物。……』又問：氣則有清濁，而理則一同，如何？曰：『固是如此理者，如一寶珠，在聖賢則如置在清水中，其輝光自然可見；在愚不肖者，如置在濁水中，須是澄去泥沙，則光方可見。』」（朱子語類 卷十七）在此，朱熹說得很明顯。萬物之理同是生命之理，只是因所得之氣有清濁之不同，生命的表現乃不同，所以各種物體的生命也就不同。礦物沒有生命，但也有生命之理。生物當然有生命之理，只是程度不同。

最高的生命爲人的生命，因生命之理在人以內完全表現出來。而人的生命又有高低不同，如孟子所言，人有「大體」，「小體」，小體爲感覺之官，這是禽獸也有的。大體爲心思之官，是人之所以爲人所特有的，心思之官亦是一種生命，是仁義道德的生命，而不只是理智的生命。孟子以人心生來有仁義禮智之端，人的生命乃是道德的精神生命。

「人之所以爲人，其理則天地之理，其氣則天地之氣。理無跡不可見，故於氣觀之。要識仁之意思，是一個渾然溫和之氣，其氣則天地陽春之比，其理則天地生物之心」。（朱子語類 卷六）仁義道德的生命，在天地萬物中都存在，只是不能顯出，然而在天地間已顯露出，天地是在化生萬物。這就是天地生物的仁心。人得天地之心，並以天地之心爲心，仁心也就是仁。中庸說：「仁者，人也。」

生命的意義，爲仁義的精神生命。這種生命之理在萬物中都有。因此，凡物都是生物，物的化成也稱爲生。只是生命之理的表現，則有程度高低不同。這一點，可以幫助我們了解天主教思想的進化論。

三、實 體

西洋傳統哲學討論「有」以後，討論「實體」（Substance）。討論的方法，仍舊是抽象觀念的討論。實體就是「有」和「在」所結成的體，獨立存在，不依附在另一體上，所以是一個單體。西洋傳統哲學把實體和單體分開，就如「人」和「這個人」兩個觀念是分開的。當代西洋哲學大都認爲「實體」爲一個空虛的觀念，實際存在的祇是一個單體。事情確實是這樣的；可是我們人的本體，由心物相結合而成，理智的活動要通過感官，理智不能直接達到外面的客體，理智和外面客體的接觸要通過感官，所以人所有的知識都由感官而來。但是人的知識不限於感官的知覺，理智由知覺推論知覺所有對象的理由，卽是知覺的對象互相有的關係。這種關係不僅是康德所說先天範疇的歸屬關係，尤其是因果關係。自然科學所講的，也是這種關係。哲學則追求關係中最基本的關係，也追求關係的基本主體。最基本的主體爲「有」和「有」在「存在」時的「實體」。

人的理智既不能直接達到外面客體，需要實體的替身，以便直接接觸。再者，外面的客體限制在時間空間以內，不能常在感官跟前，因此也需要一種替身，能夠不經過感官而常在理智跟前，這種實體的替身，就是「觀念」。「觀念」是理智由感官的知覺而造成的，所有的成素都來自感官的知覺；這些成素實際上存在具體的單體內，不是理智憑空揑造的。「實體」觀念因此不是空虛的觀念，有實在的內容。「人」是一個實體，獨立存在，有自己的成素，卽「理性的動物」或「有倫理的生物」。

具體的單體，除實體的成素外，還有單體的成素，單體的成素，使實體成爲單體。單體的成素附加在實體上，稱爲附加體或附體（Accidence），附體不能獨立存在，須要依附一個實體。在中國哲學裏乃有「體用」的問題。

1. 實體的意義

甲、實體的稱呼

A 物

中國古書，普通稱宇宙的一切東西爲萬物，每一件東西，則稱爲物。

易經上說：「天地絪縕，萬物化醇。」（易 繫辭下 第五）

「大哉乾元，萬物資始。」（乾 彖）

「至哉坤元，萬物資生。」（坤 彖）

「天地交而萬物通。」（泰 彖）

宋明理學家也是這一樣的說法：

「乾道成男，坤道成女，二氣交感，生化萬物。」（周子 太極圖說）

「易大傳所謂物，張子所論物，皆指萬物而言。但其所以爲此物者，皆陰陽之聚散耳。」

（答程允夫 朱子大全 卷四十二）

但是張子和周子，有時把「物」和「神」相對，物不是神，物以外有神。

「動而無靜，靜而無動，物也；動而無動，靜而無靜，神也。」（周子 通書 動靜）

「利者爲神，滯者爲物。」(張子 正蒙)

那麼，物便不能包括一切的實體了，朱子不信鬼神，但他卻也不敢完全否認鬼神的存在。他說：「鬼神之理，聖人蓋難能之。謂眞有一物，固不可；謂非有一物，亦不可。」(答董叔重) 朱子在這裏用物字，是用物字代表實有體，卽物字的普通意義。

因此「物」字，在中國古書上，雖尚有別的意義(參看辭源)，但在哲學上，普通用爲代表一切實有體，鬼神也可稱爲物，就是說實在有的東西。若用爲與神相對，則指物質體了，和精神體有分別。

佛敎稱物爲「法」，常說萬法皆空。法以外，佛敎又談「衆生」，衆生是指有生物。此外，佛典又用「色」字，爲指有形色之物。但是「法」字佛敎經典還有方法或理論的意義，例如心法，心所法。佛敎華嚴宗，更分「理法界」和「事法界」，理法界爲眞如本體，事法界爲萬法現象。理學家在這方面，完全沒有採用佛敎的名詞。

B 實

實字，用之於名學，爲指「名」的對象。荀子說：

「名也者，所以期累實也。」(正名篇)

「名聞而實喩，名之用也。」(同上)

「制名以指實。」(同上)

人怎樣制名呢？第一是靠感官和心，荀子以感官和心的對象爲物，因此實和物，同指一客體。荀子說：「凡同類情同者，其天官之意物也同。」（正名）「天官意物」即是說「認識官能」認識自己的對象。

理學家周子的通書裏，用着「實」字。

「二氣五行，化生萬物。五殊二實，二本則一，是萬爲一。一實萬分，萬一各正，小大有定。」（通書 理性命第二十二）

朱子註釋說：「此言命也，二氣五行，天之所以賦受萬物而生之者也。自其末以緣本，則五行之異，本二氣之實。二氣之實，又本一理之極，是合萬物而言之，爲一太極而已也。自其本而之末，則一理之實，而萬物分之以爲體，故萬物之中，各有一太極，而小大之物，莫不各有一定之分也。」在語類裏則明明說：「實是實理。」周子究竟是否以實爲實理，很可成爲問題？朱子講理氣，周子並不講理氣。註釋所說：「則五行之異，本二氣之實」，更不合周子的原文。周子所說「五殊二實」，是說：五行彼此有異，二氣則同爲一實；因此：「一實萬分，萬一各正。」周子的實，該是指着本體，陰陽二氣的本體爲一，「二本則一」，實字有似乎華嚴宗所說的「理法界」。本體稱爲實，卽因爲本體有自己的實理。

C　實體的實在性

周子朱子注意物體之實，第一是以實體不是虛無，第二是以實體爲一完全之本體。

萬物不是虛無，乃是儒家一致的意見，朱子解釋周子所說：「無極而太極」，答覆陸子美說：「殊不知不言無極，則太極同於一物，而不足爲萬化之根。不言太極，則無極淪於空寂，而不能萬化之根。」（晦庵答陸子美書）

萬化之根，既不能是空寂，則萬化（萬物）也不能是空寂。

萬物不單不是空虛，而且每物都是一完全之本體；因爲每物都有一物所以爲一物的一切理由，因此朱子說，萬物各有一太極。

朱子所謂太極，乃是理之極至，即是理之最完全點，既沒有缺，更不能再加添。每一物都有一太極，則是每一物，都有一完全之理。

「太極之義，正謂理之極致耳。有是理，即有是物，無先後次序之可言。」（晦庵答程可久書）

每物有一太極，似乎和士林哲學所謂 One ens est perfectum，有些相同，不過理學家以天地萬物同一理同一氣，對於萬物的個性，便不容易講了。

「問一理之實，而萬物分之以爲體，故萬物各具一太極。如此說，則太極有分裂否？曰：本只是一太極，而萬物各有稟受，又自各具一太極爾，如月在天，只一而已，及散在江湖，則隨處而見，不可謂月分也。」（朱子語類）

朱子說這個比喻，很像佛教的理論。佛教只說一眞如，眞如在萬物，萬物所得，爲同一眞如；眞如因此爲有，萬物爲空。朱子雖不說萬物爲空，但是假使萬物同理同氣，萬物又有甚麼分別呢？不過理學家又說「理一而殊」，合天地萬物而言，只是一理；萬物分開來說，又各有各自的理。關於這一點，我們下面再要討論。

乙、實體的分類

宇宙萬物，究竟有若干類呢？這裏當然不是談宇宙萬物的各色種類，這問題誰也不能答覆。但是只就「物」的分類說，士林哲學對實體的分類，說得很清楚。中國理學家沒有正式談過這個問題，只是間接地提到。

A 天地人物和鬼神

古代儒家分別萬有爲天、地、人、物、鬼神，五類。天地人，在儒家的傳統裏稱爲三才（易經 繫辭下傳第十章）。人物相對稱，在古書裏也常見。普通稱萬物時，常包含着人，例如易經所說：「萬物資始。」「萬物資生。」但有許多時候，萬物並不包含人，人與萬物相分離，朱子說：

「天地以生物爲心者也。而人物之生，又各得乎天地之心以爲心者也。」（朱子仁說 朱子大全卷六十七）

在這裏朱子明明分出天地人物四者。至於鬼神，朱子不承認爲實體，因爲他以鬼神，爲氣的兩種狀態，神爲伸，鬼爲屈。可是古人的書裏，則確實以鬼神爲實體。連周濂溪的太極圖說，也引用易經的話，「故聖人與天地合其德，……與鬼神合其吉凶。」

天地兩個實體，究竟是甚麼？天地兩字的意義很多，我們現在僅就儒家的本體論方面去看，天地第一是指着上面蒼蒼的天和下面塊然的大地。朱子說：

「天地初開，只是陰陽之氣。這一個氣運行，磨來磨去，磨得急了，便挼去許多滓渣。裏面無處出，便結成個地在中央。氣之清者便為天，為日月，為星辰。」（朱子語類　卷一）

天地的另一種意義，是代表乾坤陽陰。天代表乾陽，地代表坤陰。這個思想，是易經的思想。朱子說：

「天地形而下者，乾坤形而上者。天地，乾坤之形殼；乾坤，天地之性情。」（朱子　太極圖說解）

天地的另一種意義，是代表天道地道，天地之道，不僅僅指着乾陽和坤陰。中庸上說：

「天地之道，博也，厚也，高也，明也，悠也，久也。」（中庸 第二十六章）

「博厚配地，高明配天，悠久無疆。」（同上）

易經常講天道地道，因爲常講乾坤。易經不但以天道地道人道爲三才，也把人和物相分，而且又說鬼神。

「有天地，然後有萬物，有萬物，然後有男女；有男女然後有夫婦。」（序卦傳下篇）

「是以明於天之道，而察於民之故，是興神物以前民用，聖人以此齋戒以神明其德夫。」（繫辭上 第十一）

B 有靈物無靈物

理學家不但像以前的儒家，把人和物相分，人爲有靈，物爲無靈；並且在無靈物中，又分爲有知覺，有生命，和塊然無生命表現之物。因此萬物的分類，按着品級，可分爲四大類：有靈的人，有知覺的動物，有生命的草木，塊然的頑石。王陽明講「一體之仁」時，就提出這種分類。

「是故見孺子之入井，而必有怵惕惻隱之心焉，是其仁與孺子而為一體也。孺子猶同類者也，見鳥獸之哀鳴觳觫，而必有不忍之心焉，是其仁之與禽獸而為一體也。鳥獸猶有知覺者也，見草木之摧折，而必有憫恤之心焉，是其仁之與草木同體者也。見瓦石之毀壞，而必有顧惜之心焉，是其仁之與瓦石而為一體也。」(王陽明全書　卷二十六　大學問)

列子書中，另有一種分類：列子分別自生自化和有生有化。有生有化者，生於自生自化者，自生自化者則不生不化。(天瑞篇) 理學家中沒有用這種分類。

2. 體　用

中國哲學爲表示實體和附體，常用「體用」兩個名字，體爲實體，用爲附體。但是在使用「體用」兩名詞時，又不限於代表實體和附體，很多時候用兩者都代表附體，而是表主從關係，主爲體，從爲用；例如手動，手爲體，動爲用。

李二曲集卷十六，有與顧亭林反復討論體用名詞的來源，李二曲主張體用連用以解釋經傳，始於朱熹，兩詞的來源可以溯到易傳，易傳有「剛柔有體」（繫辭下 第六章）周易本義註說：「諸卦剛柔之體，皆以乾坤合德而成。」用字在易傳中則相當多，「精義入神，以致用也。」（繫辭下 第五章）「顯諸仁，藏諸用。」（繫辭上 第五章）「是興神物以前民用。」（繫辭上 第十一章）顧亭林則說體用合用，在東漢道教的參同契書中開始，參同契以爲體內用外。佛教經典中，也多有體用的名詞，北禪的神秀就主張體用相卽。

宋明理學家則討論了這兩個名詞的意義，朱熹和王陽明都有所說明。

「問道之體用？曰：假如耳便是體，聽便是用；目是體，見是用。」（朱子語類 卷一）

「問：未發之前，心性之別？曰：心有體用；未發之前，是心之體，已發之際，是心之用。」（朱子語類 卷五）

「性是體，情是用。」（朱子語類 卷五）

「以心之德而專言之，則未發是體，已發是用，以愛之理而偏言之，則仁便是體，惻隱是用。」（朱子語類卷 二十）

「水是體，波浪是用。」（朱子語類 卷六）

「問：前夜說體用無定所，是隨處說如此，若合萬事為一大體用，則如何？

曰：「體用也定。見在底，便是體，後來生的便是用。此身是體，動作處便是用。天是體，萬物資始處便是用。地是體，萬物資生處便是用。就陽言則陽是體，陰是用；就陰言，則陰是體，陽是用。」（朱子語類　卷六）

朱熹以體用沒有一定的客體，「見在底，便是體，後來生的，便是用」，這是他的原則。錢穆解釋朱熹的思想說：「體非空虛，亦非實有一物爲體，體只卽用而見。」㈠又說：「體用兩名詞，可以相互對用，非別有一所謂體者超然獨立於用外而存在。」㈡

王陽明注重他的良知說，討論良知是體或是用，他說：

王陽明注重他的良知說，討論良知是體或是用，他說：

「知是心之本體」。（陽明全書　卷一　頁二五）

「這心的本體，原只是個天理，原非無體，這個便是汝之真己，這個真己是軀殼的主宰。……汝若真為那個軀殼的己，必須用着這個真己，便須常常保守着這個真己的本體。」（陽明全書　傳習錄　卷二八）

「目無體，以萬物之色為體；耳無體，以萬物之聲為體；鼻無體，以萬物之臭為體；口無體，以萬物之味為體；心無體，以天地萬物感應之是非為體。」（陽明全書　卷三　頁一四）

王陽明以良知爲體，良知是理，理便是體，所以說：「這心的本體，原只是個天理」，天理是性，朱熹說未發是體，也是以性爲體，但是後來朱熹改了思想，以爲已發和未發都是心。

體用的意義，在中國哲學裏，並不代表西洋哲學的實體和附體，而且意義可以隨處而不同。但是在不同意義之中，則有一相同點，則是「體用合一」，體就是用，用就是體，只是觀點不同。因爲體是隱藏不可見聞，只能由用而顯。人們對一物所知道的，是物的用，用由體而發，用就代表體。孟子和荀子主張性善性惡，都由心去講；後來理學家以心之動爲情，便由情講善惡。但是孟荀並沒有以性和心同一，宋明理學家也沒有以心和情同一，所以體用還是互有分別。佛教本來以萬法爲空，所謂體用性相都不是實，實相只有眞如，其餘一切相通相入，當然便體用不分。熊十力在新唯識論詳細討論了體用問題，堅持體用同一，熊十力說：「治哲學者，須於根本處，有正確了解始得。……哲學上的根本問題，就是本體與現象，此在新論，卽名之爲體用。體者，具云本體；用者，作用或功用之省稱。……本體現起作用，此語須善會，不可妄計爲二。哲學家往往誤計本體是起脫於現象界之上，或隱於現象界之背後，而爲現象界作根源。此乃根本迷謬。新論談體用，正救此失。體，是無方所，無形象，而實備萬理，含萬善，具有無限的可能。是一眞無待，故詑不易。用者，言乎本體之流行，就夫本體之發現。因爲本體是空寂而剛健，故恆生生不已，化化不停，即此生生化化，說爲流行，亦名作用或功用。……體與用，本不二，而究有分，義亦猶是。……其於體用之本不二而究有分，雖分而仍不二者，從來哲學家於此終無正解，此新論所由作。」㈢

熊十力所說的體，實際就是佛教的絕對實相，眞如，所說的用，就是宇宙萬物。他用佛教所用的譬喩，譬喩海水爲體，海波爲用，海波和海水爲一，熊十力雖不主張萬物爲空，然若以萬物比爲海波，萬物便只是實相眞如的表現形式。儒家主張一切爲實有，以萬有都是實體，附體則是實體的表現，體用乃同爲一。但熊十力又說明體和用的意義不相同，究竟兩者仍舊有分別。他所說的分別，是觀念上的分別，在具體的實體上則同一。例如手動，手和動是兩個觀念，意義不相同，在具體的實體上，則同一。

西洋傳統哲學的本體和附體，和中國哲學的體和用，含義不完全相同，中國哲學的用，意義爲作用或功用，是一種動詞，動詞一定要和主體同一。西洋哲學的附體，則指「存在」的一切具體成素，包括有名詞，形容詞，動詞，就如手足眼睛，紅色，高大，行動。手足和眼睛是我的附體，然而不能說手足是我，眼睛是我，卻只能說我的手足，我的眼睛；實體和附體便不同一了。

3. 實體的成素

西洋傳統哲學在宇宙論講萬物，以「物」由元形（Form）和元質（Matter）所結成。

例如建築樓房，有樓房的建築圖樣，有樓房的建築材料。元形和元質都只是抽象的觀念，由理論方面研究「物」的成素，進而研究成素間的關係。而且只是宇宙間有物質性的物，而不包括精神性的實體；因爲精神體沒有元質，只有元形。

中國哲學講宇宙萬物，不分精神體和物質體，以萬有等於萬物，物就是有，所以在形上學本體論講實體的成素，實體的成素爲理和氣。對於理和氣，儒家都分爲二；但是理和氣是不是平行相對待，則主張不同。一般來說，儒家主張理包含在氣中，即氣中有理，理和氣不平行，朱熹則主張理和氣不平行，理不包在氣中；所以稱爲理氣二元論，普通所說理包在氣中爲氣一元論。

朱熹的理氣二元論，就實體而論物的成素，以理成物性，氣成物形。一般的氣一元論，則就宇宙整體而論宇宙的成素，宇宙整體爲一變易，宇宙的成素也就是宇宙變易的成素，所以在講宇宙變易時，講氣和理。朱熹就實體之物而論物的成素，以物有性和形，則性和形在講實體時予以說明。

一　甲、性

易經繫辭裏有兩處很重要的文據：

「一陰一陽之謂道，繼之者善也，成之者性也。」（繫辭上　第五章）

「成性存存，道義之門。」(繫辭上 第七章)

說卦傳又有一文據：

「觀變於陰陽而立卦，發揮於剛柔而生爻，和順於道德而生義，窮理盡性以至於命。」(說卦 第一章)

性之成，由於陰陽之變。性的意義和功用，在於「道義之門」，性既成了，便常存。性由陰陽所成，陰陽由天地代表，「天地設位，而易行乎其中矣。」天地的變易，常有一定的次序原則，天地各有自己的地位。各守各自的地位，便是道義的門，性由陰陽天地變化所成，變化有一定的次序原則，性內便也有次序原則；人性的次序原則，就是道義。

我們研究易經，易經以卦爲主題，卦代表宇宙的變，變由陰陽所成，「觀變於陰陽而立卦。」卦的變由爻作代表，又是陰爻陽爻，陰陽的變由剛柔而造成，「發揮於剛柔而生爻。」變化有它的意義，變化的意義在於顯示變化的原則次序，變化的原則次序就是道德，「和順於道德而生義。」根據變化的原則可以追究變化的理而知道「性」，由「性」一直追究到命。易經的命是禍福，禍福由於順於變化的原則次序或不順於變化的原則次序而來，可以由卦去推測。孟子所講的性命之命，則是才能。才能的大小高低也是命，人性來自天命，才能也來自天命。

儒家講性，常講人性，以人性爲理，所以說理成性，這一點留在下一章研究。

物形則由氣而成，氣而且是一切實體物的成素；不論物質性的物，或精神性之神，都由氣而成，雖說神無形無方。因此，氣不能說是物質性的，或至少應說氣分清濁，濁氣爲物質性，清氣爲精神性。只是中國哲學常不用西洋哲學的對立二分式，而是用漸進的階梯式，精神和物質不對立而分，而是由物質漸進於精神。

乙、形

形字用之於本體論，意義究竟如何，這是我們於今所要研究的。

儒家在本體論，對於「形」字的意義，可以從五方面去看：一、形而上形而下。二、天下之物，以形相生。三、理有氣而能有安頓處。四、有形而後性有善惡。五、神無形無方。

A 形而上形而下的問題

易繫辭提出來的：「形而上者謂之道，形而下者謂之器。」(繫辭上　第十二)張載解釋說：「形而上，是無形體者；故形以上者謂之道。形而下，是有形體者也；故形以下謂之器。」(易說下，張子全書卷十二)戴東原註解說：「氣化之於品物，則形而上下之分別也。形乃品物之謂，非氣化之謂。……易形而上者謂之道，形而下者謂之器，……形謂已成形質。形而上猶曰形以前；形而下，猶曰形以後。」(孟子字義疏證)那麼形而上形而下的形字，意義是「形體」「形質」，但既說形而下謂之器，形字也有「形器」的意義。

B 天下之物，以形相生

莊子知北遊篇說：「夫昭昭生於冥冥，有倫生於無形，精神生於道，形本於精，而萬物以形相生。」天下萬物，有形然後纔算眞正是生了，眞正是有。張載說：「氣之虛，則湛本無形。感而生，則聚有象。」(正蒙 太和)司馬光說：「萬物皆祖於虛，生於氣，氣以成體，體以受性。……人之生本於虛，虛然後形，形然後性，性然後動。」(潛虛)這種思想，是儒家一元論的主張，由虛氣而凝聚成形，成形然後有性。這種「形」即「形象」「形體」。

C 理有氣而能有安頓處

朱子主張理氣二元，理氣無先後。在理論上說，朱子以理先於氣，但是理若沒有氣，則沒有安頓處，不能成一物體。「理無先後之可言；然也推其所從來，則須說先有是理。然理又非別爲一物，卽存乎是氣之中。無是氣，則理亦無掛搭處。」(朱子語類)所謂理與氣，決是二物，但在物上看，則二物渾淪，不可分開各在一處；然不害二物之各爲一物也。若在理上看，則雖未有物，而已有物之理，然亦但有其理而已，未嘗實有是物也。」(朱子答劉叔文)朱子以氣成形，理應有形然後纔成一實體之物，理是抽象之性，氣是具體之形，一物之「具體個性」，由形而有。

D 有形而後性有善惡

朱子講人性的善惡，以善惡之分來自氣，氣卽是形。張子以人性的善惡由於氣的凝聚，氣凝聚而成形。因此兩家的主張，都以人性惡來自「形」，張子朱子不明明說「形」，只說氣質。形的意義，便等於「氣質」。

E 神無形無方

道家常說「道」無形無象。理學家周濂溪以無極而太極，朱子解釋的太極無方形狀，張載以太虛無形，無形則神。並且說明神在於無形：「大順不化，不見其跡，莫知其然之爲神。」（通書，順化篇）神無形，形字是「形跡」。

總觀以上五點所說，形字在本體論上，有「形體」「形質」「形器」「形象」「形跡」「具體」等意義。

上面我們只就「形」的字義，研究在本體論上，形字的意義，於今我們要研究一下，「形」在一個實體裏，究竟指的甚麼？

「形」在一實體裏，指着實體的具體化。物性是抽象的理，理與氣相合，纔成一個實體，實體的實在具體，來自氣；氣是成物形；因此物形，便是一物的實在具體，每一物，都是由性和形而成。

(A) 形爲質

一個物的實在具體，最要的是質，質是物的本質，有似於士林哲學的 Substance，王夫之說：

「物生而形形焉。形者，質也。形生，而象象焉，象者文也。形則必成象矣，象者，象其形也。……視之則形也，察之則文也。所以質以視章，而文由察著，未之察者，弗見焉耳。」

「請觀之物。白馬之異於人，非但馬之異於人也，亦白馬之異於白人也，即白雪與白玉也。疏而視之，雪玉異而白同，密而察之，白雪之白，白玉之白，其亦異矣。人之與馬，雪之與玉，異之質也，其白則異以文也。故統於一白，而馬之白必馬，而人之白必人，玉之白必玉，雪之白必雪。從白類而馬之，從馬類而白之，既已為馬，又且為之白，而後成乎其為白馬。故文質不可不分，而弗俟合也，則亦無可偏為損益矣。」（尚書引義 卷六）

王夫之以形爲質，以象爲文。質爲實體，文爲附加。質爲物的本質，象爲物的文飾，然而質並不是物性；因爲質可由目視，他舉白馬白人爲例。馬和人稱爲質，白則爲文。

人的本質指的甚麼？戴東原說：「形謂已成形質。」理在沒有和氣結合以前，只是抽象的物性。形謂已成形質，則質是已成的具體。具體的人，第一有人心，第二有人體。人心統性情，即是兼有理氣。人體是人之器，由氣而結成。

(B) 形為氣

理學家解釋易經的形而上形而下，常注重在一器字。張載說：

「形而上，是無形體者也，故形以上者謂之道也。形而下，是有形體者，故形以下者謂之器。無形跡者，即道也，如大德敦化。有形跡者，即器也，見於實事，如禮義是也。」（張載 易說下）

張載以有形體者為有形跡，有形跡者則謂之器。然而是不是可以倒過來說：凡是器，都有形跡呢？按着張子的思想去推論，應該是可以說：器者，有形跡者也。

朱子說：

「天地之間，有理有氣。理也者，形而上之道也，生物之本也。氣也者，形而下之器也，生物之具也。是以人物之生，必稟此理，然後有性；必稟此氣，然後有形。」（朱熹答黃道夫）

(C) 形爲象

易經常說「象」，理學家也多有說「象」的，朱子則不大講「象」字。

易經說：

「是故闔戶為之坤，闢戶為之乾，一闔一闢謂之變，往來不窮謂之通，見乃謂之象，形乃謂之器。」（易經　繫辭上　第十一）

張載說：

「凡可狀皆有也，凡有皆象也，凡象皆氣也。」（正蒙　乾稱）

王夫之說：

「形生而象象焉，象者文也。……視之則形也。」（尚書引文　卷六）

在講儒家的名學時，我曾解釋過「象」字。於今要問，形和象，研究有無分別？上面所引易經和王夫之的話，明明把形和象分成兩事。易經以象在形以先，王夫之以象在形以後。張子雖只說到狀和象，然而他的狀，相當於形，他也是以象在形以後。易經又說：「見乃謂之象」，王夫之說：「視之則形也，察之則象也。」視察雖然常用爲一個動詞，但是王夫之既然分形象爲兩事，察屬於象，視察兩字，便各有各的意義。不過視察兩字，都可用之於見，對於易經的話，並不完全相衝突。

形和象，在通常的用語，兩字可以互用，理學上也常這樣。但若互相分開，則意義有廣狹不同。易經多說象，少說形，象字的意義較形字廣，理學家多說形，少說象，形字的意義便較象字廣。因此，究其實，易經的象字，相當於理學家的形字；易經的形字，相當於理學家的象字。

象字既是狹義的形字，象字是指的形體。在上面我們說過，人的形，包含人心和人體。象字則是指的人體。

由上面所說的，我們可見物形所指的東西了。物形是指的東西的本質和物的形體。物形由氣而成，這是理學家一致的主張。氣則凝聚而成形。

註

㈠ 錢穆 朱子新學案第一册，頁四三八。

(二) 同上　頁四三九。

(三) 熊十力　新唯識論卷中，頁八五、八六、八七、廣文書局。

四、精神體

1. 「神」的字義

神字不見於甲骨文，金石文中始有神字。中國文字學者，以神字的語根爲申字。「申」字在甲骨文中作 。在金石文中，作 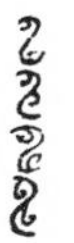。許氏說文謂：「申，神也。七月陰氣成體自申束，从臼自持也。吏以餔時聽事，申且政也。」徐灝說文解字註箋云：「虫部虹，籀文作 ，云从申。申，電也。古音電與申近，猶陳之古音讀若田。用申爲聲，其古文作 ，亦从申也。鐘鼎文多作 ，籀文，即從此變，小篆整齊之作申耳。」

神字在金石之作 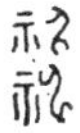。許氏說文說：「神，天神引出萬物者也，从示申。」申字爲象形字，「束身也。」(一)在後代的文字裏，申字沒有束身的意思，只有禮書所說：「大夫而使，所以申信」(辭源)的意思。

但是按徐灝所說，申字和電字相近，電是氣流迅速。申字有流動迅速之意，因此申字神字都多能爲伸舒。

示字「與祇字同，地之神曰示。」(辭源)

神字「从示从伸，天神也，人鬼之對稱。」(辭源)許氏說文乃以爲「天神引出萬物者也。」但是在中國詩書五經裏，從沒有見到天神引出萬物的思想，這大概是許愼爲解釋申字，牽強附會以神爲天神引出萬物者。實在的意義，神當是示中運動最迅速的。神，該是天神，不是人鬼，也不是地祇。

2. 儒家古代宗教思想中的「神」

甲、儒家信有神

儒家的思想，爲中華民族的傳統思想。中華民族古代的宗教思想，也卽是儒家的宗教思想。

在四書五經和左傳裏，我們可以充分看出，中華民族當時信上帝以外，還信有神。舜典說：「肆類于上帝，禋於六宗，望于山川，徧于羣神。」湯誥說：「夏王滅德作威……爾萬方百姓，罹其凶害，弗忍荼毒，並告無辜于上下神祇。天神福善禍淫，降災於夏，以彰厥罪。」泰誓說：「觀政於商，惟受罔有悛心。乃夷居，弗事上帝神祇，遺厥先宗廟弗祀。」

詩經卷阿：「爾土宇昄章，……百神爾主矣。」瞻卬：「天何以刺？何神不富？……人之云亡，邦國殄瘁。」

禮記禮運篇說：「故聖人參於天地，並於鬼神，以政治也。」禮器篇說：「禮也者，合於天時，設於地財，順於鬼神，合於人心，理萬物者也。」

左傳所載的諸侯盟誓，凡有誓言，必呼神爲證誓。襄公十一年，鄭與諸侯盟于亳，盟誓說：「或閒茲命，司愼司盟，名山大川，羣神羣祀，先王先公，七姓十二國之祖，明神殛之。」僖公二十八年，王子虎盟諸侯於王庭：「有渝此盟，明神殛之。」

易經乾卦文言說：「夫大人者，與天地合其德，……與鬼神合其吉凶。」

我們不便再引別的例證，中國三代時，人民信有神，史書上有確實的證據，不容懷疑。後代儒家，如王充朱熹否認有鬼神；他們所否認的，不是天神地祇，乃是否認人的魂魄，在人死後可以成爲鬼神。

乙、神是誰

中國古人旣信有神，我們再從經書裏去硏究，看所信的神，指的是誰？不過，在這裏，我們不是講宗敎史，所以不去考訂中國古人所信的每個神；我們僅只說明，「神」在儒家宗敎思想裏，有甚麼意義。

A　上帝不稱爲神　古代稱至尊之神，爲帝爲天爲上帝爲皇天。但不稱爲神。神是指在天以下的神明。古代對於地，也不稱爲神，或稱地，或稱后土。從上面所引的經書文據中，卽可看出。

B 百神 禮記祭法篇說：「山林川谷丘陵，能出雲爲風雨見怪物，皆曰神。有天下者祭百神。」這處的「神」，是指神明中沒有自己的本名，故以「神」字概括，稱爲百神，或稱羣神，或稱神明。

祭法篇在百神以上，數有天、地、時、寒暑、日、月、星、水旱、四方。天、地，在古書中從來不稱爲神，而且也不和神相混，其餘的時、日、月、星、水旱、四方，都可稱爲神。在書經裏，常用上下神祇來概括。泰誓責備紂王「弗事上帝神祇。」湯誥上也曾責備夏桀作惡，湯王「並告無辜于上下神祇。」

因此百神，除有本名之神以外，凡是山川林谷，能出風雲雨怪者，都稱爲神，從這一句話裏，我們雖不能夠有「神」字的定義，但可以明瞭神字的大意。按照中國古人的思想，神必是具有靈怪的能力；而且這些靈怪的能力，不是人所可以具有的。因此神並不是人。「所謂神者，不學而知；所謂聖者，須學以聖。以聖人學，知其非神。」（王充 論衡）

「神」在古書裏，常和「神明」通用。後來也稱「神靈」。明和靈都表示神的特性。

C 天神 神雖用爲指百神，但經書裏，多次特用爲指天上的神靈，神字和祇字相對；所以說「天神地祇」；或說「上下神祇」。

天神究竟又指那幾類神靈呢？這不是一兩句可以答覆的。若是拿書經和禮記互相對照，天神該是舜典的六宗。舜典說：「肆類於上帝，禋於六宗。」注則引禮記祭法，注云：「宗尊也，所尊祭者，其祀有六。祭法曰：埋少宰於泰昭，祭時也。祖迎於坎壇，祭寒暑也。王宮，祭日也。夜明，祭月也，幽宗，祭星也。雩宗祭水旱也。」六宗即是時、寒暑、日、月、星、水旱。

D　祖宗的魂也稱爲神　書經不稱祖宗的魂爲神，詩經中則有這種稱呼。

「先祖是皇，神保是饗。」（小雅　楚茨）

「惠于宗公，神罔時怨，神罔時恫。」（大雅　思齊）

論語上孔子也說：「祭如在，祭神如神在。」（八佾）禮記講祭祖時，也常用神字代替祖宗之魂。

「舖筵設同几，爲依神也。詔祝於室而出于祊，此交神明之道也。」（祭統）

鬼神兩字聯用時，則專用爲指人死後的魂。人活着時，陽爲魂，陰爲魄。死後，魄爲鬼，魂爲神。但是普通說鬼神，則專指人死後尚活着的魂，因此祭祖時，謂爲祭神。

3.　儒家哲學思想中的「神」

儒家哲學思想中的「神」字，是我們這篇文章的研究對象。對於這個問題，講中國哲學的人，都不注意；這是因爲中國近代研究哲學的人，多少受了唯物主義的毒，把物質體和精神體不大加以區別，或是把這種區別，看作沒有重大的價值。爲我們主張物質精神區劃嚴明的人，對於儒家哲學思想的「神」字，則該有深刻的認識。但是這個問題的本身，有很多曖昧之點，因爲先儒後儒對於「神」字都沒有詳細加以解釋，偶而談到，又彼此互有衝突。我只在大綱方面着手，把神字的意義，條理出來。

甲、神為名詞，指一精神體

上面儒家宗敎思想裏的神字，指着所信的神靈，神靈爲一實體，則神字指一精神體，這是理所當然之結論。

於今我們從哲學方面去看，看儒學家是否用「神」字爲指一精神實體。易經中庸可說是儒家形上學的基礎。易經和中庸裏的「神」字，不常是名詞，多次是形容詞，有時是動詞，但有時是名詞，是指着精神實體。

易經上說：「子曰：知變化之道者，其知神之所爲乎。」（繫辭上　第九）朱子註說：「變化之道，卽上文數法是也。皆非人之所能爲，故夫子嘆之。而門人加子曰以別上文也。」楊時易藁說：「變化者，其神之所爲乎！無象無形，則神所爲隱矣。」又云：「變化者，神之所爲也，其所以變化，孰從而見之？因其成象於天，成形於地，然後變化可得而見焉。」

這處的神字，明明是一名詞，指着一精神實體。

中庸第十六章論鬼神之特性，謂「視之而弗見，聽之而弗聞，體物而不可遺。」朱子在註上說鬼神爲二氣之良能，實際上中庸所說的鬼神，是一名詞，指着實有的精神體。

漢儒王充，是一個最反對魂魄變爲鬼神的學者，他卻說：「夫賢者，道德智能之號。神者，渺茫恍惚無形之實。實異，質不得同。實鈞，效不得殊。聖神號不同；故曰聖者不神，神者不聖。」（論衡）

王充論神的一句話，可謂說得很好，「神者，渺茫恍惚無形之實。」中國古人所說的神，爲一實體，然而渺茫恍惚，無形可見。

乙　神為形容詞

易經書裏的「神」字，和理學家的「神」字，多次是指形容詞，形容各種神妙莫測的特性。

A　形容動作的迅速靈妙

「惟神也，不疾而速，不行而至。」（易　繫辭上　第十）

「易，無思也，無為也，寂然不動，感而遂通天下之故，非天下之至神，其孰能與於此！」（同上）

「神也者，妙萬物為言者也。」（易　說卦傳）

神，形容一種實體的動作，靈妙迅速，無形跡可見似乎沒有動作而效率則很高。

B 形容變化莫測

「陰陽不測之謂神。」(易 繫辭上 第五)

「大順大化，不見其迹，莫知其然之謂神。」(周子 通書 順化)

「神，德行者，寂然不動，冥會於萬化之感，而莫知為之者。」(張子 橫渠語錄)

「惟神，故能變化，以其一天下之動也。」(張子 易說下)

「神，天德；化，天道。德其體，道其用，一於氣而已矣。」(張子 正蒙 神化)

易經的神字，用爲形容詞時，或爲形容一種變化靈妙的天德。天德，即一種天然的能力。或爲形容一種變化的靈妙，使人莫知其所以然。

C 形容知識的高明

「知幾其神矣！幾者動之微，吉之先見者也。」(易 繫辭下 第五)

「無知者，以其無不知也。……無知則神矣，苟能如此，則於神為近。無知者，以其術素備也。」(張子 易說下)

「陰陽不測，之謂神。」孔穎達疏義說：「神者，微妙玄通，不可測量，故能知鬼神之情狀，與天地相似，知周萬物，樂天知命。」神者，變化莫測，在於隨處都通。知識，爲通達的一種。因此神者，知識通達，「微妙玄通。」

D　形容無形無跡

「神無方而易無體。」（易　繫辭上　第四）

「發微不可見，充周不可窮之謂神。」（周子　通書　誠幾德）

變化的靈妙，特別是在於無形跡，因此一切無形無跡而只見功效的動作變化，都可稱爲神化，神能，這種稱呼，在莊子的書裏，尤其常見，如說：「至人無已……神人無功，聖人無名。……至人神矣。……」（莊子　逍遙遊）

丙、神爲動詞

中文文法，一個共通的名詞，不一定常可用爲形容詞，但作爲動詞用，幾乎都可以。一個名詞用爲動詞時，普通是爲表示與原來名詞相合的動作，例如以衣衣之，以斧斧之。

神字用爲動詞，古書雖少見，不是絕對沒有。但把「神」字專用爲動字，且把原來名詞的意義消滅的，則是朱熹。

朱熹說：

「神，伸也；鬼，屈也。」又說：「鬼神不過陰陽消長而已。……何物無鬼神。」（朱子語類 卷三）又說：「故凡氣之來而方伸者爲神，氣之往而既屈者爲鬼。陽主伸，陰主屈。」（朱子語類 卷三）

朱熹反對有鬼神，因此想把古書上所有的鬼神，解釋爲氣的兩種作用，或爲作用後的兩種狀態；鬼爲屈，陽爲伸，這有點像西洋的唯心論派的哲學家，把世界的一切實體，都看爲人主觀的心理動作，但是朱子以神，爲氣的客觀動作。

4. 精神體

然上面的三段裏，我們可以懂得「神」字在儒家的思想裏，所有的意義，然而上面所說的，只是一種普通的考據工夫，不是哲學上的問題，於今我們要從上面所說的神字意義，討論儒家哲學思想裏「神」的問題。

甲、儒家承認有精神實體

上面我們說過，在經傳裏「神」字有時是名詞，指着精神體。這種精神體，不是人主觀心理所虛構，乃是客觀的實有體。

「精神」的名詞，五經和四書裏沒有。這個名詞，是道家的名詞，道家用這個名詞的，是莊子。莊子對於人，分形骸和精神。「精神生於道，形本於精。」（知北遊）「把神以靜，形將自正。」（在宥篇）我們於今用這個名詞，是取現代哲學上所用精神體的意義。精神體，爲非物質的實體。我們不用神體，因爲神體，普通用爲指神靈；精神體則除神靈外，尚包含他種非物質體。

儒家旣承認有精神體，精神體是什麼實體呢？

A 神靈爲精神體

中國古人信有神，卽天神地祇，神祇，都是像王充所說：「渺茫恍惚無形之實。」在神祇以上，中國古人常信有皇天上帝。天，帝雖不稱爲神；天，或帝，爲一精神實體，那是當然的事。天或帝，在神祇以上，豈能不如神祇？

「昊天孔昭。」（詩經 抑）「明昭上帝。」（詩經 臣工）「藐藐昊天，無不克鞏。」（詩經 瞻卬）

註云：「惟天高遠，雖若無意於物，然其功用，神明不測，雖喪亂之値，亦無不鞏固之者。」

這些稱讚天的話，都表示中國古人心目中的天，爲一至高至大的精神體，不着形跡。

B 鬼神爲精神體

在這裏，我們不正式討論鬼神存在的問題。我們知道王充和朱熹是明明反對鬼神存在的儒家學者，然而我們也知道詩經和禮記兩册書，是明明贊成有鬼神的，不承認有鬼神的儒者，可以不談；承認有鬼神的儒者，他們所信的鬼神，便是一種精神體。這種思想，可以由中庸的思想來作代表。

「鬼神之為德，其甚矣乎！視之而弗見，聽之而弗聞，體物而不可遺。使天下之人，齊明盛服，以承祭祀，洋洋乎如在其上，如在其左右。詩曰：神之格思，不可度思，矧可射思。」（中庸 第十六章）

在這段話裏，有詩經的思想，有孔子論語「祭如在」的思想；因此很可以代表儒家對於鬼神的觀念。

C　人心為精神體

下面談儒家的心，我要說：「心為清氣，為非物質體。……心由氣之極清者而成，為非物質體，對於這一點，大家沒有可爭論的。若是心為物質體，則不能為虛，自體是滿的。在所佔的空間以內，不容易一物體並存。人心則能兼藏千萬知識而不滿，便應說是非物質體。」㈡

D　魂魄是否為精神體

本文不直接談論魂魄是什麼。將來有機會，我想仔細談一談。就儒家一般的思想說，大致都承認在人以內有魂魄，而且也都以魂魄不是「心」。錢穆說：「魄是生理，魂是心理。」㈢魄因此屬於身體，魂屬於心靈。朱熹也曾說：「氣曰魂，體曰魄。」（語類　卷三）照我看來，這種說法，在意義上是對，但不大正確。儒家的思想，以魂爲心理生活之根本，魄爲生理生活之根本。這樣說來，在實質上，魂可以與心相等。

朱熹說：「氣之清者爲魂，濁者爲質。知覺運動，陽爲之也；形體，陰之也。氣曰魂，體曰魄。」（語類　卷三）按朱子所說，魂爲氣之清，魄爲氣之濁。濁爲物質性，魄便屬於物質性。清則爲非物質性，魂便爲非物質性。

E　易是否爲精神體

易經的易，可解爲變易，也可解爲簡易。變易和簡易不是一種實體。但易在易經的篇章裏，有時按文義上，應當是一實體的名詞。例如：

「夫易，聖人之所以極深而研幾也。唯深也，故能通天下之志。唯幾也，故能成天下之務。唯神也，故不疾而速，不行而達。子曰：易有聖人之道四焉者，此之謂也。」（繫辭上　第十）

「易，無思也，無爲也，寂然而動，感而遂通天下之故，非天下之至神，其孰

能與於此！」（同上）

在上面兩段裏，易稱爲全神或神，易應當是一實體，而且這種實體，不是指的易書，或者可以說是指宇宙間的變化；但更好說是指宇宙變化之理。因此易不是一具體的實體。

F　誠是否爲精神體

中庸的誠字，現代講哲學的人，有人看爲一種實體，在外國學者的眼中，也有人認爲一個最高的精神實體㈣。他們的根據，是中庸第二十五章。「誠者，自成也，而道自道也。誠者，物之終始不誠無物。」他們便解釋「誠」爲自有的實體，爲宇宙萬物的根源；「誠」即是上帝，當然也是最高的精神體。況且中庸第二十六章又說：「故至誠無息，不息則久，久則徵，徵則悠遠。」更可以解爲上帝的悠久無疆，永遠常存。

但是按我的意見，中國儒家都以誠爲倫理上的一種善德；並不以爲本體上的一種實體。誠爲誠於自己的本性，按本性的明德去行事；即後代王陽明所講的「致良知」。因此，不是一種精神實體。

乙、精神體的意義

精神體之神，按上面所列舉的種類，包括有上帝，神靈，鬼神，人心，人魂。把上面的五種再加以併合，可有上帝，神靈，人魂三種，因爲人心，鬼神，歸根是人魂。我們就這三種，加以研究。

A 精神體和物質體的區別

中國的哲學，無論是那一家，都沒有正式討論精神體和物質體的區別，但是附帶的在談論別的問題時，也談到這一點，宋代理學家對於神和物的區別，曾經有人說過話：

> 「動而無靜，靜而無動，物也。動而無動，靜而無靜，神也。動而無動，靜而無靜，非不動不靜也。」（周濂溪 通書 動靜）

朱子註說：「有形則滯於一偏，神則離於形，不囿於形矣。」神和物的區別，在於物有形，神則離於形。有形，物體的動靜偏於一而不能兼，有動則沒有靜，有靜就不能有動，動靜不能同時並存。神離於形，同時可以兼有動靜。

> 「散殊而可象為氣，清通而不可象為神。」（張載 正蒙 太和）

張子也以爲神和氣的分別，在於神不可象，氣可象。氣在這一處是指的普通之氣，即凝聚成物之氣。因此神和物的區別標準，在於形象。

「太虛爲清，清則無礙，無礙故神。反清爲濁，濁則礙，礙則形。凡氣清則通，昏則壅，清極則神。」（張載 正蒙 太和）

張子再說明形象有無的理由，氣清則無形，氣濁則有形。氣濁是由於氣之凝聚，凝聚便固，固便壅塞；因此物質體不靈通。反之，神卻靈通極了。神和物的區別，既然由有形或無形作標準，理學家便常以形而上者爲神了。

「利者爲神，滯者爲物。是故風雷有象不速於心，心禦見聞，不弘於性。」（張載 正蒙 誠明）

「體不偏滯，乃可謂無方無體。偏滯於晝夜陰陽者，物也。若道則兼體而無累也。」（張載 正蒙 乾稱）

張子以性和道爲神，因爲性和道，不受形體的連累，這一點和易經以易爲神相同。

B 精神的特性

從上面我們談論神字的意義所提出各點，我們已經看出精神體的各種特性。於今我們再簡單地把它們歸納起來。

精神體離於形體，沒有方位。

精神體的動作，靈通無礙，「大順大化，不見其跡。」

精神體動作的效力，「發微不可見，充周不可窮。」

精神體爲虛，能容物，又能體物無遺。

C　精神體由何而成

精神體由何而成？這是討論儒家精神體問題的焦點，也是儒家哲學上的一大難題。我們便分步而進。

按照理學家的主張，每一實體，由理和氣而成。理爲性，氣爲形器；宇宙間便沒有不由氣而成的實體了！鬼神也是由氣而成。但是有幾點應加以說明。

(a)　上帝或天，不是由氣而成　在五經和孔孟的書裏，上帝或天，常是不和天地萬物並列，上帝常是超出宇宙以上。我不贊成一些公教人把太極或道，看作公教的天主，理由也就在於太極和道，雖是宇宙之元，然而是和宇宙並列的。公教的天主，爲宇宙萬物之元，但是絕對超乎宇宙之上。儒家的上帝或天，則是超乎宇宙的。

荀子首倡制天的主張，把天拉下來和宇宙平行。董仲舒更把天和形天相混，混成他的天人合一論。宋朝理學家似乎把上帝或天都忘了，但是他們若提到經書中的帝或天，便說是天地宇宙的主宰。他們談萬物生於氣時，從來不說帝或上天是氣所成的。他們所謂萬物，不包括帝或上天，因爲帝或上天，是在萬物以上。

「或問伊川說以主宰謂之帝，孰爲之主宰？曰：自有主宰。蓋天是箇至剛至陽之物，自然如此運轉不息。所以如此，必有爲之主宰者。」（朱子語類）

朱熹以天爲天地，但是帝或主宰之天，並不是陽剛之天，乃是主宰天地者，是超乎天地之上。

儒家從來沒有討論帝或上天的本性；但是從書經和論語所說上帝的特性，我們可以推論出上帝是超乎物質的實體，不由氣而成。至於上帝的本體研究若何，古今的儒家都沒有講。

(b) 神靈由氣而成　書經詩經信有鬼神，但不講鬼神所自來。然古今儒家的思想，都以神靈在天地以下。書經講上下神祇，卽天神地祇。普通儒家也常說：天地鬼神，以鬼神在天地以下。

天地由氣而成，鬼神既在天地以下，更是由氣而成了。朱子說：

「易大傳所謂物，張子所論物，皆指萬物而言。但其所爲此物者，皆陰陽之聚

散耳。故鬼神之德，體物而不可遺也。所謂氣散而為鬼神者，非是。」（答程允夫）

「神祇之氣，常屈伸而不已。人鬼之氣，則消散而無餘矣。」（朱子語類）

「氣外無神，神外無氣。」（二程遺書 十一）

朱子對於鬼神的解釋，有他自己的主張。他的主張，是以鬼神爲氣的兩種功用，一屈一伸，氣在天地間的屈伸，稱爲鬼神，在人以內的屈伸，稱爲魄魂，鬼神當然是由氣而成。

朱子的這種主張，不能代表全部儒家的思想；但是陰陽二氣結成天地，然後再結成萬物，這是儒家一貫的主張。陽氣之精，爲神；陰氣之精，爲鬼。鬼神由陰陽之精所成。後來所以用「精神」和「精神體」代表神的實體。

(c) 人心和人魂由氣而成　人心和人魂由氣而成，是理學家一般的主張。雖然陸象山和王陽明主張心卽理，不是直接拿理和氣相對，乃是拿理和情相對，陸王是主張心卽理，不包括形；但並不直接否認心由氣而成。張載則以心爲氣，朱熹以心包理氣。因此人心由氣而成。

人魂由氣而成，更是儒家一致的意見。

禮記：「子曰：氣也者，神之盛也，魄也者，鬼之盛也。」（祭義）

子產說：「人生始化曰魄，旣生魄，陽曰魂。」（左傳 卷三十六）

我們在上面說過，魄是生理生活的根本，魂是心理生活的根本。生理生活屬於形骸，所以屬於物質；心理生活屬於心，因此屬於精神。

我們又以魂與心，所指的該是同一的對象。但是兩名直接所指的，爲兩種動作，魂指人的知覺運動，心指人的主宰。其實心和魂的本體，該同是一個，莊子說人有兩部份，即精神和形骸。儒家常說人心和形骸。儒家的心雖不完全同於莊子的精神；但是指人的精神部份。這一部份即是心和魂的本體，也就稱爲心或魂，或者稱爲魂靈。

D 清氣是精神性或是物質性，儒家的精神體問題，最後歸結到「清氣」的問題上。神靈和魂靈都是由氣而成。這種氣，不是濁氣，而是清氣。濁氣爲重，爲凝固，是屬於物質性的；這一點，大家都承認。至於清氣是屬於物質性或屬於精神性，則不是片言立決的問題。

(a) 清氣爲虛爲靈，濁氣爲昏爲壅 上面曾引過張子的話：「太虛爲清，淸則無礙，無礙故神。濁則礙，礙則形。凡氣淸則通，昏則壅，淸極則神。」

我們談儒家的心理學時，要講心的虛靈。虛靈決不是物質性的本體，所能有的。

(b) 淸氣爲氣之精者秀者 氣分淸濁，淸氣較比濁氣爲高貴。高貴之點，在於氣之精。精字，表示具有一個特性或特長的最高點，或是表示在最小的容量裏，是有一種物體的全部特性。另一方面，精字也常帶著容量數量縮到最少限度的意思。所謂精者，便常有減少物質性的意思。

氣之精，則是氣之物質性最輕者，而又是有氣之最高度的特性。

張載說：「太虛爲清」，清氣爲太虛之氣。又說：「太虛無形，氣之本體。」太虛之氣，便是無形之氣。形字在這裏，是指的形象或形跡。太虛之氣，既然沒有形象或形跡，便該是不屬於物質的。

(c) 氣之清濁由凝聚而成　本體之氣，是還沒有凝聚之氣。所以稱爲太虛。朱子不承認有一具體的太虛之氣，成在萬物以先。凡是氣，都是和理相合的實體。但是朱子承認在一些實體以內有清氣。這種清氣，凝聚之性很淺，因此可以有虛靈的特性。

舉個譬喻來說：天地間有空氣，有雲，有雨，有冰雹。空氣沒有形跡可見，可以稱爲空虛。雲由空氣凝聚而成，但凝聚性不重，因此雲雖有形跡，但是變幻無常，人不能測，雨及由雲凝聚而成，雨的形象較比雲已經固定多了，但是雨水，還沒有固定的形像，冰雹由雨水凝聚而成，形像則是固定了。

空氣可以比配太虛之氣，雲也可以比配清氣，雨和冰則當比配濁氣。

(d) 清氣不足稱爲眞正的精神性　精神和物質的區別，該當是界線分明的。精神和物質的元素，不能相同。儒家的氣分清濁，清濁之氣同是一氣，只有凝聚的程度不等。凝聚的高下，又沒有分明的界線。因此清氣和濁氣，在本體上，並不完全不同。若是濁氣爲物質性，清氣怎麼能稱爲精神性呢？

但是從另一方面，清氣的特性，和物質物不相容；而且理學家中，有明明把神和物相對者，承認有精神物質之分。我們不能一口咬定清氣完全是精神。因此我們的結論：儒家承認有精神體，精神體由清氣而成；但是這個精神體的觀念，缺而不全，混而不清。儒家的精神體，按我們士林哲學說，不足以稱爲眞正的精神體。

結　論

這篇文章，佔的篇幅已經太多了；但是當討論的問題，還是很多。在這裏，我於今簡單總結一下。

儒家的「神」字，相當於現代語的「神」，「精神體」，「精神性」。在這三個意義裏，都承認有精神體。

上帝，上天，不包括在神字以內，但是上帝或上天爲一精神實體，在一般的儒家，沒有界說。既然儒家不稱上帝爲神，便不主張上帝由氣而成；因此上帝的精神性，便不同於神靈和魂靈的精神性。上帝的精神性，可以和士林哲學的精神性相同。可惜古今儒家都沒有說明這一點，而且他們似乎也沒有士林哲學純粹精神體的觀念。

神靈由氣之精而成。氣之精爲氣之最淸者，較比人魂人心之氣還更淸。神靈沒有形骸，因此沒有形跡，也沒有死亡可說。

人的魂靈由清氣而成，魂靈和形骸相合，人爲活人；魂靈和形骸相離時，人便死亡。死亡以後，魂靈是否存在？朱子以爲只能暫時存在，古代的四書五經則暗示魂靈可以長存。但是我們若按儒家的形上學去推測，神靈和魂靈都在天地以內，天地由氣而成，天地則視爲可以長存的，神靈和魂靈也就可以和天地長存了。若是把儒家的這種觀念，按照士林哲學去評衡：天地由氣所成，天地不能長存：神靈和魂靈也是由氣所成，也就有分散的一日了。

註

㈠ 顧實 中國文字學，商務，民十四年版，頁三九。
㈡ 見本書第三章（心爲清氣）
㈢ 錢穆 中國思想史，臺北，民四十三年版，頁四。
㈣ 見 Couvreur 中庸法文譯本。

第二章　形上宇宙論

儒家的形上學和西洋傳統形上學不同之點，不僅是研究對象的方法不同，所研究的對象也不相同。西洋傳統形上學的研究對象爲「有」，「有」是一個抽象的觀念，觀念所代表的是一個實體，不是整體宇宙；所以形上學和宇宙論有分別。形上學研究一切實體的「本體」，本體屬於形而上；宇宙論研究物體，物體已是形而下，含有物質性。儒家的形上學由「在」研究「有」，「在」爲「生生」。「生生」在易經和理學家的思想裏，是以整體宇宙爲主體；整體宇宙爲一個生命，人和物則分有宇宙的生命。易經和理學家講論「生生」，主要是講宇宙的「生生」，然後講人的生命。但因人的生命爲最高最全的生命，儒家哲學又專講人生之道，儒家哲學的中心題目，乃是人的生命。人的生命爲宇宙生命的一部份，爲領悟人的生命，易經便特別講宇宙的生命，由宇宙的的生命而到人的生命。「昔者聖人之作易也，將以順性命之理，是以立天之道，曰陰與陽；立地之道，曰柔與剛；立人之道，曰仁與義，兼三才而兩之。故易六畫而成卦，分陰分陽，迭用柔剛，故易六位而成章。」（說卦　第二章）儒家的形上學，乃是形上宇宙論。當代西洋哲學家懷德海也稱自己的哲學為形上宇宙論。

一、變　易

1. 變易的意義

孔穎達註易說：

「易者，變化之總名，改換之殊稱，自天地開闢，陰陽運行，寒暑迭來，日月更生，孚萌辟類，亭毒辟品，新新不停生生相續，莫非資變化之力，換代之功。謂之為易，卽變化之義」

宇宙生命的變化歷程，易經說：

「易有太極，是生兩儀，兩儀生四象，四象生八卦，八卦定吉凶，吉凶生大業。」（繫辭上 第十一章）

形上宇宙論，研究整體宇宙的「在」，「在」為變易，形上宇宙論研究宇宙的變易。宇宙的變易在研究上有三點：一，變易的歷程；二，變化的原則；三，變化的原素。

變易的歷程，張載曾經說變易須有一個「一」爲起點，又須有個「二」爲變化要素，沒有「一」，變易不能開端，沒有「二」，變易不能成立。

「兩不立，則一不可見。一不可見，則兩之用息。兩體者：虛實也，動靜也，聚散也，清濁也，其實一也。」（正蒙 太和）

易經以「一」爲太極，「二」爲陽陰。宇宙的變易，由太極開端，由陰陽成立。四象和八卦，則是陰陽相結合的自然現象，按數理方式而變，朱熹註說：「此數言者，實聖人作易，自然之次第，不假絲毫智力而成者。」

戰國時代，五行的學說興起，漢易學者接受了這種思想，撇開了「四象」，代以五行。由太極而陰陽，由陰陽而五行，由五行而萬物。宋朝周敦頤的太極圖就是採用漢朝儒家的思想。

「無極而太極，太極動而生陽，動極而靜，靜極而生陰，靜極復動，一動一靜，立爲其根。分陰分陽，兩儀立焉，陽變陰合，而生水火木金土，五氣順布；四時行焉。……五行之生也，各一其性，二五之精，妙合而凝，乾道成男，坤道成女，二氣交感化生萬物。萬物生生，而變化無窮焉。唯人也，得其秀而最靈……。……聖人定之中正仁義，立人極焉。故聖人與天地合其德，日月合其明，四時合其序，鬼神合其吉凶。」（太極圖說）

太極圖說是一篇中國哲學的生命發展論。生命由太極而來，由陰陽五行而成，由乾坤而生，人爲最靈，聖人是人中之極。宇宙中也有生命的流行，即是日月四時，表示上天好生之德，聖人能夠貫通宇宙生命，與萬物通。聖人和宇宙的相通在於仁，王陽明先生在大學問中，講天地萬物的「一體之仁」，便是這方面的詮釋。

儒家以宇宙萬物，常是繼續不斷的在變化，這一點，人由平日的經驗，就可以看到，孔子即是從日常的生活裏，看到：「天何言哉！四時行焉，百物生焉，天何言哉！」（論語 陽貨）天地間，四時相繼續，萬物都是新陳代謝。孔子因而嘆息：「逝者如斯夫！不舍晝夜。」朱子註說：「天地之化，往者過，來者續，無一息之停。」

易經講論天地之道，以天地之道，在於動而不已。

「天地之道，恒久而不已也，利有攸往，終則有始也，日月得天而能久照，四

時變化而能久成。」(恒彖)

因此易經第一卦，乾卦，認爲萬物之元，稱爲乾元，乾元之道，在於變化，而後萬物資始：

「大哉乾元，萬物資始，……乾道變化，各正性命。」(乾彖)

沒有變化，便不能有宇宙；沒有宇宙，當然不能有萬物。即如易卦，卦象由爻而成，沒有爻，即不能有卦。爻是代表變化。

「爻者，言乎變者也。」(繫辭上 第三)

「爻也者，效天下之動者也。」(繫辭下 第三)

「道有變動故曰爻。爻有等故曰物。」(繫辭下 第十)

而且宇宙不能沒有變化；因爲宇宙由氣而成，氣的本性，就在於變化。張載說：

「太虛不能無氣，氣不能不聚而為萬物，萬物不能不散而為太虛。循是出入，是皆不得已而然也。」（張載 正蒙 太和）

這種思想，雖已摻有道家思想；然而氣的凝聚，出自氣的本性。萬物既因氣有變化而有變易，人事方面，也常是「變動不居」。富者不能久富，貧者不能久貧，盛衰循環之道，乃中國儒家的歷史哲學。

在修身方面，儒家也是主張有變動。易經乾卦：

「象曰：天行健，君子以自强不息。……（君子）終日乾乾，反復道也。」

君子修德，常該終日乾乾，自強不息。大學傳說：

「湯之盤銘曰：苟日新，日日新，又日新。」（大學傳 第二）

在求學上，也是「學問無止境」，應該孜孜努力。在這一點上，儒道的思想不相同。道家以宇宙常動，人生應該淸靜；因爲道的本性爲靜。儒家以天地之道，動中有靜，靜中有動，人生也應該有動靜，靜爲「天理」「明德」，動爲「修德」，「明明德」。人按着天理而日進於德。

2. 變易的原則

甲、變化由奇偶而成

爲能夠有變化，務必要有一二。沒有一，變化不能有根本；沒有二，變化不會發作。張載說：

「兩不立，則一不可見。一不可見，則兩之用息。兩體者，虛實也，動靜也，聚散也，清濁也。其究一也。」（正蒙　太和）

張子雖說：「有兩則有一，一是太虛也。……一物而兩體，其太極之謂歟！」（易說卷三）實際上，張子的太極，乃是太虛之氣。

程明道主張有變化，務必要有對，僅只一個單的物質，不會起變動。他說：

「天地萬物之理，無獨必有對。皆自然而然，難有安排也。」（近思錄　卷一）

所謂對，即是感應。程明道程伊川都是這般的主張：

「明道先生說：天地之間，只有一個感與應而已，更有甚事。」

「有感必有應。凡有動皆為感。感則必有應，所應復為感。所應復為感，所以不已也。」(伊川 易傳 近思錄 卷一)

感爲動，應爲變；有了感應，則有變動。感應是從關係一方面去說，一二是從本體方面去說。一二兩字，在這裏不代表一元或二元論，乃是代表變化的兩種因素。易經所講變易之道，就完全在乎一二。一二在易經上：

「天一，地二；天三，地四；天五，地六；天七，地八；天九，地十。」(繫辭上 第九)

一是代表天，二是代表地。天爲乾，地爲坤。乾爲陽，坤爲陰。陽爻爲「一」陰爻爲「--」。因此陽爲奇；陰爲偶。於是天數爲奇：「一三五七九」，地數爲偶：「二四六八十」。再各相加起來，便是天數二十有五，地數三十。(同上)

天數二十五，歸根是奇，是一；地數三十，歸根是偶，是二；奇偶的根本則是陽爻陰爻。因此，易經的八卦和六十四卦，歸根也只是陽陰兩爻的變化，易經乃說：

「觀變於陰陽而立卦。」（說卦傳 第一）

陰陽在易經一書裏，意義雖很複雜；但在變化一方面，則代表剛柔。陽爲剛，陰爲柔。有了剛柔，然後有感應，易經便常說變化由剛柔而生。

「剛柔相推，變在其中矣。……剛柔者，立本者也；變通者，趣時者也。」（繫辭下 第一）

「是故剛柔相摩，八卦相盪。」（繫辭上 第一）

「乾，陽物也；坤，陰物也。陰陽合德，而剛柔有體，以體天地之撰。」（繫辭下 第六）

「昔者聖人之作者也，將以順性命之理，是以立天之道，曰陰與陽，立地之道，曰柔與剛；立人之道，曰仁與義，兼三才而兩之，故易六畫而成卦。分陰與陽，迭用柔剛，故易六位而成章。」（說卦 第二）

總之，易的變化，都是由於剛柔、陰陽、乾坤，胡適說：「一部易講『易』的狀態，以爲天地萬物的變化，都起於一個動字。何以會有『動』呢？這都是因爲天地之間，本有兩種原力：一種是剛性的，叫做『陽』，一種是柔性的，叫做『陰』。這剛柔兩種原力互相衝突，互相推擠，於是生出種種運動，種種變化。……在易經裏，陽與陰兩種原力，用『一 --』種種符號作代表。易繫辭說：『是故易有太極，是生兩儀，兩儀生四象，四象生八卦』，這是代表萬物由極簡易的變爲極繁雜的公式。此處所說太極，並不是宋儒說的太極圖。說文說：『極棟也。』極便是屋頂上的橫樑，在『經』便是一畫的『一』。『儀，匹也。』兩儀便是那一對『一 --』。」㈠但是陰陽的變化，不是互相衝突，而是互相結合。

乙、變化由動靜而生

易經以變化由陰陽而成，陰陽爲柔與剛。可是陰陽究竟是甚麼呢？「一 --」雖然代表兩種極簡單的原素；好比一和二，代表數字的起點；但是「一 --」的本性是怎樣？易經以陰陽剛柔爲動靜。

「動靜有常，剛柔斷矣。」（繫辭上　第一）

理學家爲解釋陽和陰，特別注意在「動靜」。周子太極圖明明提出這種主張，朱子則以爲定論。

「太極動而生陽，動極而靜，靜而生陰，靜極復動。一動一靜，互爲其根。」（周子　太極圖說）

「天生於動者也，地生於靜者也，一動一靜交，而天地之道盡之矣。動之始，則陽生焉；動之極，則陰生焉。一陰一陽交，而天之用盡矣。靜之始，則柔生焉；靜之極，則剛生焉。一剛一柔交，而地之用盡矣。」（邵雍　觀物內篇）

「太極之有動靜，是天命之流行也。……蓋太極者，本然之妙也。動靜者，所乘之機也。」（朱子　太極圖說解）

陽和陰，由動靜而生，動生陽，靜生陰。但是動靜兩字，雖然在普通的用語上，意義很明白；但是在哲學上，意義並不簡單明瞭。我們對於動靜所有疑難並不少。第一，動靜是太極的動靜呢？是理的動靜或是氣的動靜？第二，動靜究竟有什麼意思？

A　動靜是氣的動靜，動靜之理，則在於理，又在於太極

這是朱子的答覆，動靜要有形而後見，形乃是氣，動靜所以屬於氣。氣爲能有動靜，必該有動靜之理，動靜之理，卽爲理。太極旣是理之極至，動靜之理，卽在太極中。

「問動靜者所乘之機？曰：太極，理也；動靜氣也，氣行，則理亦行。二者常相依而未嘗相離也。」（朱子語類　卷九四）

「動靜無端，陰陽無始，天道也，始於陽，成於陰，本於靜，流於動，人道也。」（朱子語類　卷九八）

B　動靜是氣的進退

動靜既是屬於氣的，氣的動靜，由進退去解釋。氣之進，為動為陽，氣之退，為靜為陰，因為氣之動作，只有進退。

「陰陽雖是兩個字，然却只是一氣之消長。一進一退，一消一長。進處便是陽，退處便是陰。只是這一氣之消長，做出古今天地間無限事來。」（朱子語類　卷七四）

易經的說卦講論八卦的位置，主張陰陽一氣之流行。有流行便有進退，有進退便有消長。易經的繫辭也講氣的流行。

「易之為書也不可遠，為道也屢遷。變動不居，周流六虛，上下無常，剛柔相易，不可為典要，唯變所適。」（繫辭下 第八）

中國哲學講氣之流行，常以圓周形爲途徑。圓周分東西南北中央五方。氣出於中央而後入於中央。動爲出發，退爲復入。但是漢儒講陰陽五行，以陰陽兩氣都有出發和復入，而且兩者的方向不同。這樣便不能說出發是陽，復入爲陰了。

C 動靜爲氣的流行和凝聚

「陰陽只是一氣。陰氣流行卽為陽，陽氣凝聚卽為陰，非直有三物也。此用甚明，周先生於太極圖中已言之矣。」（朱子 答楊元範）

「陰性凝聚，陽性發散。陰聚之，陽必散之。」（張載 正蒙 參兩）

但是這種解釋，也不能一概而論，普通以氣聚而物成，以氣散而物毀；卻不能說「物成」爲陰，「物毀」爲陽；更不能說「物成」爲靜，「物毀」爲動。所謂流行爲動爲陽，凝聚爲靜爲性，不是從物體一方面看，因爲在同一物體內，陰陽兩氣都有，而是從氣的本性方面去看，「陰性凝聚，陽性發散」。沒有凝聚之性，則氣不能成物，沒有發散流行之性，則氣不能常運行不息。流行和凝聚互相繼續，變化便不止了。

D 靜爲順於理，動爲動作，或說靜爲未發，動爲已發

動靜還有一種解釋，即是從人的修身一方面去看，動爲動作，靜爲順理。儒家的修身學，歸根是在於正心誠意，正心誠意的中心點，則在於節制情慾。情分未發和已發。情在未發時爲性，稱爲靜；情在已發時，纔爲情，稱爲動。

「性是未動，情是已動，包得已動未動，蓋心之未動則為性，已動則為情，所謂心統性情也。」（朱子語類 卷五）

但是爲正心誠意，不能專在使情不發。沒有情，則只是枯木槁灰，那是佛教的主張，儒家主張「發而皆中節」，是說順於理而靜。理學家以順理而動爲靜，因此常說「持敬主靜」。

「聖人定之以中正仁義而主靜，立人極焉。」（周濂溪 太極圖說）

總括上面所說的，我們對於動靜的意義，有以下的結論：宇宙之氣因着進退之理，常週流不息，一進一退，互相繼續，進則流行，退則凝聚。流行時則氣剛而陽，凝聚時則氣柔而陰。人生的活動也該隨着這種原則，動靜相依。

丙、變化常循環不息

「動靜相依，互爲其根。」理學家以這種原則，爲宇宙變化的基本原則。因着動靜相依，宇宙的變化乃循環不息。

A 變化不息

易經的六十四卦裏，有好幾卦，專爲發揮變動不息的思想。例如復卦、恒卦。

「反復其道，七日來復，天行也。」（復彖）

「天地之道，恒久而不已也。」（恒彖）

「天下之理，終而復始，所以恒而不窮。恒非一定之謂也。一定則不能恒矣，惟隨時變易，乃常道也。」（程伊川 易傳 恒彖）

天地之變化，常是週而復始，沒有止息。白晝和黑夜，互相繼續。春夏秋冬，互相連接。假使一旦斷了，天地就完了。

「公曰：敢問何貴乎道也？孔子曰：貴其不已。如日月東西相從而不已也。」

（大戴禮記 哀公問）

B 循環反復

儒家以宇宙的變化，不是循着一條直線，乃是循着一個圓周，「終而復始」這種循環的變動，不僅是陰陽替代，若是僅止是一陰一陽，互相繼續，也可成爲直線形的變動。易經則明明說「七日來復」，「終而復始」。易經的卦，由陰陽兩爻，變動而成。凡一陰一陽之卦各六，皆自「復」「始」而來。所以「復」卦的卦象曰：「七日來復。」復卦爲一陽在下：䷗「有陽於下而以順行上之象。」（朱子註）陽漸升於六二，而有師卦。升於六三，而有謙卦。升於六四，而有豫卦。升於六五，而有比卦。升到上六，而有剝卦，剝盡則爲坤，由坤而再有復，即爲七日之來復：

䷁ 坤　䷖ 剝　䷇ 比　䷏ 豫　䷎ 謙　䷆ 師　䷗ 復

易經的卦，無論是一陰一陽、二陰二陽、三陰三陽、四陰四陽、五陰五陽，都是來復的變動，週而復始。因此易經對於循環的話很多：

「無往不復，天地際也。」（泰象）

「終則有始，天行也。」（蠱象）

「日中則昃，月盈則食；天地盈虛，與時息消。」（豐象）

卦象如此，天地的現象也是如此。易經繫辭說：「日往則月來，月往則日來，日月相推，而明生焉。寒往則暑來，暑往則寒來，寒暑相推，而歲成焉。往者，屈也；來者，伸也。屈伸相感而利生焉。」（繫辭下 第五）

人事也是循環往復，「物極必反」，成了中國歷史哲學的基本原則。富貴盛衰，也是「終而復始」。

丁、動中有靜，靜中有動

天地的變動，循環反復；理由是在於一陰一陽，互相繼續。然而一陰一陽之繼續，也有自己的理由。這種理由，是在於動中有靜，靜中有動。動靜兩種原力，不是完全互相分離的，不像兩種互相繼續的東西，前一種完了，纔有後一種，後一種完了，又有前一種。動靜陽陰，互相消長。動中有靜，動消息時，靜長成；靜中有動，靜消息時，動長成。如是，陽中有陰，陰中有陽，一消一長，跟易卦的變化一樣。

「靜中便有動，動中便有靜。」（程伊川語錄）

「如冬至之前，天地閉，可謂靜矣。而日月星辰亦自運行不息，謂之無動可乎？但人不識有無動靜耳。」（程明道語錄）

四時春夏秋冬，每一季裏都含有陽陰動靜。春天陰漸衰，陽漸盛；夏天陽極盛，陰極衰；秋天陽漸衰，陰漸盛；冬天陰極盛，陽極衰。宇宙內沒有單獨的陽，也沒有單獨的陰。陽陰常相結合。

戊、變化常合於中正

易經的卦有三爻，第二爻爲中爻。重卦有三爻，第二爻和第五爻爲中爻。三爻或三爻的卦，陽陰兩爻，有一定的位置，卽陰爻在第二爻，陽爻在第五爻；這種卦稱爲中正卦。例如遯卦就是這種卦，周易本義一書註遯卦的第五爻象曰：「剛陽中正，下應六二，亦柔順而中正。遯之嘉美者也。」又例如家人卦也是這種卦，這卦的彖辭說：「衆人，女正位乎內，男正乎外，男女正，天地之大義也。」又例如這種卦的益卦，彖曰：「中正有慶，……天施地生，其益無方。凡益之道，與時偕行。」

卦的六爻代表時和位，位象徵空間，時象徵時間，中正則象徵卦的爻在該在的時空以內，恰得其當。若恰得其當，陽陰取得協調，便可以有和諧。一年的四季，每一季的陰陽變化，適合這一季的需要，就能如普通所說「風調雨順，五穀豐登」。易經的卦辭裏，屢次說：「時大矣哉！」「時用大矣哉！」在變化裏，時間的意義較比空間的意義爲大，在抽象方面，時間的意義常是一樣，在具體的「存在」上，時間的意義因着具體的環境不同，便不能常是一樣，因此宇宙的變易，不能不就合具體的環境要求，以求和諧。易經很看重合諧，因而說：「時之用大矣哉」！

己、變化以生生為目的

講易經的人，大家都注意到繫辭傳所說：「生生之謂易。」（繫辭上　第五）天地的變易是爲生生。宇宙的萬千變化，歸到一個目的，爲生發有生之物。易經的宇宙論，是一種有目的的宇宙論。

老子說：「天地不仁，以萬物爲芻狗。」（道德經　第五章）王弼註說：「天地任自然，無爲無造，萬物自相治理，故不仁也。仁者，必造施化，有恩有爲。」這一點是儒道兩家根本不同的一點。道家主張天地沒有目的，人的生命也沒有目的，一切都任其自然。儒家主張天地有目的，人生也就有目的。天地目的，在於人的生生，稱爲「仁」；人生的目的也在於「仁」。天地的變化，自然而然地因着天理而趨於自身的目的生活，按着本性的天理，也該趨向於「仁」；但是因爲人的情慾阻止順從天理，人便該克制情慾，使人性的天理彰明，而至於仁。

儒家天地有目的主張，來自「上天」的信念。天地既由「天」所造由「帝」（天）所治理，天地的一切當然都有目的。這種思想，在五經和孔、孟的書裏，很爲明顯。但有人說，儒家自荀子以後，則多不信「有人格的天」了。理學家更是講自然界的天理而不講「主宰的天」。我們在這裏不討論理學家對「主宰的天」的思想，我們只就天地變化的目的一點說，理學家較比孔、孟說的還更淸楚。理學家最注意「仁」字，以「仁」代表天心，代表天德。

「天地以生物為心，天包着地，別無所作為，只是生物而已，亘古亘今，生生不窮。人物則得此心以為心。」（朱子語類 卷五十三）

「問天地無心，仁便是天地之心。若使有其心，必有思慮，有營為，天地曷嘗有思慮來？然其所以四時行，百物生者，蓋以其合當如此，便如此，不待思慮，此所以為天地之道！曰：如此，則易所謂其見天地之心正大，而天地之情可見，又如何？如所說，祇見得他無心處耳。若果無心，則須牛生馬，桃樹上發李花。他却又自定。程子曰：以主宰謂之帝，以性情謂之乾。他這名義自定，心便是他箇主宰處，所以謂天地以生物為心。」（朱子語類 卷一）

天地以生物爲心，我們現在不問天地究竟是無靈的自然，或是有靈的主宰者；但是天地的一切變化，一定是有目的，一切變化都在於生生。生生卽謂之仁。

「天地之大德曰生。天地絪縕，萬物化醇，生之謂性，萬物之生意最可觀，此元者，善之長也，斯所謂仁也。」（二程遺書　卷十）

在儒家的修身學上，人心應該同於天心，因爲人心的天理，卽是天地間的天理。因此孔子以仁爲全德。理學家在「仁」字上，沒有離開孔子的遺教。

3. 變易的過程

易經有一段話，講述宇宙變化的過程，「是故易有太極，是生兩儀，兩儀生四象，四象生八卦。」（繫辭上　第十一章）又另外一段解釋萬物的化生：「天地絪縕，萬物化醇，男女構精，萬物化生。」（繫辭下　第五章）宋朝周敦頤作太極圖，太極而無極，太極生陰陽，陰陽生五行，五行生男女，男女生萬物。周敦頤的太極圖，收納了易經的思想和漢朝易學家的思想，可以代表宋明淸儒家的思想。老子曾經說過：「道生一，一生二，二生三，三生萬物。」（道德經　第四十二章）老子講道的變化過程和易經一樣，都用數字代表，易經是一，二，四，八，漢朝易學家改爲一，二，五，老子則爲一，二，三，易經和老子沒有加以解釋，周敦頤作有太極圖說，然也沒有詳加說明。

甲、太極和氣的變化

我們在講儒家玄學的一元論和二元論時，我們就說到「太極」的意義，儒家的解釋不同。但是我們可以斷定的有三點：第一，太極不是生物的「皇天上帝」；第二，朱子以理爲太極，不合於易經的思想；第三，近人馮友蘭以太極似於道家的「道」，也不合於歷代儒家的主張。(二)

易經以太極爲宇宙之元，元卽元始，宇宙萬物都來自太極。那麼宇宙的變化，都從太極開始，而且都可以說是太極的變易。

胡適說易的太極「便是一畫的『一』」(三)，陰陽則是「⚋⚊」兩種原力，然而易經在這裏所說的，不是說一個實體的本體成素，而是宇宙萬物的由來，宇宙萬物的元始，不能是一理想方面的抽象的理或力，該是一具體的實體。例如老子以「道」爲萬物之元，「道」無論是怎樣無形名，但老子卻說：「有物混成，先天地生。」道是「有物」，易經的太極，必定該是具體的有。

但是朱子極端反對這種思想，他以爲若是太極爲具體的物，則是形而下了，太極是形而上。不過朱子的形而上和形而下，和易經所說的，也不完全相合。易經明明說：「一陰一陽之謂道。」道爲形而上；朱子則以陰陽爲形而下，因爲陰陽爲氣，氣爲形而下。

張載卻以太極爲太虛，太虛乃氣之本體，居於形而上。宇宙的變化，爲太虛的變化，也即是氣的變化。

易經雖不明明說太極是氣；但是易經講宇宙萬物的發生時，常說「天地絪縕，萬物發生」。絪縕兩字，乃是氣的絪縕；萬物便是由氣的絪縕而生。因此，儒家的宇宙變化，在變化的「理」上去說，則是動靜，在變化的主體上說，即是氣，我們既然講宇宙變化的過程，便是講氣的變化過程。

乙、太虛之氣

宇宙開端以先，只有太虛之氣。太虛之氣，混沌迷濛。

「氣坱然太虛，升落飛揚，未嘗止息。易所謂絪縕，莊生所謂生物以息相吹野馬者與，此虛實動靜之機，陰陽剛柔之始。」(張載　正蒙　太和)

張載以太虛之氣爲太和之氣，又簡稱爲「太和」；因爲它尚沒有形象，故更好不稱爲氣。在道家的思想裏，也有所謂「和」，老子說：

「道生一、一生二、二生三、三生萬物，萬物負陰而抱陽，冲氣以為和。」

(道德經　第四十二章)

「冲氣以爲和」，可解爲氣相交冲而得和，也可解爲氣得其中以爲和。莊子田子方篇說：「至陰肅肅，至陽赫赫。肅肅出乎天，赫赫發乎地。兩者交通成和而物生焉。」莊子和老子的和，乃是陰陽相交的中和。儒家後來講情發而得其中稱爲和，有似於老莊的中和。張載爲稱太虛之氣不用「中和」而用「太和」，用意卽在和老莊的「和氣」有分別。

淮南子講宇宙的變化，分變化的階段爲四：有有者，有始者，未始有有始者，未始有夫未始有有始者。在有有的階段者，萬物已成，有類有數。在有始的階段裏，陰陽相交，尚沒有結成物類，這種階段也稱爲「無」。在未始有有始的階段裏，陰陽始發，大通混冥，這種階段也稱爲未始有有無者。在未始有夫未始有有始的階段裏，陰陽未分，汪然平靜，虛無寂寞。這種階段，也稱爲未始有夫未始有有無者。它和「太和」很相同。

「有始者，有未有始有始者，有未始有夫未始有有始者。有有者，有無者，有未始有有無者，有未始有夫未始有有無者。……有未始有夫未始有有始者，天含和而未降，地懷氣而未揚，虛無寂寞，蕭條霄兆，無有彷彿，氣遂而大通冥冥者也……有未始有夫未始有有無者，天地未判，四時未分，萬物未生，汪然平靜，寂寞然清澄，莫見其形。」（淮南子 俶眞訓篇）

太虛之，爲氣之本體，無形無像。張子明明說：

「太虛無形，氣之本體。」（太和）

可是旣是氣，則不能無形；無形則是抽象的理想物，不是具體的實體。太虛之氣，乃是實體物。這又有點似乎老子所說：「道之爲物，惟恍惟惚；恍兮惚兮，其中有物，惚兮恍兮，其中有象。」（道德經 第二十一章）「繩繩不可名，復歸於無物，是謂無狀之狀，無物之狀，無然之象，是謂惚恍。」（道德經 第十四章）形字若按它的本義，以爲可以觀察之形；道是無形，太虛也是無形。形字若按形上學上的意義，作爲具體化，作爲物的質；道有形，太虛也有形。不過道的形和太虛的形，都是恍惚未定，和淮南子所說的：「莫見其形。」

太虛以內，含有動靜陰陽的理性。

「太和所謂道，中涵浮沉升降，動靜相感之性。是生絪縕相盪，勝負屈伸之始。其來也，幾微易簡；其究也，廣大堅固。」（太和）

因着動靜浮沉之理，太虛之氣，乃有變化，這種變化，而且是太虛自然而有的變化，不能止息。

「太虛不能無氣，氣不能不聚而為萬物，萬物不能不散而為太虛。循是出入，是皆不得已而然也。」（同上）

這所謂不得已而然，是從本體方面講萬物的變遷；至於每個人的善惡禍福，並不是自然而然，那是和人的意志自由有關。

丙、氣之流行凝聚而為天地陰陽

太虛之氣，不得不有動靜，氣動則流行，氣靜則凝聚。流行爲陽，凝聚爲陰。在講宇宙變化之理時，我們以動爲陽，靜爲陰。於今我們講宇宙變化的過程，由太虛的動靜所成的陰陽，究爲何物？儒家以宇宙開始時，只有天和地，天爲陽，地爲陰。朱子說：

「天地初開，只是陰陽之氣。這一個氣運行，磨來磨去，磨得急了，便挼去許多渣滓，裏面無處出，便結成個地在中央，氣之清者便為天，為日月，為星辰，只在外常周環運轉。地便在中央不得，不是在下。」（朱子語類）

張子說：

「地純陰，凝聚於中；天浮陽運旋於外；此天地之常體也。」(正蒙 參兩)

在易經裏，天地也是居在萬物之先，先有天地然後有萬物。乾坤是太極的兩儀，乾爲天，坤爲地。

「大哉乾元，萬物資始，乃統天。」(乾彖)

「至哉坤元，萬物資生，乃順承天。坤厚載物，德合無疆。」(坤彖)

載物爲地。氣運行時，卽得天地，天地由陰陽而成。乾坤代表陽和陰之理，天地代表陽和陰之形。朱子說：

「天地形而下者，乾坤形而上者。天地，乾坤之形殼；乾坤，天地之性情。」(太極圖說解)

「天地初間只是陰陽之氣，……清剛者為天，重濁者為地」(朱子語類 卷一)

在宇宙的變化中，開始只有太虛之氣，因着動靜之理而有動靜，乃生陰陽，陰陽便結成天地。

天地雖是指着上面的淸淸者天，和中間的重濁者地；但是仍舊代表陰陽的氣。因爲天地並不是塊然不動的天地，乃是具有發生萬物的氣。易經所以說：「天地絪縕，萬物發生。」

丁、四象五行

天地陰陽之氣，運轉不息。運轉之理，常是動靜之理，太虛之氣，具有動靜之理而生陰陽。在陰陽之中，又各具有動靜之理。陽有動靜，陰也有動靜。陽的動靜，以動爲顯，靜爲隱，動極則靜漸顯；易經稱爲太陽⚌，少陰⚍。陰的動靜，以靜爲顯，動爲隱，靜極則動漸顯；易經稱爲太陰⚏，少陽⚎。這就是易經的四象。

四象是一種抽象的理，具體上的四象，即是四時。有了天地，便分四季；春夏秋冬。春爲少陽，夏爲太陽，秋爲少陰，冬爲太陰。

四季之成，即是由於陰陽之氣之運行。氣之運行，常取圓周形，而一年四時的往返，也是週而復始。於是便有陰陽運行的周繞方向，爲氣的方向，若以空間的位置作比較則更明顯，於是便以東南西北的方位，來解釋陰陽的運行。東南西北是四方形，爲成圓形，當有一中心，由中心穿過東南西北而畫一線，始有圓周，因此東南西北加上中央，便成五個方位。陰陽之氣在這五個方位上週轉，即是所謂五行把空間裏的東西南北中央，和時間裏的一年四時，配合起來，陰陽五行之說便成了。書經洪範一篇裏，已講五行。然而洪範這篇書，很難是孔子以前的眞作，戰國末葉，五行之說，已行於社會，但是五行之說，最盛行的時期，則爲漢代。

「天之道，終而復始，故北方者，天之終始也，陰陽之所合也。冬至之幾，陰俛而西入，陽仰而東出。出入之處，常相反也。多少調和之適，常相順也，有多而無溢，有少而無絕，春夏陽多而陰少。秋冬陽少而陰多。多少無常，未嘗不分而相散也。」（董仲舒　春秋繁露　陰陽終結篇）

「陽氣起於東北，盡於西南；陰氣起於西南，盡於東北。」（淮南子　詮言訓）

可見五行本是陰陽的動靜顯晦的代表，也是抽象方面的變動理論。但在具體上，五行便有具體的名字；木火金水土。木配東和春，火配南和夏，金配西和秋，水配北和冬，土配中央。

理學家從宇宙變化的過程上去看，看到天地以後有木火金水土的五行，因此四時就包含在五行裏，朱子說：

「大抵天地生物，先其輕清，以及重濁。天一生水，地二生火。五物在五行中最輕清，金木復重於水火，土又重於金木。」（朱子語類）

張子更進而講五行之性：

「木金者，土之華實也，其性有水火之雜，故木之為物，水漬則生，火然而不離也；蓋得土之浮華於水火之交也，金之為物，得火之精於土之燥，得水之精於土之濡，故水火相待而不相害，爍之反流而不耗；蓋得土之精實於水火之際也，土著，物之所以成始而成終也。地之質也，化之終也，水火之所以升降，物兼體而不遺者也。」（正蒙 參兩）

朱子曾讚美張子這一段話：「五行之說，正蒙一段，說得最好，不輕下一字。」（語類）然而在哲理上，這一段話的價值很少。

五行之說，還有相生相尅，我在中國哲學大綱裏，曾加以說明這裏便不多說了。(四)

戊 萬物、人

宇宙的變化，由太虛之氣而有陰陽之天地，由天地而有四時五行，由五行然後有萬物。

易經的變化程序，由太極而兩儀，由兩儀而四象，四象而八卦，由八卦而六十四卦。易經的六十四卦，雖可代表萬物，然而卦只是一種象，象則代表一種變化之理。六十四卦便是抽象方面變化的理論，和五行的意義相同。

在具體方面，易經講萬物化生，則常說：「天地感而萬物化生。」（咸彖）「天地相遇，品物咸章。」（姤彖）「天地交而萬物通。」（泰彖）「天地不交，而萬物不興。」（歸妹彖）「天地不交而萬物不通。」（否彖）「有天地，然後萬物生焉。」（說卦上）「天地，然後有萬物；有萬物，然後有男女；有男女，然後有夫婦；有夫婦，然後有父子；有父子，然後有君臣。」（說卦下）「乾道成男，坤道成女。」（繫辭上　第一）「天地絪縕，萬物化醇，男女媾精，萬物化生。」（繫辭下　第五）

易經的變化過程，似有兩種：第一種，天地萬物，有萬物然後有男女。第二種，由天地而有男女，由男女而生萬物。但是這兩種過程，實際上只有一種。所謂天地生萬物，有萬物而男女，男女指的是人。所謂天地生男女，男女生萬物，男女指的是陽陰之氣。萬物之生，由於天之陽氣，地之陰氣，相合而成。

周子太極圖說說變化的過程：「太極動而生陽，動極而靜，靜而生陰。……陽變陰和。而生水火木金土，五行順布，四時行焉。……無極之眞，二五之精，妙和而凝，乾道成男，坤道成女，二氣交感，化生萬物。萬物生生，而變化無窮焉。」（太極圖說）周子所講的變化過程，是太極而陰陽，陰陽而五行，五行而男女，男女而萬物。男女，明明指的乾坤所成之氣，稱爲「二氣交感」，不是指的男人女人。男女二氣，雖是陽陰二氣，然而不完全相等；因爲男女二氣，是由於陰陽二氣和五行五氣，相合而成的：「二五之精，妙和而凝。」張載和朱熹則特別注意在「妙和而凝」，以氣之凝聚而成物。張子說：「氣坱然太虛，升降飛揚，未嘗止息，易所謂絪縕。……浮而上者，陽之清，降而下者，陰之濁。其感遇聚散，爲風雨，爲雪霜。萬品之流形，山川之融結，糟粕煨燼，無非敎也。」（正蒙 太和）朱子則說：「晝夜運而無息，便是陰陽之兩端，其四邊散出紛擾者，便是游氣，以生人物之萬殊，如麵粉相似，其四邊只管層層散出。天地之氣，運轉而已，只管層層生出人物。其中有粗有細，如人物有偏有正。」（朱子語類 卷九十八）

太虛之氣，運轉不息，第一次凝聚時，淸者爲天，濁者爲地。這次凝聚，還是大致的沒有固定的形。天地之氣，繼續在轉，第二次凝聚，結成水火木金土五氣。五氣的凝聚，還不算完全固定。五行之五氣，又繼續運轉，按照陰陽相合之理，第三次凝聚，凝成萬物。這次凝聚，每一物都有定形，這纔可說是凝聚了。萬物不再變爲他物，只是在氣散時，物滅，再歸於太虛。這就是天地的循環。張子所以說：「太虛不能無氣，氣不能不聚而爲萬物，萬物不能不散而爲太虛，循是出入，是該不得已而然也。」（正蒙 太和）

人爲萬物之一，人的生，卽是五行之五氣所結合。人是否生於萬物之先，理學家誰也沒有說。理學家所說到的，人是得五行之秀氣，秀氣爲之淸。因爲氣淸，人性爲正。萬物得氣之濁，物性乃偏。

「伊川先生說：天地儲精，本也眞而靜，其未發也五性具焉，曰仁義禮智信。」（朱子　胡廣仲）

這點，在講「性」時，我們再說。人之生，可以說是和萬物同時的，中間的先後，理學家沒有定論。

註

(一)　胡適　中國哲學史大綱上，頁七八。
(二)　馮友蘭　新理學第一章。
(三)　胡適　中國哲學史大綱上，頁七九。
(四)　羅光　中國哲學大綱修訂本　頁廿四

二、變化的原素

1. 萬物的根本

我以易經爲儒家形上學的第一本書。關於易經的作者，雖有許多的疑問，不過，即使易經非「四聖」之作，其中的思想卻是儒家的思想，易經仍舊可算儒家形上學的基本著作。

甲、一元論

易經對於物的本質，主張一元論。

「是故易有太極，是生兩儀，兩儀生四象，四象生八卦」（繫辭上 第十一）

「易始於太極，太極分而為二，故生天地。天地有春夏秋冬之節，故生四時。四時各有陰陽剛柔之分，故生八卦。八卦成列，天地之道立，雷風水火山澤之象定矣。」（乾鑿度）

乾鑿度發揮易經的思想，把「兩儀」解爲「天地」，「四象」化爲「四時」，而把「易有太極」解成「易始太極」，我們可以說，易經的思想是以「太極」爲萬物之元。

「元」字有什麼意義呢？董仲舒說：

「謂一元者，大始也」（春秋繁露　玉英）

「元猶原也，其義以隨天地終始也。……故元者，為萬物元本」（春秋繁露　重政）

「元」即是本原，爲根本，也是出發點。易以太極爲萬物的本原，萬物都是由太極爲始。所謂「始」，不僅從時間上說，也從本質上去說，因爲萬物是由太極變化而來的。更者，太極和萬物不相離，萬物由玆發出而繼續太極；有如河水由源頭發出，滾滾而下。水源與河水不能分離。太極與萬物沒有創造的意義，太極與萬物同等同在而不是超越萬物以上的實體。

漢代講讖緯的學者也以易經作根據，但讖緯不是學術，而是胡思亂想，易經也就被越講越糊塗了。

宋代理學的先進，周敦頤作太極圖說，他認爲：

「無極而太極，太極動而生陽。動極而靜，靜而生陰。靜極復動，一動一靜，互為其根。分陰分陽，兩儀立焉。陽變陰合，而生水火木金土，五氣順布，四時行焉。五行一陰陽也，陰陽一太極也。」

周子的主張根於易經，中間夾雜了道家及漢唐讖緯的思想，「五行」思想是漢代流行的思潮，而「無極」則來自道家。朱熹曾說：「伏羲作易，以一畫以下，文王演易，以乾元以下，皆未嘗言太極，而孔子言之。孔子贊周易，以太極以下，未嘗無極，而周子言之」。(答陸子靜書)他說明一元論的演變史；伏羲主一元，以「一畫」作代表；文王以「乾元」爲根本；而孔子則以「太極」爲言一元。周子也主一元，以「無極」稱之。但周子的無極，並不在太極以上，而只是太極的說明。朱熹解說太極圖說云：

「無極太極，正所謂無此形狀，而有此道理耳。謂之無極，正以其無有所形狀，以為在無物之前，而未嘗不立於有物之後。……不言無極，則太極同於一物，而不足為萬物之根；不言太極，則無極淪於空寂，而不能為萬物根。」(太極圖說解)

朱子以爲「無極」和「太極」是一體之兩面；在本體上，無形無狀，在無物之先，故稱無極，但從其爲萬物之根這方面眞，又稱爲太極。朱子是根據他以太極爲理，理無形狀，故稱無極。當時，陸象山兄弟就不同意這種解釋，他認爲「無極」是沒有意義，陸九韶說：

「太極二字，聖人發明道之本源，微妙中正。……今於上又加無極二字，是頭上安頭，過為虛無好高之論也。」（梭山陸九韶致朱熹書）

陸九淵說：

「太極圖說，以無極二字冠首。而通書終篇未嘗一及無極字。二程言論文字至多，亦未嘗一及無極字。假令其初實有是圖，觀其後來，未嘗一及無極字，可見其學之進，而不自以為是也。……。」（象山陸九淵致朱熹書）

我以爲，周子的太極圖說，既受道家的影響，所謂「無極而太極」必和老子的「道」有些關係。老子說：「有生於無」，又說「道無爲」。周子的「無極」似於老子的「無」，「太極」則似於「有」。不過，周子不以太極生於無極，而只以無極和太極爲物的兩面。

張載的思想也主張一元論，但和周子不互相連屬，他以「太虛」爲物的本元。

「天地之道，無非以至虛為實。……天地以虛為德。至善者，虛也。虛者，天地之祖，天地從虛中來。」（張子語錄）

「天地從虛中來」；「虛」是否卽是老子的「無」呢？張子的主張和老子不同，他以太虛爲氣之本體，萬物則由氣而來。

「太虛無形，氣之本體。」（正蒙 太和）

「太虛者，氣之體，氣有陰陽屈伸相感之無窮。」（正蒙 乾稱）

張子的太虛爲氣之本體，不分陰陽。陰陽之理，藏在太虛之中，氣由太虛而分陰陽，但是他並未明白的提出「理」的觀念。後來陸象山則標明之。

「萬物森然於方寸之間，滿心而發，充塞宇宙，無非是理。」（象山全集 卷卅四）

後來的明清學者，頗多承繼張載的主張，以氣爲本體。黃宗羲云：

「天地之間只有氣，更無理，以氣自有條理，故立此名耳。」（明儒學案 卷五十）

他認爲，「氣」爲萬物之元，「理」則包含在「氣」以內。清儒標明漢學，反對宋明理學，但在論物的本體方面的主張，有頗似黃宗羲者：李塨云：

「以陰陽之氣之流行也謂之道，以其有條理謂之理。今乃分理道別為一物，曰，理道善而氣惡，不亦誕乎？」（周易傳注）

李塨攻擊朱子的理善氣惡論，以理氣不分。顏習齋也有相同的主張：「顏習齋之主要意思，在於以氣爲宇宙之根本。雖亦言論，而以理氣爲融爲一片。」㈠

清儒劉蕺山也是從張載的主張，他說：

「盈天地間，一氣也，氣卽理也。……或曰：虛生氣。夫虛卽氣也，何生之有？吾溯之未始有氣之先，亦無往而非氣也」（劉子全書　卷十一）

王夫之對於理氣的看法，也近於劉蕺山：他說：

「天地間只理與氣，氣載理而以秩序氣。」（讀四書大全　卷三）

我們把從易經一直到清儒，所有一元論的主張，加以分析硏究，可以看出，所謂一元者，先謂「太極」，後謂「氣」也，不過，後來所說的「氣」，已寓於「太極」之中。李塨雖說：「理氣心性，後儒之習談也。易則多不言氣，惟曰：『乾陽物，坤陰物』。」（周易傳注）然而，易經以兩儀出於太極，兩儀爲陰陽，陰陽爲兩氣，則太極當如張載所說的，太虛爲氣之本體。

乙、二元論

「理氣一元論，是儒家自孔子以來所持的本體論，至宋儒乃創立理氣二元之說。這是宋與以前儒學不同之所。」㈡夏君虞之說雖與史實不相違悖，但稍嫌籠統，在宋以前，只有一元論，而無所謂理氣二元論，因爲理氣乃宋儒所提出的名詞。再者，亦非宋儒都主張理氣二元論。理氣二元論可以說是由小程子伊川開端，朱子集大成的學說。嚴格說，乃是朱子的思想。朱子云：

「天地之間，有理有氣。理也者，形而上之道也，生物之本也。氣也者，形而下之器也，生物之具也。是以人物之生，必稟此理，然後有性；必稟此氣，然後有形。」（答黃道夫　朱子大全　卷五八）

朱子的這種思想，明明是伊川的翻版。伊川云：

「離了陰陽便無道；所以陰陽者是道也。陰陽，氣也。氣是形而下者，形而上者，則是理也。」（遺書）

朱子不以太極爲萬物之元，乃以太極爲萬物之理，理和氣不相分離但有分別；因此應有理氣二元，不是太極一元了。

「太極非別為一物，卽陰陽而在陰陽，卽五行而在五行。卽萬物而在萬物，只是一個理而已。因其極至，故名太極。」（朱子語類　卷九四）

宇宙間的萬物，都由理和氣而成，有理則有氣，有氣則有理，兩者不能相分離。

朱子的主張與易經的太極一元論的相異點，從外表上看似乎很明顯，究其實則不然。太極一元論主張理氣不分，然而在太極內有氣，氣中有陰陽動靜之理。易經不也注重乾坤嗎？乾元坤元爲八卦的根元。乾卽是陽，坤卽是陰。張載的「太虛」雖是氣的本體，不分陰陽，然而太虛中有陰陽之理。因此一元論可以說是以「氣」爲主，理包在氣中。朱子則特別提出

「理」字，把「理」和「氣」視爲二；雖然，朱子認爲，這種二分法是在理智上的方面看。從事實上看是不能分的，但「理」和「氣」的分別是一種實在的分別。既然，「理」與「氣」實在有別，便不能不主張，萬物是由理與氣二元所構成的二元論了。還有王船山主張乾坤並建，以乾坤爲易的二元，易爲宇宙變易，乾坤便是宇宙變易的二元。

2. 太極

太極的名詞來自易經，太極的形上思想也出自易經。但是易經對於太極講得很少，漢朝陰陽家和道家乃以許多沒有哲學價值的道敎思想，附會到太極的觀念上去。我們祇要翻開太平御覽的太極一條，就可以看到這些附會的話。宋朝理學家周濂溪和朱熹擺脫漢朝的陰陽家言，以哲學的觀念去講太極；然也沒有多加發揮，當代學者唐君毅先生在所著的中國哲學原論，以一百頁的篇幅討論了太極問題，獨到之處很多；然所講的在於解釋周子和朱子的太極論，對於太極本身，所說尚少㈢實際上太極在儒家形上學中雖不像「氣」和「陰陽」那麼重要，而氣和陰陽的本身，則以太極爲根基。

甲、太極為宇宙萬物之元

易經說：「是故易有太極，是生兩儀，兩儀生四象，四象生八卦。」（繫辭上 第十一）

太極的名詞出於易經，易經用這個名詞究竟有什麼意義呢？極字的本義，按說文解字詁林，解爲棟，居屋之正中；解爲高之極至；解爲窮盡，解爲終㈣。

虞翻註易以太極爲太一。漢書律曆志曰太極元氣函三爲一。極字解爲一字。宋朝陸象山和朱熹兩人對於周濂溪的太極的爭論，也是朱子以極爲至極，陸子以極爲中。

太極名詞的解釋，在哲學上沒有很大的影響；太極的意義，則就影響很大了。易經的太極，爲宇宙萬物之元。但是這一種思想在漢朝並不淸楚。我們翻開太平御覽天部一看，上面列的目錄是：元氣，太易，太初，太始，太素，太極。（卷一 一三〇頁）這個排列的次序，代表一種宇宙論。列子說：

「子列子曰：昔者聖人，因陰陽以統天地，有形者生於無形，則天地安生？故曰有太易，有太初，有太始，有太素。太易者，未見氣也。太初者，氣之始也。太始者，形之始也。太素者，質之始也。氣形質具而未相離，故曰渾淪。渾淪者，言萬物相渾淪而未相離也。」（列子 天瑞）

太平御覽的次序，乃是列子的次序。按照這個次序，太極乃是位居第六了。而且在這個次序裏，太極和別的幾個名詞：太易，太初，太始，太素，祇是元素的五個名詞，代表元氣變化的五個階段，五個名詞所指的實體，同是一個元氣。

漢朝人註易，常摻以陰陽家和道教的思想，韓康伯註易，以太極為「無之稱也。」說文釋一字說：「惟初太極，道立於一，造分天地，化成萬物。」馬融以太極為北辰，為太乙或太一神所居。史記正義說：「泰一，天帝之別名。」史記封禪書說：「天神貴者太一。」這些思想雖不合於易經的本義，但都表示太極為宇宙之元。

傅玄風賦說：「嘉太極之開元，美天地之定位。」

阮籍通老論：「道者化自然而為化，侯王能守之，萬物將自化。易謂之太極，春秋謂之元，老子謂之道。」

董仲舒說：「謂一元者，大始也。」（春秋繁露 玉英）

但是易經的元字，卻不指著太極，而指著乾。乾卦的爻辭說：「乾，元亨利貞。」象曰「大哉乾元，萬物資始乃統天，雲行雨施，品物流行。」元字又用之於坤。坤卦的爻辭說：「坤，元亨利牝馬之貞。」象曰：「至哉坤元，萬物資生，乃順承天，坤厚載物，德合無疆。」

乾坤在易經裏為兩個基本的卦，為六十四卦的基本，卦為象，乾坤乃是陽陰的象，易經又講剛柔和天地，剛柔為陽陰的德能，天地為陽陰的具體物。

天地為萬物之元，天地由太極而生；因天地為乾坤，乾坤則是陽陰，陽陰為兩儀，易經明明說：「太極生兩儀。」可見太極為天地萬物之元。

宇宙萬物之元，應該是實體；否則便是空話。因此，朱子說太極是理之極至，不能代表易經的思想。

「問太極不是未有天地之先，有個渾成之物，是天地萬物之理總名否？曰：太極只是天地萬物之理。在天地言，則天地中有太極；在萬物言，則萬物中各有太極。」（朱子語類 卷一）

「太極非別為一物，卽陰陽而在陰陽，卽五行而在五行，卽萬物而在萬物，只是一個理而已，因其極至，故名太極。」（朱子語類 卷九四）

理和氣不相離，天下沒有無氣之理，則朱熹所說的太極便不是先天地而有之實體。

乙、太極為太虛之氣

太平御覽的天部以元氣爲首，太易，太初，太始，太素和太極，都是元氣的變化過程。但是元氣是什麼？太平御覽所引各書的解釋，卻以元氣就是一種氣，多屬後期道家的思想。漢書律曆志說：「太極運三辰五星於上，元氣轉三統五行於下。」這樣一說，太極和元氣同在了，太極在天上，元氣在地上，完全不是哲學的思想，乃是陰陽家的附會。

太極爲氣之本體，氣之本體爲虛，張載稱之爲太虛之氣。張子說：

「天地之道，無非以至虛為實。……天地以虛為德。至善者，虛也。虛者，天地之祖，天地從虛中來。」(張子語錄)

「太虛無形，氣之本體。」(正蒙 太和)

「太虛者，氣之體，氣有陰陽屈伸相感之無窮。」(正蒙 乾稱)

氣之本體，沒有形像，不分陰陽，卽是在分陰陽之先。陰陽由太虛之氣而生，這跟易經的「太極生兩儀」互相符合。氣之本體爲虛，虛和無相近，周濂溪在太極圖中乃以無極而太極。朱子解釋太極圖，盡力主張無極爲太極的註解，不是兩件事，陸象山則反對周子的無極而太極，認爲老子的有生於無的思想，不是儒家的正傳。實則周子和張子的思想相同，祇是說明太極的本體是虛無之氣。

以氣爲天地萬物的本源，乃是儒家一貫的思想，從漢朝到清朝，學者的意見相同，清朝的學者說得很清楚。王夫之，顏元，李塨，劉蕺山都有同一的主張。劉蕺山說：

「盈天地間，一氣也，氣卽理也。……或曰：虛生氣。夫虛卽氣也，何生之有？吾溯之未始有氣之先，亦無往而非氣也。」(劉子全書 卷第十一)

持不同主張的人，祇有朱熹。朱熹主張太極爲理而不是氣。因此他主張理生乾坤，氣生天地。乾坤爲形而上之理，天地爲形而下之氣。但是按照朱子的主張，太極不是天地萬物之元，而是萬物所以成爲物之理，在萬物以內。有的天主教人士，認爲朱子所說太極爲理，和天主教的士林哲學解釋天主爲形上精神體相同，實際上則兩者完全不相同。因爲朱子主張理和氣不相離，太極不是先天地而有之獨立的理。朱子的理和柏拉圖的先天觀念也不相同，柏拉圖的先天觀念是獨立存在，朱子的理不獨立存在，而是和氣同在物以內。

丙、太極為虛無

太極既是氣的本體，氣的本體是虛無，太極自身便是虛無，並不是不存在，而是說沒有形狀，不確定，乃是渾渾淪淪。

太極無形；形狀爲每一物體本性所有，太極在氣成形以前。有形生於無形，因爲既然有了形，再變爲物，則物之形爲外加的，便不是本體的形了，物體沒有本形便不成爲物，就變成了佛教的思想，張載說：

> 「太虛無形，氣之本體。其聚其散，變化之客形耳。」（正蒙　太和）

太極的本體不確定，因爲不定，便可以變爲每件確定的事物。假使太極是確定體，便不能變易了。中國的宇宙本體論，是由不定變到定。唐君毅先生說：「故今日吾人所見之芸芸總總之萬物，其界劃若已分明者，溯其本原，應由界劃未分明者而生。……中國則有天地萬物生於一元氣或氣，或太初之混沌之說。而漢儒之謂太極爲元氣或氣，亦卽將此型之思想，與太極之名辭概念相結合而成者也。」㈤

太極生陰陽；太極虛無，沒有形，不確定，乃能變易，在生身涵有一切變易之理。變易之理的最基本的，爲動靜之理，也就是正負之理。由動靜正負之變易便生陰陽。

「太和所謂道，中涵浮沉升降，動靜相感之性。是生絪縕相盪，勝負屈伸之始。」（正蒙　太和）

太極不完全是物質。在中國哲學裏物質和精神的分別，不像士林哲學那樣清晰鮮明，太極無形，按中國哲學的分類，太極便不是物，而是神。神不是宗敎的神靈，祇是本體論上的精神。

「太虛為清，清則無礙，無礙故神。反清為濁，濁則礙，礙則形。」（正蒙　太和）

然而太極之精神性，並不排除物質性，因爲氣分清濁，濁氣和清氣同是由太虛所生。太極生陰陽兩儀，兩儀生四象，四象生八卦，八卦生六十四卦。六十四卦代表萬物，萬物便是太極而生。

太極生萬物，生字怎麼解釋呢？生字不是從無中創造的意思，也不是父母生兒女的意思，而是普通所謂的產生。太極產生了萬物，萬物是太極所產生的；即是說太極是因，萬物是果。

太極究竟怎樣產生萬物呢？太極是由變易而產生萬物。太極自身不定，常有變易，變易而生陰陽，陰陽相結合而成物。太極生萬物，不是直接產生萬物，乃是間接由陰陽而生萬物。陰陽之氣在萬物以內，太極則不在萬物以內。朱子所說太極在萬物裏面，那是因爲朱子以太極爲理。

一物化了，再不存在，陰陽之氣相分離，回到太虛裏，就是回到太極。張子說：

> 「太虛不能無氣，氣不能不聚而為萬物，萬物不能不散而為太虛。循是出入，是皆不得已而然也。」（正蒙　太和）

這種聚散之道，便是易經所講宇宙變易的循環。易經最注重這種循環的原則，由天道用之於人事。

太極變易而生萬物，循環不息；這是易經所謂生生之易。生生之易，乃是太極變易的表現。儒家稱之爲天地之道，又稱之爲天地之化育。太極和萬物的關係，就是太極生生不息的能力，使宇宙萬物生生不息。

3. 理

甲、理與道

在民主評論雜誌上，曾有兩篇討論「道理」的文章。第一篇是錢穆先生的演講辭，第二篇是嚴靈峯先生批評錢穆的辯論文。

錢穆的主張，以爲：「大體言之，中國古代思想重視道，而中國後代思想則重視理。大抵東漢以前重講道，而東漢以後則重講理。……道究竟是甚麼呢？……道指的是由這裏往那裏的一條路。可見道應有一個嚮往的理想與目標，並加上人類的行爲活動，來到達完成此項理想與目標者始謂之道……開始特別提出一理字，成爲中國思想史上一突出觀念，成爲中國思想史上一重要討論的題目者，其事始於三國時王弼。王弼注易經，說：物無妄然，必有其理。這是宇宙一切萬物，決不是隨便而成爲這樣的，宇宙萬物，必有其一個所以然之理。」㈥

錢穆因此主張：理在先，一成不變；道創生，變動不居。

嚴靈峯批評錢穆以爲：「似『理』之一字，並非王弼開始特別提出的。先秦典籍中，言『理』的很多。」又說：「在中國古代的思想家看來，道在先，一成不變。……因此，理由道而生，道因理而見。」(七)

錢穆答覆嚴靈峯說：「關於第一點，拙文謂中國古代思想重視道，但並非說他們不說理。又說後代思想重視理，亦並非說他們不說道。關於第二點，理在先，一成不變，道創生，變動不居云云，非拙文私見如此分別，乃概括先秦以下及於宋明人意見如此。」(八)

「理」與「道」，在中國思想裏，很不容易劃清各自的界說，常常互相代用。而且各家對於「道」，意見也不完全相同，我們於今只就儒家的思想，簡單討論「道」和「理」。

A　在宋朝理學家以前

「道」和「理」不成爲哲學上的專門的名詞；宋朝理學家既講性理，講理氣，「理」纔成爲哲學上的專門名詞。

在「理」沒有成爲哲學上的專門名詞時，古書中多用「道」，少用「理」，而且道的意義廣，理只是道的一種。

易經說：「形而上者謂之道，形而下者謂之器。」(繫辭上 第十二) 道的這一條界說，廣泛極了，但是我們至少要加以限制，以「形而上」和「道」，並不相等，「道」是形而上，一切的形而上則並不一定是「道」。易經所說的道，有乾道，坤道，天道，地道，人道，包括宇宙一切事物之道。

中庸說：「天命之謂性，率性之謂道，修道之謂教。」(第一章)大學第一句話，即說：「大學之道，在明明德。」儒家因此講聖人之道，講為人之道，以至於說：「道也者，不可須臾離也，可離非道也。」(中庸 第一章)

至於理呢？理則是事物是非之所以然，易經繫辭傳說：「易簡，而天下之理得，而(易)成位乎其中矣。」(上傳 第一)說卦說：「窮理盡性，以至於命。昔者聖人之作易也，將以順性命之理。」(說卦 第一章)

天下之理和性命之理，當然是形而上的，所以也可稱為道。而且易經所說：「一陰一陽之謂道。」這個「道」就是同於「理」，道的涵義所以較理為廣。

B 宋朝理學家以「道」為行動之途徑

對於這一點，朱子說得很明白。他說：

「道，訓路，大概說人所共由之路，理，各有條理界辯。因舉康節云：夫道也者道也。道無形，行之則見是事矣。如道路之道，坦然使千億萬年行之，人知其歸者也。」(朱子語類 卷六)

然而若僅以道爲行動的途徑，對於道無形，爲形而上，很不好解釋，朱子乃以道爲行事的道理。

「道者，古今共由之理，如父慈，子孝，君仁，臣忠，是一箇公共底道理。」

(朱子語類 卷三九六)

朱子不單以道爲行事之理，有時且以道卽是理，他說：

「形而上者謂之道，形而下者謂之器。道是道理，事事物物皆有箇道理，器是形迹，事事物物，亦皆有箇形迹。有道須有器，有器須有道，物必有則。」

(朱子語類 卷七五)

C 道是行動的原則

無論在宋以前，或在宋明理學盛行時，道和理的分別，在中國儒家的思想裏，可以由體用兩方面去求，朱子說：

「問其體，則謂之性；其用則謂之道。曰：道，只是統用此理，不可便以道為用。仁義禮智信是理，道便是統言此理。」（朱子語類）

以道爲用，既然不對；以理爲體，也是不對。「理」是事物本體的所以然之「理」，「道」爲在行動時該有的「理」。在西洋士林哲學上，有 Ratio Esssendi 和 Ratio Operandi，前者可相當於「理」，後者可相當於「道」。

天地有天地的行動，因此有天地之道；聖人有聖人的行動，因此有聖人之道；君子有君子的行動，因此有君子之道；小人也有小人的行動，因此也有小人之道。聖人和君子小人都是人，在本體方面！都有人所以爲人之理，他們的分別，只是在行動方面；因此聖人之道，即是聖人所以成爲聖人之理；君子之道，即是君子所以成爲君子之理；小人之道，即是小人所以成爲對人之理。

可是行動的原則，不該和行動的規律方式相混合。古人說道是道路，道路應該指行動原則，若是指行動的規律和方式，則「道」便不能是形而上了。原則是原理按着原理而定規律和方式，原理爲形而上，爲先天的，爲一成不變。規律和方式爲後天的，爲人所創造的，爲隨時代變動。因此我們不能同意錢穆所說，道是人所創生的，變動不居。中國古人所謂人能宏道，人能發揮聖賢之道，或說古之道不能行於今，都是說發揮行動人原則，而使之成爲日常生活的規律方式，古代的生活規律方式，因此便不能適用於今日的日常生活；並不是說，人的生活原則可以隨時創生，隨時變動；不然後代的儒家，滿可以說父子之道，不在於慈和孝，君臣之道，不在於禮和忠了。然而天地之道，君子之道，在儒家的思想裏，千古如一！

乙、理

「道」既是行動之理，人的行動屬於倫理界，中國前期儒家只論倫理不談本體論的哲學，因此多談「道」。然而易經一書，藏有儒家的宇宙論，易經便也談「理」。儒家的本體論，到宋朝理學家時，纔正式討論，成爲哲學的重心。「理」也是到了理學家時，纔成爲哲學上的專門名詞。

A 理爲事物之所以然

在通常的日用語言裏，理是理由，是一樁事或一個物體的所以然，但是在古書中，理字常有條理分明的意義。荀子在非十二篇說：「其持之有故，其言之成理。」「故」是理由，是證據；「理」則是文理，是把理由，說的有次序有條理。荀子在非相篇也說：「小篇而察，見端而明，本分而理。」這個理字，也是理由的條理分明。仲尼篇說：「福事至則和而理，禍事至則靜而理。」這處的理字，則有處理得宜的意義。然而儒效篇中，荀子說：

「言必當理，事必當務，是然後君子之所長也。凡事行，有益是理者立之，無益於理者廢之；夫是之謂中事，凡知說，有益於理者為之，無益於理者捨之：夫是之謂中說。」

這處的「理」字，便是義理，道理，事情之所以然，和事情之當然。荀子書中，還有一處，理字的意義，有點異乎尋常。他在王制篇說：

「故天地生君子，君子理天地。君子者，天地之參也，萬物之揔也，民之父母也。無君子則天地不理。……始則終，終則始，與天地同理，與萬世同久，夫是，謂之大本。」

「理天地」，「與天地同理」，這個理字，不僅是合理的意思，而是有天理昭明的意思。君子使天地之理，昭明於人世，君子乃與天地之理，同樣長久。這個理字，和中庸的「窮理盡性」，意義相近了。

B 理爲天地之理

古書裏多言天道，少言天理。易經恒卦彖曰：「天地之道，恒，久而不已也。利有攸往，終則有始也。」朱子的註釋曰：「久於其道，終也，利有攸往，始也。動靜相生，循環之理，然必靜爲主也。」天地之道，在於恒；恒在於循環之理。天地之道，所以是天地之理。

易經謂「一陰一陽之謂道」，陰陽之道卽天地循環之理，朱子說：「蓋上天之載，無聲無臭，其體則謂之易，其理則謂之道，其用則謂之神，其命於人則謂之性。」（朱子語類）

程伊川解釋易經的恒卦，更明白說出天地之理：

「天下之理，終而復始，所以恒而不窮。恒非一定之謂也，一定則不能恒矣。惟隨時變易，乃常道也。天地常久之道，天下常久之理，非知道者，孰能識之。」（伊川　易傳　近思錄卷一）

程明道也說：「天地萬物之理，無獨必有對，皆自然而然，非有安排也。」（近思錄　卷

（二）程子是理學家中，特別提出「理」字的。爲講「理」字，先自天地之理，而後到人性之理。朱子說過：天地之理謂之道，天地之理在於人者則謂之性。天地之理，指的是甚麼呢？錢穆把天地之道，和天地之理分成兩事，他說：「天道雖不可知，而天理則可知。道之背後應有一主動者，而理則是一切事物之所以然，在理的背後，更不必求一主動者。……故朱子要說，理卽是上帝，上帝也由理爲主了。因此宋儒說天理，那是理的地位高過了天，天

理的天字，只成爲理的形容詞，與古人說天道絕不同。」（民主評論 第六卷第二期 第三三頁）理與上帝的關係，在這裏我們不暇討論；但是朱子明明說：「上天之載，無聲無臭，……其理則謂之道。」程子也明明說：「天下之理，終而復始，……惟隨時變易，乃常道也。」怎麼於今能夠斷定「宋儒說天理……與古人說天道絕不同」呢？錢穆把道字限制於變化的過程，竟以過程爲形而上；他不知道古人說天道，除變化外，還指着變化之理，理纔能爲形而上，變化的過程，則已是形而下。所以宋儒所說的天地之理，卽相當易經的天地之道，卽是天地運行的道理。

宋儒既然以天地之理之在人者爲人性，因此便以人性之理，也稱爲天理。朱子和王陽明便常常講這種天理。

C　理爲物之所以爲物

朱子以天下萬物，由理氣而成，他說：

「天地之間，有理有氣。理也者，形而上之道也，生物之本也。氣也者，形而下之氣，生物之具也。是以人物之生，必稟此理，然後有性；必稟此氣，然後有形。」（文集　卷五十八　答黃道夫書）

天地間的萬物，都由陰陽之氣，凝聚而成。陰陽怎麼樣凝聚而成一物呢？因爲有凝聚成此物之理。理是指定氣的凝聚的，是這物所以成這物的所以然。於今我們再略爲分析理的特性。

(a) 理是形而上　形而上，可以說是在有形以前，可以說是超出形像以上，也可以說是沒有形像。理是形而上，這一點，是中國歷代的儒家所公認的。朱子明明說：「理也者，形而上之道也。」不單是天地之理爲形而上之道，每個物體的理，也都是形而上之道；因爲形是由氣而成，無論講理氣未合之「理」，或是講理氣已合之「理」，理都是形而上。

(b) 理爲性　朱子說：「性卽理也，在心喚作性，在事喚作理。」(朱子語類　卷五) 物體之所以是這個物體，而不是別個物體，是在於自己的物性。物性之成，卽在於理。程伊川有朱子同樣的話：「性卽理也。」(近思錄　卷一)

(c) 理與氣相分別　理氣既是二元，理氣當然相分離。理是理，氣是氣，各不相混。在實際上，理氣合成一物，彼此不相分離：但是理氣則各爲物的一元

「所謂理與氣，決是二物。但在物上看，則二物渾淪，不可分開，各在一處。然不害二物之各為一物也。若在理上看，則雖未有物，而已有物之理；然亦但有其理而已，未嘗實有是物也。」(朱熹答劉叔文書)

反對二元論而主張一元論的人，則以理氣不相分，理包含在氣之內。理氣的分離，是一種理論上的分離，而不是實有的分離。黃宗羲所以說：「天地之間，只有氣，更無理。以氣自有條理，故立此名耳。」

朱子則以爲理氣不相分離而有分別；常相合沒有先後，而理在理論上是先於氣。

「天下未有無理之氣，亦未有無氣之理。」（朱子語類 卷一）

「理氣無先後之可言；然必欲推其所從來，則須說先有是理。」（朱子語類 卷一）

丙、天　理

A　書經的天道

古書言天道，以書經爲始。王船山註釋尚書「多士」篇說：「這道者，必以天爲宗也，必以人爲其歸。」(九) 書經講天道，以天道爲上天授予人的生活規律，和天命的意義不同。書經天命，以天所授予一個人的使命和行動規則；天道是對一般人設立的，天命則是對一個人所規定的。

孔穎達「尚書序」說：「伏羲神農黃帝之書、謂之三墳，言大道也。少昊顓頊高辛唐虞之書，謂之五典，言常道也。至于夏商周之書，雖設教不倫，雅誥奧義，其歸一揆。」

尚書「大禹謨」說：「滿招損，謙受益，時乃天道。」

尚書「益稷」說：「帝庸作歌曰：勑天之命，惟時惟幾。」

尚書「湯誓」說：「有夏多罪，天命殛之。」

尚書「湯誥」說：「天道福善禍淫，降災于夏，以彰厥罪，肆臺小子，將天命明威，不敢赦。」

尚書「仲虺」說：「欽崇天道，永保天命。」

尚書「盤庚上」說：「先王有服，恪遵天命，茲猶不常寧，不常厥邑，于今五邦。今不承于古，罔知天之斷命。矧曰：其克從先王之烈，若顛木之有由蘖，天其永我命于茲新邑，紹復先生之大業，底綏四方。」

B　易經的天理

由天道而轉到天理，當以莊子為第一人。唐君毅先生論莊子書中的「理」字說：「其理之主要涵義，乃在其言天理或天地萬物之理。」（十）唐先生引據莊子書的天理：養生篇「依乎天理」，刻意篇「循乎天理」，天運篇「順之以天理」盜跖篇「從天之理」，秋水篇「未明天地之理」。唐先生結論說：「莊子所謂天地萬物之理，卽天地萬物之變化，往來，出入，成毀，盈虛，盛衰，存亡，生死之道。」（十一）

易經的傳和莊子的思想接近，易傳所講的乾道坤道，天地之道，乃是乾坤天地變化之理。以這種變化之道，以範圍人的生活，因此便稱爲道，把宇宙的形而上之道和人生的倫理之道互相結合，結成了天道和人道，道心和人心，範圍了後代的儒家。

「大哉乾元，萬物資始乃統天。……乾道變化，各正性命。」(乾卦)

「初六，履霜堅冰，陰始凝也，馴致其道，至堅冰也。六二，方大不習無不利。象曰：六二之動，直以方也。不習無不利，地道光也。」(坤卦)

「乾道成男，坤道成女。乾知大始，坤作成物。乾以易知，坤以簡能。」(繫辭上 第一)

「易簡而天下之理得矣。天下之理得，而成位乎其中矣」。(繫辭上 第一)

「一陰一陽之謂道，繼之者善也，成之者性也。仁者見之謂之仁，知者見之謂之知，百姓日用而不知，故君子之道鮮矣。」(繫辭上 第四)

「辭也者，各指其所之易與天地準。故能彌綸天地之道。仰以觀於天文，俯以察於地理。是故知幽明之故，原始反終，故知死生之說。」(繫辭上 第三)

「昔者，聖人之作易也，將以順性命之理，是以立天之道，曰陰與陽；立地之道，曰柔與剛；立人之道，曰仁與義。」(說卦 第二)

易傳解釋卦爻的變化象徵宇宙的變化，宇宙的變化具有變化之道。宇宙變化萬千，好比六十四卦所有的爻，變化複雜；但是這千千萬萬的變化都是以乾坤兩卦變化之道爲基礎。乾坤之道因此稱爲天地之道，「易與天地準，故能彌綸天地之道。」

王船山說：「周易之書，乾坤並建以爲震，易之體也。六十二卦錯綜乎三十四象而交列焉，易之用也。……屯蒙以下，或錯而幽明，易其位；或綜而往復，易其幾；互相易於立位之中，則天道之變化，人事之通塞，盡焉。」(十一)

易經在最初只有乾道坤道，後來摻入陰陽，陽爲乾，陰爲坤，每卦都由陰陽兩爻結合而成，便很明顯地把一切變化之道都歸合到陰陽的變化。自漢以後，儒家以陰陽五行解釋易經，造成了卦氣的種種圖解；王弼註易，一掃這些邪說，提出易經的義理，保持陰陽的變化之道。宋朝理學家由周濂溪開端，將宇宙的變化都包含在陰陽變化以內。「無極而太極，太極動而生陽，動極而靜，靜而生陰，靜極復動，一動一靜，互爲其根。……五行一陰陽也，陰陽一太極也。……乾道成男，坤道成女，二氣交感，化生萬物，萬物生生，而變化無窮焉。」（太極圖說）

C　理學家的天理

周濂溪在太極圖說中沒有說到「理」，祇引易經的話：「立天之道，曰陰與陽，立地之道，曰剛與柔，立人之道，曰仁與義。」在通書裏說：「天道行而萬物順，聖德化而萬民化，大順大化，不見其迹，莫知其然謂之神。」（順化　第十一）

張載的正蒙也講「道」和「天道」。正蒙的第一句話卽是：「太和所謂道。」王船山註說：「太和、和之至也。道者，天地人物之通理，卽所謂太極也。」「太和篇」又說：「天道不窮，寒暑也；衆動不窮，屈伸也。」「天道春秋分而氣易，猶人一寤寐而魂交。」「以是知萬物雖多，其實一物無無陰陽者。以是知天地之變化，二端而已矣。」正蒙的第三篇名爲「天道篇」，開端說：「天道四時行，百物生，無非至教；聖人之動，無非至德，夫何言哉。」「神化篇」篇首說：「神，天德；化，天道；德其體，道其用。」最後一篇「乾稱篇下」說：「天包載萬物於內，所感所性，乾坤，陰陽二端而已。」「天性，乾坤，陰陽。」「天地生萬物，所受雖不同，皆無須臾之不感，所謂性卽天道也。」「若道，則兼體而無累也。以其兼體，故曰一陰一陽，又曰陰陽不測，又曰一闔一闢，又曰通乎晝夜。語其推行，故曰道；語其不測，故曰神；語其生生，故曰易；其實一物，指事異名耳。」

程明道曾說：「夫天地之常，以其心普萬物而無心；聖人之常，以其情順萬事而無情。」(答張橫渠書)

程明道曾告韓持國說：

「道卽性也。若道外尋性，性外尋道，便不是聖賢論天德。」(端伯傳師說 二程全書 遺書第一)

「所以謂萬物一體者，皆有此理，只為從那裏來生生之謂易，生則一時生，皆完此理。人則能推，物則氣昏推不得，不可道他物不與有也。」（同上）

「言天之自然者，謂之天道；言天之付與萬物者，謂之天命。」（明道先生語一 二程全書 第十一）

「一陰一陽之謂道，自然之道也。」（明道先生語二 二程全書 第十二）

「天下之理終而復始，所以恒而不窮。恒非一定之謂也，一定則不能恒矣。惟隨時變易，乃常道也。天下常久之道，天地常久之理，非知道者，孰能識之。（伊川註易經 恒卦）

二程的天道，和周子張子所講的天道意義相同。天道乃是自然之道，即是宇宙變化之道。這種變化之道在天地之間，也在人的心裏。

邵康節也說：「天生於動者也，地生於靜者也。一動一靜交，而天地之道盡矣。」（觀物內篇）

朱熹講天理，雖也是講宇宙變化之理；但他的講法則不相同。他把理和氣相分，作為宇宙萬物的二元，理在宇宙萬物中祇是一個。

總結上面歷代學者對於天道天理的主張，可以分成兩系：一系是書經的天道，一系是易經的天道或天理。書經的天道是上天對於人所定的規律，上天自己遵守，人當然更應遵守，天道和人道相連。易經的天道乃是宇宙變化之道，屬於形而上，易傳把這種宇宙變化之道，和書經的天道相貫通，因此便用之於人生，成了人道的根本。

丁、生生之理

A 天道爲生生之理

易經講天道，以乾道爲剛，陰道爲柔；乾道爲動，坤道爲靜；乾道資始，坤道資生。這一切形容詞，都形容天道表現的德能，而不表示天道的意義。爲什麼乾道剛坤道柔呢？爲什麼乾道動坤道靜呢？天道的意義乃是爲萬物化生。生生之理，乃是天道或天理。

易經乾卦，「彖曰：大哉乾元，萬物資始，乃統天。」

王船山註釋說：「易之言元者多矣，惟純陽之爲元，以大和清剛之氣，動而不息，無大不屈，無小不察，入乎地中，出乎地上，發起生化之理，肇乎形，成乎性，以興起有爲而見乎德，則凡物之本，事之始，皆此以倡先而起用，故其大莫與倫也。」㈢

坤卦彖曰：「至哉坤元，萬物資生，乃順承天。」王船山註釋說：「陰非陽無以始，而陽藉陰之材以生萬物，形質成而性卽麗焉。相配而合，方始而卽方生，坤之元所以與乾同也。」㈣

易經的天地之道，卽是坤之道；乾坤之道，在後代的註釋中，都解爲生生之道：乾道坤道相合而生萬物。

易經而且明明說：「生生之謂易」（繫辭上 第五）「天地之大德曰生」（繫辭下 第一）「夫乾其靜也專，其動也直，是以大生焉。夫坤其靜也翕，其動也闢，是以廣生也。」（繫辭上 第五）

宋明理學家根據易經這種思想，便常以天地之道在於化生萬物。周濂溪說：「天以陽生萬物，以陰成萬物。生，仁也；成，義也。」（通書 順化第十一）「天以春生萬物，止之以秋。秋之生也既成矣，不止過焉，故得秋以成。」（通書 刑第三十六）

張載易說解釋「乾，元亨利貞」說：「乾之四德，終始萬物，迎之不見其始，隨之不見其後，然推本而言，當父母萬物。明萬物資始，故不得不以元配乾。坤其偶也，故不得不以元配坤。」

二程全書上說：「生生之謂易，是天之所以爲道也。天只是以生爲道。」（二程全書 遺書第二 上）

程伊川說：「道則自然生萬物，今夫春生夏長了一番，皆是道之生，後來生長，不可道卻將既生之氣，後來卻要生長，道則自然生生不息。」（二程遺書 第十五）

程明道說：「天地之大德曰生。天地絪縕，萬物化醇，生之謂性，萬物之生意最可觀。」（二程遺書 第十一）

朱熹說：「天地以生物爲心，天包着地，別無作爲，只是生物而已。」（朱子語類 卷五十三）

戴東原說：「一陰一陽，蓋言天地之化不已也。一陰一陽其生生乎？其生生而條理乎？以是見天地之順，故曰一陰一陽之謂道。」（原善上 章三）「易曰：『天地之大德曰生。』氣化之於品物，可以一言盡也：生生之謂歟。」（原善上 章四）

天地之道既是萬物之理，萬物得着這種理而生，本身也就具有這種生生之理，這種生生之理在萬物是相同的。生生之理以陰陽相結合而成，陰陽結合應守剛柔動靜的原則，應按一定的位置：「天尊地卑，乾坤定矣。」（繫辭上 第一）

這些原前，位置和次序，包含在生生之理以內，在萬物裡裏面自然而成。惟獨在人方面，則由人心去感應，由人自己去體驗，因此，生生之理在人方面乃稱爲仁。

B 生生之理稱爲仁

「仁」在儒家的思想裏乃是中心思想，孔子在論語裏以「仁」作爲全德，「仁人」作爲最高的人格。宋明理學根據孔子的思想，乃以天地之道就是仁。這種思想，易傳已經開其端：「天地之大德曰生，聖人之大寶曰位，何以守位？曰仁。」（繫辭上 第一）

張載曰：「天道四時行，百物生，無非至敎。聖人之動，無非至德，夫何言哉。天體萬物不遺，猶仁體四事無不在也。」（正蒙 天道）

二程遺書說：「醫家以不認痛癢謂之不仁，人以不知覺不認義理爲不仁，譬最近。」

（二程遺書二上）

朱熹說：「要識仁之意思是一箇渾然溫和之氣，其氣則天地陽春之氣，其理則天地生物之心。」（朱子語類　卷六）

「仁是個生底意思，如四時之有春。」（朱子語類　卷二十）

仁字和生字意義相同，在普通用語上也有，例如桃仁，杏仁，代表菓子核中的生命根源。仁字不單單是生，而且包括「生生之理」的原則、位置和次序。

戴東原說：「生生之呈其條理，『顯諸仁』也。惟條理是以生生。顯也者，化之生於是乎見。藏也者，化之息於是乎見。生者，至動而條理也。息者，至順而用神也。卉木之株葉華實，可以觀夫生。果實之白（卽核中之仁）全其生之性，可以觀夫息。」（原善上　章四）

「仁」除生生之理以外，還包含體驗這種生生之理的意義，在萬物以內，都有生生之理，但只有人能體驗這種生生之理；因爲人有心，人心虛靈神妙能知，而又能愛，乃能體驗生生之理。

朱熹說：「天地以生物爲心者也，而人物之生，又各得夫天地之心，以爲心者也。故語心之德，雖其總攝貫通，無所不備，然一言以蔽之，則曰仁而已矣。……或曰：程氏之徒言仁多矣，蓋有謂愛非仁，而以萬物與我爲一，爲仁之體者矣。亦有謂愛非仁，而以心有知覺，釋仁之名者矣。今子之言若是，然則彼皆非歟？曰：彼謂物我爲一者，可見仁之無不愛矣，而非仁之所以爲體之眞也。彼謂心有覺者，可以見仁之包乎智矣、而非仁之所以得名之實也。……抑泛言同體者，使人含胡昏緩而無警切之功，其弊或至於認物爲己者有之矣。專言知覺者使人張皇迫躁，而無沉潛之味，其弊或至於認欲爲理者有之矣。」（朱熹 仁說 朱子大全 卷六十七）

朱子贊成以萬物一體去解釋仁，怕不懂的人昏昏胡胡以物我同一，失去脩身進德的工夫，「而無警切之功」。後來王陽明的門生就有了這種流弊。但是理學家由仁而講宇宙萬物一體，則「生生之理」的「仁」所有的自然發展。

4. 氣

甲、易經論氣

中國哲學裏沒有一個觀念，較比「氣」的觀念更爲普遍，更爲廣泛，不僅是在哲學裏，就是在中華民族的生活裏，氣字也貫徹到生活的各方面，因此，在中華民族的思想裏，氣的觀念乃是一個基本的觀念。

從哲學方面去研究，在書經、詩經裏，氣字沒有哲學的意義。在易傳裏，氣字開始進入哲學。

易經講氣，常就陰陽而講氣。

「柔上而剛下，二氣感應以相與，止而說。」（咸卦彖辭）

「潛龍勿用，陽氣潛藏。」（乾卦象曰）

這兩處的氣字，和陰陽相連，即是陽氣和陰氣。這裏的陰陽已經不是書經、詩經所講的陰陽，而是宇宙變化的兩種元素；因此，氣也就有元素的意義了。但是易經卻沒有講氣的意義，更沒有說氣是宇宙萬物的元素。

「精氣為物，遊魂為變，是故知鬼神之情狀。」（繫辭上　第四章）

這一段話是講鬼神；鬼神的本體爲精氣，鬼神的變爲遊魂。遊魂不是指着宗教信仰上所說的沒有安所的遊蕩之魂，是指着鬼神的變動無形無跡，迅速不可測。精氣指着什麼呢？秦朝呂氏春秋，講精氣，漢朝淮南子講精氣，精氣應該是氣之精，即是最純淨最精明的氣。這種思想在易傳裏出現，易傳便不能是孔子的手筆。所以我相信易傳作於孔子的弟子和再傳弟子。從上面幾個氣字，我們可以說易傳已經以氣爲宇宙物體的元素，祇是沒有說明。

乙、戰國時代—氣的觀念

在書經、詩經裏，氣指着雲氣和節氣。到了戰國，氣字和在易傳裏一樣，有了哲學的意義了。

戰國時講氣者，有莊子，有孟子。氣在莊子的思想裏，非常重要。莊子講泰初之氣。

「雜乎芒芴之間，變而有氣，氣變而有形，形變而有生。」（至樂篇）

泰初之氣由道所變化，氣，變成物形，形而後有物。

「通天下一氣耳，故聖人貴一。」（知北遊）

氣構成人的形體，也構成人的靈明。莊子養生，便是養氣。孟子也講養氣；但是孟子所講和莊子不同。孟子說：「氣，體之充也。」（公孫丑上）人若善養氣，可以成爲浩然之氣，充塞天地。孟子的養氣，爲精神生活，爲心理的作用。因此以志爲氣之帥。

鄒衍爲戰國末期宣揚陰陽五行的學者，他的書已經失傳，祇在呂氏春秋保存一些片段的思想。鄒衍倡五德終始說，五德和五行相配，五行爲陰陽兩氣的結合，氣便成爲宇宙萬物的元素。

呂氏春秋一書裏，充滿了氣字，十二紀篇講述四季十二月；有天氣地氣，生氣殺氣，陽氣陰氣。四季十二月的分別，完全在於這幾種氣的盛衰，這幾種氣雖說有名稱的不同，實際上祇是陰陽兩氣。

「孟春之月……是月也，天氣下降，地氣上騰，草木繁動……」（呂氏春秋　卷一　正月紀）

「仲夏之月……是月也，長日至，陰陽爭，死生分，……」（呂氏春秋　卷五　五月紀）

「仲秋之月……是月也，……殺氣浸盛，陽氣日衰。……」（呂氏春秋　卷八　八月紀）

陰陽兩氣週遊於天地，互有盛衰，陽盛則陰衰，陰盛則陽衰，週而復始循環不已。易經講宇宙變易時，以陰陽爲元素以剛柔爲動力；呂氏春秋講宇宙變化，以陰陽兩氣爲元素，不講剛柔。在戰國時代，陰陽已成爲氣的兩種，氣的意義，乃是構成萬物的元氣。但是在呂氏春秋裏，還沒有關於氣的本體之說明。

丙、漢朝—氣的觀念

漢儒董仲舒在春秋繁露裏，提出了「一」和「元」的觀念，講到了「元氣」。

「謂之一者，大始也。」（春秋繁露 卷三 玉英）

「是以春秋變一之謂元，元者，猶原也，其義以隨天地終始也。」（春秋繁露 卷五 重政）

天地變化，應該有原始開端，易經以原始爲太極。董仲舒不講太極，祇講元氣，爲天地變化的原始：

「天地之氣，合而為一；分為陰陽，判為四時，列為五行。」（春秋繁露 卷十三 五行相生）

易經所講宇宙變化的歷程，爲太極，兩儀，四象，八卦。董仲舒所講宇宙變化歷程爲一氣，陰陽，四時，五行。一氣相當於太極，一氣稱爲元氣。

元氣在漢朝學者的思想裏，不僅指着未分陰陽之氣，也指着天地根本之氣，漢朝道家和道教特別注意這種思想。人在出生時，禀有天地的元氣，又禀有父母的精氣，精氣常消耗，元氣也漸損失。爲能常保生命，須用方法以固存元氣。

淮南子的思想，偏於道家。淮南子講宇宙變化程序，和列子所講的變化程序相同，又和莊子的思想相合。列子以太易爲宇宙變化的原始，老子、莊子以道爲變化的原始，淮南子以「一」爲變化原始，一卽是泰一，相當於易傳的太極。

所謂太易，或道，或太一，都是「未見氣也」（列子　天瑞篇），沒有形跡，「故曰太昭」。（淮南子　天文訓）沒有有無的對立，「未始有夫未始有無者。」（淮南子　俶真訓）。

道或太易或太一以下爲氣，列子稱爲太初，「氣之始也。」（列子　天瑞篇）淮南子說「視之不見其形，聽之不見其聲。」（淮南子　俶真訓）這種太初之氣，未分陰陽，沒有形跡；然而已經是「有」，老莊以有生於無，無是道，有是氣。太初之氣，「浩浩瀚瀚」。

淮南子講和氣。和氣爲天地之氣，有似於董仲舒的元氣；但是和氣的功效，是在於使天地和諧，萬物化生，也使人的心靈安寧，耳目聰明。人的精氣則爲最純淨的氣，在人成爲精神，發爲心靈的動作，和天地精氣相感應

揚雄以玄爲宇宙萬物的原始，玄因變化而發生陰陽二氣。但是他所注意的，是太玄的數理，不談氣的觀念。

王充則很注意氣；他是自然主義者，以宇宙一切都是氣的變化。

「天之動也，施氣也。體動，氣乃出，物乃生矣。」（論衡　卷十八　齊世篇）

「上世之天，下世之天也，天不變易，氣不更改。上世之民，下世之民也，俱

稟元氣。元氣純和，古今不異。……萬物之生，俱得一氣，氣之薄渥，萬世若一。」（論衡 卷二十 論死篇）

天地之氣乃是元氣，元氣化生萬物，人生時，稟有元氣，又稟有精氣。精氣結成人的身體百官，也是人生命的動力，精神消滅，生命也就死滅了。

「人之所以生者，精氣也。死而精氣滅。能為精氣者，血脈也。」（論衡 卷二十論死篇）

王充關於氣的思想，和淮南子關於氣的思想很相似，兩漢的思想，以易學爲代表；漢易的基本觀念爲卦氣。卦氣的氣，爲宇宙進行的氣。漢朝易學把易經六十四卦的變化，套入一年的季節和日數。一年代表天地變化的一個程序，一年的變化由陰陽兩氣的變化而成。陰陽兩氣貫通萬物。無論一日、一月、一候、一節、一季，都是陰陽兩氣結合時的變化，易經六十四卦本來是代表宇宙的變易，六十四卦的變易，在於陰陽兩爻在結合時所有的變化。因此漢朝京房，虞翻等人，便把六十四卦的爻，和一年的日月節候相配合，結成一個天地變化的系統。這個變化系統的中心，是氣，氣，爲宇宙萬物的元素。漢朝道家和儒家不僅以氣爲哲學方面的元素，也認氣爲萬物在物理方面的元素。在古代時，自然科學和哲學不分，哲學的物質元素，也認爲物理的物質元素。漢朝人以天地萬物由氣而成，不僅是從哲學的抽象方面去講，也是從物理的具體方面講。氣不僅是一抽象的元素，而是一種具體的物理元素。因此，漢朝人講人的相，講與地的方位，講人的五臟，講音樂的聲音，一切都是由氣而結成。占卜術要講氣的陰陽五行，醫學要講氣的陰陽五行，音樂要講陰陽五行。這樣一來，氣的觀念更複雜了。

在最古的時候，氣指着雲氣濕氣，爲一種略有形跡的物質。印度古代哲學以物體的原素爲極微體，氣可以說是一種極微體。人的生命在於呼吸，呼吸一停止，生命就滅了。呼吸是呼吸氣；因此古人以人的生命由氣而成；淮南子和王充說是精氣。

「天地合氣，萬物自生，猶夫婦合氣，子自生矣。」（論衡 卷十八 自然篇）

「壽夭之命，以氣多少為主性也。」（論衡 卷一 氣壽篇）

天地也由氣而成，天有天氣，地有地氣。又有元氣週遊於宇宙之內，元氣有似乎空氣，然又不是空氣。天地的元氣和人的元氣相通。漢朝人乃相信天人感應說。人行事的正氣或邪氣，感召宇宙間元氣的正氣或邪氣，同類相感。宇宙的邪氣，在天地間造作災異；宇宙的正氣，在天地間產生祥瑞。

中國古人相信宇宙爲一活躍的整體，產生生命，繼續不息。生命的元素爲氣，宇宙便是一個氣的整體。氣在變化時，神妙莫測，化生各種物體。

氣是什麼呢？是一種極微的原素，常活動不居，週遊流轉。

魏晉南北朝的道教，繼承漢朝人對於氣的思想，專講長生之術。葛洪說：

「夫人在氣中，氣在人中。自天至於萬物，無不須氣以生者也。善行氣者，內以養身，外以却惡。」（抱朴子 內篇卷五 至理）

道敎的氣，不是哲學方面的元素，而是人的物理和生理的元素，長生術爲物理和生理的方法，從實質上求人的長生。

丁、宋朝—氣的觀念

宋朝理學以易經爲根本，理學家解釋易經則完全不取漢朝易學的途徑。漢朝易學以占卜爲目的，以卦氣爲方法；理學家解釋易經，目的在於講哲學，不談卦氣。

氣字在宋朝理學，正式成爲哲學的術語。

宋朝理學家正式論氣的，是張載。張載受周敦頤的影響；周子曾作太極圖，以無極爲太極，太極便是虛無。張載乃倡太虛之氣。

「太虛無形，氣之本體。」（正蒙　太和）

「太虛者，氣之體。」（正蒙　乾坤）

張載的宇宙論，以太虛爲原始，太虛相當於太極。太極爲虛，爲無形；然而太虛不似道的虛無，太虛已經是有，太虛之有就是氣，所以稱爲太虛之氣。

太虛爲氣之本體；所謂本體，指着氣的本性，氣本來是虛；又可指着尚未分爲陰陽之氣，「太虛者，氣之體，氣有陰陽屈伸相感之無窮。」氣常變化，變化乃分爲陰陽五行，然而未分陰陽之氣，爲本然之氣；本然之氣便是太虛之氣。

「太虛不能無氣，氣不能不聚而為萬物，萬物不能不散而為太虛。循是出入，是皆不得已而然也。」（正蒙　太和）

司馬光作潛虛，也曾說：

「萬物皆祖於虛，生於氣，氣以成體，體以受性。」

漢朝學者的宇宙論爲道家的宇宙論，宋朝理學家在開始時受道家的影響，周敦頤的太極圖係道教所傳；司馬光的潛虛和張載的太虛，也是從道家來的思想。

氣爲形體的成素，其本體怎樣能夠是虛呢？虛當然不是無，虛只是無形。無形便是形而上。易傳說：「形而上者謂之道，形而下者謂之氣。」(繫辭上　第十二) 張載解釋說：「形而上爲無形體者也，故形以上者謂之道。形而下，是有形體者，故形以下者謂之器。」(易經下) 太虛之氣既然沒有形體，便是形而上。

朱熹很反對這一點，他極力肯定氣是形而下。程頤也曾說：「有形總是氣，無形總是道。」(二程全書一　二程遺書六　二程語錄六) 然而程頤曾主張眞元之氣。眞元之氣，雖不是太虛元氣，而是天地之氣，是否有形，並不明白。

朱熹承繼程頤的思想，主張理氣二元。凡是物，都由理氣合成。周敦頤和張載並不否認有理，但主張包含在氣以內。氣常變動，變動有變動之理；不然，宇宙的變化必定紊亂，一切都亂了。朱熹則主張理不在氣以內，而是常和氣相連，理和氣爲物的兩種元素。

「天地之間，有理有氣。理也者，形而上之道也，生物之本也。氣也者，形而

下之氣也，生物之具也，是以人物之生，必稟此理，然後有性；必稟此氣，然後有形。」（朱文定公文集 卷五十八 答黃道夫書）

理成物性，氣成物形。在朱熹的思想裏，氣爲形下的元素，有形跡，爲具體的成分。朱熹不談物體的物理和生理構造，只談本體方面的構造。在本體上，物體必須有性有形，形的元素爲氣。

氣是物質的或是精神的呢？氣既然是有形跡的，則就是物質的。然而人心也由氣所成，人心則是虛靈，而是也稱爲神。

「心者，氣之精爽。」（朱子語類 卷五）

「虛靈不昧以具衆理而應萬事。」（朱子語類 大學 明德性）

人心之氣便不能是物質；還有鬼神之氣也不能是物質，因爲鬼神也由氣而成，鬼神無形無像。

朱熹分析氣爲清氣和濁氣。清濁的觀念，張載已經開始。

「太虛為清，清則無礙，無礙故神。反清為濁，濁則礙，礙則形。凡氣清則通，昏則塞，清極則神。」（正蒙 太和）

張載以太虛之氣爲清；朱熹否認有太虛之氣，但主張氣分清濁。清濁和陰陽相關，陽氣爲清，陰氣爲濁；這種觀念，在易經裏略微顯出，在漢朝已經明顯。漢朝人以陽氣成人之魂，陰氣成人之魄，宋朝理學家接受了這種思想，朱熹便正式主張氣有清濁，而且以氣之清濁說明性的善惡。但是所謂清氣濁氣，則又不是直截了當的分類法，清濁是以程度而言，人的氣本是清秀之氣；然而每個人所禀的氣，又有清濁之分，禀有較清之氣的人，性善才高。禀有較濁之氣的人，性較惡才較低。

這樣一來，氣的本性怎樣，就不能講清楚了。張載以性的本體爲虛，當然是清。太虛之氣變化而有陰陽五行，乃有昏濁。朱熹不主張太虛；氣的性質便不能從本性方面去講，只能就實際上每一物的具體之氣去看；在具體上，氣必有清濁。

朱熹不承認有抽象的氣，氣是在物以內。有氣便有理，有理便有氣；理氣不分先後，理氣不能獨立存在。理氣相合，就是具體的物。

朱熹雖然常從物的本體方面去講氣，以氣爲物的本體之成素，是一個哲學觀念；然而也並沒有完全擺脫漢朝人的物理之氣和生理之氣。他講人性善惡時，以氣質之性有善有惡，善惡由氣而來。氣質之性由人的脾氣和才能而顯，脾氣和才能乃是生理和心理上的現實，氣便成了生理和心理的成素了。

朱熹的哲學思想，集中國哲學思想的大成。在他以後，明清的學者，雖然大都反對朱學，然而並沒有新的觀念。明末王船山宗張載，清朝李塨、劉蕺山都以理氣不分。劉蕺山說：「盈天地間一氣也，氣則理也。或曰：虛生氣。夫虛卽氣也，何生之有？吾溯之未始有氣之先，亦無結而非氣也。」（劉子全書　卷十一）

在中國哲學裏，從戰國以來，氣的觀念日見重要。氣爲宇宙萬物的成素，氣以外沒有物。太極和道，只是兩個抽象的理想觀念，在具體上，宇宙一切都是氣。既然一切都是氣，氣的觀念就很複雜，另外是雜在物理、生理、心理的成素裏。因此，現在物理學，生理學和心理學，以及醫學，都沒有氣的形跡；我們的青年人便看中國哲學爲一團烏煙瘴氣，完全和科學相反，失去一切價值。究其實，在現在的科學時代，氣的觀念並不是不能存在，而且還是有哲學的價值。就如西洋士林哲學的「元形元質」，並不反對科學。我們若以氣爲物體的本體成素，不摻入物理和生理以內，氣的意義和「元質」相似，氣的觀念就可清楚了。

這種觀念應當是抽象的觀念，而不是具體的物質觀念，但是在物體以內有它的根基。氣爲物體的本體元素，不是物理元素，擺脫一切物理和生理的意義。氣的觀念，在今天還是具有哲學上的價值。

5. 陰　陽

甲、宇宙變易

中國哲學從變易方面看宇宙萬物。古代的中華民族是農耕民族，農民的生活似乎沒有什麼變動，一年常一樣地在田地裏工作；可是農民的工作則常跟着宇宙的一種變易程序而進行。春耕夏耘秋收冬藏的工作，是跟着五穀的成長而做，五穀的成長爲農耕的目標，爲農民心目的注意點。五穀的成長不僅需要農民的工作，也需要天地的合作。天上的雨露和陽光，地上的水土和氣候，都要能和五穀的生長相調和。俗語說風調雨順，五穀豐登。天地的調和以四季而顯明。農民的操作，也常和四季相關。中國古代的曆法，爲月亮的陰曆；因爲月亮有圓缺，可以計算一年一月的氣節。於是一年四季便代表宇宙的變易。

四季的變易，在骨子裏只是冷熱的變易。一冷一熱互相繼續，互相調節，五穀乃能生長。漢朝的易學乃以六十四卦的卦和爻，配合一年的月季和日數。易經的卦本是宇宙變易的象徵；宇宙變易的實際運行，由四季而表現。四季的變易有冷熱兩種元素；六十四卦的變易有陽爻陰爻兩種元素。於是在漢朝易學裏，陽爻卽是熱，陰爻卽是冷。宇宙萬物的變易都由這兩種元素合成。

易經以卦爲變的象，卦由兩種爻而成，因爲變動的能，必定是兩。易經稱兩爲兩儀。兩儀在易經裏有幾個名稱：或稱爲陽爻陰爻，或稱爲乾坤，或稱爲天地，或稱爲剛柔，或稱爲動靜。陽陰指着兩種爻，乾坤指着兩種純卦。然而乾坤兩個名字的意義，由卦而伸到天地的德能，王船山說：

「乾坤者，在天地為自然之德。」（周易內傳　卷五　頁四）

天地在字面上指着上面的形天和下面的厚土；在易經裏則代表乾坤變化之道，也代表具體的乾坤；因此，易經常說天地合則萬物化生。剛柔則是陽陰的性質或特點。

乙、陰陽兩氣

在詩經裏有陰陽兩個字，兩個字的意義指着天氣和日光的溫暖明暗，就像現在普通常用「陽光」「陰暗」的名詞，沒有哲學的意味。在左傳裏已經有陰陽兩字運用，代表宇宙間的兩種氣。

易經有陰陽的名詞，例如：

「內陽而外陰，內健而外順。」（泰卦　彖辭）

「內陰而外陽，內柔而外剛。」（否卦　彖辭）

這兩段彖辭的陽陰，指着陽爻陰爻，同時也說明陽爻陰爻的性質，陽爲健，陰爲順；陽爲剛，陰爲柔。

「柔上而剛下，二氣感應以相與，止而說。」（咸卦 彖辭）

咸卦彖辭明白地說明「二氣」，二氣也就是剛氣柔氣；然而易經不說剛氣柔氣，而說陽氣陰氣。

「潛龍勿用，陽氣潛藏。」（乾卦 象辭）
「履霜堅冰，陰始凝也。」（坤卦 象辭）

陰陽兩氣，乃是由太極而生的兩儀。漢朝學者中有陰陽家，專講陰陽之術。陰陽之術不是陰陽兩氣的哲學思想，而是從曆象日月星辰，以推禍福。呂氏春秋在十二紀中，列舉一年十二月的氣候，把陽氣列爲天氣和生氣，陰氣列爲地氣和殺氣。

黃帝內經說：「四季的更換，和陰陽的變化，是一切生活的基本條件。因此，聖人在春夏兩季注意培養生長的陽氣，秋冬兩季注意培養收藏的陰氣。」（四氣調神大論）人的四肢百體也由陰氣陽氣而成。

中國古代的醫學便以陰陽爲基本。淮南子的天文訓和俶眞訓兩篇講宇宙變化的文章裏，主張先有混冥的氣，次有天氣地氣，後有陽氣陰氣。陽氣陰氣相合，化生萬物。

「故至陰飂飂，至陽赫赫，兩者交接成和，而萬物生焉。」（淮南子 覽冥形）

董仲舒以天地之氣爲元氣，元氣分而爲陰陽兩氣。陰陽爲兩氣，在禮記書裏已經很明顯。春秋穀梁傳和春秋左傳，也有陰陽爲兩氣的思想。董仲舒在漢朝爲儒家的代表，關於陰陽的意義，前後相承。

「天地之氣，合而為一，分為陰陽，判為四時，列為五行。」（春秋繁露 卷十三 五行相生）

「陽氣煖而陰氣寒，陽氣予而陰氣奪，陽氣仁而陰氣戾，陽氣寬而陰氣急，陽氣愛而陰氣惡，陽氣生而陰氣殺；是故陽常居實位而行於盛，陰常居虛位而行於末。」（春秋繁露 卷十一 王遺通）

陰陽爲兩氣，在漢朝已成定論。兩氣的性質互相對立，互相調協，互相完成。漢朝儒家王充。他的思想和董仲舒的思想並不相同。董仲舒的思想和漢朝易學者的思想爲同系，王充則反卦氣反天人相應，自成一派。但對於氣，王充和董仲舒有些相同。他主張天地有元氣。有陰陽兩氣，且有精氣。

「上世之天，下世之天也，天不變易，氣不更改。上世之民，下世之民也，俱稟元氣，元氣純和，古今不異。」（論衡 卷十八 齊世篇）

元氣爲一氣，古今不異，陰陽則是兩氣，兩氣的性質不同。

「或曰：鬼神陰陽之名也，陰氣逆物而歸，故謂之鬼。陽氣導物而生，故謂之神。神者伸也，申復無一，終而復始。」（論衡 卷二十 論死篇）

陽陰兩氣，也卽是天地之氣。易經以天地合而萬物生，王充以天地之氣相合，萬物自然化生。

「天地合氣，萬物自生，猶夫婦合氣，子自生矣。」（論衡　卷十八　自然篇）

天地之氣，爲陽陰的氣，和男女的氣相同。這種思想由道教傳到宋朝，理學的第一位大師周敦頤接受了這種思想。也在太極圖說裏雖描寫的稍爲複雜，但在實際上他遵從易經和漢儒的系統。他說：

「太極動而生陽，……靜而生陰，……分陰分陽，兩儀立焉。……乾道成男，坤道成女，二氣交感，化生萬物。……」（太極圖說）

又說：

「立天之道，曰陰與陽；立地之道，曰柔與剛；立人之道，曰仁與義。」（太極圖說）

在太極圖說裏，陰陽有兩種意義。第一，陰陽是兩氣，第二，陰陽爲天地變化之道。易傳曾經說過：「一陰一陽之謂道。繼之者，善也，成之者，性也。」（繫辭上　第四）也說過：

「乾道成男，坤道成女。」（繫辭上 第九）易傳所說陰陽之道，指着陰陽爲變化的兩項元素，兩項元素的結合，就是宇宙變化之道；並不指着陰陽爲形而上之道。易傳所說乾道和坤道，指着乾坤的德能，成男成女。周敦頤的太極圖說引用易傳的話，意義和易傳相同。

張載也說：「由氣化有道之名。」（正蒙 太和）道爲氣的變化，也就是陰陽的變化。對於陰陽，張載主張爲氣：「氣有陰陽。」（正蒙 神化）

「陰性凝聚，陽性散發。陰聚之，陽散之。」（正蒙 參兩）

張載對於陰陽究竟係一氣的兩面，或係兩種氣，則不清楚。他有時說陰陽爲一氣的兩面觀，有時又說兩氣。

「一物而兩體，其太極之謂歟。陰陽天道，象之成也。」（正蒙 大易）

「一物兩體，氣也。一故神，兩故化。」（正蒙 參兩）

太極爲太虛，太虛爲氣的本體。太虛之氣有兩體，即是陰陽。所謂兩體，應是兩種氣。然而張載以陰陽爲氣的聚散，「太虛無形，氣之本體。其聚其散，變化之客形耳。」（正蒙太和）氣聚，萬物化生；氣散，回歸太虛。「氣不能不聚而爲萬物，萬物不能不散而爲太虛，循是出入，是皆不得已而然也。」（正蒙 太和）這種聚散就不能解釋爲兩種氣了，只是兩種變化。

邵雍主張陰陽爲一氣：

「本一氣也，生則為陽，消則為陰；一者一而已矣。」（觀物外篇下之十）

程頤以氣爲形而下，以陰陽兩氣相對相感應。因此他也主張五行不是一氣，而是五物。

「天地之間皆有對，有陰則有陽，有善則有惡。」（二程全書二 二程遺書十五 頁十四）

朱熹則主張陰陽只是一氣：

「陰陽只是一氣，陽之退便是陰之生，不是陽退又別有個陰生。」（朱子語類

卷六五）

「陰陽雖是兩個字，然却只是一氣之消息，一進一退，一消一長。進處便是陽，退處便是陰。長處便是陽，消處便是陰。只是這一氣之消長，做出古今天地間無限事來，所以陰陽做一個說亦得，做兩個說亦得。」（朱子語類 卷七四）

朱熹的思想，以陰陽爲兩個變化，變化不是本體，而是本體的動作。本體爲氣，陰陽爲一氣的變化。王船山則以氣的本體就有陰陽在太虛時，陰陽沒有顯出來，氣一開始變化，便顯出陽氣陰氣。現在有學人以陰陽爲兩種動力，有如黑格爾的正反。然而陰陽又不是正反的動力，互相抵消，而是互相調協，互相完成。並不是有陽便沒有陰，也不是有陰便沒有陽；陰陽在一物內，同時存在。

6. 五 行

五行在中國哲學裏可以說是哲學意義最少的一個術語，但是在中國的學術裏則用得最廣，中國傳統的幾項學術裏，都有五行的位置，而且位置還很重要：哲學、醫學、音樂、天文、地理、占卜、命相等等，都以五行爲骨幹。因爲五行含有很少的哲學以及他種學術的意義，現代青年以五行爲迷信，爲無稽之談，便連帶輕看中國的傳統學術。

我們現在研究五行，和研究陰陽一樣，探求五行在哲學上的地位，加以應有的意義，按照這種意義，可以解釋五行在中國哲學的影響。

甲、漢以前的五行思想

五行的名詞，在尚書洪範篇裏有：

「箕子乃言曰：我聞在昔，鯀湮洪水，汩陳其五行。帝在震忍，不畀洪範九疇……初一曰五行……五行：一曰水，二曰火，三曰木，四曰金，五曰土，水曰潤下，火曰炎上，木曰曲直，金曰從革，土爰稼穡，潤下作鹹，炎上作苦，曲直作酸，作革作辛，稼穡作甘。」

洪範的五行，不含有哲學的意義，而是五種材料。金木水火土，乃日用的材質，各有自己的性質和功用。這些性質和功用，爲金木水火土天然所有，也都是形下的物質性，沒有哲學的價值。可是後來秦漢的五行說，卻把這些材質的五行和五行的物質性特性，引用到宇宙論。

首先引用五行的學術，應爲天文曆數，虞夏書堯典有命羲和製定時曆，以東西南北配合春夏秋冬，又有皇帝四巡，雖然沒有五行的術語，然已經爲後來的月令鋪路。

墨經下經有「五行毋常勝，說在官。」一似說五行彼此有相勝之道，後來鄒衍便有五德終始說。

左傳已有五行相勝之說，昭公九年，

「夏四月，陳災，鄭裨竈曰：五年，陳將復封，封五十二年而亡。子產問其故。對曰：陳，水屬也，火，水妃也，而楚所相也。今火出而火陳，逐楚而建陳也。妃以五成，故曰五年，歲五及鶉火，而後陳卒亡，楚克有之，天之道也。故曰五十二年。」

火爲女的妃，火與水相合，水則能勝火。陳爲水，楚爲火，所以「逐楚而建陳。」左傳尚有多處，述說五行相勝的事。

周禮和禮記明白表示五行的思想，周禮祀五帝，「兆五帝於四郊。」（春官尤宗伯）天官瘍醫說：「凡藥，以酸養骨，以辛養筋，以鹹養脈，以苦養氣，以甘養肉，以滑養竅。」禮記月令以五帝五味配十二月，再配五行。五行的思想已經有了系統，有了結構。但周禮和禮記係漢初的作品，反映漢初的思想。

從現有的文據看來，使五行思想成爲系統的人，應當是鄒衍。鄒衍倡五德終始說，史記封禪書說：「鄒衍以陰陽主運顯諸侯。」

五行思想正式的發表，則以呂氏春秋爲第一册書，書中有十二紀，爲全書的中心。十二紀和禮記的月令相同，列舉十二月的氣，音，味，出，以配合五行，結成一個系統，使五行成爲宇宙的樑樑，又進而爲人事的規律。皇帝的政令都要順着氣運。

乙、漢朝的五行思想

漢朝儒家的代表爲董仲舒；這種代表性並不是因爲董仲舒的思想很高很充實，而是因爲董氏的思想代表漢朝儒家思想的特性，以陰陽五行揉合在孔孟的仁義禮智。春秋繁露裏有九篇以五行爲篇名，五行爲氣，各有特性，連接成一系統，相生相尅，「木生火，火生土，土生金，金生水，水生木；此其父子也。」（春秋繁露　五行之義）「五行之隨，各如其序；五行之官，各致其能。是故木主東方而主春氣，火居南方而居夏氣，金居西方而主秋氣，水居北方而主多氣。……土居中央，爲之天潤，土者，天之股肱也。」（同上）五行相勝：金勝木，水勝木，木勝土，火勝金，土勝水。這一切都是自然的現象，由自然的現象而取得現象的意義，構成五行的哲學系統。「天地之氣，合而爲一，分爲陰陽，判爲四時，列爲五行。」（春秋繁露　卷十三　五行相生）五行和一年四季，和天地四方互相配合，君主施政，隨順四時的氣運。班固的白虎通記錄當年漢章帝在白虎觀召開經學討論會的意見，書中充滿五行的思想，五行爲天所行的五氣，有相生相勝的次序，配合五味五臭五方和人事，再配合五常：仁義禮智信。

漢朝易學有卦氣說，孟喜以四正卦配四季，以十二消息卦配十二月，以四正卦的二十四爻配二十四節氣，以十二消息卦的七十二候，再以除去四正卦的六十卦的三百六十爻配一年三百六十五日，每一卦得配六日七分。把一年畫成一圓周形，把四正卦安置在東西南北四方，又配上春夏秋冬，然後配上五行，土居中央，震居東方，配春，配木；離居南方，配夏，配火；兌居西方，配秋，配金；坎居北方，配冬，配水。萬物萬事俱由氣而成，氣週流不息，凡是物，凡是事，一切都有五行，五行乃貫通一切。雖然王充反對當時的思想趨勢，主張一氣：「或曰：五行之氣，天生萬物，以萬物含五行之氣，五行之氣，更相賊害。曰：天當以一行之氣生物，令之相親相愛，不當令五行之氣，反使相賊害也。」（論衡 卷二 物勢篇）但是陰陽五行的思想，已成爲儒家的正統思想。

丙、理學家的五行思想

宋朝理學排除漢朝思想的讖緯迷信，洗刷漢朝易學的卦氣卦數，回到易經和中庸大學的思想。

周敦頤作太極圖和太極圖說，畫出天地變化的程序。易經曾有一種天地變化的程序：「太極生兩儀，兩儀生四象，四象生八卦。」（繫辭上 第十一）太極圖的程序是無極而太極，太極有動靜而生陰陽，陽變陰合而生水火木金土，二五之精妙合而有男女，男女二氣交感而生萬物。周敦頤捨棄了四象和八卦，加上了五行和男女。他的變化程序：太極，陰陽，五行，男女，萬物。五行爲五氣，五氣妙合而成男女。張載講氣而少談五行，邵雍講兩儀四象，程頤爲周敦頤的門生乃講五行，以五行爲五氣，乃陰陽的盛衰。朱熹繼承周、程的思想。他說：

「陰陽是氣，五行是質，有這質所以做得物事出來。五行雖是質，又有五行之氣，做這物事方得。然却是陰陽二氣截做這五個，不是陰陽外別有五行。」（朱子語類　卷一）

五行的相生，先爲輕質而後重濁，初生水火，次生木金，最後爲土。易經以乾坤爲陽陰，乾坤具有元亨利貞四性，朱熹以五行配四性：

「四性是：元是木，亨是火，利是金，貞是水。」（朱子語類　卷一）

漢儒已經以五行配五常，五常又配乾坤五性，這樣五行成爲儒家道德論的形上基礎，仁爲元爲木，義爲亨爲火，禮爲利爲金，智爲貞爲水。宇宙論和倫理學和心理學混成了一片，這也因爲儒家以宇宙爲一體的生命，一切互相貫通。

五行的思想由具體的材料而進爲五氣，由五氣而成爲五種元素，由五種元素而變爲五種特性。我們認爲五行乃陰陽的五種結合。宇宙的變化的出發點爲一，一是太極，太極因內在的動靜而分爲陽陰，陽陰互相交結，繼續不息。陽和陰的交結在時間和空間內週流，空間爲四方及中央，時間爲春夏秋多四季。時間和空間相配，在每一空間和時間，即是在每一方和每一季，陽陰有一種結合，因此有四種結合，每種結合爲一行，土則是中央，爲陰陽繼續循環的起點。天地間的萬物，人世間的諸事，都是在空間和時間以內，這樣一切事物便都由五行而成。氣分陰陽，陰陽結成五行，五行結成萬物。

註

(一) 馮友蘭　中國哲學史下冊，頁九八一，商務。
(二) 夏君虞　宋學概要，頁二六五，商務。
(三) 唐君毅　中國哲學原論，上冊，頁三九九—四九九，學生書局。
(四) 說文解字詁林　第五冊，頁二四九五一。
(五) 唐君毅　中國哲學原論，上冊，頁四三四。
(六) 錢穆　論道理，民主評論，第六卷第二期，頁三〇。
(七) 嚴靈峯　論道理，民主評論，第六卷第六期，頁一五〇。
(八) 錢穆　答嚴靈峯先生（同上）頁一五二。

(九) 王船山 尚書引義，卷五，頁一一。
(十) 唐君毅 中國哲學原論，上册，頁一六。
(十一) 同上 頁一八。
(十二) 王船山 周易內傳，卷一，頁一。
(十三) 王船山 周易內傳，卷一，頁六。
(十四) 同上 頁一九。

第三章　人　論

一、本　體

1. 秀　氣

人，在具體上是一個一個的人，當然屬於形而下，西洋哲學便將「人」在心理學去研究，但是存在論的哲學，在形上方面研究「我」，作爲「存有」的代表。「我」的研究，不是研究具體的形下問題，而是普遍的原則性問題，以「存有」代替「有」，我們研究「人」，便也可以從普遍性的原則方面，研究「人」的本體，「人」的性，再進而研究人的心和情。中國宋明理學家就是研究「人」的性理，又研究心和情的形上理由。

儒家研究人的本體，以禮記的禮運篇所說，作爲開場白，禮運篇說：

「故人者，其天地之德，陰陽之交，鬼神之會，五行之秀氣也。」

這種思想很明顯地是漢朝儒家的思想，講氣，講五行。人的本體由氣而成，氣分陰陽，陰陽常相結合不分離。人雖分男女，男屬陽，女屬陰；然男的本體含有陰，女的本體含有陽。由陰陽結合而有五行，由五行變化而有萬物。人的本體，便由五行而結成。每人在本體所有五行的成份，各不相同，有的多金，有的多木，有的多火，有的多水，有的多土，五行的成份不同，每人的個性便有異。

漢朝儒家還沒有講氣的清濁，氣的清濁是朱熹的思想；但是漢儒已經講氣有秀氣，秀氣爲氣中最佳的氣。所謂秀，也就是清明，不混濁，因此人乃能靈。

漢儒又以人本體的氣，含有天地的元氣，父母的氣，自身的氣。這一點已經不屬於形而上，是屬於形而下，道教的長生術，保養元氣，就來自這種思想。王充講看相，也來自這種思想。

禮運篇說：「其天地之德，陰陽之交，鬼神之會。」易經乾卦的文言說：「夫大人者，與天地合其德，與日月合其明，與四時合其序，與鬼神合其吉凶。」，整個宇宙結成一個系統的變易，爲能化生萬物。人的出生，也由這個系統變化所生。宇宙變化的元素，爲陰陽之氣，陰陽相結合而成人。陰陽成人的結合是一種最好的結合。符合天地好生之德，符合鬼神的意願；因此人的氣乃是五行的秀氣。

周濂溪說：「二氣交感，化生萬物，而變化無窮焉。惟人也得其秀而最靈。形既生矣。

五性感動而善惡分萬事出矣。」（太極圖說）

邵康節說：「人之所以能靈於萬物者，謂其目能收萬物之色，耳能收萬物之聲，鼻能收萬物之氣，口能收萬物之味。」（觀物篇 四十二）

朱熹說：

「以為氣言之，則知覺運動，人物若不異；以理言之，則仁義禮智之稟，則物固有之，而豈能全乎？」（朱子語類 卷四 孟子 告子上篇集注）

「二氣五行，交感萬變，故人物之生，有精粗之不同。自一氣而言之，則人物皆受是氣而生。自精粗而言，則人得其氣之正且通者，物得其氣之偏且塞者。惟人得其正，故是理通而無所塞，物得其偏，故是理塞而無所知。且如人頭圓象天，足方象地，平正端直；以其受天地之正氣，所以識道理，有智識。物受天地之偏氣，所以禽獸橫生，草木頭向下，尾反而上。」（語類 卷四）

人為萬物之靈，這是儒家一貫的主張，易經以人和天地，稱為三才，人和天地並列。人之所以高於萬物，即是在於有靈：「識彼理，有智識。」邵康節以人靈於萬物，在於五官之識。朱子則說：「知覺運動，人物若不異。」人物所不同的，在於能全於仁義禮智信。按朱子的主張，萬物也有仁義禮智信之理，人則能夠明通。爲甚麼人能明理，物不能明理呢？朱子說因爲人之氣正，物之氣偏，然而正偏兩個字，並沒有什麼意義，實際則是人之氣清，物之氣濁。氣清則明，氣濁則塞。氣淸，「故是理通而無塞。」氣濁，「故是理塞而無知。」

2. 人之大體小體

「公都子問曰：鈞是人也，或爲大人，或爲小人，何也？孟子曰：從其大體爲大人，從其小體爲小人。曰：鈞是人也，或從其大體，或從其小體，何也？曰：耳目之官，不思而蔽於物，物交物，則引之而矣。心之官則思，思則得之，不思則不得也，此天之所與我者。先立乎其大者，則其小者弗能奪也。此爲大人而已矣。」（孟子 告子上）

人爲萬物之靈，因爲人所得之氣，較比物之氣更淸明。但是在上面，我們聽見朱子說明，在感覺方面，人和物相同，那麼在人的自體內，是否有和物相同之氣，孟子更明白說人有大體和小體：小體爲感覺，大體爲心思，小體和禽獸相同，大體爲人的專有品。那麼，我們便該歸納一個結論，人之理爲一，人之氣，則淸濁兼有。

人之爲人，是具有人之理，理在宇宙間，按照朱子的主張，是唯一的：因爲朱子主張天地間只有一太極，太極卽是理，天地間所以只有一理。然而朱子又主張萬物各有一太極，萬物便各有一理。他用一個譬喩，說明這一條理論，天地的太極好比是一個月亮，萬物的太極好比是夜間各處所得月亮的光明。各處所得的光，有多有少；但都是得着同一月亮的光明。天地間的理只有一個，萬物都分有這同一理的一部份，萬物所得，有多有少，各按其性。故稱全具一太極。

「問一理之實，而萬物分之以為體，故萬物各具一太極。如此說：則太極有分裂乎？曰：本只是一太極，而萬物各有稟受，又各自具一太極爾。如月在天，只一而已，及散在江湖，則隨處而見，不可謂月分也。」（朱子語類　卷九十四）

理學家像程朱等注重「理」的人，把萬物的分別，歸到氣上。至於周子和張子更是以氣爲重點了。人物之理，既同爲一理，如月亮之光明，無論受光多少，所受的都是同一的光明。因此人物之理，雖多少有殊，然不能成爲人物互相分別的根本因素。人物所以不同，是因爲所受的氣不同。人之所以爲人，是因爲得有五行的秀氣。

人之理，是惟一之理，構成人性，人性是惟一的，不能分割或分裂。人之氣，構成人之實有形體，形體有部份，各部份不相等齊，因此之氣，雖較物之氣爲清，而人之氣中，兼有清濁。因着這種清濁，人有大體和小體。

甲、大　體

人之氣，最清者和理相合，成爲人心。心卽是人之大體。在講儒家的名學和心理學，我講人心的本質和功用。人心爲精神體，虛而且靈，能思慮，能徵知，且爲人一身的主宰。

人心之氣，旣是清明的；人性之理，乃能表現於人心。理學家認爲這一點，乃是人的專有品，爲人之所以爲人的特性。

乙、小　體

人之氣，濁者和理相合，成爲人體，人體卽是人的五官百肢，稱爲人的小體。

人的五官百肢，是有色的物質體。五官百肢的活動，有的屬於生育，有的屬於感覺。從生育一方面說，有的生物，較比人的生育能力更強。從感覺方面說，有的動物較比人，更是感覺靈敏。因此在小體一方面，人對於萬物，沒有多少可自誇的地方。雖然朱子說：人是頂天立地，較比萬物更爲正直；但是動物中，也有頂天立地的猩猩；而且鳥的高飛天空，不見得不如人的頂天立地！

二、性

1. 概論

易傳繫辭說：「一陰一陽之謂道，繼之者，善也；成之者，性也。」（繫辭上　第五章）陰陽變化所成的爲「性」，「性」爲物的根本，即是人所以爲人的理由。

性是天生的，中庸說：「天命之謂性」（第一章），所謂天命，普通說是「天生的」或「生來的」。告子乃說：「生之謂性」（孟子　告子上）；但是爲什麼天生或生來有呢？「天命」的解釋，從書經和詩經的思想，應該是「上天之命」，由「上天」所規定的，朱熹註中庸的話說：「命，猶令也。性，即理也，天以陰陽五行，化生萬物，氣以成形，而理亦賦焉，猶命令也。於是人物之生，因各得其所賦之理，以爲健順五常之德，所謂性也。」朱熹以人性爲德，大學開端說：「大學之道，在明明德。」（第一章）朱熹註說：「明德者，人之所得乎天，而虛靈不昧，以是衆理而應萬物者也。但爲氣稟所拘，人欲所蔽，則有時而昏；然其本體之明，則有未嘗是者。故學者當因其所發而遂明之，以復其初也。」朱熹的解釋，相當複雜。包含他的理氣二元論，又包含性和心的關係，但是簡單地說，性是人之爲人之理。人之爲人，可以從本體方面說，可以從生活行動方面說，西洋哲學的性常用兩個名詞，本體之性，爲 Essence；行動之性，爲 Nature，中國哲學講本體，是從生命去講，講性，便從生活行動去講，中庸所以說「率性之謂道」。大學也說：「大學之道，在明明德。」從生活方面去講，人所生來有的，不僅是生來之理，還有才，還有情，還有命。孟子曰：「口之於味也，目之於色也，耳之於聲也，鼻之於臭也，四肢之於安佚也，性也，有命焉，君子不謂性也。仁之於父子也，義之於君臣也，禮之於賓主也，智之於賢者也，聖人之於天道也，命也，有性焉，君子不謂命也。」（盡心下）

「孟子曰：乃若其情，則可以為善矣，乃所謂善也；若夫為不善，非才之罪也。」（告子上）

性，是人生活的根本。人的生活，有理性方面的因素，有生理方面的因素，有倫理方面的因素。生理方面的因素，是才；才是能力，人有天生的能力，有能力的器官。這些能力和器官，有些祇為生理的生活，有些是為感覺的生活，有些則為理性的生活。理性方面的因素，人有不學而能知的理性，有自然而生的情感。倫理方面的因素，人有天生的倫理規律，西洋哲學講人性，由理性方面去講，以人的理性為人性，稱人為有理性的動物。中國哲學講人，從倫理方面講，以人有倫理道德的標準，稱人為倫理之人。孟子以人生來有仁義禮智之端，沒有這四端，就不是人。（公孫丑上）孟子講人性，乃分食色之性和仁義之性。食色之性，爲感官的良能，仁義之性，爲心思之官的良知良能。

宋明理學家以性爲理，朱熹主張「理成人性，氣成人形」。但是朱熹繼續二程的主張，以「理一而殊」，人得全部的「理」，物得部份的「理」。這個宇宙萬物同一的理，爲生命的理，萬物都有生命；然而生命有階級，由得「理」的多少，生命表現就有多少，人得全部的理，生命在人便全部表現出來。爲什麼萬物得生命之理有多少不同呢？實際上生命之理只有一個，但是因爲萬物的氣有淸濁不同，氣濁，則理被蔽塞；氣淸，則理顯明，人之氣淸，稱爲秀氣。

陸象山更以性和理相同，理和心相同，性就是理，理就是心，「心外無理」。這個理，是人生之道，是人行爲的規律，王陽明稱爲良知。良知爲心。心爲理，良知就是理。性，在陸王的思想裏，地位不顯明。

儒家旣以性爲理，爲生活的規律，理當是善；但是因爲在生活上，人卻作惡，而且惡比善還多，因此，產生了善性善惡的問題，辯論了兩千多年，還沒有結論。

儒家又以性爲抽象之理，由心而顯明出來，性和心乃相連；然而性不是心，心不是性。佛教把一切都歸於心，主張「萬法唯心」，萬法由心發出來的，要收回去則仍由心收回去。心造了一切假的萬物，又由心破除假的萬物。造萬物的是假心，破除萬物的爲眞心。假心沒有性，眞心才有性，性是眞，是實相。性在佛教思想裏，意義不彰。

2. 性的意義

一說到「性」，我們都知道是指甚麼；但若要我們把性所指的東西，淸淸楚楚說明白，那就不是一樁容易的事了。儒家多談性善性惡，然而對於性的意義，並不確實地加以定義，我們就各家所說的，擇出幾種較有價值的。

甲、生之謂性

「生之謂性」，這是告子的主張，孟子曾與以反對：「生之謂性也，猶白之謂白與？曰然。……然則犬之性，猶牛之性，牛之性，猶人之性與。」（告子上）

孟子的反駁，實際上並沒有駁倒告子的主張。告子的生之謂性說，是說人所天生的稱爲性。程明道也曾主張：「生之謂性，生之謂也。」朱子註說：

「天之付與萬物者，謂之命，物之稟受於天者，謂之性。」（明道論性說　朱子全書卷六十七）

但是人所有天生的東西頗多，不能都稱爲性，而且也不能都包含在性以內。例如人的聰明智慧，是天生來的，但不能稱爲人性。

乙、天命之謂性

性。」

中庸第一句就說：「天命之謂性。」這句話和上面「生之謂性」，互相發揮性是天賦的，是與生俱來的。朱子註說：「命猶令也，性卽理也。天以陰陽五行，化生萬物，氣以成形，而理亦賦焉，猶命令也。於是人物之生，因各得其所賦之理，以爲健順五常之德，所謂性也。」這種解釋，較比中庸的原文，複雜多了。程頤簡單地說：「天所賦爲命，人所受爲性。」（近思錄　卷一）

丙、人的自然傾向為性

孟子和荀子談性，都是從這一點出發。孟子說：「天下之言性者，則故而已矣。故者，以利爲本。」（離婁下）朱子註說：「故也，其已然之迹，若所謂天下之故者也。利，猶順也，語其自然之勢也。」荀子也說：「凡性者，天下之就也，不可學，不可事。」（性惡篇）

丁、物的本能之體為性

這一說是張載的主張。他說：

「有無虛實，通為一物者，性也。感者，……性之神。性者，感之體，惟屈伸動靜，終始之能一也。故所以妙萬物者而謂之神，通萬物而謂之道，體萬物而謂之性。」（正蒙　乾坤下）

「由太虛有天之名，由氣化有道之名，合虛與氣有性之名，合性與知覺有心之名。」（正蒙 太和）

在人一方面說，凡是屈伸動靜，都有一個根本，纔能始終如一，不致錯亂。這個根本，卽是人性，卽是人的本能之體。

按着張子的一元論，人的本體，由氣而成。他所以說：「合虛與氣，有性之名。」人性由虛和氣而成。虛，是太虛之氣而成人性，人性乃能屈伸動靜。

程明道論性，也以性由氣而成。

「明道先生曰：生之謂性，性卽氣，氣卽性，生之謂者。人生氣稟，理有善惡，……善固性也，然惡亦不可不謂之性也。」（近思錄集註 卷一）

程伊川則改了主張。他在本體論上，開始講理氣二元，對於人性，他主張性是理，不是氣。朱子後來便繼承了他的學說。

戊、性卽理

人物都由理氣而成，理成性，氣成形，程伊川說：「性，卽理也。」（近思錄 卷一）

「性出於天，才出於氣。」(同上)

朱子的性論，就根據這種分別，以性爲理，才爲氣。他爲解釋性的善惡，也完全以這點作基礎。

「性，卽理也。在心喚作性，在事喚作理。」(朱子語類 卷五)

一物之理，是一物所以爲此物的道理。這種道理賦之於天。朱子以性和命，是一物的兩面，由天一方而說，稱爲命，由人的一方面說，稱爲性。

「問命者，天之所以賦予乎人物也。性者，人物之所以稟受乎天也。然性命各有二。自其理而言之，則天以是理命乎人物，謂之命，而人物受是理於天，謂之性。自其氣而言之，則天以是氣命乎人物，亦謂之命，而人物受是氣於天，亦謂之性。曰：氣不可謂之性命，但性命因之而立耳。故論天地之性，則專指理言；論氣質之性，則以理與氣雜而言之，非以氣為性也。」(答鄭子上 朱子大全 卷五十六)

朱子特別指出氣不可謂之性，他不贊成張子的主張。但是天地之性和氣質之性，兩個名字，則出於張子，朱子採用了爲解釋性之善惡。

3. 性的功用

儒家的理氣，有似於士林哲學的理（Form）和質（Matter），可是兩者也有許多不同之點。理和氣，結成個體之物，理（Form）和質（Matter），則只結成物性。因此理學家的「性」字，和士林哲學的「性」字，意義功效也多不相同。士林哲學家的性，包含理(Form)和質(Matter)；理學家的性則只有理，士林哲學的「性」，決定物的本體；理學家的「性」，雖亦決定物的本體，然其功效，另外是在關於倫理方面的善惡。

甲、人的善端發自人性

儒家討論人性，都是因着人性善惡的問題。孟子主張性善。以人性有「善端」。

「無惻隱之心，非人也；無羞惡之心，非人也；無辭讓之心，非人也；無是非之心，非人也。惻隱之心，仁之端也；羞惡之心，義之端也；辭讓之心，禮之端也；是非之心，智之端也。人之有是四端，猶其有四體也。」（公孫丑上）

這四種善端，爲一切人所同有，故發自人性。沒有這些善端，便不算爲人。人爲善爲惡，即在於知道發揮這些善端否。

乙、人性為五德之本

自漢儒講五行之說，宋儒理學家也都繼續講論，人得五行之秀。五行之本爲性，即是理。五行在人心即是仁義禮智信。

「謂一陰一陽之謂道，已涉形器，五性為形而下者，恐皆未然，陰陽固是形而下者，然所以為陰陽者，乃理也，形而上者也，五事固是形而下者，然五常之性則理也，形而上者也。」（朱子答楊子順　朱子大全　卷五十九）

「伊川先生說：天地儲精得五行之秀者為人，其本也真而靜，其未發也五行具焉，曰仁義禮智信。」（朱子答胡廣仲）

「天理既渾然。然既謂之理，則便是個有條理的名字。故其中所謂仁義禮智四者，合下便各有一個道理，不相混雜。以其未發，莫見端緒，不可以一理名。是以謂之渾然，非是渾然裏面，都無分別，而仁義禮智，却是後來旋次走出四件有形有狀之物也。須知天理，只是仁義禮智之總名。仁義禮智，便是天理之件數。」（朱子答何叔京　朱子大全　卷四十）

朱子以仁義禮智，即是天理之四端；天理便是仁義禮智的總合。天理之在於人，稱爲人性。至於「信」，朱子以爲不是一種特別的善德，乃是仁義禮智的誠實狀態。

丙、性為人的天理

天理之在於人者，稱爲人性，這種主張，在朱子和王陽明的學說裏，很爲顯明，朱子常以性爲心之理。所謂心之理，即是人心之天理。王陽明講良知，良知無論在那種人心裏，從未泯滅。良知則是知天理。

「天理在人心，亘古亘今，無有終結，天理即是良知。」（陽明全書　卷三）

士林哲學把本體論和倫理論，分開得清清楚楚，兩者不可相混。倫理的善惡，不能求之於物之本體。但是人之行動和人之本體，也並不是完全沒有關係，因爲本體之理和行動之理，互相銜接，例如自有實體之行動，當然和受造實體之行動不同，因此士林哲學有諺語 Ratio essendi est ratio operandi，不過士林哲學所說的行動之理，還是從行動的本身方面去說，並不是行動的善惡方面去說。至於說士林哲學也以人性有天理，那不是以人性爲天理，乃是以人性上有造物且所定的性律。

丁、人性為人天然傾向的根本

儒家講人性，雖然多從善惡方面去說，但有時也從本體方面去講。從本體方面講，人的天然傾向，都來自人性。天然傾向稱爲人的天能，是人生來就能夠作的。

「孟子曰：口之於味也，目之於色也，耳之於聲也，鼻之於臭也，四肢之安逸也，性也。有命焉，君子不謂性也。仁之於父子也，義之於君臣也，禮之於賓主也，智之於賢者也，聖人之於天道也，命也。有性焉，君子不謂命也。」（盡心章下）

「凡性者，天之就也，不可學，不可事。……不可學，不可事，而在人者謂之性。可學而能，可事而成之在人者謂之僞。是性僞之分也。今人之性，目可以見，耳可以聽。夫可以見之明不離目，可以聽之聰不離耳。目明而耳聰，不可學明矣。」（荀子　性惡論）

孟荀兩人對於性的善惡，主張不同；但是對於「人之所不學而能者謂之性」，兩人的意見相同。

4. 人物之性

上面我們講性的意義和性的功效，多從人性一方面去說，因爲理學家論性，只是論人之性。但在理論上，人性之在人和物性之在物，應該沒有分別。因此上面所說的，雖是論人性，也可用之於一切的物性。不過，話又該說回來，人性和物性，在自身上，應該有分別，宇宙的萬物，分爲許多類，每一類有一類的本性。人性和一切別的物性，當然便不能相同。

甲、人性和物性不相同

人和別的物體，不是同類，而且不是同級，人較比萬物更高。這是儒家一致的主張。那麼人性比別的物性，當然有高下的分別。人性之高，在於靈明，因着靈明，人乃能明透天理。朱子說：

「蓋天之生物，其理固無差別，但人物所稟之形氣各不同，故其心有明暗之殊，而性有全不全之異耳。若所謂仁，則是性中四德之首，非在性外別為一物，而與性並行也。惟人心至靈，故能全此四德，而發為四端，物則偏駁而心昏蔽，固有所不能全矣。」（朱子答徐子融）

張子說：

「凡物莫不有是性，由通蔽開塞，所以有人物之別。由蔽有厚薄，故有知愚之

別，塞者牢不可開，厚者可以開，而開之也難，薄者開之也易。開則達於天道，與聖人一。」（橫渠語錄）

理學家對於人物之性的主張，該從兩方面去看。一方面主張人物之性，彼此有相同的，即是性之本源。另一方面，主張人物之性有不同的，即是性之開塞。性之本源，是性的本身，是性之謂性，或稱天地之性。性的本身，按照理學家的主張，在人物以內，都是一樣的。人物的分別，乃是在於這個「性」是否可以完全表現出來。在物以內，因爲物心蔽塞，性不能表現於外，因此說性在物內不能全。性在人以內，因爲人心靈，乃能表明於外；然而人心，在靈通上，有高低的程度，高者爲聖爲智，低者爲愚爲惡。

我們若再往深裏去追問，性的同和分別，究竟由甚麼而來？朱子說人物之性，同者來自理，不同者來自氣。

「某有疑問矣先生曰：人物之性，有所謂同者，又有所謂異者。知其所以同，又知其所以異，然後可以論性矣。夫太極動而二氣形，二氣形而萬物化生，人與物俱本乎此，則其所謂同者，而二氣五行，絪縕交感，萬變不齊，則是其所謂異者。同者，其理也；異者，其氣也。必得是理，而後有以為人物之性；則其所謂同照者，固不得而異也。必得是氣，而後有以爲人物之形，則其所謂異者，亦不得而同也。……先生批曰：此一條，論得甚分明。」（朱子語類　卷四）

那麼天下人物之理，都完全相同了，天下便只有一理！若是人物之理，同是一理，人物之氣又怎麼能夠有分別呢？

「問理與氣。曰：伊川說得好，曰：理一而殊。合天地萬物言，只是一個理，及在人，則又各自有一個理。」（朱子語類　卷一）

「理一而殊」，雖說得好，可是很不好講。朱子的主張，是以天地萬物之理，同是一理的部份。他曾以月亮作比譬，月亮在天，只有一個，地上萬物，各物都受月亮的一部份光，理本是一個，人物所有的理，是這一理的部份。

「問人物皆稟天地之理以爲性，皆受天地之氣以爲形。若人品之不同，固是氣有昏明厚薄之異。若在物言之，不知是所稟，便有不全耶？亦是緣氣稟之昏蔽，故如此耶？曰：惟其所受之氣，只有許多，故其理亦只有許多，如犬馬他這形氣如此，故此會得如此事。又問物物是一太極，則理無不全也？曰：謂之全亦可，謂之偏亦可。以理言之，則無不全；以氣言之，則不能無偏。故呂與叔謂物之性有近人之性者，人之性有近物之性者。」（朱子語類　卷四）

朱子所謂「全」，不是謂完全或整個之理，乃是謂全而守之或完全發揮之。人物之理，都不是天地整個之理，只不過理中部份的多少。

乙、人性相同

朱子說：「合天地萬物言，只是一個理。及在人，則又各自有個理。」這所謂各自的理，是否相同呢？孔、孟和荀子都曾主張人性相同。漢唐儒家既主張性有三品，於是便主張人性有等級了。雖說等級，只在於善惡，並不在於人之所以爲人，然而因爲儒家常把倫理界混入本體界，人性的三品，也有點關於人性的本體了。理學家講人性，固然以人爲同類，但因爲人有智愚賢不肖，便說人性也有分別了。他們以爲人性的分別，也是根之於氣。

因此關於人的同性同類，可以從三方面去看。在人之所以爲人一方面去看，人是同類同性的。從人性本身方面去看，人性卽是理，理是相同的；卽所謂天地之性相同。從每個人具體的人性方面去看，因爲包含理與氣，卽所謂氣質之性，則每個人都不相同了。

孟子說：

「故凡同類者，舉相似也，何獨至於人而疑之？聖人與我同類者。故龍子曰：不知足而為屨，我知其不為蕢也，屨之相似，天下之足同也。口之於味，有同耆也。易牙先得我口之所耆者也。如使口之於味也，其性與人殊，若犬馬之與我不同類也，則天下何耆皆從易牙之於味也。至於味，天下期於易牙，是天下之口相似也。惟耳亦然，至於聲，天下期於師曠，是天下之耳相似也。惟目亦然，至於子都，天下莫不知其姣也，不知子都之姣者，無目者也。故曰：口之於味也，有同耆焉；耳之於聲也，有同聲焉；目之於色也，有同美焉；至於心，獨無所同然乎？心之所同然者，何也？謂理也，義也。」（告子上）

孟子以人既同類，天然的本能相同，而且人心的理義也同。這就表示人性相同。孔子也曾說過：「性相近也，習相遠也。」（陽貨）

朱子解釋孔、孟論性的思想，謂兩人的看法不完全相同，然而都是以人性為同類。

「孔孟言性之異，未易以片言質。然略而論之，則夫子雜乎氣質而言之，孟子乃專言其性之理也。雜乎氣質而言之，故不曰而曰近，蓋以為不能無善惡之殊，但未至如其所習之遠耳。以理而言，則上帝降衷，人心之秉彝，初豈有二

理哉。」（朱子答宋際之 朱子大全 卷五十八）

人性相同，即理相同；但因所有之氣不同，乃有善惡智愚的分別。這種具體之人性，現代話稱爲個性。個性則人人不同。

丙、人性善惡

人性善惡的問題是儒家自孟子以後，常相爭論的問題。在中國哲學大綱上册，我曾說過這一點，於今則只就本體論，看看理學家的主張。

張載主張氣一元論，則性爲氣。性既爲氣，善惡由何而分呢？他把氣分爲本然之氣，和成形之氣。本然之氣，成人的人性，稱爲本然之性，稱爲天地之性，即抽象的人性。個體的人性，爲成形之氣。成形之氣，有清濁不同，於是人的氣質不同；因此這種氣質之性有善有惡。

「性於人無不善，繫其善反不善反而已，過天地之化，不善反者也。……形而後有氣質之性，善反之，則天地之性存焉，故氣質之性，君子有弗性者焉。」

（張載 正蒙 誠明）

程明道也是氣一元論者。他對於人性的善惡，認爲是每人所得的氣不同，善屬於性，惡也屬於性。他不講抽象的性。「明道先生曰：生之謂性，性卽氣，氣卽性，生之謂也。人生氣稟，理（按理說）有善惡；然不是性中元有此兩物相對而生也。有自幼而善，有自幼而惡。是氣稟有然也。善固性也，然惡亦不可不謂之性也。」（近思錄集註 卷一）

程伊川是第一個主張性爲理，本來是善，惡則來自氣。來自氣的稱爲「才」。性是善，才有善有惡。

> 「性出天，才出於氣。氣淸則才淸，氣濁則才濁。才則有善不善，性則無不善。」（伊川 近思錄卷一）

朱子主張抽象之性爲理，爲天地之性，無有不善。個體的人性夾有氣，稱爲氣質之性，有善有惡。

> 「論天地之性，則專指理言。論氣質之性，則以理與氣雜而言之。未有此氣，已有此性。氣有不存，而理却在。雖當其方在氣中，然氣自是氣，理自是理，亦不互相夾雜。至論其偏體於物，無處不在，則又不論氣之精粗，莫不有是

理。」(朱子語類)

「理如水流於清渠則清，流入污渠則濁。」(同上)

氣清，則氣質之性善；氣濁，則氣質之性惡。朱子不大說「才」，更不願把才和性相對。朱子說「才」時，以「才」爲「能力」。

「性者，心之理。情者，心之動。才，便是那情之會恁地者，情與才絕相近。」

(朱子語類 卷五)

然而無論怎樣，或者說才有善惡，或者說氣質之性有善惡，在本體論上都講不通，後儒顏習齋大加反駁：

「程子云：論理氣，二元則不是。又曰：有自幼而善。有自幼而惡，是氣稟有然也。朱子曰：纔有天命，便有氣質，不能相離。而又曰：既是此理，如何惡，所謂惡者，氣也。可惜二先生之高明，隱為佛氏六賊之說浸亂而不自覺。若謂氣惡，則理亦惡。若謂理善，則氣亦善。蓋氣卽理之氣，理卽氣之理，烏謂理純一善，而氣質偏有惡哉。譬之目矣，眶皰睛，氣質也。其中光明能見者物者，性也。將謂光明之理，專視正色，眶皰睛，乃視邪色乎？余謂光明之理，專視正色，眶皰睛，乃視邪色乎？余謂光明之理，固是天命，眶皰睛，是天命，更不必分何者是天命之性，何者是氣質之性。只言天命，人以目之性能視，卽目之性善。其視之也，則情之善。其視之詳略遠近，則才之强弱。蓋詳且遠者固善，卽略且近，亦第善不精耳，惡於何加？」（顏氏學記 卷二 存上）

善惡不能由本體論去談，皆從心理方面去求。顏習齋以爲行善行惡，所用的本能都是一樣。例如正視邪視，所用的都是自己的眼睛，只是在用時，有誤用或不誤用也。誤用本能爲惡，不誤用則善。

「耳聽邪聲，目視邪色，非耳目之罪也，亦非視聽之罪也。皆誤也，皆誤用其情也。誤始惡，不誤不惡。」（同上）

三、心

西洋哲學在傳統的理論心理學，講論靈魂（anima），以爲人的生命之中心，爲精神體，能在人死以後，獨立存在。現代西洋哲學則摒棄了靈魂，只講 Mind，這個名詞只指理性活動中心，不是指能在身後存在的精神體。當代有人翻譯王陽明的「心」和「良知」，用這個 Mind，實際上，原文和翻譯的意義並不相同。

1 心的本質

中國哲學的「心」，指的人的本體的一部份，而且是最重要的部份，孟子稱爲人的大體，也是人和禽獸的分別點，就是人的特性；孟子稱爲「心思之官」。現在我們說「人爲心物合一體」，心爲心靈，物爲身體；心靈爲精神，身體爲物質。儒家的傳統思想，以心爲人生命的中心，心顯出人性，又統制情感。

甲、心的意義

儒家的哲學，目的在於修身；因此歷代的儒家，都注意在一心字，心字眞可以說是儒家哲學思想的中心。

在儒家的哲學思想裏，心是指的甚麼？

A 荀子說：「心者，形之君也，而神明之主也，出令而無所受令。」（解蔽）

荀子從心的本身着想以心爲人的神形的主宰，人身的主宰稱爲心，心統制人內外的活動。

B 邵雍說：「心爲太極，道爲太極。」（觀物外篇）

「先天學心法也，圖皆從中起，萬化萬事生於心。」(先天卦位圖說)

邵雍以「心爲太極」，「萬化萬事生於心」，陳鐘凡便認爲邵子主張「先天唯心說」，因爲邵子又以「宇宙萬有生於一心」，其實邵子和「先天唯心說」，一點關係也沒有。邵子明講陰陽，講氣，陰陽和氣，並不是心所造生。邵子所要說的，是人在認識宇宙時，不宜靠着眼睛該用心。而且也不是用心，而是用理，人是用理去推知宇宙的一切。

「夫所以謂之觀物者，非以目觀之也。非觀之以目，而觀之以心也。非觀之以心，而觀之以理也。」(觀物篇)

既是用心按理去觀物，因此可說「心爲太極，道爲太極」，既然是按理去推知宇宙變化，可以說是先天學。邵子的先天圖就是這樣成的。

C　張載說：「心統性情者也。」(語錄)

「合性與知覺，有心之名。」(正蒙太和篇)

張子是第一個就心的本體上去論心。荀子說心爲主宰，邵子說心爲觀物之理，都是從心的本身作用上說。張子以心統性情，乃是從心的本體去說。心究竟是甚麼？心是人的性再加以情和知覺，即是說，心包有性和情和知覺，心和性和情和知覺，都有分別。

D　程伊川說：「自理言之謂之天，自稟受言之謂之性，自存諸人言之謂之心。」（遺書二十二上）

「在天爲命，在義爲理，在人爲性，主於身爲心，其實一也。」（遺書十八）

程頤把性理，命心，同指一實，只是在觀察點上有不同。因此，心，性，理，命的涵義相同，心實際上就是性。他又說：

「性之本謂之命，性之自然者謂之天，自性之有形者謂之心，自性之有動者，謂之情：凡此數者，皆一也。聖人因事以制名，故不同者此，而後之學者隨文析義求奇異之說，而去聖人之意矣。」（遺書二十五）

聖人既是因事以制名，事不同，名纔不同。心和性既不同名，在聖人的思想裏，所指的事也便不相同；豈可以說心和性同指一事？程頤自己也說：「自性之有形者謂之心。」性而加以形，當然不是純淨的性。

「性之有形者謂之心」，這個定義，很可以代表儒家的「心」。儒家的「心」，即是具體的性。

E　朱熹說：「心，主宰之謂也，動靜皆主宰。……心統攝性情，非攏侗與性情爲一物

而不分別也。」（語類 卷五）

「心是神明之舍，爲一身之主宰，性是許多道理，得之於天而具於心者，發於智識念慮皆是情，故曰心統性情。」（語類 卷五）

「性者，心之理。情者，心之動。」（語類 卷五）

朱子集理學的大成，師程伊川，但不拘守師說。對於心字，他接受張載的主張，以心統性情。但是張子只是主張氣一元論，他則主張理氣二元；因此他以性爲理，情爲氣，心兼有理氣。不過，若追究下去，理屬於抽象，氣屬具體，理加氣，即是性的具體化，便同於程頤所說：「性之有形者謂之心」。所不同的是，朱子聲明「心統性情，非攏侗與性情爲一物而不分別也。」

F 陸象山說：「人皆有是心，心該具是理，心卽理也。」（全集 卷十一 與李宰書）「心一心也，理一理也，至當歸一，精義無二，實不容有二。」（全集 卷一 與曾宅之書）

陸象山跟朱子的思想，互相的衝突點頗多。最重要的一點，是朱子主張理和氣，象山則只主張理，既只主張理，便以心爲理。

G 王陽明說：「心卽理也，天下又有心外之事。心外之理乎？」（傳習錄上）

「又問心卽理之說。程子云：在物爲理。如何謂心卽理？先生曰：在物爲理，在字上當添一心字。此心在物則爲理。」（傳習錄下）

「心之體，性也。性卽理也。」（傳習錄中答顧東橋書）

陽明對於心性之說，宗於陸象山，而且他主張良知，更是力主心卽理，心和理不能分。

綜觀上面歷代各家對心的解釋，雖各有各的主張，但其中有點是大家所注意的：心爲人身的主宰，心爲性的具體化。所以儒家的心，可以說是「性之有形者，能爲人內外的主宰。」

乙、心的本質

A　心兼有理與氣　這種主張當然是朱子的主張，但朱子既是集理學之大成，他的主張，更能代表儒家的形上學，性爲理，爲心之理。心又有知有情，知情成於氣。因此心兼有理與氣。

張子以心爲氣，象山以心爲理，都稍有所偏，然而朱子有時也很含糊，不明說心兼有理氣，而似乎是介於理與氣之間。

「問如此，則心之理，乃是形而上否？曰：心比性則微有迹，比氣則自然又靈。」（語類　卷五）

「比性微有迹」，則不是性；「比氣又靈」，則又不是氣。朱子主張理氣二元論，豈能有非理非氣的心。他這處所說，是指心的虛靈。心因自己爲虛靈，故只微有迹，較比普通的氣更靈。

B 心爲虛靈 荀子首先提出心的特質，以心爲「虛壹而靜」。心爲虛，因此不以已經知道的知識和已經決定的志向，而拒絕新的知識和新的志向。心爲壹，因此所知道的事物雖多而不亂，知道加以綜合類別。心爲靜，因此雖常思慮而常靜。

「人何以知『道』？曰心。心何以知？曰虛壹而靜。心未嘗不臧也，然而有所謂虛。心未嘗不滿也，然而有所謂一。心未嘗不動也，然而有所謂靜。人生而有知，知而有志，志也者，臧也；然而有所謂虛，不以所已臧害所將受謂之虛。心生而有知，知而有異，異也者，同時兼知之；同時兼知之兩也；然而有所謂一，不以夫一害此一謂之壹。心臥則夢，偷則自行，使之則謀，故心未嘗不動也；然而有所謂靜，不以夢劇亂知謂之靜。」（解蔽）

靈、爲靈敏靈妙。心稱爲靈，因爲心的行動，靈敏又靈妙，不拘於地域，也不拘於時間。

「問靈處是心，抑是性？曰靈處只是心，不是性，性是理。」（朱子語類 卷五）

「此心本來虛靈，萬理具備，事事物物，皆所當知。」（朱子語類 卷五）

心之靈，從知覺上表示出來，知覺思慮，無所限制。往古今來遼遠近邇一刻就都知道。

「問知覺是心之靈，固如此，抑氣之為耶？曰：不專是氣，是先有知覺之理。理未知覺，理與氣和，便能知覺。」（朱子語類 卷五）

C 心爲清氣，爲非物質體

心之虛靈，來自心氣之清。人之氣，本較萬物爲清；心之氣，爲清氣中之清者。心之氣若濁，則固。若是固，則不虛靈；若是濁，則不明。人心則不但是虛靈，而且還是清明。

「人心譬如槃水，正錯而勿動，則湛濁在下，而清明在上，則足以見鬚眉察理矣。」（荀子 解蔽篇）

朱子而且說：「心爲神明之舍。」（語類）朱子所說的神明，雖不指着精神，但是既說明是神明，當然不是物質，張子說：

「凡氣清則通，昏則壅，清極則神。」（正蒙 太和）

儒家的精神和物質之分，是一個不容易解決的問題。氣完全是物質或兼爲精神，更是理學上的一個很難的問題，於今我們討論心的本體，我們至少要說，心由氣之極清者而成，爲非物質體。對於這一點，大家沒有可爭論的。若是心爲物質體，則不能爲虛。凡是物質體，自體是滿的，在所佔的空間以內，不容另一物體並存。人心則能兼藏千萬知識而不滿，便應該是非物質體。

理學家雖多以凡有形者，不稱爲「神」。尤其張載以物神相對，神無象而物有形。程子以心爲「性之有形者」，心不是神而是物，而且張子以心之靈妙不及性和道之靈妙。

「利者爲神，滯者爲物。是故風雷有象不速於心，心禦見聞，不弘於性。」（正蒙 誠明）

心較風雷更速，但常受見聞感官的阻礙，所以尚是滯，尚是物。但仔細說來，感官並不是心，感官雖可以阻礙心，卻不可以因此說心不靈。

張載不以心爲神，程顥卻以清氣，濁氣都可稱爲神，心當然是神了。他說：「氣外無神，神外無氣，或者，謂淸者神，則濁者非神乎？」（遺書十一）明道這種主張，把氣和神混而爲一，很欠正確。

我們爲避免理學家對神的爭論，我們不說儒家以心爲精神體，但至少我們以儒家主張心爲非物質體。若說非物質體，實際上不就是精神體嗎？這一點，我們也承認。然而精神體和神在儒家的思想裏；意義很不確定，我們寧可避免不用。

2. 心的動作

甲、心能知

儒家的孟子分人的知識爲「耳目之知」和「心之知」；儒家的理學家分人的知識爲「見聞之知」和「德性之知」。見聞之知都是耳目之知，德性之知也卽是心之知。可是我們若把這四個名詞，加分以析，我們便知道；「心知」較比「德性之知」更廣，德性之知包括在心知以內。德性之知是知理或知道，而這種心知，還不是抽象的心知，而是實際上，能夠以理或道去體念萬物。

「見聞之知，乃物交而知非德性所知，不萌於見聞。」（正蒙 大心）

德性所知爲天理，天理爲人心所有，不來自外物；因此說不萌於見聞。若以心之知，都不萌於見聞，則和荀子所說的徵知互相衝突了。程頤的主張和張載一樣：

「見聞之知，非德性之知。物交物則知之，非內也，今所謂博物多能者是也。德性之知，不假見聞。」（遺書二十五）

「見聞之知」和「耳目之知」也有些分別。耳目之知指的感官之知，即是感覺。見聞之知，是人對於外面物體的認識，是人心由感官而得的，所以不僅是感覺，還包含心的徵知。我們於今講心知，是根據孟、荀的分類，以心知爲感覺以上的知識。

A 「徵知」 荀子以「心有徵知。」（正名）楊倞註解說：「徵召也。言心能召萬物而知之。」徵解爲召，在普通的用語上可以這樣說，但解徵知爲徵召萬物而知之，則在哲學上等於兒戲，荀子的徵字必不是徵召萬物。

第一，心有徵知，心對於感覺能夠加以體驗。胡適之解爲證明，感官能夠有感覺，不能體驗自己的感覺，眼睛看物不知道自己看見物體。心則在眼睛看見一物時，知道眼睛的感覺，也知道自己的眼睛，有了感覺。

第二，心有徵知，是能徵集自己的知識，分類彙集。這卽是綜合的作用。能由單體的事物推出公共的觀念。荀子說：「徵知則緣耳而知聲可也，緣目而知形可也。然而徵知必將待天官之當簿其類。」（正名）心按照感官而有各類的知覺，又按感官而分類。荀子曾說心虛壹而靜，壹字的意義，爲「不以夫一害此一，謂之壹。」心同時能有許多不同的知識，彼此不相防害，荀子稱這種特性爲心之壹，這種壹字等於徵集之徵。心同時有許多不同的知識，又把這些智識，分類而壹之。

第三，心有徵知，徵字解爲召。召者，卽是回憶，心能召回以往的知識。荀子也說回憶爲臧。他講心虛時，曾說：「人生而有知，知而有志，志也者臧者。」（正名）志字可解爲志向，但更好解爲誌，卽是記憶。心的知識，不單是同時有許多不同的知識，也具有不同時的許多知識。不同時的知識，都是藏在心內，人要提出一種時，心便把以前所有的那種知識召回來。

B　心思　孟子稱心爲心思之官，特別注意在心思的思字。思不是單純的知，乃是思慮，推論。孔子曾說：「學而不思則罔，思而不學則殆。」（爲政）思和經驗相並行，求學是人的經驗裏最大最要的；但若是單只靠教師和書本，自己不加思索，求學必無所得；然而完全不從師不讀書，自己獨自去想，那也是白想了，而且還有幻想亂想的危險。所以朱子註釋說：「不求諸心，故昏無所得，不習其事，故危而不安。」

思是按着已經知道的事，去推知不知道的事。不知道的事，並不是將來要發生的事，乃是事物的道理。分析歸納和推想，都是思慮的工作。錢穆講程頤論思說：「據他（程頤）說：致知工夫只在思。思始能有覺悟，有覺悟始是學。能用思，能有覺悟，則聞見博而知益明，並不是不要聞。但聞見之上更有一番重要工夫則是思。他說：人思如泉湧，汲之愈新。又曰：思曰睿，思慮久後睿自然生。若於一事上思未得，且換別一事思之，不可專守着這一事。蓋人之知識，於這裏蔽着，雖強思亦不通也。

C 知「道」 博聞強記，孔子不稱爲學；見聞之知，儒者也不以爲知，儒家之知乃是認識「道」，認識「天理」。

心能識「道」，這是儒家所共同主張的，荀子說：

「故治之要，在於知道。人何以知道？曰心。心何以知？曰虛壹而靜。」(解蔽)

然而心對於道的認識，在儒家的思想裏，有許多爭論；最重要的，是朱子和陸象山，王陽明在致知格物上的爭辯。我們用簡單的話來說，這種爭辯，即是爭辯心之知「道」，是先天所有的，或是由學習而來的？朱子主張人須研究外面事物的道理，以明人心的天理之知「道」，是由力學而得。陸王則主張天理在於人心，反求諸心，天理自明。兩方爭辯的氣燄，當時很凶；不過，於今我們若加以分析，實際上所爭辯的只是很不關重要的幾點。因爲，第一：朱子和陸王都主張人心，有天理。第二：兩方都承認人心本來清明，能見心內的天理，只不過有時爲情慾所蔽。朱子說：「盡心如明鏡，無些子蔽翳，只看鏡子若有些小照不見處，便是本身有些塵泥。如今人做事，有些子鶻突窒礙，便只是自家見不盡。此心本來虛靈，萬理具備，事事物物，皆所當知。今人多是氣質偏了，又爲物欲所蔽，故昏而不能盡知，聖貴所以貴於窮理。」（語類）窮理盡性，爲儒家千古的大原則，朱子主張窮理以盡性，重在窮理；陸王主張盡性以窮理，重在盡性。陸王以性爲理，理爲心，盡心卽窮理。朱子以性爲理，以心兼性情，窮理然後心纔能制情以盡性，所以所爭辨之點，只是一個方法問題。爲甚麼有這種爭論，那是因爲陸王主張「心外無理」。第三：程頤也主張格物窮理在於反躬。錢穆說：「可見他講格字有限制義。不要因物而遷，愈引愈遠，要限制在物與我之相交點，而自明我德性所固有之理，則便非捨了德性而專求明物理。……可見格物不是放我心去隨着物，乃是限制在物上窮其理，而此理則仍不外於在我之德性。……可見格物窮理，乃窮此物我內外合一之理，並非離我而外窮物理。」朱熹繼承伊川的學說，主張一致。因此他和陸王不同的，是他以物各有理，物理同於心之理，陸象山則以天下只有一理，此理乃人心之理。

說明了以上各點，我們可以明瞭儒家所說心能知「道」，不是指的心對於一切事物的物理所有的認識，因爲船能浮於水上，人能騎馬，這些物理，不能稱爲「道」。稱爲道的理，乃是人爲修身齊家治國該守的天理。這些天理，在於人心，稱爲人心德性，稱爲人的明德。認識這種天理，纔稱爲知「道」。所以知「道」卽是德性之知。

德性之知，是人或直接反觀其心，或間接由物而反觀其心，對於自心的天理所有的認識。

德性之知，是人自然而有的知，王陽明稱之爲良知，朱子雖主張窮物理以有德性之知，窮物理不過是一種預備，到眞能有德性之知時，德性之知也是人心自然而生。他說：「至於用力之久，而一旦豁然貫通焉。」（大學格物補傳）用力窮物理到了相當程度，心對於天理，一旦豁然貫通。便是心自然而生的德性之知。

乙、心為主宰

A 主　宰

在西洋哲學裏人的天份技能，分爲理智和意志，理智能知，意志能主宰。儒家的哲學，則以心兼理智和意志，心能知，心也爲主宰。

心爲人身內外的主宰，荀子和朱子都說得很清楚。

「心者，形之君也而神明之主也，出令而無受令。」（荀子　解蔽）

「心，主宰之謂也。」（朱子語類　卷五）

「心是神明之舍，為一身之主宰。」（朱子語類　卷五）

「形之君」：形指的人的形體，四肢百體都包括在形內，這一切都受心的節制，心爲它們的君主。

「神明之主」：神明在這裏不是指的天神地祇，是指的人的精神。所謂精神，即是人的靈妙處，這種靈妙處，也受心的指揮。思慮是人的靈妙，思慮便由心而受令。

「出令而無所受令」：心在一個人的本體上，是最高的主宰者，沒有在它以上的。意則由心而動，再向情發令；意是在心以下，在情以上，但所謂無所受令，並不是說每個人都完全獨立，不受長上的約束。在法律方面和倫理方面，世上的人都有所從屬。在心理方面，每個人的心，是自己的最高主宰，別人不能直接強迫。自己所不願意做的事，被人用強力驅使手足去做，那不算他做的事。荀子所以說：

「心者，形之君也，而神明之主也。出令而無所受令。自禁也，自使也，自奪也，自取也，自行也，自止也。故口可刼而使墨云，形可刼而使詘申，心不可刼而使易意。是之則受，非之則辭。故曰：心容其擇也無禁，必自見。」(解蔽)

心的定奪，完全由於自己，不能像外面的肢體，受外力的強迫。所以儒家的修身，注重在正心誠意。心能主宰，是因心有自由。心有自由，是因不拘於一。既不拘於一，便能選擇。孟子說：「魚，我所欲也；熊掌，亦我所欲也。二者不可兼得，舍魚而取熊掌者也。生，亦我所欲也；義，亦我所欲也：二者不可得兼，舍生而取義者也。」（告子上）

在魚和熊掌之中，在生和義之中，人有選擇的自由，按理說，人該舍魚而擇熊掌，舍生而取義，但有些人也會舍熊掌而取魚，舍義而就生。

人的賢不肖，在於人自己願意作賢人或作不肖，並不是生來是賢或不肖。儒家以堯舜與人同心，人可爲堯舜，可爲桀紂。

「子曰：三軍可奪帥也，匹夫不可奪志也。」（子罕）

朱子註說：「侯氏：三軍之勇在人，匹夫之志在己，故帥可奪而志不可奪，如可奪則亦不足謂之矣。」志由心而發，心不能被人強迫。志爲堯舜，則爲堯舜，志爲桀紂，則爲桀紂。

B 意、志

在於今的中國哲學書裏，意志已成了一個專門名詞，指的西洋哲學裏和理智相並立的意志。在中國古代的哲學思想裏，意和志相分，意是意，志是志。朱子說：

「心者，一身之主宰。意者，心之所發。情者，心之所動。志者，心之所之，比於情意尤重。」(語類)

「情是性之發，情是發出恁地，意是發出要恁地。如愛那物是情，所以去愛那物是意。情如舟身，意如人去使那舟車一般。」(語類)

按照朱子的思想，心遇一物時則情動，當情動時，心便定奪是否可讓情去動，若是讓情去動，又該怎麼去動。心的定奪工作，稱爲意。心既定奪了，這種決定，則稱爲志。情跟意都是心之動。情屬於氣，人稟受怎樣的氣，人心動時，便也怎樣去動。所稟的氣清，人心的動則又輕又和；所稟的氣濁，人心的動則又急又亂。心動的或輕或急，或和或亂，都稱爲情。意則屬於理，心因理而定奪，對於情加以馭使。人之善惡，不在情之好壞，只在馭使的得法不得法。所以意字在倫理上，爲善惡的樞紐。

可是古書中又有所謂志氣，孟子說：

「夫志，氣之帥也。氣，體之充也，夫志至焉，氣以焉，故曰持其志無暴其氣。」(公孫丑上)

孟子並沒有把志氣合在一齊，他說：志爲氣之帥，因志是心的決定，人身之動，由心主宰。故志帥氣。孟子所說的氣，不指着情，也不指着四肢百體，是指着充滿人身之氣。朱子說：

「氣，一也，在於心者，則為志氣；在於形體者，即為血氣。」(答李晦叔書)

孟子的無暴其氣和養氣，不僅是指的血氣，孟子自己曾說：「其爲氣也，配義與道，無是餒也。」用義和道去養氣，氣便不能是血氣之氣。普通我們說養精神，孟子的養氣，就等於養精神，普通又說把心放寬，理學家也說以心體萬物而不遺。以心體物可以相等於孟子浩然之氣。因此我們知道志氣，並不是屬於氣，仍是屬於心之理。不過在人心有一種決定後，人的情感常隨卽附加在決定以上，因此說志氣，卽是在志上，加有愛或希望了。

3. 心與理的關係

宋明理學的一樁很大的爭論，是陸、王和程、朱對於致知的爭辯，致知可以算是求學修身的方法，屬於形而下；但是致知問題的根源，是心和理的關係。這種關係，屬於形而上的問題。

甲、朱　熹

朱熹繼承程伊川的學說，以心統性情。性爲理，心除理以外有情。

朱熹又以物爲有理，萬物各有一太極。宇宙萬物之理，不包括在人心以內，人心以外尚有事物之理。

朱子因此解釋格物致知，有兩層意義，朱子說：

「所謂致知在格物者，言欲致吾之知，在卽物而窮其理也。蓋人心之靈，莫不有知，而天下之物，莫不有理。惟於理有未窮，故其知有不盡也。」（大學　補格物致知章）

「致，推極也，知，猶識也。推極吾之知識，欲其所知無不盡也。格，至也，物猶事也，窮至事物之理，欲其極處無不到也。」（大學章註）

「若盡心云者，則格物窮理，廓物貫通而有以極夫之之所具之理也。」（觀心說　朱子大全　卷六十七）

朱子解釋格物致知，第一是用心研究外面事物之理，增加自己的智識，第二是把自心之理，推用到一切事物之上。

宇宙萬物之理，雖各是一太極，卽各有各自之理。但宇宙只有一太極，宇宙只有一理。萬物之理，卽宇宙之理，人心之理，也就是萬物之理。因此，人若窮究萬物之理，一天必得豁然貫通，覺得自心之理，和萬物之理相通達，而得致天地之理，以達於至善。

乙、陸九淵、王陽明

陸九淵主張心卽理，理卽心。理與心相等。心外無理，萬物之理皆具吾心。

「蓋心，一心也，理，一理也。至當歸一，精義無二，此心此理，實不容有二。」（全集一　與曾宅之書）

陸子乃教人反而求諸自己之心。不要到外面去尋求事理。平生常主張尊德性。象山語錄記朱子的話：「陸子靜專以尊德性誨人，故游其門者多踐履之士，然於道學問處欠了。某教人豈不是道學問處多了，故遊某之門者踐履多不及之。」

王陽明贊成陸九淵的主張，用之作致良知說的基礎。陽明以良知爲心之理；明自心之理，而用之於事物，卽是格物致知。

「致知云者，非若後儒所謂充廣其知識之謂也，致吾心之良知焉耳。」(陽明全書卷一)

良知爲自心，致知便是反求諸自己本心，不是研究外面的物理。

「夫物理不外於吾心，外吾心而求物理，無物理矣。遺物理而求吾心，吾心又何物耶？」(陽明全書卷二)

陸王和程朱的衝突，在這一點上，很爲明顯。但若是追究到根本上去，兩家的衝突，並不是學理上的衝突，乃是方法上的衝突。爲說明這一點，我們該注意在一個理字。

丙，心之理與物之理

理字在理學家的思想中，是指的事物本體的所以然之理，但是同時也指的人生行動的原則。理學家承認這兩點是互相連貫的，事物所以然之理，也卽是人對於這些事物該守的原則。

普通稱人生的行動原則，稱爲道德律，或倫理原則；稱事物本體的所以然之理爲物性或事理。

儒家自孔、孟以來，所講的求學，都是注意在知修身之道，所謂求知聖人之道。聖人之道以天地之道爲準則，易經格外注意這一點。

「易之為書也，廣大悉備，有天道焉，有人道焉，有地道焉，兼三才而兩之故六。」（繫辭下）

「昔者聖人之作易也，將以順性命之理，是以立天之道，曰陰與陽，立地之道，曰柔與剛，立人之道曰仁與義。兼三才而兩之，故易六畫而成卦。」（說卦二）

天地之道，爲天地之理。例如陰陽，卽是天地萬物之性理。同樣，人道之仁義，也應當是人之性理。因此人之本體所以然之理和人生行動之道，合而爲一。理學家講人心之理，不單是講人性之理，也是講人生的道德律。而且理學家在講致知格物時，還是以人生道德律之理爲首，人性之所以然之理則居其次。理學家的思想。常是以人性本體之理，和道德律之理，爲一理之兩面，例如在本體方面說，人性有陰陽之理；在道德律方面說：人性有仁義之理。又如在本體方面說，人性有金木水火土五行之理；在道德方面說，人性有仁義禮智信五德之理。

儒家求學，既是在求知道德律之理，當然不注重事物本體之理。道德律之理既就是人性之理，人性在於人心。人若反身而誠，自明其性，人就知道自己該守的道德律了。在這一點上，程朱和陸王，彼此的意見，沒有不相同的，他們的意見所不相同的，是陸王主張專事反觀自心，程朱則主張反觀自心以外，還該研究事物之理。

朱子爲甚麼主張，在反觀自心之理以外，還該研究事物之理呢？因爲人心常有情欲之蔽，不容易自觀心中之天理；於是便該研究事物之理，爲助人貫通自心之天理，所研究之理，雖爲事物之性理或事理；然而這些事物之理，在人心常有相應之理，這種相應之理，就是人應付這些事物之道。

王陽明也知道，人心多有私欲之蔽，人常不易明見自心之天理，他乃力主去欲。人心因着私欲受蒙蔽，把私欲去了，人心自明，天理自顯。他爲貫徹這種主張，提出「知行合一」爲號召的標語。

王陽明的知，乃是良知，即是人心之天理。他所說的天理，是人生活動的道德律。良知爲人天生之知，不學而能，因爲人心的天理，沒有私欲之蒙蔽，自然而然地顯明出來。可是不可拿陽明的天生良知和西洋的「天生觀念說」相混。同時，也不可拿陽明的知行合一和古人的知易行難以及中山先生的知難行易，相提並論。陽明的知行合一，專指良知，即理學家所指德性之知，爲知是非之天理。

近來有人攻擊王陽明的主張，說他排斥見聞之知，阻止中國科學之進步。實際上尊重德性之知，輕視見聞之知，爲儒家一貫的主張。即是朱子的講學問，目的也是在貫通心中的天理。

陽明所說的見聞之知，並不是指的一切經驗知識。他主張排除見聞之知，也不是掃除一切的經驗知識。有人在這一層上，誤解了他。陽明的見聞之知，是說當人要行一椿行動時，對於這椿行動的是非，感官能有的刺激。例如遇着一個女人，你心中當時能有的好惡感官很可以與以刺激。王陽明主張在決定是非時，該完全聽良知的指導，不該聽感官的刺激。

四、情

儒家講性，心，情，不從本體論，也不是從心理學去講，而是從倫理善惡去講，儒家對於人行善行惡，不歸之性，也不歸於心，而歸於情；而且將惡常歸於情。因此要從形上理論方面去講「情」。

1. 情的本質

甲、情的字義

情字的意義，普通指的是感情，即是「喜怒哀樂之謂情。」這即是心理學方面所講的情字。

但是在中國古書裏和社會日常用語上，情字尙有別的多種意義，我於今只舉出幾種最重要的。

易經屢次說「天地之情」。例如：「天地之道，恒久而不已也。……觀其所恒，而天地萬物之情可見矣。」(恒象)「天地感，而萬物化生；聖人感人心，而天下和平。觀其所感而天地萬物之情可見矣。」(咸象)「大者，正也。正大而天地之情可見矣。」(大壯象)「萃，聚以正也。……觀其所聚而天地萬物之情可見矣。」(萃象)易經所說天地之情的情字，不是指的感情，而是指的情理，情字和理字的意義相同，因此易經的註釋，對於咸象則說：「極言感通之理。」對於恒象則說：「極言恒久之道。」

孟子的書上有說：「乃若其情，則可以爲善矣，……若夫不爲善，非才之罪也。……人見其禽獸也，而以爲未常有才焉者，是豈人之情也哉。」(告子上)孟子在這裏所說的情字，惠棟以爲和性字的意義相同：「孟子言性而及情，情猶性也。故文言傳說：利貞者，性情也。」㈠

普通社會上常說「天理人情」，或說「情理所不容」。這個情字，雖是指的是心的天理，但是和理字性字，稍有不同。戴東原說：「以我絜人，則理明。……以我之情，絜人之情，而無不得其平。」㈡理是指的道理。情是指的在一個具體的環境內，理的適用恰得其當；因此人便覺得應該是這樣。

現在我們所要講的，只是心理方面感情之情。

情爲心之動：

中庸第一章說：「喜怒哀樂之未發，謂之中。發而皆中節，謂之和。」朱子註說：「喜怒哀樂，情也。其未發則性也。」

荀子說：「性之好惡喜怒哀樂，謂之情。」（正名）禮記則明明指出人的七情：「何謂人情？喜怒哀樂愛惡欲，七者弗學而能。……故聖人之所以治人七情，舍禮何以治之！」（禮運）

禮記荀子中庸都以情和性相連，兩者的關係很密切。禮記以七情爲不學而能，中庸分七情有未發和已發，荀子則以情爲性之好惡喜怒。理學家根據這種思想，乃倡「性爲未動，情爲已動。」

樂記上已經說到：「人生而靜，天之性也。感於物而動，性之欲也。」程伊川的主張，跟樂記一樣：

「天地儲精，得五行之秀者為人。其本也真而靜，其未發也，五性具焉，曰：仁，善，禮，智，信。形既生矣，外物觸其形而動其中矣。其中動而七情出焉，曰喜怒哀樂愛惡欲。」㈢

以上所引的話，都注意在性字和動的，很明顯地主張情爲性之動。朱子繼承這種思想，加以發揮，說明「情爲心之動」。「性爲未發，情爲已發。」這是儒家一貫的思想，朱子也是屢次承認這種主張；但是他更好說情爲心之動。

「性是未動，情是已動，心包得已動未動。蓋心之未動則為性，已動則為情，所謂心統性情也。」（語類　卷五）

「性者，卽天理也。……情者，心之所動。志者心之所之。」（語類　卷五）

按照朱子的思想，性是抽象的天理，爲成一個具體的人性，理要和氣相結合，理氣相合則成心。性的本質既爲靜的天理，是爲抽象的理，便沒有所謂動，動是具體的實體纔可有的。性的具體爲心，因此情便稱爲心。

情爲氣：

朱子主張心兼性情，卽是運用他的理氣二元論。朱子以性爲理，以情爲氣。

「性，卽理也，在心喚作性，在事喚作理。」（語類　卷五）

人心由理和氣而成，這是心和理的區別，理只是理，心則在理以外兼有氣。朱子既說心兼性情，性相當於理，情便相當於氣。同時朱子也說心兼動靜，靜爲性，動爲情，靜爲理。動氣爲「情便是氣。」

性在一切人心，都是相同的，而且常是善。情由氣而成，則每個人都有區別，有善也有不善。得氣清的人，則情清，不蒙蔽性理，情便是善。得氣濁的人，則情濁，蒙蔽性理，於是便是惡。

朱子稱抽象的人性，爲「本然之性」；稱具體的人性，爲「氣質之性」。「本然之性」，只是理；「氣質之性」，有理有氣。情和「氣質之性」，意義並不完全相同，氣質之性，含義廣泛。情較氣質之佳，含義狹少。情由氣質之性而發。因此普通人說某人的氣質若何，不單是指的某人的感情怎樣，還指着人的脾氣，人的智力，但是情由氣而成，則是大家所承認的。

朱子的性善論，以性爲善，情則有惡有善。善惡的分別，在於蒙蔽或不蒙蔽人性天理。

「性只是理，然無那天氣地質則此理沒安頓處。但得氣之清明，則不蔽錮，此理順發出來。蔽錮少者，發出來天理勝；蔽錮多者，則私慾勝。便見得本原之性，無有不善。……只被氣質有昏濁，則隔了。故氣質之性，君子有弗性者

焉。」（語類）

「欲」即是人的願望，願望由情而起，七情每次發動時，人心就發動而有欲。欲並不只是說願望求得一件客體，凡是情動時，人心都有所願，喜則願喜，怒則願怒。因此情慾兩字合用，而且還可互相替代。「私欲」則指的人心的情，發有不合於天理的欲。天理乃大家所公，情慾既不合於天理，便稱爲私，乃一個人的私自情慾。荀子說：「性者，天之就也。情者，性之質也。欲者，情之應也。」（正名）

乙、情的發動

A 感於物而動

情雖爲心之動，情並不是常在動。中庸說：「喜怒哀樂之未發，謂之中；發而皆中節，謂之和。」朱子說：「未發謂之性」。然而情之「未發」和性，不是完全相同。情之未發，乃是人性的本能，禮記所以說：「七者弗學而能。」本能在沒有發者時爲靜，在發動時纔爲動，再確實一點，我們該說：情在性內，只是七情本能的理。性與氣相結合而成心，得七情本能的理，乃成爲七情的本能，本能和外物相接觸時，本能發爲動作，於是乃有七情。所以說：情是感於物而動。

「天地儲精，得五行之秀者為人。其本也真而靜。……形既生矣，外物觸其形而動其中矣，其中動而七情出焉。」（程伊川 見上）

「人生而靜，天生之性也。感於物而動，性之欲也。」（禮記樂記）

「人心之動，物使然也。」（禮記樂記）

所謂情因感於物而動，不限於外物之誘。外物之誘，乃引人於惡。感於物而動，乃凡七情之動，都因物而動。「物」可在人之外，可在人之內。譬如因別人的話而動怒，而動喜，人言是在我以外。若因我自己的一念一思而動欲念，思想是在我以內。但是無論在我以內或在我以外，都是在七情本能以外。七情的動，要有本能以外的一物或對象，與以激動，七情纔因此而發。

B 情既動乃有善惡

理學家以前的儒家，討論性的善惡，都把善惡歸之於性。朱子繼承二程的學說，以善惡歸之於氣。氣和理分為二，理為性；這樣便把善惡不歸之於性，而歸之於情了。程朱雖不明白指出情字，然說是氣足以障蔽天理，氣若障蔽天理則為惡。氣之障蔽天理，在於情欲。儒家因此常說私欲可勝天理。

我們上面把情分為未發和已發。未發為七情本能，已發則為情感。朱子以人得氣之清濁而分善惡，這是以善惡在於七情之本能，得氣淸的人，情的本能淸；得氣濁的人，情的本能濁，本能淸濁卽是人的善惡。對於這一點，淸代學者有許多人反對。顏習齋說：

「譬之目矣：眶，皰，睛，氣質也；其中光明能見物者，性也。將謂光明之理，專視正色，眶皰睛乃視邪色乎？……光明能視，卽目之善；是視之也，則情之善；其視之詳略遠近，則才之强弱，皆不可以惡言。……」（存性篇）

顏習齋批評宋儒的性善論，很爲得當。善惡問題不是物的本體上的問題，乃是倫理問題。倫理問題以人的行爲作基礎；因此情的善惡，不在於情的本能，而在於情的發動。中庸說：「發而皆中節謂之和」，和是道德上的一種很高的境地；在倫理上，情凡發而中於天理者謂之善，不中於天理者，謂之惡。情淸情濁，只是先天向善向惡的一種傾向。

情之發動，由心加以主宰，心主宰情欲，稱爲意，意便有善惡了。情是人性本能的發動，由意裁制，使牠中節。意若不加裁制，情便可泛濫而爲惡了。

2. 才

人有性，有心，有情，還有才。

才字源自孟子。孟子說：「若夫爲不善，非才之罪了。」（告子上）朱子註說：「才，猶才質，人之能也。人有是性，則有是才。」

近思錄卷一。錄程子和朱子對於才的言論。程子說：「性出於天，才出於氣。氣清則才清，氣濁則才濁。才則有善不善，性則無不善。」朱子說：「程子此說才字與孟子本文小異。蓋朱子專指其發於性者言之，故以才無不善。程子專指其發其氣者言之，則人之才，固有昏明強弱之不同矣。」又說：「朱子論才是本然者，不如程子之備。曰：然則才亦稟於天乎？曰：皆天所爲。但理與氣分爲兩路。又問程子謂才稟於氣如何？曰：氣亦天也。」近思錄集註者加註說：「氣稟之殊，其類不一，非但清濁二字而已。今人有聰明通達事事曉了者，其氣清矣。而所爲或未必皆中於理，則是氣之不醇也。人有謹厚忠信，事事平穩者其氣醇矣，而所知所未必皆達於理，則是氣之不清也。推此類以求之，才自見矣。」

從以上所引的文據裏，我們可以知道，才是指的一個人的才能，人的才能，特別表現於人的智愚，因爲人的特點，在於識理；人的才能，便在識理上表現出來。識理的才能，有智有愚。

人的才，來自氣。氣清者爲智，氣較濁者爲愚。人的氣常是清於物之氣；但是人彼此之間，所具之氣，又有較清較濁者，因此有智有愚。

孟子說：才沒有不善的，是就才的本身說。人的才能，無論是多是小，總是椿好事，壞處是人使用才能不得其當。程子說：才有善有不善，是把才和情相混。朱子說程子所說較比孟子嚴密，實際不及孟子的確當。

一個人的智或愚，在於所具氣之清濁；一個人的賢或不肖，也繫於所具氣之清濁。那麼爲甚麼一個人的氣較清，一個人的氣較濁呢？理學家以爲這是在於「命」。

「伊川言天所賦爲命，物所受爲性，理一也。自天所賦與萬物言之故謂之命，以人物之所稟受於天言之故謂之性，其實所從言之地頭不同耳。」（朱子語類卷五）

上面我們看見程子和朱子，以性稟於天，氣亦稟於天，才也是賦於天，因此一個人的智愚，出於命。

註

(一) 惠棟　周易述易微言。

(二) 戴東原　孟子字義疏證。

(三) 見濂洛關閩書　卷之四。

第四章 生活

中國哲學以「人生之道」作爲研究的對象，儒家固然全部思想集中在這一個對象，因而被稱爲「人文哲學」。道家老莊講論形上的「道」，但是講論「道」的目標，則在於人生，老子將「道」的虛無靜退作爲人生的原則，莊子更以「道」的自然飄渺，標爲生命的眞諦，佛教以萬法爲空，講天臺的止觀和華嚴的三重觀，仍舊爲教人脫離苦海，轉入涅槃。因此，在中國哲學的形上學，須要加「生活」的一篇，以求知中國形上學的全貌。西洋形上學可以停止在本體論上，中國儒家形上學則要研究人生活之道，講論生活的理論，至於生活的修養，儒家講論得很多，但是不能歸在形上學裏。

一、生活的原則

1 法 天

易傳說：「易之爲書也，廣大悉備，有天道焉，有人道焉，有地道焉。兼三才而兩之，

故六。六者非它也，三才之道也。」（繫辭下 第十章）

天地人，儒家稱爲三才，爲宇宙的代表，上爲天，下爲地，中爲人。三者相合，成爲一體的宇宙，宇宙生命的流行，流行在一體內。流行的原則，卽宇宙變易的原則，在天地人內是同一的；所以易傳說：一卦內有天道人道地道。卦，象徵變易；道，指變易原則，天地人變易之道，合成宇宙的變易，變易相連，變易之道也相連。人的變易，就是人的生命，生命的活動爲人的生活，因此人生活之道，和天地變易之道相連，而是順着天地變易之道，儒家乃有生活的一大原則：卽是「法天」。

易傳說：「天造神物，聖人則之；天地變化，聖人效之；天垂象見吉凶，聖人象之；河出圖，洛出書，聖人則之。」（繫辭上 第十一章）

2. 守 禮

聖人洞悉天地變化之道，因爲聖人的心上沒有私慾的蒙蔽。便按照天地變化之道，製定人們生活的規則，天地變化之道，稱爲理；聖人製定的規則，稱爲禮。

中庸說：「雖有其位，苟無其德，不敢作禮樂焉。雖有其德，苟無其位，亦不敢作禮樂焉。」（中庸 第二十八章）禮爲生活規則，人人都該遵守，故應由在位的君王去製定；但若是君王沒有聖人的道德，也不敢製定禮樂；有聖人的道德，沒有君王的地位，當然也不能製禮。周公製禮，因爲他有執政的地位，孔子是聖人，但是只是私人的身份，沒有製定禮規；

在後代，儒家以孔子的話具有「禮」的權威，公羊學者便尊孔子爲素王，爲着平民衣服的君王。

禮，依照天理而定，禮記書上說得很清楚。

「夫禮，以承天之道。……是故禮，必本於天，殽於地，列於鬼神，達於喪祭射御冠昏朝聘，故聖人以禮示之故天下得以正也。」（禮記 禮運）

「故聖人作則，必以天地爲本。」（禮記 禮運）

「禮也者，禮之不可易者也。」（禮記 禮運）

孔子非常看重禮，標擧禮爲倫理道德的規範，人爲行善修德，必須守禮。

「孔子曰：夫禮，先王以承天之道，以治人之情，故失之者死，得之者生。」（禮記 禮運）

「顏淵問仁，子曰：克己復禮爲仁。一日克己復禮，天下歸仁焉。爲仁由己，而由人乎哉！顏淵曰：請問其目。子曰：非禮勿視，非禮勿聽。非禮勿言，非禮勿動。顏淵曰：回雖不敏，請事斯語矣！」（顏淵）

禮爲天理的具體條文，人的生活以天地之道爲規律，天地之道爲天理，人的生活便以禮爲規範。

到了漢初，儒家已進到人的本體意義，人爲氣所成，氣的結合而成人性，人性依照天理而定，中庸開端便說：

「天命之謂性，率性之謂道，修道之謂教。」（中庸 第一章）

人生活的規範乃是人性，人性是人的天理；宋朝理學便以天、命、性、理，在意義上相同。大學開端也說：

「大學之道，在明明德，在親民，在止於至善。」（大學 第一章）

明德爲人性，明明德就是顯明人性，在人生活的各方面，都將人性顯靈出來，事事使人看出人性的天理，法天的原則，由守禮進爲率性。

二、誠

1. 中庸的誠

中庸以率性為人生活的原則，率性稱為誠，中庸第二十章說：

「誠者，天之道也；誠之者，人之道也，誠者，不勉之中，不思而得，從容中道，聖人也。誠之者，擇善而固執之者也。」

「自誠明，謂之性。自明誠，謂之敎。誠則明矣。明則誠矣。」（中庸 第二十一章）

「唯天下至誠，為能盡其性。能盡其性，則能盡人之性。能盡人之性。則能盡物之性。能盡物之性，則可以贊天地之化育。可以贊天地之化育，則可以與天地參矣。」（中庸 第二十二章）

「誠者，自成也，而道自道也。誠者，物之終始，不誠無物。是故君子誠之為貴。誠者，非自成己而已也，所以成物也。成己，仁也，成物，知也。性之德也，合全外之道也。故時措之宜也。」（中庸 第二十五章）

「故至誠無息，不息則久，久則徵，徵能悠遠，悠遠則博厚，博厚則高明。博厚，所以載萬物也；高明，所以覆物也；悠久，所以成物也。博厚配地，高明配天，

悠久無疆。如此者，不明而章，不動而變，無為而成……。」（中庸 第二十六章）

大學和中庸思想的系統，以人性爲根基。人性來自天，表現於人心。天、性、心，互相貫通，意義相同。「誠」，爲誠於人性，即是率性，所以說「自誠明，謂之性」，性是自己明淨，爲「明德」，人祇要誠性於，性自然會顯明。「自明誠，謂之敎」，人努力去誠於人性，便是敎育，如同大學所說：「大學之道，在明明德。」

「誠者，自成也，而道自道也。誠者，物之終始，不誠無物，是故君子，誠之為貴。」

誠不是太極，「自成」不是「自有」；誠於性，即是率性，物自然發揚以完成自己的性，如同中庸第二十二章所說盡性，「自成」自然完成自性的發展，「不成無物」，從本體論說，若是一物不是依照自己的物性，這個物便不能存在。西洋士林哲學主張「有」在本體上，常是眞美善。「道，自道也」，說是「率性之謂道」，「大學之道」，這種道，是人性自然之道，人必定要誠，「不誠無物」人在本體上不誠，則不是人，在倫理上不誠，則不成爲人。

「誠者，聖人也」，因爲聖人沒有私慾的蒙蔽，自然順着人性，「不勉而中」，普通一般人則有私慾的困擾，必須擇善固執，若能達到至誠的境界，則盡性而盡人性，且更能盡物性，即是能貫通天地之道，乃能贊天地的化育，達到天人合一的至善。

2. 周敦頤的誠

易經的思想，由戰國到宋朝，經過了兩次修改：第一次是漢朝五行讖緯之說摻入易經，第二次是魏晉南北朝道教長生之術混亂了易經。宋朝理學家所有的易經思想充份地表現了這種修改了的易經，他們中間最著名的是周濂溪和邵康節。

周濂溪作太極圖說和通書，太極圖有太極，陰陽，有五行，有男女，有萬物。太極乾坤是易經原有的思想，五行則是漢朝的思想，無極和陰陽男女更是道教的思想。陸象山便反對周濂溪太極圖說的無極，因爲既是道家的學說，而且和通書的思想不合，乃懷疑太極圖不是周子所寫的作品，而是僞作：

「梭山又書云：聖人發明道之本源，微妙中正，豈有不同一物之理，左右言之過矣。今於上又加無極二字，是頭上安頭，過為虛無好高之論也。」（晦庵答陸子美書）

「象山陸九淵第一書云梭山兄謂太極圖說與通書不類，疑非周子所為。不然則是其學未成時所作，不然則或是傳他人之文，後人不辯也……通書中焉止矣之言，與之昭然不類，而兄曾不之察，何也？太極圖說以無極二字冠焉，而通書終篇，未嘗一及無極字。二程言論文字至多，亦未嘗一及無極字。假令其初實有此圖，觀其後來，未嘗一及無極字，可見其學之進而不自以為是也。……」(晦庵答陸子靜書)

朱子和陸子美陸子靜反覆辯論，持力辯護自己的主張以太極圖說爲周子的著作，「無極而太極」之論，和易經不相衝突；而且朱子註釋通書時，以太極圖說的思想爲基礎。通書的思想，以「誠」爲主；太極圖說的思想，以「太極」爲主，兩書且都是周子的著作，則必定可以互相貫通。太極和誠究竟有什麼關係？

現在研究中國哲學的學者，早已注意這問題。

甲、吳康先生所著的「宋明理學」第一章論周敦頤時說：

「太極卽絶對，卽宇宙之本體或第一原理亦卽最高之命，此絶對或本體抑第一原理，為周普，為徧在，而不可指言為某一物，某一事，故亦曰無極。」(一)

「濂溪之釋誠，為出於乾元，純粹至善，無為而為善惡之幾，發微而不可見，充周而不可窮，性命之源，五常百行之本；則誠卽大傳之易，而為宇宙萬有之本之『純粹活動』(Actus purus)也。此熟粹活動之本質，有下列各義：宇宙之本源，……本體周徹，……功能周徹，……無本末無終始……」(二)

吳康先生的解釋，雖然沒有明說「誠」是「太極」，實際則是以「誠」等於「太極」。他說「誠卽大傳之易」。

但是吳康先生又以誠爲宇宙本體的純粹活動，而附加拉丁術語和中文術語「純粹活動」，兩者的意義不相同。拉丁術語爲士林哲學的術語，意爲「純粹的現實」。「純粹的現實」乃是不含潛能的現實，沒有變易的現實，是絕對的有，是完全的自立主體。純粹的現實則不是活動，更不能成爲宇宙本體的活動了。

捨了拉丁術語而祇取中文術語，「誠」爲宇宙本體的純粹活動；但又以這種活動爲宇宙的本源，爲無本末無終始，則又互相衝突，意義混亂不清。而且這種思想必不是周子所想到。

乙、唐君毅先生所著「中國哲學原論」第一册第十三章「原太極上」，特別提出了這個問題。君毅先生且以「通書」解「太極圖說」，以周子的「無極而太極」是較易經更進一步的思想，而太極的意義，則由「通書」的誠去解釋。他說：

「而通書之概念，可與圖說中之太極相當者，則是誠或乾元之概念。誠之概念，原自中庸。吾人如以誠之概念同於太極，為足以規定太極之涵義者，則吾人復可說濂溪在儒學史上之特殊地位，即其綜合易與中庸之思想為一，或以中庸釋易。而此亦昔所未有，後張橫渠之學，亦以通中庸與易傳為宗。伊川進而兼以中庸論孟之旨注易，是皆開宋代易學之義理一路之先河，而別於王弼韓康伯注易，求兼通於老子之玄理者也。」㈢

「今本此意以釋圖說，誠既相當於太極，則太極之本，只當以無說之，而且說之以無極。此正猶通書之以無思無為，寂然不動，說誠也。而太極之用，則首先於動有，正如誠之動之為有。……」

「唯以通書之誠，原出中庸，原為一道德性之天道與人道人德，涵具真實存在及至善之義者；則吾人今以誠之義，規定太極之義，便可確立太極為一涵具真實存在之性質及至善之性質者……。」㈣

唐先生很費費心思，又多加說明，並且也說：

「然吾人於此，却未嘗如朱子之確定太極一名之所指者為至極之理，自亦不須如朱子之於無極之極及太極之極，分作二解，謂一極指形，一極指理。而唯是據通書，以圖說中之太極之一名義，翻譯之為一真實存在之天人一貫之誠道，而無極之名則只為遮詮。易之太極之名，亦正賴吾人之此翻譯，而得其進一步之實義。」㈤

我對於唐先生的解釋，新穎而且深入，很表欽佩；但是我卻不完全表示同意。我所同意之點，是通書的誠和太極圖說的太極，互有關係，互相說明；不同意之點，是唐先生所說誠即是太極。

3. 誠的意義

甲、通書的誠不是太極圖說的太極

唐先生說：

「通書言誠之為源，謂卽乾元，卽萬物所資始；正同於圖說之以太極為萬物之所自生。是卽萬物之所以為一也。」㈥

但是「通書」的「誠上第一」說：

「誠者，聖人之本。大哉乾元，萬物資始，誠之源也。」

通書開端第一句說：「誠者，聖人之本」，沒有說：「誠者，萬物之本」太極則是萬物之本，而不是聖人之本。聖人之本，乃是聖人之所以成聖人，這是倫理方面的事。萬物之本，則是萬物之所以成萬有，這是形上本體方面的事。兩是互不相同，不能混爲一談。通書又說誠有自己的本源，本源是乾元。太極則是萬物的本源，太極自己不再有源。因此太極在上，誠在下，誠不是太極。

唐先生說：「通書言誠爲人之本，正同圖說之言人性之本於太極，爲人極之所以立。」

(七)實際上兩者不同：圖說言人性本於太極，爲形上本體論，由本體論到倫理論，乃以太極變易之道，以立人極。我們決不能以人極就是太極。

唐先生所以把誠和太極相混，緣因乃是他以中庸之誠，爲形上的實體。然而他又處處以誠爲德，「誠在中庸，原爲一道德性之天道天德與人道人德，涵具眞實存在及至善之義者。」

(八)「誠」既爲德，祇能說是太極之德，或說是天地在變化中所守之德，而不能便以爲是太極。

朱子也曾以周子的誠爲太極，他在通書第一章的註解裏說：「誠者至實，無妄之謂。天所賦，物所受之正理也。人皆有之，聖人之所以聖者，無他焉，以其獨能全此而已。此書與太極圖相表裏，誠，即所謂太極也。」(九)

朱子的解釋，和自己思想連貫。他以太極爲理，以誠爲人所得於天之正理，誠乃是太極。但是周子，並沒有以太極爲理，而且也不可能以太極爲理，誠也又不是爲理，因此誠決不是太極。

乙、誠是太極之德

老子的道德經以「道」爲宇宙的本源，「道」，變化無窮，化生萬物。「道」的變化乃是自化，「道常無爲而無不爲，王侯若能守之，萬物將自化。」(道德經　第三十七章)「道」自化的原則爲「自然」，「人法地，地法天，天法道，道法自然。」(道德經　第三十七章)「道」的自然而自化的力，稱爲德。莊子說：「動以不得已之謂德。」(莊子　庚桑楚篇)「道」自化而不得不動，因爲自然要動，「道」自然而動的原則規律，也稱爲德。自然而動，是必定要這樣動；必然要這樣動，便不會有另一樣的動；所有的動作，完全和本性相合；這就是誠。道家稱道的動常爲自然，儒家稱太極和天地之動常是誠。

誠便是太極之德，也是天地之德。

中庸第一處講「誠」的，是第二十章，章上說：

「誠者，天之道也；誠之者，人之道也。誠者，不勉而中，不思而得，從容中道，聖人也。」

「誠者……聖人也。」這種思想和周子通書的第一章所說相同。通書第一章開端就說：

「誠者，聖人之本。」

第二章又說：

「聖，誠而已矣。誠，五常之本，百行之源也。」

「五常之本，百行之源」即是說「人道」之本。這一點即是中庸所說「誠」爲人道之本。「誠者，天道也；誠之者，人道也。」

「誠」，爲天道或天德，因爲天地的運行，必定按照自己運行的規律而動，絕對不能有僞。朱子也曾解釋誠「爲至實無妄之謂。」

我所謂的德，是行爲之道。在倫理學方面，以按行爲之道而行，有所得於心，有所得於行動之動，按行道之道造成習慣，乃稱爲德。通書第五篇愼動說：

「動而正曰道，用而和曰德。」

這是從人一方面說：天地之動，則常是正，常是和，故天地之動便稱爲天道天德，天道天德的所以然究竟怎樣，就是誠。人之動，則不常是正，不常是和；因此，便該是「誠之」，「誠於自己的人性天理，使行動常是眞實無妄」

天地之道，也是太極之道；天地來自太極。太極不可見，不可言。太極生乾坤，乾坤爲天地，乾坤則可言了，故易經常說乾坤之道，中庸大學則說天道。

通書乃說：「大哉乾元，萬物資始，誠之源也。」誠爲乾元之德，誠發源於乾元。

丙、誠是太極變化之能力

德，本來也有能的意思，有力的意思。在道德經，德也代表道的自化之能；由自化之能，進而代表道之自化，代表道之變動。太極之德，便可以指着太極變化的德能，指着太極變易的動。

在中庸上，「誠」除指天道天德以外，又指天地乾坤之動。「誠者，自成也。……誠者，物之終始，不誠無物。……」「故至誠不息，不息則久……。」

周子通書裏也有這種思想。

「乾道變化，各正性命，誠斯立焉。……元亨，誠之通；利貞，誠之復。大哉易也，性命之源乎」（第一篇誠上）

誠由乾道變化而立；因爲萬物因着乾道的變化而有性命，按着性而行乃稱爲誠。物之性命，由太極的變易而有根源。誠因着性命而立。這個誠字是指着德性。元亨利貞，則是乾道的變化；周子以元亨爲「誠」的通知復，便是以誠爲乾元的變動了。

通書且以「誠」有幾有神。「幾」爲將動未動的狀態，「神」則是靈妙的行動。通書說：

「寂然不動者，誠也；感而遂通者，神也；動而未形有無之間者，幾也。」（第四篇聖）

朱子註解說：「本然而未發者實理之體，善應而不測者實理之用，動靜體用之間，介然有頃之際，則實理發見之端，而衆事吉凶之兆。」㈩

朱子以誠爲理爲太極，乃以神爲誠之用，或爲誠之動的端倪。我不以誠爲理爲太極，祇以誠爲太極之動，或說乾元之動。太極之動，乃動而不動，故曰寂然不動，然而太極有動，太極之動有神，有幾。在人一方面，人的動，可以是誠，因此，也有神有幾。人眞能誠而神而幾，便是聖人。「誠神幾，曰聖人。」（通書　第四篇聖）

丁、誠的特點

通書既以「誠」爲太極或乾元的德能，爲太極或乾元的動，通書就說明「誠」的幾種特點；這些特點乃是易經所說乾元變易的特點。通書說：

「靜而動有，至正而明達。」（第二篇誠下）

「誠無爲。」（第三篇誠幾德）

「寂然不動者，誠也。」（第四篇聖）

「天道行而萬物順，聖德修而萬民化，大順大化，不見其迹，莫知其然之謂神。」（第十一篇順化）

「動而無靜，靜而不動，物也。動而無動，靜而無靜，神也。物，則一通；神，妙萬物。……」（第十六篇動靜）

「至誠則動，動則變，變則化。」（第三十五篇擬議）

易經講解乾坤變化之道，說：

「範圍天地之化而不過，曲成萬物而不遺，通乎晝夜之道而知，故神無方而易無體。」（繫辭上 第四章）

「夫乾，其靜也專，其動也直，是以大生焉。夫坤，其靜也翕，其動也闢，是以大生焉。」（繫辭上 第五章）

「易，無思也，無為也，寂然不動，感而遂通天下之故，非天下之至神，其孰能與於此。」（繫辭上 第九章）

易經以易爲變易，爲動；周子以誠爲變動；誠即相當於易。易無爲，寂然不動；誠也是無爲，寂然不動。然而易，感而遂通，稱爲天下之至神；誠也是靜而動，至正明達，動而不見其跡。因此可以看到周濂溪以誠爲太極的變易。

戊、以誠貫通易經與中庸、大學

宋明理學家的旨趣，趨向於修身之道，儒家修身之道，在於大學的明明德和中庸的率性。怎樣明明德？在於正心誠意。怎樣率性呢？在於誠。

誠，爲著實無妄，無妄故能率性，率性故能明明德。這是從倫理學方面去講，誠爲聖人之本。

從形上學方面去講，人性來自乾元，「乾道變化，各正性命。……大哉易也，性命之源也。」誠是易，是乾元，誠又是人性之本。

易和誠，是無爲，是寂然不動，在不動中有動。中庸乃說：「喜怒哀樂之未發，謂之中；發而皆中節，謂之和。中也者，天下之大本也。和也者，天下之達道也。」七情未發謂之中，乃是寂然不動，寂然不動之中，中，謂之天下之大本，卽是說「大哉易也，性命之源也。」「誠者，聖人之本。」把本體論和倫理結合在一齊，易和中庸相貫通。因此通書乃說：「易何止五經之源，其天地鬼神之奧乎。」(第三十篇)

以中庸之誠貫通大學的正心，周子的遺書中有「養心亭說」一篇。「養心亭說」中有云：

「……予謂養心不止於寡而存耳，蓋寡焉以至於無。無，則誠立明通。誠立，賢也；明通，聖也。是賢聖非性生，必養心而至之。」(十)

養心莫善於寡欲，爲孟子的正心法，周子以寡欲應至於無欲，無欲則「誠」立。「無欲」來自佛教，以無欲能正心，本不和中庸大學之道；但周子以無欲作爲中，作爲明明德，無欲代表寂然不動，無欲便是誠了。他又回到他的一貫的思想上了。

註

(一) 吳康、宋明理學、華國出版社，民國四十四年版、頁三九。
(二) 同上、頁四三。
(三) 唐君毅、中國哲學原論上冊、人生出版社，民國五十五年版、頁四一三。
(四) 同上、頁四一七。
(五) 同上、頁四一七。
(六) 同上、頁四一四。
(七) 同上、頁四一四。
(八) 同上、頁四一六。
(九) 見周濂溪集、卷五、頁七四。
(十) 同上、卷五頁八七。
(十一) 同上、卷八、頁一三九。

三、中

1. 未發和已發

中庸以誠代表率性，率性的情況怎樣？中庸說：「喜怒哀樂之未發謂之中，發而皆中節謂之和，中也者，天下之大本也；和也者，天下之過道也。致中和，天地位焉，萬物育焉。」中庸的這段話，本來很簡單，也很明白，講行爲的善惡，在於合不合禮。禮是人生活的規範，人生活在情感中活動，禮便是情感活動的節奏。合於禮，是善；不合於禮，是惡。

宋朝理學常把倫理境界和本體境界相混，朱熹就以倫理善惡根於氣的清濁，呂大臨也以中庸所說的「中」爲人性。他說：「中庸，道之所由出也。」「中卽性也。」（宋元學案 呂范諸儒學案 頁五十五）又以中爲人心的本體，「當其未發，此心至虛，無所偏依。故謂之中。」（同上）心的本體既是未發，未發爲靜，於是中和未發，和心，和靜坐相連，楊時主張靜坐，羅從彥和李侗更實行靜坐。李侗爲朱熹的老師，實習靜坐四十年，朱熹不接受靜坐的修行方法，而主張「守敬」。但是他也參加了未發和已發的爭論。

對於這個問題，朱熹有舊說和新說，朱熹雖不接受李侗（延年）的靜坐，但很注意保持未發氣象以修行。

「李先生敎人，大抵令於靜中體認大本未發時氣象分明，卽處事應物，自然中節，此乃龜山門下相傳指訣。」（文集卷四十 答何叔京三十二書之第二書）

朱熹和張栻（南軒）交情很深，常常討論學術，對於中庸的未發和已發便互相討論。朱熹三十八歲往潭州拜訪張南軒，留住兩個月。屢屢就中庸的這個問題意見不合。張南軒在修行上，主張由已發去體驗未發；朱熹主張從靜坐未發去認識心的本體。後來兩人信札往返，朱熹乃作成他的舊說：以未發爲性，已發爲心。

「蓋有渾然全體應物而不窮者，是乃天命之流行，先生不已之機，雖一日之間，萬起萬滅，而其寂然之本體，則未嘗不寂然也。所謂未發，如是而已！未豈別有一物，限於一時，拘於一處，而可以謂之中哉！」（文集 卷三十 與張欽夫十書之第三書）

「蓋通天下只是一個天機活物，流行發用，無間容息。據其已發者而指其未發者，則已發者人心，而未發者皆其性也；亦無一物而不備矣。夫豈別有一物，限於一時，限於一處，而名之哉！」（文集 卷三十二 答張敬夫十八書之第四書）

朱熹四十歲以後，修改了自己的主張，在與湖南諸公論中和的書信裏，說明了自己的新說。

「中庸未發已發之義，前此認得此心流行之體，又因程子「凡言心者皆指已發而言」，遂目心為已發，性為未發。然觀程子之書，多所不合。因復思之，乃知前日之說，非惟心性之名，命之不當，而日用工夫全無本領。蓋所失常不但之義之間而已。」（文集 卷六十四 與湖南諸公論中和第一書）

「因復體察，見得此理須以心為主而論之，則性情之德，中和之妙，皆有條而不紊矣。然人之一身，知覺運用，莫非心之所為，則心者固所以主於身，而無動靜語默之間者也。然方其靜也，事物未至，思慮未萌，而一性渾然，道義全具，其所謂中，是乃心之所以為體，而寂然不動者也。及其動也，事物交至，思慮萌焉，則七情迭用，各有攸主，其所謂和，是乃心之所以為用，感而遂通者也。」（文集 三十二 答張敬夫十八書之第十八書）

朱熹新說以未發已發都屬於心，未發爲體，已發爲用；這樣便以「中」爲心之體。未發既是靜，中便是靜。若是修行在於保持心之本體，則又是主靜了，仍舊和舊說在根本上沒有多大分別。祇是朱熹把靜字換成敬字，敬不是靜，而是動；主靜，在於動中有靜，主於一。

2. 中

中，不是本體，是天地之道，爲宇宙變易的原則，也是人生活的原則。程頤曾以爲

「中」，是心未發時的氣象。心所以有這種氣象，則是有中正的原則。

書經中的洪範篇中，首先提出了這個原則：

「無偏無陂，遵王之義；無有好作，遵王之道；無有作惡，遵王之路。無偏無黨，王道蕩蕩；無黨無偏，王道平平；無反無側，王道正直，會有其極，歸有其極。」

人民的生活，遵從君王的指示；君王的指示，必定中正不偏。這種思想稱爲大中，稱爲皇極。僞今文書經的大禹謨，有四句話：「人心惟危，道心惟微，惟精惟一，允執厥中。」這篇文字雖屬僞書，然而執中的話在論語中有：「堯曰：咨爾堯，天之曆數在爾躬，允執其中，四海困窮，天祿永終。」（堯曰）

孔子在論語和中庸裏，都嘆惜說：

「中庸其至矣夫！民鮮能久矣。」（中庸 第三章）（論語 雍也）

中庸爲不過，不不及；然而不是呆板的規律，而是事事適合環境的要求，所以是時中，中庸說：

「君子中庸，小人反中庸。君子之中庸也，君子而時中；小人之中庸也，小人而無忌憚。」（中庸 第二章）

君子守中庸，以禮爲標準；禮的運用，須合於時。合於時，則爲時中。孟子曾經說：「執中無權，猶執一也。所惡執一者，爲其賊道也，舉一而廢百也。」（盡心上）例如嬖人臧倉向魯平公說孟子後喪踰前喪，父的喪禮薄於母的喪禮，不是君子。樂正子答辯說：「何哉？若所謂踰者，前以士，後以大夫，前以三鼎而後以五鼎與？曰：否！謂棺槨衣衾之美也。曰：非所謂踰也，貧富不同也。」

時中，然而不是隨流合汚。中庸特別說明「中」，須強執原則，中立不左不右：「故君子和而不流，強者矯！中立而不依，強者矯！國有道，不變塞焉，強者矯！國無道，至死不變，強者矯！」（中庸 第十章）

漢朝講易經，以卦氣爲主，又以卦配四方和四季。春配東方，配木。春的氣，爲陰始衰，陽始盛；也就是春的時中。若是春天陽很衰或陰很衰，就是說春天很熱或很冷，氣候就不時中。夏天則是陽盛陰衰，配火配南方。若是夏天不冷不熱或者冷，氣候也就不時中。

漢儒又以中爲心，心居人之中。禮記的樂記和史記的樂書，都說：「情動於中」，中是心。宋朝理學家討論「喜怒哀樂之未發，謂之中」，呂大臨、羅從彥、李延年，都以「中」爲人的主體，朱熹先解釋中爲性，後來解釋爲心的體；程頤則以爲中爲心的氣象。這些意見都和動靜的觀念有關係。宋儒多認爲心的本體爲靜，人心靜則安，如同大學所說：「知止而後有定，定而後能靜，靜而後能安，安而後能慮，慮而後能得，物有本末，事有終始，知所先後，則近道矣。」（第一章）而且隋唐的道敎，以宇宙元氣爲中，元氣爲宇宙的本體，中便是宇宙本體了。何況老莊特別講虛靜，道家和道敎，更以中爲虛靜的「道」。佛家講三諦，以中包括有和空，有，不有；空，不空。實際上，這都是中國哲學的體用合一所造成的；中是用，不是體；因爲體用合一，中就成爲本體了。

四、仁

儒家不都贊成以「中」爲心的本體，但都贊成以「仁」爲心的本體，易傳說：

「天地之大德曰生，聖人之大寶曰位。何以守位？曰：仁。」（繫辭下 第一章）

朱熹乃主張在天曰生，在人曰仁，仁就是生。孔子曾說他的思想，用一字可以貫通；這個字，是「仁」。

1.仁的涵義

甲、仁為天心人心好生之德

理學家的「仁」德，有什麼意義呢？他們又往易經去求仁的意義。易經說：「生生之謂易。」（繫辭上 第五）又說：

「天地之大德曰生，聖人之大寶曰位。何以守位？曰仁。」（繫辭下 第一）

程明道解釋說：

「天地之大德曰生。天地絪縕，萬物化醇，生之謂性，萬物之生意最可觀。此元者，善之長也，斯謂仁也。」（二程遺書 卷十一）

易經所謂天德，稱爲仁。人所應有的人德，也就是仁。天德爲天心之理，天心之理，在於生物，因此說天地以生物爲心。生物之心，即稱爲仁。朱子說：

「天地以生物為心者也，而人物之生，又各得夫天地之心以為心者也。……蓋仁之為道，乃天地生物之心，卽物而在，情之未發，而此體已具，情之旣發，而其用不窮。」(朱子仁說 朱子大全 卷六十七)

周子說：「天以陽生萬物，以陰成萬物。生，仁也；成，義也。」(通書 順化)為懂得「生，仁也」的意義，更好借用董仲舒的話：

「夫仁也，天覆育萬物，旣化而生之，有養而成之，事功無已，終而復始，凡擧歸之以奉人。察於天之意，無窮極之仁也。人之受命於天，取仁於天而仁也。」(春秋繁露 王者通)

天德之謂仁，是天地化育生物之心。在這種化育之中，包含着愛萬物之心。所以仁字包含一愛字，又包含着發育。

理學家裏，解釋仁字時，有人偏於愛字，有人偏於生字。

乙、仁不僅是愛也不僅是生

仁字的解釋，在儒家的傳統思想裏，常稱爲愛。孔子以仁爲全德，仁的意義很廣。但也屢以仁爲愛。孟子談仁義，常以愛爲仁。韓愈在原道篇說：「博愛之謂仁。」周濂溪解釋四德，主張：「愛，仁也。」

程頤和朱熹則明明指出，愛字不能概括仁字，仁的含義，較比愛的含義更廣泛。程頤說：「孟子曰：『惻隱之心，仁也。』後人遂以愛爲仁。惻隱固是愛也，愛自是情，仁自是性，豈可以愛爲仁？孟子言惻隱爲仁，蓋謂前已言「惻隱之心，人之端也。」既曰仁之端，不可便謂之仁。退之謂博愛之謂仁，非也。仁者固博愛，然便以博愛爲仁，則不可。」（朱子語類 卷五）

愛不足以稱仁，博愛也不可稱爲仁。卽是大公無私，還不是仁的本意。程頤曾主張公而無私爲仁，他說：

「仁之道，要之只消道一公字，公卽是仁之理，不可將公便換做仁。公而以人體之故為仁。」（朱子語類 卷五）

朱熹解釋程子的話說：「公不可謂之仁，但公而無私，便是仁。」

但是程朱的話都不澈底。他們既是主張仁爲性爲理，愛爲情爲用，他們以博愛不足稱爲仁；那麼大公無私，又爲什麼可以稱爲仁呢？大公無私難道不是和博愛一樣，同屬於情，屬於用嗎？若說公是理，爲什麼博不是理，而是情呢？

理學家中，又有人專從性理方面去解釋仁，主張仁就是生命之理。有仁卽是說有生。謝良佐有這種主張：

「心者，何也？仁是已。仁者，何也？活者為仁。死者為不仁。今人身體麻痺不知痛癢，謂之不仁。桃杏之核，可種而生者謂之仁，言有生之意；推此仁可見矣。」（上蔡語錄）

朱子也曾說：

「仁，是箇生理，若是不仁便死了！」（朱子語類　卷五）

但是朱子卻又反對上蔡的主張。他說：

「上蔡說仁是覺，分明是禪。」（朱子語類　卷五）

「上蔡說孝弟非仁。孔門只說為仁，上蔡却說知仁，只要見得此心，便以為仁。上蔡之說，一轉而為張子韶，子韶一轉而為陸子靜。上蔡所不敢衝突者，子韶盡衝突。子韶所不敢衝突者，子靜盡衝突。」（語類）

上蔡和張九成（子韶）等以仁爲生理。但仁的完成，在於自反於心，而知覺自心之仁。他們對於仁，重在「覺」。張九成說：

「仁卽覺，覺卽是心。因心生覺，因覺有仁。」（橫浦心傳）

以覺心爲仁，是因爲以心爲理；朱子說子韶一轉而爲陸子靜，陸子靜卽是主張以心爲理的人。但是朱子批評上蔡的主要理由，在於覺字爲佛教語。以覺爲仁，豈不是近於禪了。我們卽捨了覺字而就生字說，以生理爲仁，也不是儒家的正統思想，單有生理，仁字便和愛字沒有關係。愛字單獨不足以代表仁，生字單獨也不足以代表仁。愛和生連合起來，纔可以代表仁。

丙、仁為德綱

理學家談五常而重仁義，重仁義而又更重仁。

「仁」在孔子的思想裏，涵義最廣，應該解爲全德。孔子自己說：「若聖與仁，則吾豈敢！」（論語 述而）仁幾乎在聖以上。

理學家以仁爲諸德之首，而且爲德綱，他們是繼承孔子的思想。但是他們的解釋，則是根據形而上的性理。

仁爲諸德之首，因爲元亨利貞的元相配於仁之元，爲衆善之長，但所謂長，可以說是和衆善還是同在一列。仁爲五常之首，禮義智信還是和仁同等。

於今另外有一種理由，把仁從五常裏提出來，安置在一至高的位置，使它成爲諸德的根基。連「義」也不能和它同列了。這種理由，卽是仁爲心之體，義爲心之用。

孟子曾說：「仁，人心也。」理學家因各人對於心的主張不同，或以仁爲心之理，或以仁爲心。然而或是心中有理，或是心卽理，理則只有一個，仁便也是一個。在這一個「仁」裏，包含有一切德行的理由。

張載說：「仁者，德之原也。忠恕者，與仁俱生。禮義者，仁之用。敦厚虛靜，仁之本。敬和接物，仁之用。」（語錄 全書卷十二）

又說：「義，仁之動也。流於義者，於仁或傷。仁，體之常也，過於仁者，於義或害。」（正蒙 至當）

張子以太虛爲仁之源，以義爲仁之用。在張子的思想裏，仁可以說是一切德行的「體」；因此他說：「禮義者仁之用。」「敬和接物仁之用。」

朱子說：

「故語心之德，雖其總攝貫通，無所不備。然一言以蔽之，則曰仁而已矣。請試詳之。蓋天地之心，其德有四，曰元亨利貞，而元無不統。其運行焉，則為春夏秋冬之序，而春生之氣無所不通。故人之為心，其德亦有四，曰仁義禮智，而仁無不包。……誠能體而存之，則衆善之源，百行之本，莫不在是。此孔門之教，所以必使學者，汲汲於求仁也。……此心何心也？在天地則坱然生物之心，在人則溫然愛人利物之心，包四德而貫四端者也。……或曰：程氏之徒，言仁多矣。蓋有謂愛非仁，而以萬物與我為一，為仁之體者矣。亦有謂愛非仁，而以心有知覺釋仁之名者矣。今子之言若是，然則彼皆非歟？曰：彼謂物我為一者，可以見仁之無不愛矣，而非仁之所以為體之真者也。彼謂心有知覺者，可以見仁之包乎智矣，而非仁之所以得名之實者也。」（朱子　仁說）

「今日要識得仁之意思如何。……集註說愛之理，心之德。愛是惻隱，惻隱是情，其理則謂之仁。心之德，德又只是愛？謂之心之德，却是愛之本柄。……且如程先生云：偏言則一事，專言則包四者。上言四德之先，猶五常之仁。恰似有一個小小底仁，有一個大大底仁。偏言則一事，是小小底仁，只做得仁之

一事。專言則包四者，是大大底仁，又是包得禮義智底。」（朱子語類 五卷）

「仁字，須兼義禮智看，方看得出。仁者，仁之本體。禮者，仁之節文。義者，仁之斷制。智者仁之分別。猶春夏秋冬雖不同，而同出於春。春，則生意之生也。夏則生意之長也。秋，則生意之成，冬則生意之藏也。」（朱子語類 卷五）

上面所引朱子的話，很明白地說出仁爲諸德之綱的理由。在實行上，仁也是使人心擴張到和天心一樣大，能夠兼包諸物，贊天地之化育。張子說：

「大其心，則能體天下之物。物有未體，則心為有外。……天大無外，故有外之心，不足以合天心。」（正蒙 大心）

人心合於天心乃仁。仁者仁民而愛物其最著者爲孝弟；故仁爲孝弟之本。朱子說：

「或曰：程子以孝弟為仁之本，而又曰：論性，則以仁為孝弟之本，何也？曰：仁之為性，愛之理也。其見於用，則事親從兄仁民愛物，皆其為之之事也。此論性而以仁為孝弟之本者，然也。但親者我之所自出，兄者同出而先我。故事親而孝，從兄而弟，乃愛之先見而尤切者也。……此學孝弟所以為仁之本也。」（論語或問說一　朱子大全　卷六十七）

2. 仁之實——孝

甲、孝

孟子曾說：「仁之實，親是也；義之實，敬是也。」又說：「親親，仁也；敬長，義也。」（盡心上）仁的實際工作乃在於孝。仁，是生，是愛之理；人的生命，由父母而來，要回到父母。儒家的仁道，便行之於父母，愛由自身的生命，更當生命的根源，即是父母和祖先。兒女的身體，稱為父母的遺體。遺體的一切，應歸之於父母。因此，在實際上，孝，包括一切善德，排除一切惡行。兒女行善，便是孝；兒女作惡，就是不孝。兒女從出生到死，對父母都要盡孝道，若是父母已經去世，兒子要祭祀，儒家的孝道，以生命為基礎。孝，是要把兒女的生命都為父母而工作，在縱面的時間上，兒女從出生到死，在橫面的空間上，兒女的全部活動，都屬於孝道。因此，儒家祭天的大典，以皇帝的父母配天。

「萬物本乎天，人本乎祖，此所以配上帝也。郊之祭也，大報本反始也。」

（禮記 郊特牲）

「是故仁人之事親如事天，事天如事親，此謂孝子成身」（禮記 大昏禮）

孝，以生命爲本；孝的意義，爲「報本返始」。返到生命的根本，一心報答。宇宙的生命，綿延不斷；人的生命也綿延不斷，世代相傳。兒子的生命和父母的生命相連。

「身也者，父母之遺體也。行父母之遺體，敢不敬乎！」（禮記 祭義）

「天之所生，地之所養，無人為大，父母全自生之，子全而歸之，可謂孝矣。」（禮記 祭義）

兒女的生命和父母的生命相連，兒女的身體爲父母的遺體。兒女的生命爲父母生命的延續，兒子對於自己的思言行爲，不能不謹愼。

「曾子曰：孝有三：大孝尊親，其次弗辱，其下能養。」（禮記 祭義）

奉養父母，爲孝道的起點，律法上定有刑責。奉養不僅在物質上的奉養，還要在精神上表現自己的誠心。

「子曰：今孝者，是謂能養，至於犬馬，皆能有養，不敬，何以別乎？」（論語 爲政）

兒女的行爲，反映到父母身上；兒子行爲不善，使父母受辱，便爲不孝。司馬遷曾說：

「行莫醜於辱先，詬莫大於宮刑。……僕以口語遇此禍，重為鄉黨所笑，以汚辱先人，亦何面目復上父母丘墓乎！」（報任少卿書）

「孟子曰：世俗所謂不孝者五：惰其四支，不顧父母之養，一不孝也。博奕好飲酒，不顧父母之養，二不孝也。好貨財，私妻子，不顧父母之養，三不孝也。從耳目之欲，以為父母戮，四不孝也。好勇很鬬，以危父母，五不孝也。」（孟子 離婁下）

中庸稱讚舜王爲大孝，武王周公爲達孝，因爲自己爵位高使父母受光榮。

「子曰：舜見大孝也與！德為聖人，尊為天子，富有四海之內，宗廟饗子，子孫保之。」（中庸　第十七章）

「子曰：武王周公，其達孝矣乎！夫孝者，善繼人之志，善述人之事者也。……踐其位，行其禮，奏其樂，敬其所尊，愛其所親，事死如事生，事亡如事存，孝之至也。」（中庸　第十九章）

孝經在開宗明義章，說明孝的目標，在求以名以位，顯揚父母。

「立身行道，揚名於後世。」

歷代都有這句成語：「揚名顯親」。學子趕考，爭取功名，莫不認爲是「揚名顯親」。儒家的這種孝道，根本的理由，乃是兒女的生命來自父母，應「返本報始。」

乙、一體之仁

儒家的形上學，研究的對象爲動的存有。每一個物體都常在變易，變易由陰陽相結合，陰陽按理而結成一物的性和形，在結合成物後，在物內仍繼續變易，變易卽是生命。宇宙爲一變易的綜合，形成一道生命的洪流。

方東美先生曾說：「因此，我將向諸位闡述一種極不同的哲學風格——那就是典型的中國哲學，數千年以來我國中國人對生命問題，一直是以廣大和諧之道來旁通統貫，它彷彿是一種充實和諧的交響樂，在天空中，在地面上，在空氣間，在水流裏，到處洋溢着歡愉豐滿的生命樂章，上蒙玄天，下包靈地，無所不在，眞是酣暢飽滿，漪歟盛哉！」㈠

儒家的哲學就在發展成全的生命，而成一個成全的人。成全的生命爲最高的精神生命。這種生命不僅是有倫理的意義和價值，而是具有形上的意義和價值，因爲最高的精神生命，乃是生命本體的完成，生命由最低的礦物變易，升高到自養的植物生命，再升到感覺的動物生命，最後升到人的心思生命，心思生命的完成，便是最高的精神生命。有最高精神生命的人，不僅在倫理上是完全的人，並且在人的本性上正是完全的人。

A 生命相連

人的生命在本體上，和宇宙萬物的生命相連。生命是陽陰的變易，陽陰的變易是整個宇宙的變易。人的生命，不能單獨存在，必要和宇宙萬物的存在互相聯繫，王陽明在「大學問」裏主張「一體之仁」，「仁」卽是生命，生命聯繫成一體。人爲維持自己的生命，要吃肉，吃蔬菜，吃水菓，人的生命便是和動物植物的生命相連貫，要靠動植物的生命來協助。人爲生存要喝水，生病時要吃藥；這就是表現礦物的生存和人的生存，也互有關係。生命既是互相聯繫，人的生存而且依賴動物植物和礦物的生存，人便要愛一切物的生物。王陽明的

「一體之仁」，也表示愛。人心的愛應涵蓋宇宙的萬物。孟子曾經說過：「仁民而愛物」。(盡心上) 張載的「西銘」，倡言「民吾同胞，物吾與也」。儒家的大同思想，就政治的理想說，有禮記的禮運篇所講的「天下爲公，萬民同樂。」就倫理的愛心說，有孟子的「推己及人」，「老吾老，以及人之老，幼吾幼，以及人之幼。」(梁惠王上) 就生命的互相聯繫說，有宋明理學家的「萬物一體」。在實際的生活上，儒家以「聖人」爲最高的目標，聖人的特點就在於法天地好生之德，以兼善天下爲自己的志向。聖人不是一位專圖自己修養德性的人，聖人乃是一位能使天下人都得他的恩澤的人。中國古代所尊稱的聖人：堯舜禹湯文武周公，都是在王位的人，周公也曾攝王政。他們都曾以仁政加惠天下人民，孔子是最後的一位聖人，孔子雖不曾在朝廷居王位或相位，但是他的教化，澤及萬代。因此也稱爲「素王」，這種聖人，稱爲大人，與天地合德，與大道同行，具有泛愛萬物的人格。

宇宙萬物都流行着生命，中國的繪畫就充滿這種生氣。一幅風景畫，一幅花卉畫，一幅歐美人所稱爲「呆板自然」的水菓畫，中國畫家都要求畫內要隱藏一股活動的生命。中國畫的最高境地，爲神韻；神韻不能言說，然究其實卽是畫內的圓融生活的氣象。

方東美先生曾論中國藝術的特點說：「由此可見，中國的藝術精神貴在勾深致遠，氣韻生動，尤貴透過神奇創意，而表現出一個光輝燦爛的雄偉新世界。這個世界絕不是一個乾枯的世界，而是一切萬物含生，浩蕩不竭，全體神光煥發，耀露不已，形成交光相網，流衍互

潤的一個『大生機』世界。」㈡

B 生命的調協

宇宙萬物在生命上互相聯繫，而且互相調協，互有次序，構成一曲天然的樂章。中國古人常說自然界含有「天籟」，聲調非常美妙。又以自然爲一幅高雅的圖畫，顏色調和恰當。一年四季的春夏秋冬，寒暖溫冷互相節制，各有時節，五穀百菓乃能生長。而且還要風調雨順，稻麥纔可以豐收。人心也可以和天地的自然調協相通，在幽靜的山間，聽着淸風和鳥語，看着古木和明月，人心似乎和周圍的萬物共鳴，脈絡跳動成了音樂，忘記了自己身體的界限，自己和天地同化。詩人和騷客發爲詩歌，作爲文章，引動世世代代的讀者的同感。

這種自然的調協，在人的生命中，表現爲中庸。中者，得其中，庸者，得其時。孔子提倡中庸之道，敎導弟子們不要走偏差，「過與不及」都不合於道德。中，雖爲中道。然不是呆板的規律，隨時隨地應做得恰當，即是「各得其宜」。易經最講究中正，陽和陰各在自己的位置：易經又最着重「時」，屢次說「時之義，大矣哉。」孔子主張「正名」，名和事相合，有事便有名，有名便有事。各人在自己的名位上監名位的責任，不超越自己的名位。

中庸敎訓人在情感動作時，應守中和，合符節奏。「致中和，天地位焉，萬物育焉。」(中庸 第一章)人的中庸，跟天地的自然規律相合，萬物也因着而得發育。

人生活的調協規律，稱爲禮樂。禮爲人動作的規律，使人和人之間，事和事之間，都有次序，互相調協。樂則為人情感的規律，使喜怒愛惡合符節度，互相融合。禮記書上說：「樂者，天地之合也；禮者，天地之序也。和，故百物皆化；序，故羣物皆別。……天高地下，萬物散殊，而禮制行矣；流而不息，合同而化，而樂興焉。春作夏長，仁也，秋斂多藏，義也；仁近於樂，義近於禮。」（禮記 樂記）在自然界有高下的次序，有繼續流行的生命，萬物互相調協。自然界生命的調協，發為人事的中庸。儒家中庸之道，養成了中華民族重人情，貴名份，愛和平，不走偏激的邪路。中國的繪畫不用過於強烈的顏色，中國的音樂不慣於高吭的呼聲，中國的人情不喜歡挺而走險和標新立異的偏激人。孔子的人格，「溫而厲，威而不猛，恭而安。」（論語 述而）乃是中國人的標準人格。

然而調協不是懦弱，不是委屈求全。自然界生命的調協是萬物恰得其當，各有節制。所以俗語說「暴風不終朝」。儒家為求中庸，強調守禮，禮是義的表現。孔孟都主張「殺身成仁，捨生取義」。每個人抱着守義而節制自己，不妨害他人，他人妨害正義時，則據死力爭。這種精神是剛毅的精神，然也是中庸的精神。沒有剛毅，就不能有中庸的調協。應當柔弱的時候，就柔弱，應當剛強的時候，就剛強。中庸說：「仲尼曰：君子之中庸也，君子而時中。」（中庸 第二章）孟子曰：「孔子，聖之時者也。孔子之謂集大成。」（萬章下）

C 生命的互助

一體的生命，不僅是互相調協，而且互相協助。宇宙萬物不能孤立，「孤立無援」則必不免滅亡。陽光雨露，當然是萬物所需要；小草小花，在萬物中也是有貢獻，造物主沒有造一種無用的東西。生在一座山上的草木，從土壤、砂石、水質、薜苔、樹根、枝葉、空氣、都互有協助，以維持各自的存在；在各有的存在中，又有協助的次序。整個宇宙的萬物依着生命表現的程度，列成上下的次序。在生命的需要上，上列生命需要下列生命的供養，下列生命因而有被犧牲者。人的生命最高最貴，因而一切的萬物都供人的使用。然而同時人便要愛惜萬物的生存而予以照顧。儒家稱讚「天地有好生之德」，倡言「天地以生物爲心」，「人得天地之心而爲心，人心故仁。」

達爾文發明進化論，主張「弱肉強食」，「物競天擇」，造成了以鬪爭而生存的原則，共產黨遂演化爲階級鬪爭。中山先生根據中國儒家思想，駁斥達爾文的學說，以合作爲人類生活的規律。

易經的乾卦彖曰：「雲行雨施，品物流行。……首出庶物，萬國咸寧。」雲雨使萬物繼續生長，聖人施恩使萬國得福，孔子說：「夫仁者，己欲立而立人，己欲達而達人。」（論語雍也）人不是以自私而能發揚自己的人格，而是在協助他人纔能發揚自己。

儒家的發展哲學，以這個「協助」爲基礎，人能發揚自己的本性，必能協助別人也發揚本性；協助了別人發揚本性，便能協助萬物發揚本性；協助了萬物發揚本性，乃能贊襄天地化育萬物。中庸說明這端大道，「唯天下至誠，爲能盡其性。能盡其性，則能盡人之性；能

盡人之性，則能盡物之性；能盡物之性，則可以贊天地之化育；可以贊天地之化育，則可以與天地參矣。」（中庸 第二十二章）

儒家的理想人格，爲仁人和聖人，聖人的人格在中庸上說：「大哉聖人之道，洋洋乎發育萬物，峻極于天。」（中庸 第二十七章）易經乾卦文言說：「夫大人者，與天地合其明，與四時合其序。」

張載說：「大其心，則能體天下之物。物有未體，則心爲有外。世人之心，止於見聞之狹。聖人盡性，不以見聞梏其心。其視天下，無一物非我。孟子謂盡心則知性知天以此。」（正蒙 大心篇）

聖人的心與天地之心相合，達到儒家精神生命的最高峯，而能天人合一。這種合一不僅在倫理道德上，人心能愛萬物；不僅在心理上，人心涵蓋宇宙；而也是在形上的本體，生生的理表現到最完全點。

註

(一) 方東美 中國哲學智慧，見中國文化月刊，民國六十八年十一月，頁七十四。

(二) 方東美 中國藝術的理想，見中國文化月刊，民國六十九年一月，頁四十一。

五、五常

1. 道德

甲、道的意義

在談儒家宇宙一元和二元論的一篇文章裏，我已經說過「道」字在儒家思想裏的意義，以「道」爲物體行動的原則㈠。可是在儒家的思想裏，物體行動之原則和物性之理相同了，因此道和理，常互相借用，意義幾乎完全沒有分別了。

易經更說：「形而上者謂之道，形而下者謂之器。」（繫辭上 第十二）朱子以這個道字相當於理字，器字相當於形字。「形而上者，指理而言；形而下者，指事物而言。」（朱熹 太極圖說解）

道，既是行動的原則；人之道，以天地之道爲根基。研究易經的人，覺得易經一書裏，篇篇盡是這種論調。

「觀天之神道而四時不忒，聖人以神道敎而天下服矣。」（觀卦象）

「天地之道，貞觀者也。日月之道，貞明者也。天下之動，貞夫一者也。夫乾，確然示人易矣。夫坤隤然示人簡矣。」（繫辭下 第一）

周濂溪接受易經的思想，而且重複易經的話：「立天之道，曰陰與陽；立地之道，曰柔與剛；立人之道，曰仁與義。」（太極圖說）

三才之道雖分爲天道地道人道，實則同爲一道。朱子說：「道一而已，隨事著見；故有三才之別，而於其中，又有體用之分焉。其實則一太極也。」（太極圖說解）

三才之道，爲同一太極，而萬物又各有一太極，三才便各有其理。萬物之太極，爲萬物之性理；人之道，便是人之性。程子說：

「心通乎道，然後能辨是非。如持權衡已較輕重，孟子所謂知言是也。心不通乎道。而較古人之是非，猶不持權衡而酌輕重，竭其目力，勞其心必，雖使時中，亦古人所謂憶則屢中，君子不貴也。」（濂洛關閩書　卷七　行事第九）

人心應該通達自心之道理，然後才可以辨別事非。人心之道理，爲本人之性理。中庸說：

「天命之謂性，率性之謂道，修道之謂教。」（第一章）

朱子註釋說：「率，循也。道，猶路也。人則各循其性之自然，則其日用事物之間，莫不各有其當行之路，是則所謂道也。」總之，人生一切行動的道德律，就是在於「率性」。率性而行，不單是知道當行之路，而是發揮自己的本性，必能有所得於心。所得於心者，稱爲德。

乙、德的意義

「德是什麼呢？中國古書訓詁都說：德，得也，得之謂德。但得作什麼呢？後漢朱穆說：得其天性之謂德。郭象也說（論語皇侃義疏引）：德者，得其性也。所以中國人常說德性，因為德，正是指得其性。唐韓愈原道篇裏說：足乎己，無待於外之謂德。只有人的天性，自己具足，不得再求之於外，而且也無可求之於外的。」(二)

理學家對於德的觀念，和韓愈的意見相同。周子說：「用而和曰德。」（通書 慎動）朱子註說：「用之所以和，以其得道於身，而無所待於外也。」張子說：「至當之謂德，百順之謂福。德者福之基，福者德之至。……循天下之理之謂道，得天下之理之謂德。」（正蒙 至當）

論語述而章有云：「志於道，據於德。」朱子註說：「據者，執守之意。德者，得也。得其道於心而不失之謂也。」

「得道於心」，難道是道在於心外求而得之嗎？理學家一定不是這種主張！道爲天理，在人心之內。所謂得道於心，乃是發揚自心之天理。

「孟子曰：君子所以異於人者，以其存心也。君子以仁存心，以禮存心。」（孟子 離婁下）

「存心」，存字有保養的意思。心中有人性之善端，人應該保養。怎麼樣保養呢？用德。人若不存自心的善端，孟子以爲像是牛山之木，且且而伐之，牛山於是濯濯了。因此孟子結論說：「故苟得其養，無物不長；苟失其養，無物不消。」（告子上）朱子加註說：「山木人心，其理一也。」

人性之善端，若得有存養，不但不消失成爲惡人，而且能夠發長成爲聖賢。

錢穆講得其天性，說是孟子所謂的充實飲食男女之欲；因爲他相信食色亦屬於德性。（三）這種主張只可說是錢先生自己的主張；不但孟子沒有這樣講過，就連歷代的儒家也沒有這樣講過。

理學家講存養人性，乃是存養人心之天理。錢先生取儒家的人心而捨儒家的天理，則人心失其爲人心了。朱子說：

「定性者，存養之功，至而得性之本然也。……然常人之所以不定者，非其性之本然也。自私以賊夫仁，用知以害夫義。」（定性說　朱子大全　卷六十七）

性之本然，乃人心之理。朱子解釋程頤的話說：

「此理，天命也，該始終本末而言也。修道雖以人事而言，然其所以修者，莫非天命之本，然非人之私智所能為也。」（明道論性說　朱子大全　卷六十七）

德為存養人心，而得人性之本然，理學家以人性之本然為靜為和，周子乃說：

「用而和曰德。」（通書　愼動）

道為體，德為用。體者，人心之體，德者，人心之用。人心之體為理，道便是理。人心之用為情，德是主制情的。怎麼主制情纔稱為德？使情得於「和」，乃稱為德。

張子說：「至當之謂德。」也是主張情的發動，最得其當時，便稱為德。那麼理學家的德字，或是說發揚人心之天理而有得於心；或是說主制情欲，使常合於天理。這兩種說法，實際的意義則同是一個，因爲人心天理的發揚，即是在於情欲常合於天理。

普通用語，在社會上常是道德連用。道德連成一個名詞，則等於德字。

2. 五 常

儒家對於道德的分類，各書稍有異同。書經洪範講三德，皋陶謨篇又講九德。論語重智仁勇，中庸也以智仁勇爲三達德，孟子則講仁義禮智四德。班固白虎通再加上信，稱仁義禮智信五性。（性情篇）

理學家們繼承班固的主張。班固解釋五德的理由說：

「人生而應八卦之體，得五氣以爲常，仁義禮智信是也。」（白虎通 性情）

在班固的話裏，我們可以分析三點：第一，五德是以人的本體爲根基；即是說五德根之於人性。第二，五德之成，成自五行之氣，第三，五德的來源，出自易經。理學家對於德的分類，都根據這三點去講。

朱子解釋五德說：

「或問仁義禮智，性之四德，又添信字，謂之五性，如何？曰：信是誠實此四

者，實有是仁，實有是義，禮智皆然。如五行之有土，非土不足以載四者。」（朱子語錄 卷六）

朱子雖然接受孟子的主張，但也接受班固的主張。他用五行歸土的思想，來把四德和五德的學說相妥協。但是骨子裏，他是以四德爲主，爲什麼緣故呢？那是因爲理學家都注意易經的元亨利貞。

「乾，元亨利貞。……文言曰：元者，善之長也。亨者，嘉之會也。利者，義之和也。貞者，事之幹也。君子體仁，足以長人，嘉會足以合禮，利物足以和義，貞固足以幹事。君子行此四德者，故曰：乾，元亨利貞。」（乾卦）

朱子解釋說：

「元者，生物之始，天地之德，莫先於此，故於時為春，於人則為仁。而衆善之長也。亨者，生物之通，物至於此，莫不嘉美，故於時為夏，於人則為禮，而衆美之會也。利者，生物之遂，物各得宜，不相防害，故於時為秋，於人則為義，而得其分之和，貞者，生物之成，實理具備，隨在各足，故於時為冬，於人則為智，而為衆事之幹。幹，木之身，而枝葉所依以立者也。」

朱子解釋元亨利貞，以元配春配仁，以亨配夏配禮，以利配秋配義，以貞配冬配智。在五行中，春夏秋冬四時，都配有一行，春爲木，夏爲火，秋爲金，冬爲水，土居中央。那麼四德的配合，例如下表：

元	仁	春	木			
亨	義	夏	火			
利	禮	秋	金	土	信	中央
貞	智	冬	水			

周子太極圖說謂：「陽變陰合，而生水火木金土。……五行之生也，各一其性。」朱子圖解說：「五性，水火木金土之德也。」周子通書說：「誠，五常之本，百行之源也。」(誠下)朱子註說：「五常，仁義禮智信，五行之性也。」因此，我們可以總結說：理學家以五行之性，而成五常之德：仁義禮智信。

五常的意義，周子說：

「德：愛曰仁，宜曰義，理曰禮，通曰智，守曰信。」(通書 誠幾德)

拿元亨利貞和春夏秋冬去解釋五常，馬上可以明瞭五常的意義。元爲春，爲生，好生便是仁的意義，助生物的發育卽是愛。亨爲夏，爲通，通達合理便是禮的意義。合理卽是理。利爲秋，爲宜，各得其宜便是義的意義。貞爲冬，爲幹，主幹各種事體，使天理通行無蔽，便是智的意義。至於信中央，如土，以守四德。

朱子並且根據元亨利貞，去解釋五常爲什麼稱爲五理。他說：「元亨利貞，性也。生長收藏，情也。以元生以亨長以利收以貞藏者，心也。仁義禮智，性也。惻隱羞惡辭讓是非，情也。以仁愛以義惡以禮讓以智知者，心也。性者心之理也，情者心之用也。心者，性情之主也。」(朱子　元亨利貞說　朱子大全　卷六十七)

理學家因着易經的元亨利貞而重仁義禮智；又因着易經而重仁義。易經八卦來自四象，四象來自陰陽兩儀，陰陽爲乾坤，乾坤爲仁義。

「昔者聖人之作易也，將以順性命之理。是以立天之道，曰陰與陽。立地之道，曰柔與剛。立人之道，曰仁與義。」(易經　說卦二)

周濂溪的太極圖說，所說的話，和易經的話相同，也是以人之道在乎仁義。朱子註解太極圖說云：

「仁義者，陰陽合氣，剛柔成質而是理始為人道之極也。然仁為陽剛，義為陰柔。仁主發生，義主收斂，故其分屬如此。……仁陽剛是一樣意思，義柔陰是一樣意思。蓋仁本柔底物事，發出却剛，但看萬物發生時，便恁地奮迅出來，有剛底意思。義本是剛的事發出來却柔，但看萬物肅殺時，便恁地收斂憔悴，有柔底意思。……仁義禮智，四者之中，仁義是箇對立關鍵。蓋仁，仁也，而禮則仁之著。義，義也，而智則義之藏。猶春夏秋冬雖為四時，然春夏皆陽之屬也秋冬皆陰之屬也。天地之道，不兩則不能以立。故端雖有四，而立之者則兩耳。」（朱子 太極圖說解）

理學家注重形而上學，從這一點也就可以看得出來。他們爲講道德，處處都要拿形而上的理論作根據。天地之道，要有陰陽的對立纔起變化；因此人道也要有仁義。再從仁義本身去看，人之道，也應該是仁與義；因爲仁爲人性之體，義爲人性之用。朱子說：

「仁存諸心，性之所以為體也。義制乎事，性之所以為用也。然又有說焉：以其性而言之，則該體也，以其情而言之，則皆用也。」（朱子 太極圖說解）

理學家的思想，亦即孟子的思想，孟子說：「仁，人心也。義，人路也。」（告子上）從形上理論方面去講，以仁義配陰陽，以五常配五行，都是因人由氣而成，氣的結合有二有五，結合的特質成爲仁義，和仁義理智信。

註

(一) 見本書第二章第二節。

(二) 錢穆，德行，民主評論，第六卷第四期，第八十六頁，一九五五年。

(三) 同上，第八十七頁。

第五章　名　學

讀過西洋哲學的人都知道，哲學開端的一門課程該是論理學（Logica），或稱理則學或邏輯學。本來論理學不算正式的哲學，只是研究哲學的方法。這種方法，也不僅用之於哲學，在其他學術上也同樣適用。但因此法是人的思維法；既然是講人的思維法，便涉及人的思維。涉及了人的思維，便要談思維的本質；因此，便由論理學進而到認識論（Epistemologia）。認識論便是正式的哲學了；而且還是西洋哲學的中心課題。

中國古代的思想家，不專重講述思想，而注重思想的實踐。孔子告誡弟子們要言必有行：「君子恥其言而過其行。」（論語　憲問）中國古代沒有系統化的哲學書，更遑論談思維方法了。雖說中國有過名家，在墨經中也有講論知識來源，「知：聞、說、親」（墨子　經上），名的分類，「名：達、類、私」（同上）。荀子更有正名篇，講論有關名的問題。但是這些文字也都只是談談思維方法的幾點，並不是系統化的論理學。

儒家最看不起詭辯的人，當有人批評孟子好辯，他還要自己解釋說：「吾豈好辯哉，予不得已也。」（孟子 滕文公下）既是不得已，孟子常說長篇大道理；既說了長篇大論，自然該有思維的方法。好比中文，素來沒有講解文法規則的書，但誰也不能因此便說中文沒有文法，中國話沒有規則。中國古代思想家發表思想，假使他們不是瘋話，眞是「持之有故，言之成理」，中國古代思想家是有他們的論理法則。儒家的荀子（310-230 B.C），較爲晚出，而且有些法家的氣概。他治學較之孔、孟更爲嚴謹。荀子中有正名和解蔽兩篇，很多有些關於論理方法的議論。

孔子（551-479 B.C）對於「名」的態度十分愼重，他主張正名，因爲：「名不正則言不順，言不順則事不成……。」（論語 子路）但是孔子的正名，注重在倫理方面。儒家的名學以荀子的思想爲主，名學的意義較論理學爲狹；以名學由講「名」而論到「名」和「實」的關係，則名學就比論理學的意義要廣，名學就包括論理學和認識論了。我們講儒家的名學，是就名學的廣義上去研究。

一、名

1. 名的意義

甲、名

說文訓名爲命，「名，自命也，從口從夕，夕者冥也。冥不可見，故以口自名。」

夜間走路，遇到人時，爲預防暗中彼此相撞，口中故意作點聲音。若是在夜晚回家，走到門口，自己呼出自己的名字，好叫家中人認識，這種夜間自呼名字的事實，作爲名的意義，名便是一個人的代表，旁人聽到這個名字，就知道指的是某人。

劉熙釋名云：「名者，明也，名實使分明。」名既是一種代表，便有所代表的實體。劉熙說「名實使分明」即是說，名是用來說明實體的。

荀子說：「名也者，所以期累實也。」（正名）楊倞註曰：「或言累實，當爲異實。言名者，所以期於使實名異也。」「累」字當爲「異」字的誤寫。這是可能的，因爲，名的意義，是在於分別各個不同的實體。每個實體各有自己的名字，因此而不會互相混淆。我家最近買了幾條金魚，第一件事就是給每條魚起個名字，叫起來馬上就知道指的是那條魚，要是只用，大的小的，長的短的，紅的黃的來叫，說了半天，家僕也不會明白究竟指的是那尾魚。荀子也說過：「名聞而實喩，名之用也。」（正名）

假如說：「累實」的「累」字無誤，也是說得通的。累字有堆積的意思。堆是一物加在另一物上。名以累實，便是說：名在於能夠堆加在一實體上，使名實相符，名因之能「名聞而實喩」。

名是一實體的代表，名用以喩實：這是名的普通意義。在西洋哲學中，名雖然也是代表一件實體，然而名所直接代表的，是人的觀念，觀念則直接代表實體。

名代表觀念，中國古人未嘗不知道。左傳云：「名以制義」義者義理，人倫之所宜，故曰名義。名義不是一件具體的實物，乃是一抽象觀念。如：父慈，子孝，慈與孝是父和子兩個名字所制定的義，名爲「父」者，義在於慈，名爲「子」的人，必須守孝道。儒家重名，主張正名，就在於「名以制義」。這種「名」不是論理上的名而是倫理上的名了。在倫理上，每一個「名」，有這個名的「義」，名義意謂相宜於這個名字的權利義務。禮記上說：「何謂人義？父慈，子孝，兄良，弟悌，夫義，婦聽，長惠，幼順，君仁，臣忠，十者，謂之人義。」（禮運）十義即十個名字所制定的義理。每提出一個名字，馬上就可以知道它在倫理上的意義。

乙、象、辭、數

上面我們說過「名」直接代表人的觀念觀。觀念可以是具體的或是抽象的。觀念通常是經由語言或文字而成爲名。然而也可以用其他方法來代表。例如啞子不會說話，會用「手語」，手語即是啞子用以表示觀念。若一個人不打手勢，不說話，而用圖形來表示自己的觀念，圖形便成爲他的觀念的代表。中國易經的卦象，即是代表觀念的圖形，也是一種變相的名。

易經上說：「易也者，象也。象也者像也。」（繫辭下 第三）又說：「八卦以象告，爻彖以情言。」（繫辭下 第十二）易經以卦爲主，卦是什麼呢？卦是象。爲什麼是象呢？因爲卦是一種圖形，圖形稱爲像。易經的像，不是一個人的像，不是一件東西的像，乃是一種變易的觀念的像。

胡適說：「易也者，象也。象也者，像也。正是說易的道理，只是一種象效的作用。先有一種法象，然後有做效這法象而成的物類……。這些法象，大約可分兩種，一種是天然界的種種現象，一種是物象所引起的意象，又名觀念。」㈠胡先生把易經的象，着重在象效，作爲動詞講。實際上，「象也者，像也」的像字是個名詞，即是圖像的意思。易經的卦，都是圖像，圖像當然有所本，於是便有圖像的法象，圖像自身也可成爲他種物件之所本，圖像自身又成爲法象。

但是在論理學上，我們以象爲代表觀念的圖形。儒家的「名」，實用處在於倫理，所以有名則有義。易經的象，既是一種變相的名，便也該是用於倫理上，因此，易者象也，象乃有辭，名以制義。象以制辭。

「易有四象，所以示也。繫辭焉，所以告也。」（繫辭下 第十一）「辭也者，各指其所之。」（繫辭上 第三）「繫辭焉，以斷其吉凶。」（繫辭上 第十二）易經在開始時爲一種占卜，其卦象所制定的，便是人事的吉凶，因此「辭」便是說明（判斷）吉凶的文字。

後來，易經又加上了一些說明，說明吉凶的因由。這些原由，無非是行善得福，行惡得殃，都是倫理方面的。那麼，易經的辭就不單是斷定吉凶了，還說明許多倫常大道，「繫辭

焉，以盡其言。」（繫辭上 第十二）

易經除了象和辭以外，還有數，因此後世有所謂象數之學。左傳韓簡云：「龜，象也。筮，數也。物生而後有象，象而後滋，滋而後數。」（左傳 卷五）象先於數的主張，宋儒多不贊成。關於這一點，在此我們不贅言，我們要研究，數和象在名學上的關係。

象是代表觀念的圖形，數也是觀念的一種表示法。易經說：「昔者聖人之作易也，幽贊於神明而生蓍，參天兩地而倚數。」（說卦 第二）朱熹註：「天圓地方，圓者一而圍三，三名一奇，故參天而爲三。方者一而圍四，四合二耦，故兩地而爲二。數皆倚此而起。」（朱熹 周易本義）易經的數以奇偶爲基本，奇偶代表乾坤，天地。易卦的陽爻，陰爻各有自己的數字，卦位圖、河圖、洛書，都可以用數字代表。易經的數亦是用以代替卦象的。

丙、字

西洋的論理學是不講字的，而且西洋只有字母，也無所謂字。中國的字，不僅可爲藝術的對象，也可成爲名學的象對。西洋的文字，重在聲，有了字母，按照語言的聲音組合而成。中國的文字則重在形。西洋文字與所代表的觀念完全沒有關係，也就是說，除非你已經知道某個字代表某種義意，不然你看到一個字絕不會懂得它代表什麼，但是中國字卻可藉着字形，直接代表觀念，字聲則要依附着字形。

中國文字的構造法，上古有所謂「六書」。說文云：

「周禮，八歲入小學，保氏教國子，先以六書。一曰指事，指事者，視而可識，察而見意，上下是也。二曰象形，象形者，畫成其物，隨體詰詘，日月是也。三曰形聲，形聲者，以事為名，取譬相成，江河是也。四曰會意，會意者，比類合宜，以見指撝，武信是也。五曰轉注，轉注者，建類一首，同意相受，考老是也。六曰假借，假借者，本無其字，依聲託事，令長是也。」

中國的文字，在當初都是按照這六種方法造成的。知道一個字的構造法，便可以明瞭這個字的原意，中國字在論理學的價值，即是因爲每個字代表一個概念。字就有似於八卦的卦形，古代常說八卦爲中國文字的先祖㈡這種主張雖未必可信，但在理論方面說，八卦和中國文字有密切的關係。

2. 名的種類

名的作用可分爲，在名學上及社會生活上兩種。在名學上，名是喻實的；在社會生活上，名是用來指定名份的。我們討論名的種類，該也從這兩方面去看。

甲、在社會生活上，名的種類

莊子曾說「名，公器也。」（天運）郭象註云：「夫名者，天下之所共用。」陸德明釋文曰：「名，鳴也。公，平也。器，用也。」尹文子云：『名有三科，一曰命物之名，方圓也。二曰毀譽之名，善惡是也。三曰況謂之名，愛憎是也』。今此是毀譽之名也。」

莊子以「名」爲社會上公用以平人物的。尹文子分名爲三種，命物之名，毀譽之名，況謂之名。命物之名，爲名學上的名。毀譽之名，卽春秋上的褒貶，和社會上的批評。況謂之名，是憑着愛惡加給人的名號，多由譬比而來。

荀子在「正名篇」舉出四種社會生活中的「名」，「後王之成名，刑名從商，爵名從周，文名從禮，散名之加於萬物者，則從諸夏之成俗曲期。」

「刑名」是刑法之名，法字在古代和刑字同義。刑古字爲型，有模形之意。因此刑和形也能通用。戰國策有刑名卽形名之說㈢。漢朝人所稱的名家，是指戰國時期的刑名之家㈣，莊子中以刑名作形名：「道德已明，而仁義次之。仁義已明，而分守次之。分守已明，而形名次之。形名已明而因任之。……故書曰：『有形有名』。」（天道）荀子所說的刑名，是指刑法之名。後代王公所制的刑名則多沿用商朝所定的。

「爵名」是官職稱謂，後代多沿用周朝所定。「文名」是禮儀上的名字，後王遵守古禮，多從禮書所定。「散名」是一般事物的名字，這些名字，由習俗的語言而定。

乙、在名學上，名的種類

荀子在「正名篇」中提出數種在名學上的名，有單名、兼名、同名、異名、有共名、別名、大共名。大別名。

A　單名、兼名：荀子說：「單足以喻則單，單不足以喻則兼。」單名是單純的名詞，兼名是兼帶形容詞的名詞，也稱爲複名。例如，「馬」是單名，若用「馬」可以指明一個實體，便用「馬」來指稱就可以了。假使單用「馬」不能指明一個實體，於是附加，白的、黑的、大的、小的、你的、我的等形容詞來指稱，例如，「白馬」，「我的馬」便是兼名了。

B　同名、異名：「同則同之，異則異之」實體相同的，即用同名；實體相異的，即用異名。同異的標準，由類而名，楊倞註荀子云：「同類則同名，異類則異名。」荀子自己也說：「凡同類同情者，其天官之意物也同。故比方之，疑似而通，是所以共其約名相期也。」(正名)同類同情者，即指同類同特性的實體。這種實體在人的天官和理智上，所留下的概念相同，故能用同一的名去指喻它們。類不同，情相異的實體，則不能用同名，卻該用異名了。荀子云：「知異實者之異名也，故實異者，莫不異名也，不可亂也。」(正名)

C　共名、別名、大共名、大別名：荀子說：「故萬物雖衆，有時而欲偏舉之，故謂之物。物也者，大共名也，推而共之，共則有共，至於無共然能止。有時而欲偏舉之，故謂之鳥獸。鳥獸也者，大別名也，推而別之。別則有別，至於無別然後止」。(正名)

共名即是共通名。是一些實體共同所用的「名」。例如動物，植物。大共名，則是把物的共同點，推到最後一步，例如：物。

別名，卽是類別名，類別最大者，則爲大別名。

- 物
  - 有生物
    - 動物
      - 有靈性動物
      - 無靈性動物
    - 植物
  - 無生物

物爲一大共名，有生物和無生物便爲兩個大別名。若以有生物爲一大共名，則動物和植物爲兩個大別名，若以動物爲共名，有靈性動物和無靈性動物，便是兩個別名。

3. 制名

甲、名的起源

「名」是人類語言的基本。沒有名卽沒有語言。沒有語言，社會生活便無法進行，文化也無從發展。

語言的起源，在於文字以前。中國文字的起源，有人說出自八卦。不論中國文字是否眞的出自八卦，中國的「六書」可以算爲文字起源的途徑。中國語言的起源，則不容易考究了。近代章太炎論語言的起源，談到名的起源說：「物之得名，大都由於觸受。觸受之噩異者，動蕩視聽，眩惑，熒魄，則必與之特異之名。其無所噩異者，不與特名，以發生之語命之。夫牛馬犬羊，指與人異，故其命名也，亦名有所取義。及至寓屬形體，知識多與人同，是故以侯稱猴。侯者，發聲詞也。以爰稱蝯，爰者，發聲詞也……蓋形體相似，耦俱無猜，同無異視，音無異聽，心無異感，則不能與之特異之名，故以發聲命之則止……蓋明言語之分，由觸受順違而起。」㈤

章太炎的原則太廣，實例並不足以證明「其無畺異者，不與特名，以『發聲』之語命之」。況且，這是解釋字的起源，並非語言的起源。於今我們實在很難考證，牛馬甚麼叫牛，羊為何要叫羊了。

在哲學方面，名的起源，章太炎說：「名之成，始於受，中於想，終於思。領納之謂受，受非愛不著，取像之謂想，想非呼召不徵。造作謂之思，思非變體不形。名言者，自取像生。故孫卿曰：『緣夫天官』」㈥。

人先由感觸而受印象，由印象而成觀念，由觀念而後發表為一「名」，荀子稱人的認識官能為天官。

乙、制　名

荀子說：「名無固宜，約之以命。約定俗成謂之宜，異於約則謂之不宜。名無固實，約之以命實，約定俗成，謂之實名。」(正名)

命名即是制名，怎樣給一件實體起名呢？荀子認為，名和實並不是本性上有相連的關係，名和實相宜，完全在於人為。有了一件實體，人們相約給牠起個名字。若是大家都採用這個名字，這個名字便成爲所代表的實體的名字。

因此在制名時，最重要的是「約」，約並不是要全部的人聚會在一起，約定給某種實體一個名字。「約」可以是多數人的約定，可以是少數人的約定，可以是少數人的同意，也可以是一個人的決定。只要社會上其餘的人都採用，名字才能夠成立。這種採用，就等於「約名」。

名實的相宜，要看「約定俗成」。若是大家已經採用了一個名字，久而久之成爲習俗，這個名字和所代表的實體便相宜了，就不能任意的更換。兩個對孩，這個叫若望，那個叫方濟各。在未起名字時，若望不一定務必要用諸這個孩子上，也可以用之於那個小孩，這是「名無固實」。同時，若望在當初也可以不叫若望，而叫伯鐸錄，這是「名無固實」。但是如今這個小孩當叫若望，若叫方濟各，就叫錯了。那個小孩叫方濟各，若叫葆樂，就錯了。這是因爲已經是「約定俗成」，名實得其宜了。

在制名時，第二點要注意的是「辨同異」。荀子認爲，同類同情的實體則同名，異類異情者則異名，關於同異的辨別，荀子說：「物有同狀而異所者，有異狀而同所者，可別也。狀同而爲異所者，雖可合，謂之二實。狀變而實無別而爲異者，謂之化。有化而無別，謂之一實。」（正名）對於實體，先要辨別是相同的實體呢？還是兩個不同的實體。因爲，同是一類的實體，若不在同一地方，則明明可以分爲兩個實體。同在一個地方內，若實體不相同，當然是兩個不同的實體，至於，相同的實體，在外表上發生變化，外形變了，實質沒變，則仍舊是相同的實體。

同類異類又如何分別呢？荀子說：「然則何緣而以同異？曰：『天官』。」（正名）人當然是靠認識的官能，來辨別實體的同異。

在制名時，第三點要注意「循舊名，作新名」，荀子說：「今聖王沒，名守慢，奇辭起，名實亂，是非之形不明，則雖守法之吏，誦數之儒，亦皆亂也。若有王者起，必將有循於舊名，有作於新名。」（正名）這一段話中，荀子說到儒家所謂的：「名以制義」這種名的制定，首先該保全古代的名字，若是古名實在不合用，然後纔創制新名，荀子因此說：「刑名從商，爵名從周，文名從禮。」（正名）

二、推 論

1. 推論的意義

有了名，在思想生活上，尚只走了第一步。我們的思想生活，要集名成句，結句去推理，如此纔能發展我們的思想。

荀子論我們的思想生活說：「實不喻然後命，命不喻然後期，期不喻然後說，說不喻然

後辨，故期、命、辨、說也者，用之大文也，而王業之始也。」（正名）

命——在思想生活上，第一步是命名。實體沒有名，則無法稱呼，則不能言，如何能爲人所知呢？所以實不喻、則命以名。

期——楊倞註云：「期，會也。言物之稍難名，命之不喻者，則以形狀大小會之，使人易曉也，謂若白馬，但言馬，則未喻，故更以白會之。」

「期」是會合各種副詞，有似兼名。在理論上，期字可以解爲句，可解爲辭。句是集名而成的，凡句都是一種判斷。譬如說白馬，這兩個「名」能成一個簡單的句，即是說，「這馬是白的」。因此，期可說是會合，可說是排列，會合排列各種名而成句。

「期」也可以再有另一意義——相比，即是比喻，一個實體，不能由「名」而喻時，可以另藉他種類似的實體以喻之，例如說「雪白的」，用雪的白來比喻別的實體的白，白色便更加明顯了。

說——說是說明，說明是以一種對象爲根據把對象的各方面加以解釋。「說」是由多數「句」而成，「說」着重在描述對象，或長或短，看對象是複雜或單純。

辨——辨是辯論。說明是我自己解釋一件事物或事理，是片面的。辯論則是雙面或多面的，彼此爭辯一樁事理，在辯論時，不單是說明對象，還要答覆和駁難對方的理由。

荀子說：「名也者，所以期累實也。辭也者，兼異實之名，以論一意也。辨說也者，不異實名，以喻動靜之道也。」（正名）楊倞註云：「名者，期於累數其實，以成言語。或曰：『累實當爲異實，言名者，所以期於使實則異也』。辭者，說事之言。辭兼異實之名，謂兼數異實之名，以成言辭。動靜，是非也。言辨說者，不唯兼異常實之名，所以喻是非之理。辭者，論一意，說者明兩端也。」

楊倞有時把「辭」混於「名」，有時又把「辭」和「說」相混。荀子以爲名是辨實的，辭是集合幾個「名」以「論一意」，發出一種判斷；辨與說在形式方面雖可分，在論理學的推論上，沒有分別，荀子說：「不異實名，以喻動靜之道也。」胡適之解釋說：「不異實名，謂辨中所用名，須始終同義，不當前後涵義有廣狹之區別。」（七）

異實，是實體不同。在辯論時，對象該當是一個，不能變換。

爲什麼要辯論呢？是因爲實體不明，因此有疑。辯論是爲了去疑的。周濂溪說：「明不至則疑生，明無疑也。謂能疑爲明，何啻千里。」（通書 公明）一個對象不明時，便產生疑問，用辯說把對象說明，疑便可消失了。

2. 推論的方法

研究學術時，人的推論方法，常分兩種——演繹或歸納。演繹是由原則以論事例；歸納則是由事例以得原則。

孔子曾講「忠恕」，心得其中爲忠，推己及人爲恕，忠爲成己，恕爲成人。章太炎卻把

「忠恕」解爲演繹和歸納，「心能推度曰恕，周以察物爲忠。故夫聞一以知十，舉一隅而以三隅反者，恕之事也。……周以察物，舉其徵符，而辨其骨理者，忠之事也。」㈧胡適之在其中國哲學史大綱中贊成這種解釋。我們認爲「忠恕」能有章太炎所說的意義，但是在孔門儒家的思想表，「忠恕」的意義是和此不同的。

理學家，朱熹和王陽明對大學中「格物」意義的不同解疏，似乎也是演繹和歸納之爭。朱熹解「格物」爲，「今日格一事，明日格一事」爲歸納法。王陽明的「格物」爲「致良知」，以良知來判斷事物，這就是演繹法了。

「或謂孫卿之名學方法，全屬演繹法（適之語），此雖可概括而論，要亦未必盡然。如孫卿所謂大別小別，立名以為標，固屬演繹範圍。然所謂大共小共，立名以為界，則有歸納之傾向。」㈨

凡是研究學術的人，決不可僅用一種方法，有時雖偏用一種，也並不是不知使用另一種方法。歸納法多用於科學，演繹法多用於哲學，但並非研究科學只能用歸納法，研究哲學僅止於演繹法。孟子、荀子多用演繹，只是理所必然，其書中也不是全用演繹。至於大別小別爲演繹，大共小共爲歸納，則於理不通。

孟子、荀子在討論性善性惡的問題時，爲證明各自的主張，都是兼用演繹和歸納兩種方法。

孟子爲證明性善：「孩提之童，無不知愛其親也」，「今人乍見孺子將入於井，皆有怵惕惻隱之心。」(公孫丑上) 這是從事實歸納而來的原則。「若夫爲不善，非才之罪也。惻隱之心，人皆有之……仁義禮智，非由外鑠我也，我固有之也，弗思其矣。」(告子上) 這是歸納兼演繹了。

荀子爲證明性惡說云：「今人之性，生而有好利焉，順是則爭奪生而辭讓亡焉。」(性惡) 這是演繹原則而得的結論。又云：「今之人，化師法，積文學，道禮義者爲君子；縱性情，安恣睢，而違禮義者爲小人。用此觀之，然則人之性惡明矣，其善者僞也」(性惡) 這個「其善者僞也」是由事例歸納而得的二人須受教育纔知行善，所以善爲僞。

3. 推論的方式

西洋論理學，在推論上有三段推論式，三段推論式爲大前提，小前提，結論。

例如：

大前提　凡是人都會死。

小前提　某甲是人。

結　論　某甲所以會死。

佛教的因明學，在推論的形式上有五支式和三支式。

五支式：

宗　聲是無常

因　所作性故。

喩　凡是所作性皆是無常，譬如瓶等。

合　聲是所作性。

結　所以聲是無常。

三支式：

宗　聲是無常。

因　所作性故。

喩　凡是所作性皆是無常，譬如瓶等。

中國人的推論式，近於佛教的三支式，雖然沒有明白的說出一套推論原則，但在行文說理時，多追隨這種式例。在西洋論理推論式中有一種連環式，是用幾個三段式連串而得，中國古人也好用這種方式。

荀子四支式：（性惡）

宗　人之性惡，其善者僞也。

因　今人之性，生有好利焉。

喻　然則從人之性，必出於爭奪，故必將有師法之化，然後出於辭讓。

結　用此觀之，人之性惡，其善者僞也。

孟子四支式：（梁惠王上）

宗　王何必曰利，亦有仁義而已矣。

因　王曰何以利吾國，大夫曰何以利吾家，士庶人曰何以利吾身，上下交征利。

喻　上下交征利而國危矣。未有仁而遺其親者，未有義而後其君者也。

結　王亦曰仁義而已矣，何必曰利。

孔子的連環式：（論語　子路）

「名不正則言不順，言不順則事不成，事不成則禮樂不興，禮樂不興則刑罰不中，刑罰不中則民無所措手足，故君子名之必可言也，言之必可行也。」

在普通行文或辯論時，不常死守三段式或三支式的成規，常是省去一支或前後倒置。西洋論理學和印度因明學，關於推論方式尚有一些規矩，爲避免推論的錯誤，中國儒家既不特別講究名學，在推論方面也未曾留下系統的規矩。

三、名實關係

1. 名實的關係

甲、儒家主張有名有實

西洋哲學史的認識論，可說是各學派爭論的焦點，所謂：實在論（Realism），唯心論（Idealism），唯名論(Nominalism)現象論（Phenomenalism），實徵論（Positivism）等，都是在研究我們人的認識和客體（對象）之間的關係究竟如何，實在論主張，名（觀念）以外有實（客體對象），而且名實相符。唯心論主張，名之外是否有實體，人不得而知，名只跟人心內的觀念相合。現象論則主張人的認識只能及於可以感覺的現象，現象以外則不得而知，抽象之名或精神體之名，便沒有實體。其餘的學派理論亦互異，資不贅述。

中國哲學家對名實問題。大體可分佛、道、儒三家的不同。佛教主張「唯識」，以爲「萬法（實體）皆空」。因此，名以外沒有實，實是第八識有漏種子所構成。人的認識都是幻覺，由於「我執」和「物執」的病所構成。同時，佛教也主張，「萬法互攝」，「一念三千」，因爲只有「眞如」爲實，萬法同一眞如。

道家莊子主張「齊物」。他並不否認萬物爲實體，各有各的本質。可是他認爲萬物的本質都由道而生，然後又歸於道。因此，萬物相等，無有差別。萬物的名，代表萬物的差別，只有相對的價值，莊子稱之爲「小成」，「小知」。「大成」和「大知」在於知「道」，「道」不可知，因是，「大知」爲「不知」。

儒家主張「正名」，孔子說：「故君子名之必可言也，言之必可行也。」每一名必有其實，名實相符，名始得正。儒家在認識論上是主張「實在論」。

乙、有實然後有名

易經上說：「古者包羲氏之王天下也，仰則觀象於天，俯則觀法於地，觀鳥獸之文與地之宜，近取諸身，遠取諸物，於是始作八卦。」(繫辭下　第二) 八卦的作成，是以天地的現象爲法象。因此，先有「實」，然後纔有「實」的代表——「名」。中國造字的六書，也是先有實然後才能按實來造字。

名的制定，緣於天官，荀子說：「然則何緣而以同異，曰：緣天官」(正名) 天官是人的五官，各有各的對象，故「形體色理以目異，聲音淸濁調竽奇聲以耳異，甘苦鹹淡辛酸奇味以口異；香臭芬鬱腥臊洒酸奇臭以鼻異；疾養滄熱滑鈹輕重以形體異。」(正名) 這些對象，不是天官的幻覺，乃是外界的實物。荀子因此，稱對象爲「實」。而且「實不喻然後命」，先有實而後有名。漢董仲舒解釋名號的起源說：「古之聖人，謞而效天地，謂之號；鳴而命施，謂之名。名之謂言，謞而效天地者爲之號；鳴而命者爲名。名號異聲而同本，皆名號而達天意者也。……事各順於名，名各順於天。」(十)事物之理，以天理爲本。在社會生活上，雖說是「名以制義」，然而人義是上效於天理，有天理然後有人義。

丙　名實相符

董仲舒說：「欲審是非，莫如引名。名之審於是非也，猶繩之審於曲直也。詰其名實，觀其離合，則是非之情，不可以相讕。」(十一) 以名爲審是非的尺度，並不是如唯心論所說，人心自造觀念，觀念爲是非曲直的標準。而是因「名」代表一個實，用這個名字時，就該有這個名的實，不然便不該用這個名。孔子曾說：「觚不觚，觚哉！觚哉！」(論語 雍也) 觚沒有觚的外形，便不該稱爲觚了。觚的名，本來是有名有實，是名實相符的。如果亂用這個名，使名不符實，這是錯誤的。「齊景公問政於孔子，孔子對曰：『君君，臣臣，父父，子子』。公曰：『善哉！信如君不君，臣不臣，父不父，子不子。雖有粟，吾得而食諸！』」(論語 顏淵) 君有君的實義，臣有臣的實義，假使一個爲君者，而無君的實義，便不應該稱爲君子。

儒家的正名，基本在於主張名實相符，若是不主張名實相符，名又如何得正呢？如莊子所說的千鈞等於鴻毛，泰山等於小丘，那就隨便說都可以了，還有什麼正不正呢？楊朱主張「名無實，實無名」，結果導成「絕對爲我」，不信社會上的事理，有任何的價值。眞理在他們看來是沒有客觀的標準的。

2. 名實關係的原則

名實既然該當相符；相符爲眞，爲是。不相符則當假，爲非。爲什麼有假，有非呢？這是因爲人犯了錯誤，荀子曾舉出幾類導致錯誤的原因，分述如下：

甲、論理方面的原因

「異物離心，交喩異物，名實互紐。」（正名）胡適之認爲，「此十二字，楊註讀四字一句，王校仍之，今從郝懿行說，讀六字爲句。互舊作玄，今從王校改。」（十二）但我認爲，舊註的四字一句要比六字一句更易瞭解，故從舊。

A　異物離心，「離」解爲「亂」，心因物的異形而亂，荀子云：「凡觀物有疑，中心不定，則外物不清。」（解蔽），異形之物本該異名，有時也不該異名，「壯變而實無別而爲異者，謂之化。有化而無別，謂之一實。」（正名）僅看「異形」以爲同異的判準，終不免有誤。

B　交喩異物，一個名詞，若用爲代表幾個不同的物體，這個名詞，便會引起錯誤。還有一些字可以互訓或通用，這些名詞也會引起錯誤，譬如「刊」，「型」在古時候是可以互相借用的。

C　名實玄紐，玄字該爲互字，名實互紐，即是說，名和實互相紐結不清，不完全恰合。例如：稱老人爲「耄耋」，小孩命爲「黃口」，「人」和「耄耋」，「黃口」相紐結，因爲都是人，但並不完全相符；因人的含義廣，若用耄耋，或黃口去稱呼一切人，便不對了。

名實互紐，紐字還解爲亂，即是荀子所謂以實亂名，不名亂實。「山淵山，情慾寡，芻豢不加甘，大鐘不加樂，此惑於用實以亂名也……非而謁楹有牛，馬非馬也，此惑於用名以亂實者也。」（正名）

乙、心理方面的原因

A　偏見「蔽於一曲，而闇於大理」（解蔽）偏於一種見解，不知瞭解全局的大理，一定會有錯誤；因爲「夫道者，體常而盡變，一隅不足以舉之。」（解蔽）

B　多疑「治則復經，而疑惑矣」（解蔽）有條有序，思索不亂，則可以得經常之道，若是也懷疑，非也懷疑，那就無所置手足，一定會產生錯誤的。

C　私心「私是所積，唯恐聞是惡也。」（解蔽）心中存有私心。合於私心則認爲是，不合於私心的則惡之，那還能不錯嗎？

D　心不在「心不在焉，則黑白在前面目不見，雷鼓在側而耳不聞。」（解蔽）如此，便不能辨別是非了。

E　觀點不正「數爲蔽，欲爲蔽，始爲蔽，終爲蔽，遠爲蔽，近爲蔽，博爲蔽，淺爲蔽，古爲蔽，今爲蔽。」（解蔽）單單從一個觀點，去觀察別的事物，免不了把事物的全象失卻，「故從山上望牛者若羊，而求羊者不下牽也，遠蔽其大也。從山下望木者，十仞之木若箸，而求箸者不上折也；高蔽其長也。水動而景搖，人不以定美惡，水埶玄也……」（解蔽）

F 情欲動心「故人心譬如槃水，正錯而勿動，則湛濁在下，而清明在上，則足以見鬚眉而察理矣。微風過之，湛濁動乎下，清明亂於上，則不可以得大形之正也。小亦如是矣。故導下以理，養之以情，物莫之傾，則是以定是非，決嫌疑矣。小物引之，則其正非易，其心內傾，則不足以決庶理矣。」（解蔽）情欲動心，人若遭情慾的蒙蔽，則不能看清事理了。

3. 求知識正確的條件

甲、坦 白

「君子於其所不知，蓋闕如也。」（論語 子路）「君子一言以爲知，一言以爲不知，不可不愼也。」（論語 子路）言語要坦白誠實，不可詭辯，不可強辭奪理，要能夠做到「知之爲知之，不知爲不知。」才不致於造成混淆的境地。

乙、多 問

孔子常敎門生要不耻下問，有一次子貢問他，「孔文子何以謂之文也，子曰：敏而好學，不恥下問，是以謂之文也」（論語 公冶長）曾子也曾讚美顏回，「曾子曰：以能問於不能，以多問於寡，有若無，實若虛，犯而不校，昔者吾友嘗從事於斯矣」（論語 泰伯）這是狀寫顏淵虛懷若谷的美德，不自以爲是，我們一般人，雖不能做到這種地步，但也該「就有道而正焉」（論語 學而）

丙、愼 思

自以爲是，或道聽塗說，無所採擇也是致誤的原因，爲求知識，最要緊的是要愼加思考。「博學之，審問之，愼思之，明辨之，篤行之。」(中庸 第廿) 愼思才能明辨，也是篤行的基本方向，孔子說：「學而不思則罔，思而不學則殆。」(論語 爲政) 也就是這個道理。

丁、以道為標準

眞理的標準是什麼呢？荀子認爲「聖人知心術之患，見蔽塞之禍，故無欲無惡，無始無終，無近無遠，無博無淺，無古無今，兼陳萬物而中縣衡焉。是故衆異不得相蔽以亂其倫也。何謂衡？曰：『道』故心不可以不知道，心不知道，則不可道而非道。」(解蔽)「道」是衡量事理的標準，人心常該循道來論事物。

「心也者，道之工宰也。道也者，治之經理也。心合於道，說合於心，辭合於說，正名而期，質請(情)而喻。辨異而不過，推類而不悖。聽則合文，辨則盡故。以正道而辨姦，猶引繩以持曲直，是故邪說不能亂，百家無所竄」(荀子 正名) 上述這段話，可以做爲儒家名學的總結了。

道家不否認名有實，然因主張大智，直接認識「道」，理智推論之知，都沒有價值，莊子乃主張沒有是非，即不能定是非。佛家則以爲名都是假名，沒有實相，假名所指，唯識論說是阿賴耶識所造，華嚴宗說是眞如的性起，天臺宗說是眞如的染污。唯獨眞如爲實相。但眞如不可知，不可說，只能說是「如如」。儒家則常主張理智可以認識自己的對象，而且不像西洋哲學設定主體和客體分離的問題。因爲儒家的研究方法重在體驗。主體和客體合而爲一。「體驗」不是「直觀」或「直覺」(Intuition)「直觀」或「直覺」乃是道家莊子和佛教禪宗的思想。儒家的思想平易近人合於一般人的共識。

註

(一) 胡適　中國哲學史大綱卷上　第卅六頁　商務　民十九年
(二) 顧實　中國文字學　第二頁　商務
(三) 王鳴盛　十七史商榷　卷五
(四) 馮友蘭　中國哲學史　第二三九頁
(五) 章太炎　語言緣起說
(六) 章太炎　原名
(七) 同(一)第三三八頁
(八) 章太炎　檢論三
(九) 虞愚　中國名學、第四〇頁　正中
(十) 董仲舒　春秋繁露　深察名號
(十一) 同(十)
(十二) 同(一)第三三〇頁